办案策略与技巧丛书

撰稿人 —— 李小非 卢俊峰 欧美欣

婚姻家庭案件办案策略与技巧

李小非 主编

第2版

中国法制出版社
CHINA LEGAL PUBLISHING HOUSE

再版序言

专著出版至今已有将近7年的时间了，其间我们不断收到热心读者的反馈意见，有的是表达感谢，有的是就专业问题进行商榷，还有的对本书的内容完善提出了有益的建议。可以说今天大家面前的这本新书，是我们创作团队和一众热心读者共创的成果。

专著出版之后的几年间，对创作团队而言，发生了两件大事，第一件是我们离开了原来的律所，于2018年初创立了华南地区首家专注于婚姻家事和财富传承业务的专业法律服务机构——广东五美律师事务所，并以该专业律所为平台，持续在争议解决、财富传承等领域进行深入的研究和实践；第二件是2021年元旦，《中华人民共和国民法典》正式生效实施了，其中的婚姻家庭编和继承编较原《中华人民共和国婚姻法》和《中华人民共和国继承法》，内容上有不少的调整。基于这些原因，创作团队与出版社一拍即合，决定对专著进行修改和再版。

这次的修订，在体例上对原著作出了较大的调整，在原著“婚姻家庭纠纷”和“继承纠纷”的基础上，新增了两编内容，分别是第三编“家事纠纷的常见关联诉讼”（包含3个章节）和第四编“家事纠纷的常见非诉程序”（包含3个章节）。之所以这样安排，主要是考虑到，这两编的内容虽然没有列入民事案件案由中的婚姻和继承部分当中，但在实务中却是高频发生的关联性案件，如对于离婚时法院不予处理的以夫妻一方名义所负的债务，相关当事人很可能在离婚后以民间借贷纠纷为案由进行主张；再如面对家庭暴力案件时有发生的社会现状，如何正确、有效地申请人身安全保护令，是办理婚姻家事业务的律师或者是当事人非常有必要了解和掌握的。除了新增第三编和第四编的内容之外，根据最高人民法院的民事案件案由的调整，我们在第一编“婚姻家庭纠纷”当中增加了“婚内财产分割纠纷”（作为第二章），以及“亲子关系纠纷”(作为第十章)。

除了增加大量的章节之外，对原有内容我们也作出了相当大幅度的调整：一方面是根据《中华人民共和国民法典》及配套相关司法解释，对原著当中的法律依据、案例的选择等进行修订；另一方面则是结合《中华人民共和国民法典》实施以来的司法实践，对一些原有制度进行新的解读和经验分享，如遗产管理人制度、离婚损害赔偿制度等。

感谢广东五美律师事务所尤其是创作团队的各位伙伴们，是你们的有力支持和辛勤创作才使书籍得以顺利再版。创作和再创作的经历，像是一面镜子，照见我们一路走来，虽然跌跌撞撞，但从不言弃；虽然能力有限，但真诚无比。

期待下次还能以这种令人愉悦的方式与各位再见。

李小非

2023 年 1 月

首版序言

长期以来，对婚姻家事案件的代理，在律师行业中一直存在一些误解。一种观念认为，律师代理婚姻家事案件没有门槛，任何一个读过《中华人民共和国婚姻法》法条的人，只要愿意，就可以办理好婚姻家事案件。也有观念认为，只有脾气好、有耐心的律师，特别是女性律师，才能办理好婚姻家事案件；因为当事人一定会不分昼夜、喋喋不休地向律师倾诉。更有人从律师创收的角度，认为代理婚姻家事案件代理收入有限，相比金融、房地产、公司法律业务的创收而言，婚姻家事业务律师的创收不值一提。

在办案过程中，我们也遇到持这种观点的当事人，自己在互联网上搜索过一些关于《中华人民共和国婚姻法》的条文，一些似是而非的问答，便认为对案件的情况已经了然于胸，即使有专业律师提点也将信将疑、怀揣侥幸，非到猛撞南墙不肯回头。

其实，越在这个婚姻家事领域深耕，就越发现其内容之庞杂、其理论之博大、其实践之变化，远非几本书的容量可以承载。为了给年轻律师、婚姻家事案件当事人办理婚姻家事案件提供方法和技巧的指引，与同行们分享自己的办案体会，也为了澄清上述误解，我们撰写了《婚姻家庭案件办案策略与技巧》① 一书。

① 注：本书第一版撰稿人为李小非、黄晓颖、张泽权、卢俊峰。

本书分为两编，分别是婚姻家庭纠纷和继承纠纷，每一编的具体内容均以2011年修正的《民事案件案由规定》的体例和顺序展开。全书共分二十章，第一编“婚姻家庭纠纷”分为十五章，第二编“继承纠纷”分为五章，涵盖了目前人民法院受理的所有婚姻家事案件的类型。同时，针对每一章聚焦的一种案件类型设置三节，分别为“理论概述与实务指引”“办案思路与实战技巧”及“典型案例评析”。其中，“理论概述与实务指引”目的在于厘清概念，意在使读者首先辨析清楚本章节讨论的主要问题及其基本外延，并对其在实务中经常出现的一些问题有所了解。“办案思路与实战技巧”一节则是在总结我们婚姻家事律师团队多年办案经验的基础上提炼出来的“实战宝典”，其中很多内容能够直接为律师及当事人处理该类型的案件提供指引和借鉴。“典型案例精析”则是综合律师团队代理的经典案例，还有最高人民法院及各地法院审理的典型案件，对这些案例进行梳理和分析，对实践中的问题进行具体解答和指导。

办案策略与技巧的总结，能够为办理类似案件提供借鉴与指引，达到事半功倍的效果。希望本书能够为读者办理婚姻家事案件提供有益借鉴和参考。

没有不专业的当事人，只有不专业的律师。如果当事人每每惴惴不安、诚惶诚恐，可能说明律师并没有给予充分、恰当的指引；如果律师还没有从所专注的业务中脱颖而出，可能说明我们还未够专注。

是为序。与各位共勉。

李小非

2016年1月

目录

第一编 婚姻家庭纠纷

第四编 家事纠纷的常见非诉程序

第一编

婚姻家庭纠纷

第一章　婚约财产纠纷

第一节　理论概述与实务指引

一、概念

婚约，是男女双方以将来结婚为目的而作出的事先约定。

彩礼，是为确保缔结婚约而由一方父母给付另一方的大额钱财。根据目前的司法实践，“彩礼”的概念应从以下几个方面进行理解：

1. 彩礼的应用并不仅限于农村地区，城市范围内因彩礼发生纠纷的案例亦不在少数。

2. 彩礼的表现形式多种多样：既包括现金，也常见于物品；此外现金的名目繁多，包括但不限于彩礼、礼金、聘礼、聘金、改口费等。

二、法律依据

《最高人民法院关于适用〈中华人民共和国民法典〉婚姻家庭编的解释（一）》第五条规定：“当事人请求返还按照习俗给付的彩礼的，如果查明属于以下情形，人民法院应当予以支持：

（一）双方未办理结婚登记手续；

（二）双方办理结婚登记手续但确未共同生活；

（三）婚前给付并导致给付人生活困难。

适用前款第二项、第三项的规定，应当以双方离婚为条件。”

该解释沿用了《最高人民法院关于适用〈中华人民共和国婚姻法〉若干问题的解释（二）》① 第十条关于返还彩礼的规定。

三、实务指引

实践中，处理此类型的案件需首先解决下面两个问题。

（一）法律认可的彩礼的范围及返还形式

1. 法律认可的彩礼范围

如前所述，支付彩礼的目的是确保双方日后缔结婚姻关系，实践中以此为目的给付金钱、财物的名目繁多，不一而足，包括但不限于彩礼、礼金、聘礼、聘金、改口费等。同时，在支付彩礼的同时或在相近时间段内，会存在为结婚而产生的其他费用的相互支付，如购房购车、装修；购置家用电器、衣物、首饰；支付婚宴的相关费用（如酒席、婚礼策划等）；用于双方旅游、拍摄婚纱照等。因此，对于彩礼范围的认定，在实践操作中应根据案情区别认定。

2. 如何认定是否构成了法律要求的“大额钱财”

所谓“大额”彩礼，在法律上并不存在统一的标准，应当根据案件发生当地的经济发展水平、当地的风俗习惯、涉案当事人家庭的经济收入状况等因素综合考量确定。

3. 彩礼的返还形式

因彩礼的特殊性质，在给付时可能存在各种不同的形式：除现金之外，价值大的如不动产、机动车、珠宝首饰等，价值小的如支付拍摄婚纱照的费用、购置衣物、婚房软装等，而在一方主张返还时，彩礼的价值可能已经发生变化，或增值或贬值。对此，实践中，法院一般支持按照给付时的原物形

---

① 注：《中华人民共和国民法典》于2021年1月1日起实施，《中华人民共和国婚姻法》《中华人民共和国继承法》《中华人民共和国民法通则》《中华人民共和国收养法》《中华人民共和国担保法》《中华人民共和国合同法》《中华人民共和国物权法》《中华人民共和国侵权责任法》《中华人民共和国民法总则》同时废止。最高人民法院对相关司法解释也进行了废止或修改。本书对这类法律规范的时效性不再特别说明。

态予以返还，并不额外考虑其增加或者贬损的价值，即给付金钱的返还金钱，给付实物的返还实物。若实物无法返还，或要求返还价款的，法院并不会依照原购买价判决返还，而是将会考虑相应的折旧价值，再作返还。

【案例 1.1】[①] 段某与徐某婚约财产纠纷案[②]中，段某在婚前出资以徐某名义购买了车辆，车辆登记在徐某名下，双方按习俗举办了婚礼仪式，并以夫妻名义共同生活，但未办理登记结婚的手续。段某向法院起诉要求徐某返还购车款，法院认为购买车辆的款项远超出两人的收入水平，双方解除同居关系，段某要求返还财物合法有据，但是法院最终考虑车辆贬值以及双方已经举办仪式、共同生活等情况，为了实现所购物品价值最大化，判决段某出资所购的车辆继续由徐某使用，酌定徐某向段某返还部分购车款。

（二）此类案件原被告主体资格的确认

1. 原告的主体资格

实践中，给付彩礼的往往是男女一方的父母，但实际操作中多以给付一方的子女作为原告起诉。同时，给付彩礼一方的父母亦可作为案件的原告。

2. 被告的主体资格

此类案件中，接受彩礼给付的一方一般是婚恋关系当中的女方，或者女方的父母等其他近亲属。实践中，如果接受给付的一方是女方本人，认定其为被告自不待言；如果接受给付的一方是女方父母或其他亲属，应将其与女方列为共同被告。

---

① 本书中收录的部分案例裁判于《中华人民共和国民法典》生效前，适用的是当时有效的法律法规及司法解释，下文将不再对此进行提示。另，本书案例主要来自中国裁判文书网，如未特别注明来源，系作者为说明相关问题拟定或根据其代理案例改编而来，下文不再特别标注。

② 审理法院：山东省东营市东营区人民法院，案号：（2021）鲁0502民初3297号，载中国裁判文书网，https://wenshu.court.gov.cn/website/wenshu/181107ANFZ0BXSK4/index.html?docId=szTkjP+JEGZCwtt0aAi7tKomaFEq4lqGIob9dBnEAV9p6aoJzIjbXpO3qNaLMqsJUTWcuuSWqFJE3z3XhifmxiN05NRB6QgWvb77MR4zDn48tvYACxFw/pGz3b9fmD3y，最后访问时间：2022年10月1日。

关于婚约财产纠纷案件诉讼主体的列明问题，将一方或双方父母列为共同原告或被告，在保护公民的财产权利的同时，可以减少当事人的诉累。①

【案例 1.2】 于某 1、于某 2（系于某 1 父亲）、谢某（系于某 1 母亲）与张某 1、张某 2（系张某 1 父亲）、卿某（系张某 1 母亲）婚约财产纠纷案②中，于某 1 与张某 1 订立婚约，给付和接受、回送彩礼大都由各自父母办理，根据查明的事实，可以认定三原告共向三被告给付了彩礼 73560 元，三原告与三被告之间的附条件赠与行为成立。由于至今原告于某 1 与被告张某 1 未办理结婚登记手续，且均表示不愿与对方结婚，致使三原告给付彩礼的条件消灭，故三原告主张返还彩礼，可予以支持。鉴于原告于某 1 与被告张某 1 已同居、双方均不愿与对方结婚的实际情况，对三被告返还彩礼的数额，予以酌情确定。法院审理后判决张某 1、张某 2、卿某在本判决生效之日起 5 日内共同返还原告于某 1、于某 2、谢某彩礼 40000 元。

第二节 办案思路与实战技巧

一、婚约财产纠纷案件的司法裁判标准

把握婚约财产纠纷案件的处理，首先应对此类案件的裁判标准有清晰的认识，下面我们就司法实践中掌握的裁判标准详述如下：

1. 一方给付彩礼后，双方确未办理结婚登记手续，给付彩礼一方及其父母要求返还彩礼的，一般可予以支持。

---

① 参见吴晓芳：《婚姻家庭纠纷审理热点、难点问答》，载《民事法律文件解读》（2011 年第 11 辑），法律出版社 2011 年版，第 46 页。

② 审理法院：湖南省隆回县人民法院，案号：（2019）湘 0524 民初 785 号，载中国裁判文书网，https：//wenshu. court. gov. cn/website/wenshu/181107ANFZ0BXSK4/index. html? docId = 0iKNW5yGV8Jefhrxd6oyYL0pMuFROBqr0ljE2uOP7E2wdaIDt0gq9p/dgBYosE2gp6p68nCRWaKmJ+/AKHue4utpoVk8jY83WllbczIKweoD75GvXAPRLzReMc5QkO4X，最后访问时间：2022 年 11 月 15 日。

2. 一方给付彩礼后，双方已登记结婚并共同生活，现一方要求返还彩礼的，一般不予支持。但男女双方登记结婚后共同生活的时间不长，一方要求返还彩礼的，法院会根据具体情况，判决酌情返还。

【案例 1.3】宋某与谢某婚约财产纠纷案①中，一审法院认为，对宋某提出要求谢某退回彩礼 69000 元的诉讼请求，虽谢某认为只收到彩礼 19000 元，但结合宋某提交的银行转账及双方的微信聊天记录，该院依法确认宋某给付谢某彩礼 69000 元。因宋某、谢某已办理结婚登记并共同生活，而此规定中的“生活困难”，是指其生活靠自己的力量已经无法维持当地最基本的生活水平，且宋某提交的证据不足以证实其生活已经无法达到当地最基本的生活水平，因此，宋某要求返还彩礼不符合上述司法解释规定的情形，该主张无法律依据，本院不予支持。后宋某提起上诉，二审法院维持一审判决。

【案例 1.4】杜某与齐某离婚纠纷案②中，杜某、齐某登记结婚，但二人未能正确处理家庭关系，致使夫妻感情破裂，现双方均同意解除婚姻关系。在双方准备结婚期间，杜某多次向齐某转账用于购置结婚物品、筹备婚礼等支出。一审法院认为，关于杜某提出返还彩礼的诉请，因双方已办理结婚登记，并共同生活，杜某诉请 100000 元彩礼全部返还并无依据。但双方登记结婚后，逐渐开始有矛盾纷争并有持续分居事实，2019 年 12 月齐某第一次起诉离婚，2020 年 1 月杜某亦起诉离婚，可见双方婚后共同生活时间短暂。齐某提出彩礼已经花费完毕，但结合齐某名下建设银行尾号为 9535 的银行账户于 2019 年 8 月 1 日存入彩礼 100000 元，2019 年 11 月 19 日，同一天分多次将 100000 余元存款取出，且在庭审中不能举证证明款项去向，现不能

---

① 审理法院：广东省韶关市中级人民法院，案号：（2021）粤 02 民终 1860 号，载中国裁判文书网，https：//wenshu. court. gov. cn/website/wenshu/181107ANFZ0BXSK4/index. html？docId=rPSgzzRgvWag1n36u69119c+0wvtX1pEE7BCpmujEIT3dH1Mw89m35O3qNaLMqsJUTWcuuSWqFJE3z3XhifmxiN05NRB6QgWvb77MR4zDn61MDUdaeFtYbQKi5mLgwdt，最后访问时间：2022 年 10 月 10 日。

② 审理法院：辽宁省沈阳市中级人民法院，案号：（2021）辽 01 民终 3777 号，载中国裁判文书网，https：//wenshu. court. gov. cn/website/wenshu/181107ANFZ0BXSK4/index. html？docId=8aVj9YFuxeXR/kT+LT7nqOd13LBQZAh6OkBZ+TYyxXCsxC3JHtS2gpO3qNaLMqsJUTWcuuSWqFJE3z3XhifmxiN05NRB6QgWvb77MR4zDn6Nahroywrfoh1WQctuHuz5，最后访问时间：2022 年 10 月 10 日。

认定彩礼已经合理支出完毕。依据双方具体婚姻状况，酌定齐某向杜某返还彩礼50000元。宋某不服，提起上诉，二审法院认为双方婚后实际共同生活时间较短，一审判决返还彩礼50000元并无不当。

3. 双方在恋爱期间内，尚未缔结婚约的情况下分手，一方要求对方返还恋爱期间给付的财物的，要区别情况予以对待。如前所述，若恋爱期间的馈赠是以结婚、组建家庭为目的的，即该赠与是以结婚登记为成就条件，若登记结婚的目的无法实现，则接受馈赠的一方继续占有财物，似无法律依据。但同时，也应考虑如支持未能结婚、恋爱期间的馈赠需全部返还的观点，亦有悖于一般人的基本生活经验，且易变相鼓励人们在婚恋关系中的不健康的价值观念。因此，实践中多综合考虑双方的经济状况、所馈赠的财物价值、双方恋爱交往的具体情况、赠与财物的时间节点等，对于赠与财物价值巨大且以结婚为目的的，一般支持返还的诉求。

【案例1.5】唐某与朱某婚约财产纠纷案①中，唐某与朱某在2020年8月通过朋友聚会相识并确定恋爱关系，同月双方同居。双方在恋爱期间，唐某向朱某大额转款共计209200元，朱某自认2020年8月14日和8月19日唐某通过支付现金的方式给付20000元，并将朱某的微信与其微信绑定为亲情卡，朱某通过亲情卡进行了多次消费。后双方感情出现矛盾，双方于2020年12月底终止恋爱关系。唐某认为，在双方恋爱期间的转账或花费是以双方结婚为目的而支出，现双方已分手，朱某应向唐某返还前述转账的款项，为维护其合法权益，遂诉至一审法院，提出诉称所述之请求。

一审法院认为，唐某为了解决朱某经济困难，并增进双方的感情以达到缔结婚姻的目的，在恋爱期间通过多次大额转账合计给朱某209200元，但没有证据表现上述款项系赠与，现双方已分手，唐某的目的未实现，其请求朱某返还，应

---

① 审理法院：湖南省湘潭市中级人民法院，案号：（2022）湘03民终236号，载中国裁判文书网，https：//wenshu. court. gov. cn/website/wenshu/181107ANFZ0BXSK4/index. html？docId=d02/Y1mOkAGaIo+PCVUW9fGqm5q+W55csA8t77NT2A0IeCjKt3X3vJO3qNaLMqsJUTWcuuSWqFJE3z3XhifmxiN05NRB6QgWvb77MR4zDn4ZWxKZkWu7mjXLGjfx0+iC，最后访问时间：2022年10月10日。

当予以支持。在双方同居期间，朱某通过唐某绑定的亲情卡所支付的小额消费、唐某为朱某购买高档生活用品系维持双方关系和情感发展进行的经济交往，符合社会的风俗习惯，应认定为婚恋关系中的一般赠与行为，唐某要求返还，一审法院不予支持。朱某不服，提起上诉，二审法院经审理后，判决维持原判。

二、婚约财产纠纷案件的律师代理实战技巧

（一）在一方否认的情况下，如何认定双方是否存在婚约，从而主张彩礼的返还

对于有证据证实的典型的婚约财产纠纷的案件，即双方存在婚约、一方给付了彩礼给对方、最终双方并未登记结婚的情况，在司法实践中较容易处理。但如果一方否认婚约的存在，主张双方系同居关系或一般的恋爱关系的话，律师在代理过程中应如何应对？

实际生活中，男女双方缔结婚约的形式千差万别，但基本不可能有书面的证据可予证实，对此应从以下方面入手。

1. 梳理双方交往的具体细节，找出可从事实方面认定双方存在婚约的证据

【案例 1.6】庞某与汪某、周某婚约财产纠纷案[①]中，被告汪某与被告周某为母女关系。原告庞某与被告周某 2013 年 3 月 22 日确定恋爱关系，并于 2013 年 12 月订婚。2014 年 2 月 10 日，原告庞某通过自己的银行账户向被告汪某的银行账户转款人民币 800000 元，转账备注列明英文名字。经翻译服务公司将上述备注翻译成中文为：庞某订婚彩礼。后原告庞某与被告周某分手。汪某、周某主张涉案款项并非彩礼而是庞某对周某精神损失的补偿金及保证金。法院审理后认为：（1）汪某、周某对自己的主张未能提交任何证据予以证明；（2）庞某在该笔款项的转账备注列明英文名字，经有资质的翻译

① 审理法院：广东省深圳市中级人民法院，案号：（2015）深中法民终字第 2530 号，载中国裁判文书网，https：//wenshu. court. gov. cn/website/wenshu/181107ANFZ0BXSK4/index. html?docId = 8yAVlAKarxYDSwzFdSbc4ReJ8N3mlg6FMecA2nqCXfCGL9BQMZgSCpO3qNaLMqsJUTWcuuSWqFJE3z3XhifmxiN05NRB6QgWvb77MR4zDn4ZWxKZkWu7mgwOKtiADiX5，最后访问时间：2022 年 10 月 10 日。

服务公司翻译成中文为：庞某订婚彩礼，汪某、周某虽然对上述翻译的内容不予认可，但未能提交相反证据予以推翻，故可根据上述翻译确认转账备注的内容；（3）庞某与周某于 2013 年 12 月订婚，涉案转款发生在 2014 年 2 月 10 日，即转款时双方已论及婚嫁，结合上述转账备注的内容，庞某主张该款项为彩礼符合日常生活经验。最终，法院认定涉案款项 800000 元为彩礼。

在上述案例中，庞某转账时的这一标注，为法院在该案中认定该笔款项为彩礼，提供了重要的依据。但实践中，有的案件缺乏如上明确的书面证据，因此，需要律师在办案过程中细致了解案情，帮助当事人梳理固定双方存在婚约关系的具体证据。

2. 结合日常生活经验，及不同地区的风俗习惯进行认定

婚约关系的建立，不同地区有着不同的风俗习惯，律师在代理案件的过程中，应对此给予充分的重视。

【案例 1. 7】叶某与肖某婚约财产纠纷案①中，叶某（男）与肖某（女）在国外长期同居，双方回国后，2011 年初双方家长在北京会面，之后叶某便开始装修肖某母亲名下房屋。法院经审理认为，就常理而言，双方家长见面不久，叶某出资去装修对方母亲名下的房屋，双方家长的会面应是协商准备结婚，肖某否认婚约关系，其就此未提供相关证据，法院对其抗辩意见不予采信。法院即依据叶某父母在双方交往过程中专程从外地赶赴北京与被告肖某父母见面，见面后不久，原、被告即开始装修房子等具体细节确认了叶某与肖某告之间确存在婚约关系。

---

① 审理法院：北京市第三中级人民法院，案号：（2014）三中民终字第 13550 号，载中国裁判文书网，https：//wenshu. court. gov. cn/website/wenshu/181107ANFZ0BXSK4/index. html? docId=KdK8nV0FwhOw9+zG3SqA/+cyYOS5OkXyiDBhEW0JcW24scrCPjzZ4JO3qNaLMqsJUTWcuuSWqFJE3z3XhifmxiN05NRB6QgWvb77MR4zDn6NflnQOIpgUDHAlMi3Gtl/，最后访问时间：2022 年 10 月 10 日。

（二）婚约财产纠纷案件的证据收集和使用

依据婚约财产纠纷自身的特点，难以取得明确的书面证据。因此，针对此类型案件，证据的收集和使用尤为关键。

1. 彩礼的支付尽量采取银行转账方式、转账时备注转账目的并保留转账凭据；如条件不允许，亦尽可能在有多位见证人在场的情况下支付。

2. 注意收集和使用能够证实双方婚恋关系的其他证据，如婚纱照、订婚仪式的录音录像资料、亲朋好友的祝福信息、婚礼邀请函、预订酒席的资料等。

3. 善于利用证人证言。婚约财产纠纷中，书面证据虽少，但往往有大量与案件有关的证人参与其中。因此，充分利用证人证言是处理此类案件的一个秘密武器。

【案例 1.8】李某某与赵某某婚约财产纠纷案①中，2012 年原告李某某与被告赵某某经媒人康某某介绍相识。于 2012 年农历三月十八日定亲，当天原告李某某在被告赵某某家给付赵某某见面礼 18000 元；2012 年冬天，经李乙某、石某某之手在被告赵某某家中给付被告赵某某送好礼 38000 元。被告赵某某的父亲赵某印亦认可收受原告李某某彩礼款有五六万元。原告李某某与被告赵某某于 2012 年农历十二月十日按农村习俗举行了“结婚”典礼，双方未办理结婚登记。原被告同居时间较短，同居期间被告赵某某未曾怀孕或流产。现原告李某某要求解除“婚约关系”返还彩礼。原告李某某向法院提供的证据有：（1）证人康某某的书证和当庭证人证言一份，证明原被告定亲时，经康某某之手给付被告 18000 元；（2）证人石某某的书证和当庭证人证言一份，目的是证明原、被告结婚之前送好时，给付被告赵某某 38000

① 审理法院：河南省新乡市封丘县人民法院，案号：（2014）封民初字第 01280 号，载中国裁判文书网，https：//wenshu. court. gov. cn/website/wenshu/181107ANFZ0BXSK4/index. html?docId=kMsjlAhD//EVsMdCo1DaY2I1+lSm1Rg/bhyfq/VPn9IotIDR1NFzppO3qNaLMqsJUTWcuuSWqFJE3z3XhifmxiN05NRB6QgWvb77MR4zDn6NflnQOIpgUNEPbk7Rpo1g，最后访问时间：2022 年 10 月 10 日。

元；（3）证人王某某书证和当庭证人证言一份，证明目的是原被告典礼前，因购车支付被告20000元；（4）证人李甲某的书证和当庭证人证言一份，证明结婚当天原告李某某给被告赵某某上车礼、下车礼、上头盒共计3000元；（5）证人齐甲某书证一份，证明原被告商量结婚时原告李某某送给被告赵某某10000元。法院亦以职权调取了赵某印的询问笔录及齐甲某、李乙某、曹某某、孙某某、蔡某某的调查笔录。最终法院判决被告赵某某返还原告李某某部分彩礼款。

第三节　典型案例评析

案例1：司某1与司某2、白某1等婚约财产纠纷案[①]

裁判主旨

男女双方登记结婚并共同生活的，赠与彩礼一方要求另一方返还彩礼的，一般不予支持。

案情简介

2014年6月13日，白某2与司某1经他人介绍相识，2014年8月9日，经媒人做媒，言定彩礼98000元，沾亲礼银圆2枚（价值2000元），衣服零花钱25000元，金银首饰包括黄金戒指一枚、黄金耳钉一对、黄金耳环一对、黄金项链一个、黄金手链一条、白金钻戒一枚。2014年9月9日，白某2与司某1在民政局办理了结婚登记手续。2015年8月28日，司某1向原审法院提起离婚诉讼，经调解撤诉。2015年10月2日，司某1与同学聚会，白某2与司某1同学发生冲突，贾某在回家的路上发生车祸身亡，华池县成

① 审理法院：甘肃省高级人民法院，案号：（2018）甘民再3号，载中国裁判文书网，https：//wenshu. court. gov. cn/website/wenshu/181107ANFZ0BXSK4/index. html? docId=sTXvGXjL3UagXHdItteccOvmy9r/d+TELbYiOxR4JUN4O8/rMJRw0Z/dgBYosE2gp6p68nCRWaKmJ+/AKHue4utpoVk8jY83WllbczIKwerUrdg/FXpa2D74pPyeKT6U，最后访问时间：2022年11月15日。

立专门工作组协调处理，由白某2与司某1共同赔偿贾某亲属15万元，白某1垫付。2016年11月17日，司某1向原审法院提出离婚，经调解离婚。

白某1、白某2的诉讼请求为：1. 由司某2返还彩礼98000元，沾亲礼银圆2枚，离娘钱及父母衣服钱5200元，电冰箱1台，电视机1台，黄金项链1个；2. 由司某1返还黄金耳环1对（8克×398元=3184元）、黄金耳钉1对（598元）、黄金项链及坠子1套（7.035克×398元=2800元）、黄金戒指1枚（4克×398元=1592元）、白金钻戒1枚（6380元）、黄金手镯1个（29克×398元=11524元）、订婚及结婚红包钱10000元、压箱钱4000元、买电脑及饮水机钱5000元、衣服零花钱25000元、探望司某1兄长给付现金5000元。

一审法院判决如下：1. 由司某2、司某1共同返还白某1、白某2给付的彩礼款58800元及银圆2枚折价2000元；2. 由司某1向白某1、白某2返还结婚时给付的金银首饰包括黄金戒指一枚、黄金耳钉一对、黄金耳环一对、黄金项链一个、黄金手链一条、白金钻戒一枚。

司某1、司某2不服一审判决并上诉。

二审法院判决如下：维持一审判决第一项，撤销一审判决第二项。

司某1、司某2不服二审判决，申请再审。

法院判决

本案不存在“双方未办理结婚登记手续的”以及“双方办理结婚登记手续但确未共同生活的”所列两种情形，而对于是否存在婚前给付并导致给付人生活困难的情形，在司法实践中也是以绝对生活困难为判断标准的，而不是以相对生活困难为判断标准。所谓绝对生活困难，是指实实在在的困难，是其生活靠自己的力量已经无法维持当地最基本的生活水平；所谓相对生活困难，是指与给付彩礼之前相比，由于给付造成了前后相差比较悬殊，相对于原来的生活条件来说变得困难了。该条解释的本意是在后一种意义上，即对绝对生活困难进行规定的。

根据在案事实，司某1与白某2于2014年9月9日登记结婚，2016年12月29日经法院调解离婚，缔结婚姻关系后双方共同生活两年有余，从白某1、白某2的家庭实际情况看，其家庭成员均在城市工作、生活、学习，并无证据证明因婚前给付彩礼导致其家庭生活困难，也无证据证明离婚后靠自己的力量已经无法维持当地最基本的生活水平，不存在上述“婚前给付并导致给付人生活困难的”的规定情形。因此，原审判决由司某1、司某2返还白某1、白某2部分彩礼并无充足的事实依据，适用法律确有错误，应予纠正。

律师点评

按照农村的一般习俗，婚约一方（主要是男方）会向对方或对方亲友赠送订婚礼物，俗称彩礼。彩礼与男女恋爱期间为表情意互赠财物不同，法律对此特别规定了返还原则。《最高人民法院关于适用〈中华人民共和国民法典〉婚姻家庭编的解释（一）》第五条规定，当事人请求返还按照习俗给付的彩礼的，如果查明属于以下情形，人民法院应当予以支持：（1）双方未办理结婚登记手续；（2）双方办理结婚登记手续但确未共同生活；（3）婚前给付并导致给付人生活困难。适用前款第二项、第三项的规定，应当以双方离婚为条件。本案中，司某1在接受白某2给付的彩礼后，已与白某2登记结婚并共同生活两年有余，亦无证据证明婚前彩礼的给付导致白某2及家人生活困难，故并不符合法律规定彩礼应予返还的情形。

案例2：涂某1与范某1婚约财产纠纷案①

裁判主旨

针对案件是婚约财产纠纷，还是一般婚恋关系当中的财产赠与纠纷，法院在认定的时候，往往应当综合考虑双方当事人交往的具体情况，有否谈婚论嫁等因素，结合日常生活经验及当地的风俗习惯来进行认定。

---

① 审理法院：广东省肇庆市中级人民法院，案号：（2019）粤12民终624号，载中国裁判文书网，https：//wenshu. court. gov. cn/website/wenshu/181107ANFZ0BXSK4/index. html？docId=ptoWRfcCOK+fwtXW4LxdbyBWFOynz1GwEPGg48RpUTcusLnlVeyPkZ/dgBYosE2gp6p68nCRWaKmJ+/AKHue4utpoVk8jY83WllbczIKwepKL1M6Ss/r33QmXwSUaDR7，最后访问时间：2022年11月15日。

返还婚约财产的，一般以返还原物为原则。如不要求返还原物的，可根据特定财产的不同属性，兼顾公平合理的原则予以处理。

案情简介

范某1与涂某1于2016年12月相识后恋爱，2017年5月、6月，双方开始同居，双方父母协定嫁娶事宜，由范某2、叶某出资按揭小汽车一辆供范某1、涂某1婚后共同使用。6月3日，范某2、叶某出资100000元给范某1、涂某1到汽车销售服务有限公司按揭小汽车一辆，总价167297元，首付97297元（包括涂某1于5月1日已支付的订金5000元），贷款70000元。因范某1没有小汽车驾驶资格，车辆自购置后登记在涂某1名下，一直由涂某1使用、管理。

2017年10月10日，范某1在清远以分期付款的方式购买一台价值5588元的手机给涂某1使用，涂某1将其之前使用的手机交换给范某1使用。

11月初，范某2、叶某支付了30000元彩礼给范某1、莫某，并给付了红包8000元让涂某1购买结婚用品（如新郎西装、床上用品等）。随后，双方还购买了男女婚戒等物品，目前两个婚戒均在范某1处。11月22日，范某1与涂某1回涂某1所在的涂寨村宴请亲戚朋友，23日，范某1与涂某1在四会贞山宾馆及范某1家里举行婚宴，其中酒店的酒席款及亲戚朋友的住宿费由涂某1方支付。后来由于双方产生矛盾，没有到民政部门办理结婚登记手续，涂某1于2018年4月离开范某1的家。经多次协商，涂某1拒不归还购车款及彩礼，范某1等人遂提起诉讼。

范某1、范某2、叶某的诉讼请求为：1. 判令涂某1等人立即返还彩礼款138000元和手机一部；2. 本案诉讼费用由涂某1等人承担。

法院判决

一审法院经审理认为：该案为婚约财产纠纷。由于范某1与涂某1订立婚约后至今未办理结婚登记手续，根据《最高人民法院关于适用〈中华人民共和国婚姻法〉若干问题的解释（二）》第十条“当事人请求返还按照习俗给付的彩礼的，如果查明属于以下情形，人民法院应当予以支持：（一）双方未办理结婚登记手续的；……”的规定，范某1等人要求返还彩礼的请求，该院予以支持。范某1等人支付了彩礼30000元及红包8000元给涂某1等人，鉴于范某1与涂某1已按当地习俗举行结婚仪式并同居生活数月的实际情况，该院酌定涂某1等人返还10000元。

范某2、叶某出资首期按揭购买的粤H×××××小汽车，是将来范某1与涂某1能缔结婚姻关系而为的有目的的赠与。现在双方未能缔结婚姻，那么赠与车辆的原因也就不复存在，换言之，涂某1继续占有车辆的原因和法律依据因婚约的解除而归于消灭。如果受赠人仍继续占有彩礼，则构成不当得利，根据《中华人民共和国民法通则》第九十二条“取得不当利益，造成他人损失的，应当将取得的不当利益返还受损失的人”的规定，理应将车辆归还给范某1等人，但鉴于该车辆是按揭购买，而且登记在涂某1名下，并且一直以涂某1的名义归还贷款，故该车归涂某1所有，但涂某1返还首期款给范某1。故该院对涂某1认为粤H×××××小汽车属于范某2、叶某赠与范某1与涂某1的共同共有财产，范某1等人无权要求返还的抗辩主张不予采信。

关于首期款金额的计算问题。虽然范某1等人提供了证据证明范某2、叶某于2017年6月3日共在银行取款100000元，但根据汽车销售服务有限公司出具的《涂某1车款收款情况》证实，2017年6月3日共付车款为92297元，范某1等人没有证据证明余款的是用于购买车辆或偿还贷款，故认定涂某1等人应返还的首付款为92297元。加上上述应返还的彩礼款10000元，合计102297元。

关于手机是否应予返还的问题。根据查明的事实，2017年10月10日，范某1在清远以分期付款的方式购买一台价值5588元的手机给涂某1使用，涂某1将其之前使用的手机交换给范某1使用，双方的行为应认定情侣之间的相互赠与，故该院对范某1要求返还手机的请求不予支持。

一审法院判决：（1）范某1与涂某1在恋爱期间购买的粤H×××××小汽车归涂某1所有，涂某1、范某1、莫某于该判决发生法律效力之日起十日内归还购买车款、彩礼款合共102297元范某1、范某2、叶某；（2）驳回范某1、范某2、叶某其他诉讼请求。

一审宣判后，涂某1等人不服，上诉至肇庆市中级人民法院。

二审法院经审理认为：(1) 关于返还彩礼的问题。虽然《最高人民法院关于适用〈中华人民共和国婚姻法〉若干问题的解释（二）》第十条第一款规定，男女双方未办理结婚登记手续的，当事人请求返还按照习俗给付的彩礼的，人民法院应予支持。但就本案而言，考虑到涂某1与范某1两人已同居生活一年，未能登记结婚，双方均有一定责任。且涂某1在家乡按照风俗习惯举行了结婚摆酒仪式，涂某1父母为此支出了费用。再结合原审法院查明的事实，范某1与涂某1在四会贞山宾馆及范某1家乡举办婚宴，其中酒店的酒席款及亲戚朋友的住宿费由涂某1支出，可见涂某1等人在按照风俗习惯为范某1与涂某1举行结婚摆酒仪式及购置结婚用品的过程中确实支出了不少的费用，对收取范某1父母支付的彩礼30000元及红包8000元并无获利，因此对范某1、范某2、叶某要求返还彩礼及红包钱共38000元的主张，本院不予支持。原审法院对该项的认定和处理欠妥当，本院予以纠正。涂某1等人上诉认为无需返还彩礼及红包钱38000元理由成立，本院予以支持。

(2) 关于车辆首付款的返还问题。虽然范某2、叶某出资97297元作为车辆首付款，按揭购买小汽车一辆是以范某1与涂某1能够缔结婚姻关系为目的的赠与，现范某1与涂某1分手，赠与目的不存在，但范某1、涂某1在登记结婚前已同居生活并共同开办杂货铺、牛杂档，双方在日常生活和经营活动中共同使用案涉车辆作为代步和经营活动的工具，且双方出于结婚目的往返男女方家乡摆酒时亦使用了该车辆，因此范某1与涂某1均应分担案涉车辆的损耗。原审法院认定案涉车辆登记于涂某1名下，且以涂某1名义归还贷款，该车归涂某1所有并无不当，本院予以维持。但在涂某1归还首付款给范某2、叶某的数额认定和处理上欠妥当，本院予以纠正，范某2、叶某支出的车辆首付款为97297元，本院酌定范某1应承担车辆首付款的损耗为19459.4元（97297元×20%），则涂某1应返还车辆剩余首付款77837.6元（97297元-19459.4元）给范某2、叶某。涂某1等人上诉认为范某1与涂某1共同承担车辆折损理据充分，本院予以支持。

二审法院改判如下：(1) 撤销怀集县人民法院（2018）粤1224民初

1216 号民事判决。（2）范某 1 与涂某 1 在恋爱期间购买的粤 H×××××小汽车归涂某 1 所有，涂某 1、范某 1、莫某于本判决发生法律效力之日起十日内返还剩余购车首付款 77837.6 元给范某 1、范某 2、叶某。（3）驳回范某 1、范某 2、叶某的其他诉讼请求。

律师点评

在此类型案件中，主张返还财物的一方往往以婚约财产纠纷为由进行主张，而对方则常会以接受赠与的财物与婚约并无关联，系双方在恋爱期间的一般赠与为由抗辩。因此，确定此类型纠纷的法律关系是正确进行案件处理的首要条件。对此，法院在认定的时候，往往综合考虑双方当事人交往的具体情况，有否谈婚论嫁等因素，结合日常生活经验及当地的风俗习惯来进行认定。

此外，本案典型性的另一个体现是针对除现金之外的婚约财产，以何种形态和标准进行返还的问题。实践中，涉及价值较大的如婚房、车辆、贵重的珠宝首饰等财物，在一方主张返还时，其价值可能已经发生变化，或增值或贬值。对此，实践中是返还原物，还是按照原物的购买价格，抑或考虑增值或贬值的因素，按照现价值予以返还？本案中，原告范某 1 等在起诉时要求按照车辆的购买价格予以返还，但并未获得法院的支持。法院认为范某 1、涂某 1 在登记结婚前已同居生活并共同开办杂货铺、牛杂档，双方在日常生活和经营活动中共同使用案涉车辆作为代步和经营活动的工具，且双方出于结婚目的往返男女方家乡摆酒时亦使用了该车辆，因此范某 1 与涂某 1 均应分担案涉车辆的损耗。

最后，笔者认为，律师在代理该类型案件时，结合男女双方的恋爱情况、一方赠与财产的目的、财产的来源等综合判断案件所属的法律关系，区分一般赠与与附条件赠与，进而制定有针对性的诉讼策略是帮助当事人实现诉讼目标的关键。

第二章　婚内财产分割纠纷

第一节　理论概述与实务指引

一、基本概念及法律依据

根据《中华人民共和国民法典》第一千零六十六条的规定，婚内财产分割纠纷是指一方有隐藏、转移、变卖、毁损、挥霍夫妻共同财产或者伪造夫妻共同债务等严重损害夫妻共同财产利益的行为，或一方负有法定扶养义务的人患重大疾病需要医治，另一方不同意支付相关医疗费用时，夫妻一方可在婚姻关系存续期间请求分割共同财产。

在《中华人民共和国民法典》生效以前，《最高人民法院关于适用〈中华人民共和国婚姻法〉若干问题的解释（三）》第四条就婚内分割共同财产也有相关规定，即：婚姻关系存续期间，夫妻一方请求分割共同财产的，人民法院不予支持，但有下列重大理由且不损害债权人利益的除外：一方有隐藏、转移、变卖、毁损、挥霍夫妻共同财产或者伪造夫妻共同债务等严重损害夫妻共同财产利益行为的；一方负有法定扶养义务的人患重大疾病需要医治，另一方不同意支付相关医疗费用的。

《中华人民共和国民法典》删除了《最高人民法院关于适用〈中华人民共和国婚姻法〉若干问题的解释（三）》第四条中关于婚内分割共同财产的限制条件“不损害债权人利益”，并且新增了“挥霍夫妻共同财产”作为婚内分割共同财产的事由。

关于夫妻共同财产，我国法律以不允许婚内分割共同财产为原则，允许婚内分割共同财产为例外，旨在保障家庭的稳定性，因此，关于婚内分割共同财产的情形，除了法律规定的特定情形以外，不能类推适用，若一方在法律规定的情形以外主张分割共同财产的，人民法院不予支持①。

二、产生婚内财产分割纠纷的情形

（一）夫妻一方实施严重损害配偶一方对夫妻共同财产所有权的行为

一方有隐藏、转移、变卖、毁损、挥霍夫妻共同财产或者伪造夫妻共同债务等严重损害夫妻共同财产利益的行为是启动婚内分割共同财产的其中一类事由。共同特征均为一方出于主观故意而严重损害配偶一方对夫妻共同财产所有权。

对于“严重损害配偶一方对夫妻共同财产所有权”的理解，应结合家庭的消费模式、经济状况等因素综合考虑特定行为的必要性与适当性，若只是进行一般的消费或进行合理的投资经营，则不能认为配偶一方故意损害配偶另一方对夫妻共同财产的所有权。

隐藏、转移，均是指配偶一方为了独自占有共同财产而实施的相关行为，如通过银行账户频繁取现，取现的资金去向不明。

变卖，是指配偶一方未经对方同意，将共同财产出售以达到消耗、侵占共同财产的目的。

毁损，是指配偶一方故意毁坏或减损共同财产的情形。

挥霍，是指配偶一方未经对方同意，浪费钱财、无节制地开支共同财产的行为。

伪造夫妻共同债务，是指配偶一方串通第三方伪造夫妻共同债务，从而达到损害配偶另一方对夫妻共同财产的所有权的行为。

其他严重损害夫妻共同财产利益的行为，目前我国法律并未对此进行定义，原则上，夫妻一方实施财产上的管理或处分行为，依法应征得另一方同

① 《最高人民法院关于适用〈中华人民共和国民法典〉婚姻家庭编的解释（一）》第三十八条。

意，未经另一方同意且无正当理由而实施损害配偶一方共同财产权的行为，应当属于本“兜底性条款”的范围，实践中，应结合案件的实际情况进行进一步判定。

（二）一方负有法定扶养义务的人患重大疾病需要医治，另一方不同意支付相关医疗费用

若夫妻一方负有法定扶养义务的人患有重大疾病需要医治，而另一方不同意支付相关医疗费用时，《中华人民共和国民法典》赋予其在夫妻共同财产制下确立个人财产的权利，从而使得配偶一方在符合特定条件时能够按照个人意愿处分财产。

一方对其未成年子女或不能独立生活的成年子女、其缺乏劳动能力或者生活困难的父母、有负担能力的兄姐对于父母已经死亡或者父母无力抚养的未成年弟妹以及由兄姐抚养长大的有负担能力的弟妹对于缺乏劳动能力又缺乏生活来源的兄姐均负有扶养义务。

需要注意的是，适用该情形需要配偶一方负有法定扶养义务的人处于患有重大疾病阶段，而对于一般的老年病，在已有社会保障、养老保障等条件下足以支付医疗费用时，则不能适用该款主张婚内分割共同财产。

【案例 2. 1】高某、范某婚内财产分割纠纷案中①，高某主张其与范某系夫妻关系，2018 年 6 月 15 日范某起诉离婚，因双方感情尚未破裂，法院作出不准离婚的判决，但高某在离婚诉讼中调查发现范某有转移财产的行为，且婚生子高某 1 由高某抚养，范某拒绝支付抚养费用，高某的母亲患有疾病，需要常年服用药物。高某自 2019 年因公司裁员导致失业，没有收入，范某亦拒绝支付孩子的抚养费和高某母亲的医疗费，导致高某生活严重困难。现高某为维持基本生活故请求法院依法分割二人的夫妻共同财产 15

① 审理法院：天津市河北区人民法院，案号：（2021）津 0105 民初 4263 号，载中国裁判文书网，https：//wenshu. court. gov. cn/website/wenshu/181107ANFZ0BXSK4/index. html？docId=tLWwykCoBI6Cup8LoSmajv333yNjiigK7FXiTR5Z3hJg+RB6JH6zWpO3qNaLMqsJUTWcuuSWqFJE3z3XhifmxiN05NRB6QgWvb77MR4zDu6R+LuaMrKu/omiNTcIynGC，最后访问时间：2022 年 10 月 10 日。

万元。

法院查明：高某陈述其扶养人宋某患有高血脂、高血压、冠心病、癌症、多次骨折，需要长期治疗，每月治疗医药费2000~3000元，宋某有配偶高某2，二人每月每人收入大约3000元，且均有社会医疗保险。范某表示宋某确患有癌症，但属早期并于2017年3月已做手术，术后无须化疗，其他疾病是老年性疾病。

人民法院认为，高某主张婚内分割夫妻共同财产，因其扶养人宋某有配偶、收入来源、医疗保险，以及主张分割的夫妻共同财产是第三人与高某、范某之间成讼的已诉讼保全财产，因此不构成《中华人民共和国民法典》第一千零六十六条规定的法定情形，应当驳回高某的诉讼请求。

此外，配偶本人患病不属于婚内分割共同财产的法定事由。《最高人民法院关于适用〈中华人民共和国民法典〉婚姻家庭编的解释（一）》第三十八条对婚内分割共同财产进一步明确，对于配偶一方非基于法定事由主张婚内分割共同财产的，人民法院不予支持。同时，由于配偶之间相互负有扶养义务，这里的扶养义务既包括生活上的照料，当然也包括在配偶一方患病时，另一方对其予以照顾并支付医疗费用等，因此，当配偶本人患病时，若另一方不支付医疗费，可通过要求另一方履行扶养义务的方式来保障自身权益，而无须通过启动婚内财产分割纠纷来实现救济目的。

第二节　办案思路与实战技巧

一、诉讼主体的确定

若配偶一方实施了《中华人民共和国民法典》第一千零六十六条明确的法定情形，配偶另一方可向具有管辖权的人民法院提起婚内财产分割纠纷，原则上，配偶双方的诉讼地位对立，实施侵害配偶一方对共同财产享有所有权行为的该方为被告，对共同财产享有所有权被侵害的该方为原告。实践中，若诉讼标的涉及案外人的，可根据实际情况将案外人列为案件的共同被告或第三人。

【案例 2.2】 宾某、甘某与李某某婚内财产分割纠纷案①中，原告宾某主张其配偶甘某未经其同意，将债务人用于向原、被告抵债的房产直接登记在案外人李某某名下，在诉讼过程中，原告宾某申请追加案外人李某某为第三人，法院予以准许。

二、证据的收集与使用

配偶一方基于《中华人民共和国民法典》第一千零六十六条的规定提起婚内财产分割纠纷，需要证明配偶另一方实施了侵害其对夫妻共同财产享有的所有权的行为。实践中，配偶另一方实施相关侵权行为较为隐秘，同时由于国家对公民个人隐私的保护，配偶一方想要通过个人的力量调查收集相关证据较为困难，因此，在该类案件中，可通过申请法院向有关单位或个人调查取证或者是由律师持律师调查令完成调查取证工作。

在适用“一方有隐藏、转移、变卖、毁损、挥霍夫妻共同财产或者伪造夫妻共同债务等严重损害夫妻共同财产利益的行为”这一项时，证据收集需要围绕以下四个要点开展，分别是：

1. 一方未经配偶同意而实施相关行为；
2. 一方所实施的行为超出了家事代理权的范围、不符合常理；
3. 一方所实施的行为侵害了配偶另一方对夫妻共同财产享有所有权；
4. 需要人民法院在本案处理的夫妻共同财产的范围。

在适用“一方负有法定扶养义务的人患重大疾病需要医治，另一方不同意支付相关医疗费用”这一项时，证据收集需要围绕以下四个要点开展，分

---

① 审理法院：湖南省湘潭市雨湖区人民法院，案号：（2021）湘 0302 民初 4207 号，载中国裁判文书网，https：//wenshu. court. gov. cn/website/wenshu/181107ANFZ0BXSK4/index. html?docId=x6qwEVEAw7v4QPI4SAHsk6eDa0s1eY72UJbdaS293QaNKkBUjgZMppO3qNaLMqsJUTWcuuSWqFJE3z3XhifmxiN05NRB6QgWvb77MR4zDn57+h0OVR/Cg5c7MVdH/F7s，最后访问时间：2022 年 10 月 10 日。

别是：

1. 主张分割财产一方对特定案外人负有法定扶养义务；

2. 主张分割财产一方负有法定义务的人因患有重大疾病产生了医疗费用且相关医疗费用由主张分割财产一方承担存在必要性（如患有重大疾病的案外人没有购买医疗保险以及患有重大疾病的案外人没有支付医疗费用的能力或没有除主张分割财产一方的其他扶养人等）；

3. 配偶另一方曾经作出不同意支付相关医疗费用的意思表示；

4. 主张分割财产一方与其配偶名下的夫妻共同财产具有支付相关医疗费用的经济能力。

三、婚内财产分割纠纷的裁判标准

（一）财产分割范围

婚内财产分割纠纷是建立在夫妻共同财产所有制基础上的一种保障配偶对夫妻共同财产享有所有权的救济措施，因此，婚内分割夫妻财产的范围应限缩在夫妻共同财产的范围内。

在夫妻双方未对婚姻关系存续期间所得的财产进行书面约定的前提下，除《中华人民共和国民法典》第一千零六十三条规定的个人财产范围以外，其余夫妻双方在婚姻关系存续期间所得的财产应为共同财产。

关于婚内财产分割纠纷应当在全部的夫妻共同财产范围内分割还是针对部分夫妻共同财产进行分割，我国现有法律并未有明确规定，笔者认为，针对婚内夫妻财产分割的范围，配偶一方可在夫妻共同财产的范围内自由选择。

（二）财产分割比例

我国现有法律并未对婚内分割夫妻共同财产的分割原则予以明确，但关于离婚时分割夫妻共同财产的规定，则分别在《中华人民共和国民法典》第一千零八十七条以及第一千零九十二条予以明确，分别是对子女、女方以及无过错方的照顾性分割原则以及对一方隐藏、转移、变卖、毁损、挥霍夫妻共同财产，或者伪造夫妻共同债务企图侵占另一方财产的进行少分或部分的惩罚性分割原则。

由于婚内财产分割纠纷是建立在特定情形下的夫妻财产分割制度，目的是保障配偶一方对夫妻共同财产的所有权，同时分割完成后，对于已分割的财产不再纳入夫妻共同财产的范围，因此笔者认为在婚内分割夫妻共同财产时，应当参照离婚时对夫妻共同财产分割的照顾性分割原则以及惩罚性分割原则分割夫妻共同财产，从而体现我国法律对夫妻共同财产制度内部逻辑的统一。

第三节　典型案例评析

案例 3：李某与黄某婚内财产分割纠纷案①

裁判主旨

在提起婚内财产分割纠纷时，对于将夫妻共同财产变卖的情形，由于标的物已不在配偶一方名下，因此一方在提出诉讼请求时可以以对应标的物的购买价作为计算基准，要求配偶一方支付补偿款。

案情简介

李某与黄某于 1994 年登记结婚，婚后生育一儿一女，黄某自 1997 年以外出打工为由离家随后杳无音信，至今未回。2007 年黄某在未与李某离婚的情况下与他人登记结婚，2015 年 5 月 6 日被宜章县人民法院判处重婚罪有期徒刑一年。判刑后，黄某仍然躲避李某。2014 年 8 月李某通过派出所查到黄某以个人名义购买车牌号为浙 FG××××小轿车一辆。黄某故意隐藏夫妻共有财产，对李某家庭不闻不问。

---

① 审理法院：湖南省宜章县人民法院，案号：（2021）湘 1022 民初 1192 号，载中国裁判文书网，https：//wenshu. court. gov. cn/website/wenshu/181107ANFZ0BXSK4/index. html？docId=J5BMh/HphKWYBkc6ncJ2YV3QveZ6IL6Baf5sPOVH7eRvZwfFweYA7ZO3qNaLMqsJUTWcuuSWqFJE3z3XhifmxiN05NRB6QgWvL77MR4zDn4EE0zKza/NCaIfyh1hTbSC，最后访问时间：2022 年 10 月 10 日。

李某向法院提出诉讼请求：（1）请求分割黄某以个人名义购买并掌握的夫妻共有的车牌号为浙 FG××××小轿车；（2）本案诉讼费由被告承担。

黄某未到庭，也未作答辩。

黄某于 2015 年 5 月 6 日被判处重婚罪。黄某于 2019 年 4 月 24 日向法院起诉，要求与李某离婚。法院从维护家庭和谐稳定的角度出发，驳回黄某的离婚请求。2021 年 7 月 15 日李某诉至法院，请求依法分割双方婚姻存续期间的共同财产。李某通过派出所查实黄某名下有车牌号浙 FG××××轿车一辆，该车辆系双方婚姻关系存续期间内由黄某以 50000 元的价格购入，属于夫妻共同财产。现该车已被黄某转卖。

法院判决

法院经审理认为：李某与黄某系夫妻关系，但在两人婚姻关系存续期间，黄某长期离家，不管家中妻儿，且与他人重婚的行为已经严重损害夫妻共同财产利益。李某请求判令分割被告名下车牌号为浙 FG××××小轿车，法院予以支持。该车购入价格为 50000 元，李某请求分割，黄某应向李某支付该车价款的一半即 25000 元。

律师点评

引发婚内财产分割纠纷的其中一类原因是夫妻一方实施严重损害配偶一方对夫妻共同财产所有权的行为，这类行为可表现为一方在婚姻关系存续期间隐藏、转移、变卖、毁损、挥霍夫妻共同财产，由于上述所列的行为均是将夫妻共同财产脱离配偶一方或双方的控制，因此，在实践中，如何确定诉讼请求尤为关键。

以配偶一方在婚内变卖夫妻共同财产为例，虽然配偶一方在变卖夫妻共同财产的过程中可能会获得相应的经济回报，但该回报一般比被变卖财产的市场价值低。另外，若案外人已经支付对价并善意取得对应的财产，要求返还财产也是难以实现的。因此，配偶另一方在提起婚内财产分割纠纷时，可以变卖财产的购买价值或者是相关财产变卖时的市场价值为计算基准，要求变卖财产的配偶一方支付对应的补偿款。

第三章　离婚纠纷

第一节　理论概述与实务指引

一、离婚的概念

离婚是指夫妻双方依据法定条件和程序解除婚姻关系，终止夫妻间权利和义务的法律行为。

二、离婚的方式

1. 登记离婚

又叫协议离婚。指夫妻双方自愿离婚，并就离婚的法律后果达成一致意见，并经过婚姻登记机关登记认可的一种离婚方式。在实际操作中，要求夫妻双方就是否离婚、子女抚养、财产分割等问题完全达成一致意见，并持离婚协议及相关证件于婚姻登记部门办理离婚登记手续，经审查合格后准予离婚登记并发给离婚证，发给离婚证之日即为婚姻关系解除之日。

2. 诉讼离婚

如夫妻双方无法就是否离婚、子女的抚养、夫妻共同财产的分割等问题协商达成一致意见，任何一方均可向人民法院提起诉讼要求解除婚姻关系，即诉讼离婚。在离婚诉讼过程中，应一方或双方当事人的诉求，法院将就双方夫妻感情是否破裂、子女的抚养、夫妻共同财产的分割、债权债务的享有及承担等问题进行审查处理。

三、离婚纠纷案件的法律适用

离婚纠纷中需要解决三大问题，包括婚姻关系解除与否，子女抚养以及财产及债务处理。其中，不仅包含了当事人之间的人身关系，更包含了错综复杂的财产关系，从而使得离婚纠纷在实体处理上既要适用《中华人民共和国民法典》《最高人民法院关于适用〈中华人民共和国民法典〉婚姻家庭编的解释（一）》等法律规范，同时也涉及《中华人民共和国公司法》《中华人民共和国保险法》以及《中华人民共和国证券法》等相关门类的法律规定。加之，各个部门法又有大量的司法解释，因此可以说，离婚纠纷案件的法律适用极为复杂，且存在不同法律关系之间的衔接问题，值得律师进行深入的探讨和研究。

四、律师办理离婚纠纷案件的实务指引

（一）对婚姻效力的审查

向法院起诉离婚的前提是男女双方的婚姻关系合法有效。在我国，个别漠视婚姻登记的强制性规定，认为只要根据习俗举办婚礼仪式，男女双方就已经缔结婚姻关系的情形仍然存在。因此，律师在处理时要注意区分“同居关系”与“事实婚姻”这两种情况。

根据《最高人民法院关于适用〈中华人民共和国民法典〉婚姻家庭编的解释（一）》第七条的规定，未依据民法典第一千零四十九条规定办理结婚登记而以夫妻名义共同生活的男女，提起诉讼要求离婚的，应当区别对待：

（1）1994 年 2 月 1 日民政部《婚姻登记管理条例》公布实施以前，男女双方已经符合结婚实质要件的，按事实婚姻处理。

（2）1994 年 2 月 1 日民政部《婚姻登记管理条例》公布实施以后，男女双方符合结婚实质要件的，人民法院应当告知其补办结婚登记。未补办结婚登记的，依据本解释第三条规定处理。

《最高人民法院关于适用〈中华人民共和国民法典〉婚姻家庭编的解释

（一）》第三条规定，当事人提起诉讼仅请求解除同居关系的，人民法院不予受理；已经受理的，裁定驳回起诉。当事人因同居期间财产分割或者子女抚养纠纷提起诉讼的，人民法院应当受理。

据此，男女双方未登记结婚但以夫妻名义共同生活，一方向法院起诉离婚的，人民法院应区别对待：其一，符合事实婚姻条件的，若男女双方在1994年2月1日之前就已经以夫妻名义共同生活的，按离婚纠纷受理；若男女双方在1994年2月1日之后才以夫妻名义共同生活的，人民法院应当告知其补办结婚登记。未补办结婚登记的，当事人提起诉讼仅请求解除同居关系的，人民法院不予受理；已经受理的，裁定驳回起诉。当事人因同居期间财产分割或者子女抚养纠纷提起诉讼的，人民法院应当受理。其二，不符合事实婚姻条件的，若涉及同居期间财产分割或者子女抚养纠纷的，人民法院应当受理。

1. 什么是事实婚姻

事实婚姻是相对于登记婚姻而言，国家对未办理结婚登记而以夫妻名义同居生活的男女双方之间关系的有条件认可。目前我国法律对“事实婚姻”的认定条件如下：

（1）1994年2月1日之前便以夫妻名义共同生活。

（2）符合结婚的实质要件，即自愿以夫妻名义共同生活且不存在无效婚姻的法定情形。

2. 事实婚姻的解除

（1）补办结婚登记的，男女双方可以协议离婚。

（2）未补办结婚登记的，一方可以向人民法院起诉解除婚姻关系。人民法院应当先进行调解。经调解和好或撤诉的，确认婚姻关系有效，发给调解书或裁定书；经调解不能和好的，应判决准予离婚。

（二）婚姻关系解除的法定标准

夫妻感情确已破裂且调解无效是判决离婚的法定标准。

判决离婚法定标准，也叫判决离婚的法定原因或理由，是法院判决准予离婚的根据。《中华人民共和国民法典》第一千零七十九条第二款“人民法院审理离婚案件，应当进行调解；如果感情确已破裂，调解无效的，应当准予离婚”这一规定说明，男女一方提起离婚诉讼后，是否准予离婚，不必然取决于另一方关于是否同意离婚的意思表示，而是由法院依据双方的实际情形判定夫妻双方的感情是否确已破裂，并依据调解的结果从而最终作出是否准予离婚的裁判结果。

这意味着，如果经法院认定双方的夫妻感情确已破裂，即使一方不同意离婚，法院经调解和好无效的，也应准予离婚；同时，如果夫妻感情没有破裂或没有完全破裂，一方不同意离婚的，法院经调解和好或者调解离婚无效的，法院将判决不准予离婚。

（三）法定的离婚条件

根据《中华人民共和国民法典》第一千零七十九条的规定，当事人能够举证证明以下情况的，经法院调解无效的，应认定夫妻感情确已破裂，准予离婚。

1. 重婚或有配偶者与他人同居

（1）重婚，是指有配偶者又与他人结婚，或与他人以夫妻名义共同生活。

行为人构成重婚须同时有前后两段及以上的婚姻关系：前后婚姻关系既可以是登记婚姻，也可以是事实婚姻。

对于无效婚姻或可撤销婚姻，行为人在其婚姻未经法定程序宣告无效或撤销之前，其婚姻关系仍合法有效，此时若与他人登记结婚，或以夫妻名义共同生活的，亦构成重婚。构成重婚的主体既可以是拥有登记婚姻或事实婚姻的夫妻一方，也可以是明知对方已登记结婚或具有事实婚姻而仍与其办理结婚登记或与其构成事实婚姻的男女一方。

（2）有配偶者与他人同居，是指有配偶者与婚外异性，不以夫妻名义持续、稳定地共同生活居住。

此外，实践中还有通奸、婚外情、婚外恋等说法，因其在法律上的定义和外延不够清晰，现在很少见于法律规定之中，而是更多地出现在老百姓的日常表达当中。

2. 实施家庭暴力或虐待、遗弃家庭成员

（1）家庭暴力，根据《中华人民共和国反家庭暴力法》第二条的规定，家庭暴力是指家庭成员之间以殴打、捆绑、残害、限制人身自由以及经常性谩骂、恐吓等方式实施的身体、精神等侵害行为。由此可见，家庭暴力主要包括肢体暴力、精神暴力、性暴力以及经济控制等表现形式。

除此以外，全国多地政府相继出台了关于适用《中华人民共和国反家庭暴力法》的办法以及条例，其中《湖南省实施〈中华人民共和国反家庭暴力法〉办法》首次将宣扬隐私明确为家庭暴力行为[①]，《内蒙古自治区反家庭暴力条例》[②] 首次将过度支配或者剥夺家庭成员的财物明确为家庭暴力。

（2）虐待，是指经常性地故意折磨、摧残家庭成员，使其在精神上、身体上遭受巨大痛苦，蒙受损失的行为。持续性、经常性的家庭暴力行为，也可以认定为虐待。

（3）遗弃，是指对于年老、年幼、患病或其他没有独立生活能力的人负有赡养、抚养或扶养义务而拒绝履行相关义务的情况。

3. 有赌博、吸毒等恶习屡教不改

首先，本条款是列举性的，也即除赌博、吸毒之外，其他会严重影响夫妻感情的恶习，如酗酒、嫖娼等，均属于本条规定的范围之内。

其次，在存在上述恶习的情况下，还应当满足“屡教不改”的要求，即赌博、吸毒等恶习成瘾，经家人包括配偶的规劝帮助，仍不思悔改的情况。

4. 因感情不和分居满二年

分居满二年必须是因感情不和分居，因工作、照顾家人等原因分居的，不能作为夫妻感情破裂的理由。

5. 配偶被宣告失踪

自然人下落不明满两年的，利害关系人可以向人民法院申请宣告其为失踪人。[③] 夫或妻一方被法院宣告失踪的，另一方以此为由起诉离婚的，法院

---

① 参见《湖南省实施〈中华人民共和国反家庭暴力法〉办法》，载长沙晚报网，https：//www. icswb. com/h/162/20190531/605522. html，最后访问时间：2022 年 10 月 14 日。

② 参见《内蒙古自治区反家庭暴力条例》，载内蒙古人大网，http：//www. nmgrd. gov. cn/zyfbx/dfxfgx/202004/t20200414_ 397219. html，最后访问时间：2022 年 10 月 14 日。

③ 《中华人民共和国民法典》第四十条。

应当准许。需要注意的是，夫妻另一方或其他利害关系人未向法院申请宣告失踪的情况下，直接提出离婚诉求的，不能适用本条的规定。

6. 经人民法院判决不准离婚后，双方又分居满一年，一方再次提起离婚诉讼

对于第一次起诉离婚时因不符合《中华人民共和国民法典》第一千零七十九条的规定而由人民法院判决不准予离婚的情形，夫妻一方若在人民法院判决不准予双方离婚后又分居一年的，视为双方感情确已破裂，人民法院在调解无效时，应当准予离婚。

该条为《中华人民共和国民法典》在《中华人民共和国婚姻法》基础上新增的规定，解决了夫妻一方作为原告多次起诉仍不准予离婚的难题。对于原告来讲，只要符合上述法律规定，并再次起诉离婚则视为双方感情确已完全破裂，人民法院经调解无效，应当准予离婚。上述法律条文须注意以下两点：其一，该情形仅适用于人民法院经过实体审理而判决不准予离婚，对于一方提起离婚诉讼后不缴纳诉讼费，按照撤诉处理或者自行撤诉的情形，应视为不适用该项规定；其二，如何计算又分居一年的时间起算节点，应自人民法院的判决生效之日的次日起计算，而非自裁判文书载明的时间起计算。

7. 夫妻双方因是否生育发生纠纷，致使感情破裂①

生育权，是夫妻双方均享有的一项基本的人身权利。夫妻行使该权利时须基于双方的合意。现实生活中常出现夫妻一方非常想生育子女，而配偶坚决不想生育子女的情形，如女方拒绝怀孕生育子女、怀孕后擅自终止妊娠等。《中华人民共和国妇女权益保障法》第三十二条规定，妇女依法享有生育子女的权利，也有不生育子女的自由。对此，配偶虽不能以生育权受到损害而主张赔偿，但可以此为由主张双方的夫妻感情确已完全破裂，进而起诉离婚。若夫妻双方对生育问题有纠纷，尚未导致夫妻感情完全破裂的，在一方坚决不同意离婚的情况下，法院通常会判决不准予离婚。

---

① 《最高人民法院关于适用〈中华人民共和国民法典〉婚姻家庭编的解释（一）》第二十三条。

【案例 3.1】 颜某与黄某离婚纠纷案①中，颜某与黄某于 2013 年 8 月经人介绍相识恋爱后，同年 12 月 30 日登记结婚。颜某与前夫育有一子黄某 1，系 2012 年 8 月 21 日出生。双方从认识到结婚时间仓促，系“闪婚”，双方缺乏了解，草率结婚，感情基础薄弱。双方性格不合，黄某在夫妻生活中缺乏主见，双方亦无共同语言，无法沟通。婚后，黄某及其父母强烈要求原告生育小孩，颜某考虑多方因素，不愿生育小孩。双方因是否生育产生分歧，矛盾激化，导致夫妻感情破裂。现双方夫妻感情已经完全破裂，特请求人民法院判令双方离婚。黄某辩称，坚决不同意离婚，双方夫妻感情较好，并未达到破裂的程度。法院审理认为：颜某与黄某经人介绍恋爱并自愿结婚，婚姻基础较好。黄某坚决不同意与颜某离婚，现颜某离婚起诉认为夫妻感情已经完全破裂，但颜某并未提供充分证据证实，颜某要求离婚的事实不充足，理由不充分。双方只要今后在夫妻共同生活过程中，加强理解和沟通，相互包容，妥善协商生育问题，增强家庭责任感，夫妻关系尚有和好的可能，据此，一审法院判决不准予颜某与黄某离婚。

8. 其他导致夫妻感情破裂的情形

在司法实践中，导致夫妻感情破裂的常见原因如下：

（1）双方办理结婚登记后，未实际共同生活，并未建立起夫妻感情的；

（2）婚前缺乏了解、草率结婚，婚后亦未建立起夫妻感情，婚姻生活难以为继的；

（3）一方婚后患有性病、艾滋病等传染性疾病的；

（4）一方因生理缺陷或其他原因，导致无法进行性生活，影响夫妻感情的；

---

① 审理法院：湖南省湘潭县人民法院，案号：（2014）潭民一初字第 1855 号，载中国裁判文书网，https：//wenshu. court. gov. cn/website/wenshu/181107ANFZ0BXSK4/index. html？docId=kENm3y/kWP6uxxwskauzmY3usN0rGtH0LYJ3NG7OQWpdsXkF8mBTe5/dgBYosE2gp6p68nCRWaKmJ+/AKHue4oLG/LQrtig9GxGws5u6O/LxMpe7tgFZ27GDSzRbe5NF，最后访问时间：2022 年 11 月 15 日。

（5）一方因刑事犯罪被依法判处长期刑罚，或一方违法、犯罪严重伤害夫妻感情的。

（四）离婚损害赔偿

根据《中华人民共和国民法典》第一千零九十一条的规定，有以下情形的，无过错方可以主张损害赔偿：

1. 重婚；
2. 与他人同居；
3. 实施家庭暴力；
4. 虐待、遗弃家庭成员；
5. 有其他重大过错。

针对无过错方主张损害赔偿的情形，《中华人民共和国婚姻法》仅列举了重婚，与他人同居，实施家庭暴力，虐待、遗弃家庭成员这四种严重过错情形。《中华人民共和国民法典》在此基础上新增了第五款兜底性规定，即“有其他重大过错”，这一规定使得无过错方在离婚时主张损害赔偿的严重过错情形更为广泛，如对于因一方在婚内违反夫妻忠实义务导致双方离婚，但并未达到重婚或与他人同居的严重程度，在无过错方可以充分举证的情况下，人民法院有可能会支持其要求损害赔偿的诉求。

【案例 3. 2】黄某 1 与黄某 2 离婚后财产纠纷案[①]中，女方在离婚后才发现男方在婚姻存续期间与案外人生育非婚生子女，严重违背夫妻忠实义务，存在重大过错，在离婚后向法院起诉要求男方支付损害赔偿款。法院审理后，认定男方在与女方婚姻关系存续期间，与他人有不正当往来并生育非婚生子女，存在过错，足以对女方的精神造成严重损害，判决男方向女方支付精神损害抚慰金人民币 3 万元。

---

① 审理法院：广东省广州市中级人民法院，案号：（2021）粤 01 民终 28858 号，载中国裁判文书网，https：//wenshu. courtvgov. cn/website/wenshu/181107ANFZ0BXSK4/index. html？docId=4L13DrbIdEz3Gt5PGQwc + UTUC6g1hYVtsQWMfRTp6Qr2e740GY6B1J/dgBYosE2gp6p68nCRWaKmJ +/AKHue4utpoVk8jY83WllbczIKwepmpIFFO3oHg85DN1IdLmYP，最后访问时间：2022 年 11 月 15 日。

需要注意的是，无过错方行使损害赔偿请求权的前提是起诉离婚或基于此过错行为导致双方已经解除了婚姻关系。若在婚姻关系存续期间，无过错方仅诉请过错方支付损害赔偿而不离婚的，人民法院不予受理。

（五）法定禁止及限制离婚的情形

1. 男方不得在女方孕育期、哺乳期内向法院起诉离婚

根据《中华人民共和国民法典》第一千零八十二条的规定，女方在怀孕期间、分娩后一年内或者终止妊娠后六个月内，男方不得提出离婚。此条规定以禁止男方的离婚请求权来达到保护妇女儿童的目的。因处于上述阶段的妇女，其在生理、心理及经济上必然地都承受着巨大的负担，此时若准许男方起诉离婚，则势必会给女方在精神上带来沉重的打击，会对女方身体健康带来消极影响，更不利于胎儿、婴儿的发育、成长。但女方提出离婚的，或人民法院认为确有必要受理男方离婚请求的，不在此限。

2. 离婚诉讼后六个月内原告不得再次向法院起诉离婚

离婚诉讼有别于其他诉讼的特点，不完全适用一般民事诉讼中“一事不再理”的基本原则。在人民法院作出不准予离婚的判决生效六个月后，原告可再次向法院起诉要求离婚。

因法院作出不准予离婚判决的依据是夫妻双方感情尚未完全破裂，尚有修复和好的可能。但由于感情是会发生变化的，在前一次诉讼中夫妻感情尚未完全破裂，并不意味着往后的夫妻感情就一定能够和好，矛盾不会加深。因此，为了保障当事人的离婚自由，法律允许当事人可再次起诉离婚。根据《中华人民共和国民事诉讼法》第一百二十七条第七款的规定，判决不准离婚和调解和好的离婚案件，没有新情况、新理由，原告在六个月内又起诉的，不予受理。当然，该限制规定仅适用于原告，被告不受此限。

（六）子女的抚养与探望

夫妻关系的解除并不意味着父母与子女之间的关系随之消除。男女双方在解除婚姻关系后仍须承担抚养子女的法定义务，只是抚养子女的方式由双方的共同抚养变更为一方直接抚养，另一方通过支付抚养费及探望来履行抚育、监护子女的责任。在离婚纠纷中，法院需解决子女抚养权归属、抚养费支付以及探望权行使三大问题。

1. 抚养权的归属

法院在处理子女抚养权归属的问题时，会优先尊重父母双方的合意。若父母双方协商不成的，法院会以子女的利益最大化为出发点，比较父母双方各方面条件，如受教育水平、工作性质、工资收入、家庭环境等，以及考虑子女目前的生活状态，综合判断由谁抚养子女更有利于子女的成长。根据《中华人民共和国民法典》以及《最高人民法院关于适用〈中华人民共和国民法典〉婚姻家庭编的解释（一）》的相关规定，针对子女抚养权的归属问题，列举了如下处理原则：

（1）两周岁以下的子女，以由母亲直接抚养为原则。

由于两周岁以下的婴幼儿天然地在生理和心理上对母亲的依赖较大，因此处于该年龄阶段的子女由女方抚养更加有利于子女的成长。对于两周岁以下子女的抚养权归属，也有例外规定，如果母亲有下列情形的，父亲要求直接抚养子女的，人民法院应当支持：

①患有久治不愈的传染性疾病或者其他严重疾病，子女不宜与其共同生活；②有抚养条件不尽抚养义务，而父亲要求子女随其生活；③因其他原因，子女确不宜随母亲生活。

（2）八周岁以上的子女，法院应当充分尊重子女的真实意愿。

八周岁以上的子女，其心智已相对成熟，对事物有较为完全的思考，且能够清晰表达自己的想法。因此，根据法律规定，八周岁以上的未成年人有自主选择跟随父、母其中一方共同生活的权利，法院在判决子女抚养权归属时应当尊重其意愿。

（3）多子女（含多胞胎子女）的抚养权归属，仍以子女利益为判决核心。

在以往的实践中，多子女一般会判决由父母双方分别抚养。这种判决结果是从保障子女成长环境稳定及平衡父母之间的矛盾，促进探望实现的角度考虑的。如果由父母一方抚养全部子女，每个子女可得到的教育照顾的时间将会变少，同时，亦有可能出现探望困难的情形，不利于子女的健康成长。

但是，由于多子女从小在相同的环境下成长，相互之间十分依赖，感情联系密切，若是非要把多子女、多胞胎分别交由父母各自抚养，无疑会给他们在情感上、精神上造成一定的伤害。因此，出于对儿童身心健康的综合考虑，在父母一方抚养条件允许的情况下，越来越多法院出现把多子女判给父母一方抚养的案例。

（4）父母一方有下列情况之一的，可优先考虑由该方取得子女的抚养权：

①已做绝育手术或因其他原因丧失生育能力的；②子女随其生活时间较长，改变生活环境对子女成长明显不利的；③无其他子女，而另一方有其他子女的；④子女随其生活，对子女成长有利，而另一方患有久治不愈的传染性疾病或其他严重疾病，或者有其他不利于子女身心健康的情形，不宜与该子女共同生活的。

另外，子女随一方老人生活时间较长的，亦可作为争取抚养权的有利条件。现代人的生活压力大，夫妻双方均在外打拼挣钱养家，把孩子留在家中由父母帮忙带养的情况十分普遍。因此，在男女双方的抚养条件差距不大时，子女随一方老人生活的时间较长，且老人有能力有意愿帮助抚养的，可作为父母争取子女抚养权的有利条件予以考虑。

（5）对于实施家庭暴力的父母一方，一般不宜判决其直接抚养未成年子女。

根据《最高人民法院第八次全国法院民事商事审判工作会议（民事部分）纪要》① 中关于未成年保护问题的规定，在审理婚姻家庭案件中，应注重对未成年人权益的保护，特别是涉及家庭暴力的离婚案件，从未成年子女利益最大化的原则出发，对于实施家庭暴力的父母一方，一般不宜判决其直接抚养未成年子女。

2. 子女的探望

探望权对于未取得孩子抚养权的父母一方来说，是其与子女维系感情的重要保障之一。对于探望权行使的方式，法院会优先尊重双方协商的意见，因探望权是人身权利，在父母双方能够友好协商的前提下解决，将更有利于

---

① 《最高人民法院第八次全国法院民事商事审判工作会议（民事部分）纪要》，载中国法院网，https://www.chinacourt.org/article/detail/2016/11/id/2361616.shtml，最后访问时间：2022年10月11日。

确保抚养权的行使不受阻碍。

在父母双方未能协商一致的情况下，法院将参考双方对探望权的要求，并考虑现实操作的可行性，依法判决。为使作出的判决更有利于执行，法院一般会判决固定探望，即判决未直接抚养一方在固定的时间段内以固定的方式行使探望权。

此外，探望权的法律性质特殊，父母对子女的探望既是权利也是义务，父母一方不得主动放弃探望。对此，我们将在本书探望权纠纷一章中专门陈述。

3. 抚养费的标准与支付

根据《中华人民共和国民法典》第一千零八十五条的规定，离婚后，子女由一方直接抚养的，另一方应当负担部分或者全部抚养费。负担费用的多少和期限的长短，由双方协议；协议不成的，由人民法院判决。前款规定的协议或者判决，不妨碍子女在必要时向父母任何一方提出超过协议或者判决原定数额的合理要求。

（1）抚养费的确定，由父母双方自行协商。协商的具体内容包括：是否支付抚养费；抚养费的支付标准；抚养费的支付方式；大额费用的承担比例等。协商不成的，法院会参考子女的实际需要、父母双方的负担能力和当地的实际生活水平等因素酌情作出判决。

（2）抚养费的支付标准。抚养费的支付标准一般由当事人在协议离婚时协商确定，或者由人民法院通过判决予以确定。应注意的是，对于《最高人民法院关于适用〈中华人民共和国民法典〉婚姻家庭编的解释（一）》第四十九条第二款“有固定收入的，抚养费一般可以按其月总收入的百分之二十至三十的比例给付。负担两个以上子女抚养费的，比例可以适当提高，但一般不得超过月总收入的百分之五十”的规定不能作机械化的理解，认为抚养费的支付标准必然是不直接抚养子女一方收入的20%到30%。其原因在于，判定子女抚养费的标准其中一个主要依据是父母的负担能力，而随着全社会的收入已呈现出巨大的差异化和多样化的趋势，父母一方的负担能力并非必然以固定收入为主要判定依据。因此，在个案的处理上，上述关于抚养费可按照一方总收入的20%至30%的比例给付只能作为一个参考的标准。

此外，前述讨论的是子女日常生活的基本费用，一般而言金额是相对固定的，但子女因重大疾病、意外事故、就学等原因而额外产生的必要的大额开销，子女可另行要求不直接抚养的父母一方支付额外的抚养费。

同时，抚养费的金额并非在离婚时确定后就不能变更。在一方抚养子女过程中，随着子女长大、开支的增加，以及物价水平的增长，原定的抚养费数额不足以负担子女的正常生活的情况下，子女可作为原告向法院起诉要求增加抚养费。相应地，若不直接抚养子女一方出现重大疾病、丧失劳动能力等重大不利影响，而造成其经济收入锐减，无法承担原定的抚养费数额，亦可以协商降低抚养费金额，协商不成亦可以向法院起诉要求降低抚养费。

（3）抚养费的支付方式。不直接抚养子女一方应定期支付抚养费，抚养费的支付方式通常是按月支付。当事人要求一次性支付抚养费的，除非不直接抚养子女一方有一次性支付抚养费的能力并且存在极为特殊的情况，如不判决一次性支付将有可能导致子女日后无法取得抚养费等，否则法院一般难以支持。

（4）抚养费给付的期限。根据《中华人民共和国民法典》第一千零六十七条及《最高人民法院关于适用〈中华人民共和国民法典〉婚姻家庭编的解释（一）》第四十一条、第四十三条的规定，原则上，子女成年以前，父母均应当承担抚养义务、支付抚养费，对于尚在校接受高中及其以下学历教育，或者丧失、部分丧失劳动能力等非因主观原因而无法维持正常生活的成年子女，父母也应当支付抚养费。此外，对于十六周岁以上不满十八周岁的未成年子女，以其劳动收入为主要生活来源，并能维持当地一般生活水平的，父母可以停止给付抚养费。

（七）夫妻共同财产的分割

1. 区分夫妻双方的共同财产和一方的个人财产

除夫妻双方另有约定外，在婚姻关系存续期间获得的财产均属于夫妻共同财产。根据《中华人民共和国民法典》第一千零六十二条的规定，夫妻共同财产的范围包括夫妻在婚姻关系存续期间所得的工资、奖金、劳务报酬；

生产、经营、投资的收益；知识产权的收益；继承或受赠的财产（明确赠与给一方的除外）以及其他应当归共同所有的财产等。此外，《最高人民法院关于适用〈中华人民共和国民法典〉婚姻家庭编的解释（一）》第二十六条、第二十七条对上述规定进行了补充，夫妻一方个人财产在婚后产生的收益，除孳息和自然增值外，应当认为夫妻共同财产。此外，由一方婚前承租、婚后用共同财产购买的房屋，登记在一方名下的，应当认定为夫妻共同财产。最后，在婚姻关系存续期间，男女双方实际取得或者应当取得的住房补贴、住房公积金，男女双方实际取得或者应当取得的养老保险金、破产安置补偿费，亦属于夫妻共同财产。

相应地，一方的婚前财产、一方因受到人身损害获得的赔偿或者补偿、遗嘱或赠与合同中确定只归一方的财产、一方专用的生活用品以及其他应当归一方的财产为一方的个人财产。

2. 常见的夫妻共同财产的类型

（1）不动产；

（2）车辆；

（3）银行存款；

（4）公司股权；

（5）商业保险；

（6）社会保险和住房公积金；

（7）知识产权；

（8）基金、股票、理财产品等金融资产；

（9）收藏品、奢侈品；

（10）共同债权；

（11）其他类型的夫妻共同财产，如具有财产属性的虚拟财产。

3. 分割原则

（1）有约定的从约定

男女双方可以约定婚姻关系存续期间所得的财产以及婚前财产归各自所有、共同所有或者部分各自所有、部分共同所有，约定应当采用书面形式。因此，如果离婚前男女双方对于婚姻关系存续期间所得的财产归属已经达成书面的一致意见的，那么离婚时关于婚姻关系存续期间所得的财产的分割按照双方的书面约定进行处理。

（2）无约定的，在一般情况下，以均等分割为原则，并照顾无过错方、保护子女及女方权益

正常情况下，在夫妻双方无法对夫妻共同财产的分割达成一致意见的情况下，法院一般会按照双方各50%的比例来确定各自享有的份额。若夫妻一方主张取得共同财产的全部份额，则须按照另一方享有的份额折价补偿。

同时，根据《中华人民共和国民法典》第一千零八十七条的规定，人民法院审理离婚案件对夫妻共同财产的处理，应当按照照顾子女、女方以及无过错方权益的原则判决。

此外，离婚时，如果一方生活困难，有负担能力的另一方应当给予适当帮助，具体办法由双方协议；协议不成的由人民法院判决。关于离婚时为生活困难一方提供帮助的具体形式，我国现有法律尚未明确，实际中可包括支付现金以及提供住房使用权等。但这种形式并非指在财产分割上对生活困难一方予以倾斜，而是在财产分割以外的对生活困难一方的救济。

（3）特殊情形下，一方对夫妻共同财产少分或不分的情况

根据《中华人民共和国民法典》第一千零九十二条规定，夫妻一方隐藏、转移、变卖、毁损、挥霍夫妻共同财产，或者伪造夫妻共同债务企图侵占另一方财产的，在离婚分割夫妻共同财产时，对该方可以少分或者不分。离婚后，另一方发现有上述行为的，可以向人民法院提起诉讼，请求再次分割夫妻共同财产。

对于一方在婚姻关系存续期间实施的损害配偶另一方对夫妻共同财产所有权的情形，《中华人民共和国民法典》第一千零九十二条在《中华人民共和国婚姻法》第四十七条的规定基础上增加了“挥霍夫妻共同财产”的情形，实践中，对于“挥霍夫妻共同财产”的认定，应结合家庭的经济状况、消费习惯以及消费的必要性等综合判定。

第二节　办案思路与实战技巧

本节从婚姻关系解除、子女抚养及财产分割三个方面分别详述律师的办案思路及实战技巧。

一、离婚纠纷案中处理婚姻关系解除问题办案思路与实战技巧

（一）把握争议焦点收集证据

判断夫妻感情是否确已破裂，法院一般从婚姻基础、婚后感情、引起离婚的原因、夫妻关系的现状以及有无和好的可能等方面综合分析。实践中，法院能否支持解除婚姻关系的关键在于申请一方提供的证实“感情确已破裂”的证据是否充分。因此，在解决离婚纠纷中的婚姻关系问题上，能否把握争议焦点收集到充分有效的证据并形成完整的证据链是诉求能否得到支持的关键所在。

（二）证据的形式和来源

证实夫妻感情破裂的证据形式非常多样化，笔者现依据导致夫妻感情破裂的几种典型情形，对证据的来源和形式分述如下：

1. 针对一方存在家庭暴力的情形，另一方可从以下角度入手收集证据

（1）报警回执、执法记录仪的视频；

（2）公安机关制作的调查笔录、调解笔录；

（3）公安机关出具的告诫书①；

（4）已申请过的人身保护令；

（5）家暴发生当时的录音、录像；

（6）家暴目击者，包括亲属朋友、有辨别能力的子女等的证人证言；

---

① 2016 年 3 月 1 日正式实施的《中华人民共和国反家庭暴力法》第二十条。

（7）受伤后拍摄的伤情照片；

（8）鉴定部门出具的伤情鉴定意见；

（9）医院就诊证明，包括病历、缴费凭证、诊断证明等；

（10）向有关部门，包括妇联，居委或街道，双方所在单位、社工机构，心理咨询机构等求助的登记资料；

（11）因遭受家暴而罹患心理疾病的就诊证明材料，包括病历或就诊记录、支付凭证、心理日记、各种测评量表等；

（12）施暴者承认实施过家暴的证明，如悔过书、道歉信、录音录像等。

2. 针对一方存在重婚或与他人同居的情形，另一方可从以下角度入手收集、准备证据

（1）重婚的结婚证。

（2）一方与第三者按照习俗举行结婚仪式的证据，包括：

①拍摄婚纱照；②宴席请帖；③宴席的现场照片；④宴席现场的录音、录像；⑤参与人员的证人证言等。

（3）一方与第三者关系亲密的证据，包括：

①双方的照片；②短信等社交软件、交友软件的聊天记录、私信记录；③双方的往来邮件；④音频、视频资料；⑤证人证言；⑥开房记录；⑦双方的资金往来记录等。

（4）一方与第三者同居生活的证据，包括：

①双方的租房或购房记录；②一方对外宣称自己的联系地址系与第三者共同居住地的文件资料；③物业证明、附近的监控录像；④知情的朋友、邻居的证人证言；⑤街道、居委等工作人员的证人证言。

（5）一方与第三者在相关机构以夫妻名义进行登记的资料，包括：

①暂住信息登记；②计划生育信息登记；③街道居委会办事登记；④物业部门登记；⑤生育子女医院登记；⑥子女出生证信息登记；⑦子女入学信息登记（如学籍表、接送卡、家长 QQ 群、微信群等）。

3. 针对一方系因感情不和且不存在单方或双方过错而要求离婚的情形，往往在实践中被认为是最难以举证的

笔者建议可从以下几个方面着手收集和组织证据：

（1）双方婚前感情基础薄弱的证据，包括：

①认识时间短；②交往期间接触少；③冲动结婚等。

（2）结婚后未能建立起牢固的夫妻感情的证据，包括：

①婚后未能长期、稳定地居住在一起；②婚后经常争吵，且未能有适当的解决方式；③婚后经常或偶尔发生肢体冲突等。

（3）婚前婚后，一方或双方与其他家庭成员之间关系不融洽，包括：

①儿媳与公婆或同住的其他家庭成员；②女婿与岳父岳母或同住的其他家庭成员等。

（4）双方均曾有明确的离婚意向或心理预期的证据，包括：

①一方或双方多次明确地提出离婚意愿；②双方曾多次就离婚的具体细节问题进行磋商等。

（5）双方已经分居的证据，包括：

①分居协议；②租房合同；③证人证言等。

（6）双方长时间无夫妻生活。

（7）已经中间人调解但无和好可能等。

（三）证据之间彼此呼应，形成证据链

由于婚姻案件的特殊性，针对一方主张夫妻感情破裂、要求离婚，另一方不同意的情形，几乎不可能有所谓“一锤定音”的关键证据。因此，主张离婚的一方能够做的，是从双方日常婚姻生活的点点滴滴中寻找对自己主张有利的证据提供给律师，由律师对这些证据进行编辑和整理，形成彼此呼应的证据链条，呈献给法院。

此外，有经验的婚姻律师亦会注重庭审过程。因婚姻案件的当事人必须到庭参与庭审，庭审中会在法官的主持下对双方的婚恋过程，矛盾发生的原因、过程等逐一进行调查和询问，有经验的婚姻律师会通过对庭审过程的把握引导和促使当事人还原案件的基本事实，以弥补某些案件在证据环节上可能存在的不足。

（四）善用调解程序

根据《中华人民共和国民法典》第一千零七十九条第一款、第二款的规定，夫妻一方要求离婚的，可以由有关组织进行调解或者直接向人民法院提起离婚诉讼。人民法院审理离婚案件，应当进行调解；如果感情确已破裂，调解无效的，应当准予离婚。由此可见，法院审理离婚诉讼时必须调解。通过法院调解，有利于化解双方的矛盾，夫妻感情确已破裂的，即使经调解无法和好，也能促使当事人好聚好散，在财产分配、子女抚养权的归属上达到各自的诉求。因此，如起诉离婚一方所掌握的关于夫妻感情确已破裂的证据不够充分的，亦可尝试通过调解，适当在财产分割、子女抚养等问题的处理上作出让步，以达到尽早解除婚姻关系的目的。

二、离婚纠纷案中处理子女抚养问题办案思路与实战技巧

（一）抚养权争夺需要围绕子女利益最大化原则进行充分举证

1. 一般情况下，可围绕父母双方的学历水平、工作性质、收入情况、子女日常的照顾情况、祖父母或外祖父母的照顾意愿等提供证据。

根据个案情况的不同，可准备的证据包括但不限于以下材料：

（1）要求抚养子女一方的学历证明；

（2）要求抚养子女一方的工作和收入证明；

（3）要求抚养子女一方在争议发生前对子女抚养照顾情况的证据，包括与子女互动的照片，视频音频资料，辅导子女学习的证明，支付子女学习、生活等费用的凭证，证人证言等；

（4）一方父母或其他亲属可帮助照顾孩子的抚养能力及抚养意愿证明；

（5）要求抚养子女一方自身患有不孕不育的疾病、已丧失生育能力、已超过适龄生育年龄等的证据等；

（6）要求抚养子女一方已对子女未来的生活和教育做出安排，如对子女未来的生活教育进行了切实详尽的规划，已经携子女办理了移民手续，自身的条件能够为子女入学、户口、发展特殊才艺等提供便利条件等。

2. 举证除包括要求抚养子女一方适合抚养子女的证据，还应包括对方不适合抚养的证据，主要可从以下几个方面入手：

（1）对方已有其他子女的；

（2）对方具有婚姻过错的，如重婚、与他人同居、实施家庭暴力等；

（3）对方有不良嗜好，将会影响子女健康成长的，如吸毒、酗酒、赌博等；

（4）对方在以往照顾子女的过程中存在问题，如忙于工作或其他事宜、无暇照顾子女的，对子女缺乏耐心或者方法不得当的，与子女关系不融洽的，有打骂子女情形的等；

（5）对方无合适人选可协助其照顾子女的等。

（二）离婚纠纷中探望权处理的实战技巧

离婚案件中处理过程中，有的法院倾向于引导当事人在明确抚养权归属的前提下，将探望权问题模糊化处理，即法院的文书当中仅表明“探望权的处理由双方自行协商解决”。这种处理方式在一定程度上回避了因探望权发生争议而出现的执行难问题，但也容易引发当事人之间新的争议，特别是在夫妻双方矛盾冲突比较尖锐的情况下极易引起纠纷。因此，律师在代理离婚案件的过程中，应当因应不同的案件情况，为当事人提供恰当的处理建议：针对双方当事人能够以子女利益为考量，冷静理智处理抚养权及抚养费等问题的情况，可以考虑在探望权问题上不作具体明确的要求，由双方当事人按照有利于子女生活、便利双方的原则自行协商解决。同时，针对双方当事人在离婚诉讼阶段情绪对立严重、矛盾非常激化的情形，代理人则应尽量要求法院在裁判文书中明确探望权的具体行使方式，以避免因约定不明而在日后的履行过程中引发新的矛盾。

当然，探望权的行使方式一旦确定之后，履行主要依赖于双方当事人的自觉和互相配合。但同时也应提示当事人，如果一方利用直接抚养子女的优势地位，非法剥夺另一方的探望权，或者人为地为另一方探视子女设置障碍的话，另一方可以通过司法途径主张行使探视权；若一方剥夺另一方探视或为探视设置障碍的情形严重的，另一方可以此为由主张法院变更子女的抚养权。

如前所述，探望权在法律上既是不直接抚养子女的父母一方的权利，也是该方父母对子女应尽的一项义务。相比于直接抚养子女一方人为设置障碍、阻止另一方探视子女，不直接抚养子女的父母一方怠于行使探望权，长期漠视对子女的陪伴和照顾的情况，在实践当中更加难以解决。对此，由于目前司法实践中仍无法直接进行裁判和强制执行，包括笔者在内的法律工作者也在尝试通过其他方法，如依据《中华人民共和国家庭教育促进法》的相关规定①，向人民法院对阻碍不直接抚养子女的另一方探望、陪伴、教育子女的一方出具家庭教育令、在其他案件中附带提出诉求，最终寻求法院或借助第三方机构进行协调的方式寻求解决。

实践中也可运用轮流抚养制度来解决子女抚养权争议。在有利于保护子女利益的前提下，父母双方协议轮流抚养子女的，法院可予准许。在男女双方均有抚养子女的强烈愿望和要求，且抚养条件和抚养能力相当的情况下，结合个案情况，在确保子女利益的前提下，法院亦可直接确定由父母双方轮流抚养。

同样地，在司法实践中法院还可通过轮流抚养的方式解决父母双方均不愿抚养子女的情形。

【案例 3.3】王某与高某离婚纠纷案②中，母亲王某与父亲高某均表示无条件抚养儿子，一审法院审理后认为，鉴于双方均没有属于自己的住房，也无稳定的工作，双方抚养能力相当，且双方均表示无力抚养，故法院确认婚生子由原被告双方按一人一年轮流抚养。一审判决后，男女双方均未就轮流抚养问题提出上诉。

---

① 《中华人民共和国家庭教育促进法》第十七条。

② 审理法院：安徽省铜陵市中级人民法院，案号：（2015）铜中民一终字第 00158 号，载中国裁判文书网，https://wenshu.court.gov.cn/website/wenshu/181107ANFZ0BXSK4/index.html?docId=8+rxcRm4OtMy2bztgZNj5MXdA/hsPGCI8CVzt3H/nTUGnTplxYGzSZO3qNaLMqsJUTWcuuSWqFJE3z3XhifmxiN05NRB6QgWvb77MR4zDn7MPs/+eEnJEeobgysbNDEX，最后访问时间：2022 年 10 月 10 日。

三、离婚纠纷案中处理财产分割问题办案思路与实战技巧

（一）不动产的分割处理

律师实务中主要解决的问题依次是不动产权属的确认、不动产价值的确定、如何分割及如何补偿。

1. 不动产权属的确认

在司法实践中，法院无法在离婚诉讼中对权属未确定的不动产进行分割处理。一般而言，不动产的权属证明主要包括房产证、土地使用权证、已经生效的法院判决文书等。如能提供商品房预售登记证的，部分法院亦予以认可。而购房合同、认购书等都不属于不动产的权属证明，实践中，若一方不配合办理不动产登记，则另一方可提起合同纠纷要求对方及出卖人协助办理不动产转移登记，办理完毕不动产登记后再提起离婚后财产纠纷并主张对不动产进行分割。

针对涉案房屋已由夫妻双方实际占有使用，但房屋尚未取得不动产权属登记的情形，法院一般会有两种做法：第一种做法是在离婚诉讼中暂不对该房产做处理，待不动产权属证明取得后，当事人再以离婚后财产纠纷向法院提起诉讼要求分割；第二种做法是根据房屋目前的使用情况，对房屋的使用权作出处理，即把房屋判归由一方使用居住，使用居住房产的一方需按照合理的价格支付使用费给未取得使用权的一方。

近年来，由于部分地区实行房屋限购，借名买房的情形也时有发生。若夫妻双方或一方认为登记在他人名下的不动产属于夫妻共同财产，并在离婚诉讼中提出分割请求的，只有在名义所有人确认存在“借名买房”行为，确认房产的实际所有人为夫妻双方或一方的情形下，法院才有可能在离婚案件中对房屋进行分割。否则，法院将会要求当事人另案起诉确认不动产所有权，待不动产确权后，再向法院主张分割。

2. 不动产价值的确定

司法实践中，法院会首先尊重双方当事人的意见，如夫妻双方能够就涉案不动产的市场价值达成一致意见的，法院通常会采纳该意见确定不动产

的价值。

如通过协商，双方对不动产的价值仍无法达成一致意见的，人民法院则会按以下情形分别处理：

（1）夫妻双方均主张不动产所有权，并且同意竞价取得的，法院应当准许；若不采取竞价方式取得的，由法院根据个案的具体情况判定不动产归属，并由取得不动产所有权的一方给予另一方相应的现金补偿。

（2）夫妻双方同意不动产归一方所有的，由评估机构按市场价格对不动产价值作出评估，取得不动产所有权的一方应当给予另一方相应的补偿。

（3）夫妻双方均不主张不动产所有权的，法院可根据当事人的申请拍卖、变卖房屋，就所得价款进行分割。实践中，也有部分法院直接判决夫妻双方分别享有不动产一定比例的产权份额。

3. 考虑不同的房产出资形式，依法确认房产归属

近些年，随着房地产价格不断上涨以及独生子女政策等原因带来的国人家庭结构的变化，导致越来越多的家庭出现父母出资为子女购房，出资情况包括全额出资或部分出资；而出资本身的性质，又会因是发生在婚前还是婚后而产生变化。同时，因为房地产价格不菲，相当多的家庭选择按揭购房，且近些年房屋购买之后大多会出现价格上涨等因素，导致法院在离婚纠纷案中处理房产时需考虑的因素愈加复杂。相应地，律师在代理此类案件时，也要综合考虑以上种种因素，区别不同的情况加以处理。

具体而言，针对不同的出资形式，房产及出资归属主要区分以下几种情况：

（1）婚后由一方父母出全资为己方子女购买房屋，登记在己方子女名下的，父母的出资可视为对己方子女个人的赠与，根据《中华人民共和国民法典》第一千零六十三条的规定，该房屋为出资方子女的个人财产。

（2）当事人结婚前，父母为双方购置房屋出资的，该出资应当认定为对自己子女个人的赠与，但父母明确表示赠与双方的除外。

（3）当事人结婚后，父母为双方购置房屋出资的，该出资应当认定为对夫妻双方的赠与，但父母明确表示赠与一方的除外。

根据《最高人民法院关于适用〈中华人民共和国民法典〉婚姻家庭编

的解释（一）》第二十九条的规定，父母为子女出资购房行为的法律属性，应结合父母的出资时间、是否与子女对出资有明确的约定等因素综合考虑。实践中，部分法院在审理该类案件时，会要求子女对父母出资的行为是否属于赠与承担举证责任，若子女无法证明父母有赠与的意思表示，则法院会认定该出资是对己方子女的临时性资金出借，子女负有偿还义务。

最后，关于房产的归属，实践中会因购房时间、出资情况、登记情况、购房的背景等因素的不同排列组合而影响最终的认定结果，笔者尝试对不同的情况总结列举如下：

序号	购房时间	出资	房产登记情况	处理办法
1	婚前	男女双方共同出资	登记在一人名下	房屋原则上归登记方个人所有。若双方在购房前已有明确的结婚意向的，且为共同生活居住而购买房屋，则房屋倾向认定为双方共同共有；若如无明确结婚意向但已经同居的，则一般按照同居期间共同财产的处理原则，按各自的出资比例按份共有。
2	婚前			
3	婚前		登记在双方名下	房屋原则上按照各自的出资比例按份共有。若双方在购房前已有明确的结婚意向的，且为共同生活居住而购买房屋，则房屋倾向认定为双方共同共有。
4	婚前	男女一方出资	登记在己方名下	房屋原则上归登记方个人所有。婚后以夫妻共同财产还贷的，离婚时，还贷部分及对应的增值应补偿对方。
5	婚前		登记在对方名下	房屋原则上归登记方个人所有。若为出资方不具备购房条件，才以对方名义购房等特殊情况的，可以按共同共有处理。
6	婚前	父母双方共同出资	登记在一方名下	若双方在购房前已有明确结婚意向，且为共同生活居住而购买房屋，房屋倾向认定为双方的夫妻共同财产，父母的出资视为对己方子女的赠与。
7	婚前		登记在双方名下	房屋原则上归子女双方，子女按照各自父母出资的比例按份所有。父母的出资分别视为对己方子女的赠与，但父母明确表示赠与双方的除外。

续表

序号	购房时间	出资	房产登记情况	处理办法
8	婚前	父母一方出资	登记在己方子女名下	房屋原则上归登记方个人所有。父母的出资有约定按约定，无约定或约定不明的，视为对子女个人的赠与。
9	婚前		登记在对方子女名下	房屋倾向认定为夫妻共同所有。父母的出资一般视为对夫妻二人的赠与，但父母明确表示赠与一方的除外。
10	婚前		登记在双方名下	房屋原则上归夫妻共同所有。父母的出资视为对己方子女的赠与，但父母明确表示赠与双方的除外。
11	婚后	一方以婚前个人财产出资	登记在己方名下	若支付了全部购房款，房屋原则上归登记方个人所有；若支付了部分购房款，房屋原则上归夫妻共同所有，出资部分仍属出资方的个人财产，离婚时可以房屋现价析出出资后再对半分割，或对出资方以倾斜性比例分割补偿。
12	婚后	父母双方共同出资	登记在一方名下	房屋原则上归夫妻共同所有。父母的出资视为对子女及其配偶的赠与，但父母明确表示赠与一方的除外。
13	婚后		登记在双方名下	
14	婚后	父母一方出资	登记在己方子女名下	若支付了全部购房款且能推定父母有赠与己方子女的意思表示，房屋可视为己方子女的个人财产；若支付了部分购房款，房屋归夫妻共同所有，父母的出资视为对双方的赠与，但父母有赠与一方的意思表示除外。
15	婚后		登记在对方子女名下	房屋原则上归夫妻共同所有。父母的出资原则上视为对夫妻二人的赠与，但父母明确表示赠与一方的除外。
16	婚后		登记在子女双方名下	

（＊注：上表中的处理思路系笔者根据自身代理具体案件的情况进行总结，未能涵盖实践中存在的全部情形；同时，处理意见也系笔者的倾向性意见，仅供参考，具体个案的情况有所不同。）

（二）银行存款、有价证券、股票基金、投资理财等形式的共同财产的分割

司法实践中，在提出分割要求的一方可以提供明确的对方相关账户的基本信息的基础上，可向法院申请对该账户的历史交易情况进行调查，如发现有转移夫妻共同财产情形的，应予以追回，并要求对方少分或不分。

1. 要求分割一方需提供基本账户信息

提出财产分割要求的一方需要向法院提供具体的银行账号、开户行，股票账户、开户的营业部等基本信息。在此基础上，要求分割一方的调查申请，法院一般会予以支持。法院的调查亦分为三种情况：（1）在已聘请律师的情况下，法院会向律师出具律师调查令，由律师持该调查令到各部门完成调查取证工作并将结果反馈给法院；（2）若未聘请律师，可向法院提出调查取证申请，由法院向金融机构发出调查函，由金融机构直接以回函的形式将调查结果回复给法院；（3）部分法院为了节省司法资源，会首先让对方当事人自行到相关金融机构查询打印个人名下的财产情况，并在一定期限内递交法院。同时，需要指出的是，对于无法提供银行账号又不知道开户行的调查请求，法院通常不予支持。

2. 账户信息的查询起止期限

在司法实践中，查询金融账户交易明细的起止日期一般是从离婚诉讼立案之日起往前倒推一年截至查询当日。针对有些离婚案件第一次起诉离婚，法院判决不准予离婚，再次起诉离婚的，对上述账户信息的审查期限应该以第一次离婚诉讼起诉之日往前倒推一年，而不是以第二次离婚诉讼立案之日起倒推。

在笔者代理的离婚案件中，也有部分法院根据现有的财产线索以及一方可能存在隐藏、转移、变卖、挥霍夫妻共同财产的情形而支持自起诉离婚之日往前倒推两年甚至更久的审查期限。因此，律师在代理案件中应根据案件情况，据理力争，帮助当事人查询更长期限的账户流水记录，以查实夫妻共同财产的真实情况。

3. 如何通过银行账户信息认定对方隐藏、转移以及挥霍夫妻共同财产

针对通过调查取证取得的银行账户信息，如何认定对方存在隐藏、转移以及挥霍夫妻共同财产的行为？一个通常的做法是，律师在综合分析夫妻双方收入情况、家庭支出情况、双方对家庭开支的负担等情况的基础上，核定一个合理的数额范围，在该数额范围内的支出行为应属于夫妻一方正常行使家事代理权的行为，超出该数额范围的支取行为，推定为超出家事代理权的权限，应由支出一方对该部分支取行为进行解释，由配偶对该行为的合理性作出追认。若经质证，该支取行为的合理性无法得到配偶及法院认可的，该笔支出就应被认定为隐藏、转移以及挥霍夫妻共同财产。

例如，夫妻一方从其银行账户中一次性取出大额资金，并辩称该款项已用于生活日常开支，但实际上却是把款项存入亲友的银行账户中，以达到隐藏、转移财产的目的。对此，代理律师应当针对该项大额资金支出提出质疑，并结合案中其取款金额的大小、取款目的、使用时间长短和平时正常的生活开支情况，家庭开销的承担情况对对方的答辩意见进行质询，以达到法院认定该笔资金为非法隐藏、转移、挥霍夫妻共同财产的性质的目的。

4. 对隐藏、转移以及挥霍夫妻共同财产的情形，法院将如何处理

夫妻一方一旦被法院认定存在隐藏、转移以及挥霍夫妻共同财产的行为的，在分割夫妻共同财产时，实施隐藏、转移以及挥霍财产行为的一方将面临对夫妻共同财产少分或者不分的法律后果。

（三）保险类夫妻共同财产的处理实务

1. 养老保险

司法实践中一般支持分割婚姻关系存续期间养老保险的个人缴付部分。

2. 商业保险

具体的分割处理依保险类型及保险关系人身份情况的不同而有所区别。就人身险而言，因其具有强烈的人身依附性，因此不宜直接按照财产价值处理。实践中，法院会根据夫妻双方，特别是该份保险的投保一方对该份商业保险的存续意见进行处理：投保人主张该份保险继续有效存续的，其应当按照婚姻关系存续期间已经缴纳的保险费金额的一半补偿给夫妻另一方；如投保人主张对该份保险做退保处理的，则需支付退保后所获得的保险现金价值的一半给夫妻另一方。此外，如果保险的受益人是子女的话，该份保险所涉及的夫妻共同财产价值一般视为夫妻双方对子女的赠与，对该份保单及相应的权益，在离婚纠纷中不再进行分割。对于投资理财型的保险，则一般考虑按照法院一审查明事实当时保险的现金价值来进行分割。

需指出的是，无论是哪种类型的保险，能够作为夫妻共同财产分割的，都是一方在婚姻关系存续期间所投入的价值或者所投入价值的转换形态，如一方系婚前购买保险，在婚姻关系存续期间持续缴纳保险费的，离婚时，另一方仅能够就婚姻关系存续期间缴纳的保险费或者对应的现金价值提出分割主张。

【案例 3.4】 刘某与陆某离婚纠纷案①中，原告提出要求分割被告在婚姻关系存续期间购买的商业保险。经一审法院审理查明，被告投保的商业保险，T 保险 4 份保单、K 保险 5 份保单、P 保险 12 份保单、D 人寿保险尚未领取的 7 份保单可实际领取的现金价值合计 91281.83 元（14833.93 元+29918.92 元+28871.21 元+17657.77 元），该款项系用夫妻共同财产支付，因上述保单的投保人为被告，故判决上述保单归被告所有，被告给付原告折价款 45641 元（91281.83 元÷2）。一审判决后，被告不服，提起上诉称，关于投保的商业保险部分，因其中包含被告婚前所投保的保险不应作为夫妻共同财产进行分割。并提供其于 1997 年 10 月 15 日、1997 年 6 月 6 日在中国 P 保险公司投保的保险单号分别是 P07020000015××××、P07020000010××××的两份保单，证明该两份保险系婚前投保，婚前投保部分的价值不应予以分割。经二审法院审理查明，被告于 1997 年在中国 P 保险公司投保的两份保

① 审理法院：辽宁省大连市中级人民法院，案号：（2015）大民一终字第 01807 号，载中国裁判文书网，https：//wenshu. court. gov. cn/website/wenshu/181107ANFZ0BXSK4/index. html?docId=d02/Y1mOkAEMaH/hG8onn8mrIC+M13NzmLvu6vHgbMnl1RFXSCnuzpO3qNaLMqsJUTWcuuSWqFJE3z3XhifmxiN05NRB6QgWvb77MR4zDn6nVpulKMZHEPPPMzl8SxLN，最后访问时间：2022 年 10 月 10 日。

险，其中一份保险按照退保现金价值 1369.21 元计算，婚后为 8 年，应为 1369.21÷18×8=608 元，另一份保险按照退保现金价值 1254.41 元计算，婚后为 8 年，应为 1254.41÷18×8=558 元，此部分价值应予分割，一审法院将此两份保险婚前部分价值予以分割不当，应予调整。综上，二审法院对上诉人的上诉请求合理部分予以支持，不合理部分予以驳回。

（四）股票资产的分割处理实务

股票是价值波动较大的有价证券，对其价值的认定通常应以法庭调查结束或人民法院确定的日期为时间节点，确定股票市值后，由法院根据案件情况判决股票归一方所有，并由其按确定的市值补偿给另一方。但若按市值分配确有困难的，法院亦可根据股票数量，按照一定比例对股票本身进行分配。

（五）夫妻共同财产中公司股权的分割实务

因有限责任公司、合伙企业、个人独资企业等不同企业形式对出资及股东（合伙人）权益转让规定的不一致，因此公司股权分割往往是婚姻案件处理的难点。实践中，不仅要考虑到保护夫妻各方的合法权益，而且要兼顾公司作为一个商事主体的有效存续、正常经营及未来的发展；此外，除夫妻之外的其他股东（合伙人）的利益也应当妥善地予以保护。据此，在离婚诉讼中处理公司股权问题上，在法律适用上不仅要考虑《中华人民共和国民法典》的适用，同时也涉及如《中华人民共和国证券法》等商事法律的相关规则的适用。由于本章篇幅所限，此处仅探讨《中华人民共和国民法典》当中关于公司股权分割的内容。

1. 以夫妻一方名义在有限责任公司的出资，另一方不是有限责任公司的股东的，另一方要求分割夫妻共同财产的，按以下情形分别处理：

（1）夫妻双方协商一致将出资额部分或者全部转让给该股东的配偶，其他股东过半数同意，并且其他股东均明确表示放弃优先购买权的，该股东的配偶可以成为该公司股东。

（2）夫妻双方就出资额转让份额和转让价格等事项协商一致后，其他股东半数以上不同意转让，但愿意以同等条件购买该出资额的，人民法院可以对转让出资所得财产进行分割。其他股东半数以上不同意转让，也不愿意以同等条件购买该出资额的，视为其同意转让，该股东的配偶可以成为该公司股东。

用于证明前款规定的股东同意的证据，可以是股东会议材料，也可以是当事人通过其他合法途径取得的股东的书面声明材料。

2. 以夫妻一方名义在合伙企业中的出资，另一方不是该企业合伙人的，当夫妻双方协商一致，将其合伙企业中的财产份额全部或者部分转让给对方时，按以下情形分别处理：

（1）其他合伙人一致同意的，该配偶依法取得合伙人地位；

（2）其他合伙人不同意转让，在同等条件下行使优先受让权的，可以对转让所得的财产进行分割；

（3）其他合伙人不同意转让，也不行使优先受让权，但同意该合伙人退伙或者削减部分财产份额的，可以对结算后的财产进行分割；

（4）其他合伙人既不同意转让，也不行使优先购买权，又不同意该合伙人退伙或者削减部分财产份额的，视为全体合伙人同意转让，该配偶依法取得合伙人地位。

3. 夫妻以一方名义投资设立独资企业的，人民法院分割夫妻在该独资企业中的共同财产时，应当按照以下情形分别处理：

（1）一方主张经营该企业的，对企业资产进行评估后，企业资产所有权一方给予另一方相应的补偿；

（2）双方均主张经营该企业的，在双方竞价基础上，由取得企业资产所有权的一方给予另一方相应的补偿；

（3）双方均不愿意经营该企业的，按照《中华人民共和国个人独资企业法》等有关规定办理。

特别需要注意的是，夫妻在工商登记中载明的投资比例不应该认定为夫妻对财产归属的约定，婚姻关系存续期间，无论使用一方的个人财产还是使用夫妻共同财产投资设立的股东仅有夫妻两人的有限公司，公司经营所产生的股东收益均属于夫妻共同财产，而不应以投资比例分割。

四、夫妻共同债务的处理

夫妻双方对婚姻关系存续期间产生的夫妻共同债务对外承担连带责任，该责任不因离婚而消除。离婚诉讼时，对夫妻双方均确认的共同债务，由夫妻双方对债务的清偿方式进行协商，协商不成的，由人民法院判决。

在夫妻一方对共同债务不予确认的情况下，双方应就各自的主张举证。

1. 主张有共同债务的一方应就债务的真实性及系夫妻共同债务的性质充分举证

（1）需证明债务真实存在，可通过借款合同、支付凭证、收款收据等加以证明；

（2）需证明款项确系用于夫妻共同生产经营或家庭开支等，可从借款的目的，借款的流向，夫妻另一方对借款情况的知悉及参与程度等方面进行举证。

2. 否认共同债务的一方亦应尽量提供证据，证实该债务不实或并非夫妻共同债务

（1）钱款并未通过正常、合理的途径支付；

（2）钱款并未用于夫妻共同生产经营或家庭开支，如对方有赌博的不良嗜好的证明，借款用于偿还赌债等；

（3）钱款的额度远超家庭日常开支的标准；

（4）“债务”产生于双方分居期间；

（5）双方有关于债务由一方独自承担的约定等。

实践中，如出现一方对配偶另一方主张的债务不予认可的情况，因涉及案外第三人的利益，法院一般不会在离婚纠纷中审查债务的真实性，会要求主张一方另案处理。

第三节 典型案例评析

案例 4：郑某与肖某离婚纠纷案

裁判主旨

在离婚案件中，夫妻双方对共同生育的多个子女（包括双胞胎子女）的抚养权归属有争议时，是由夫妻双方各抚养一个，还是均由夫妻一方抚养？对此，实践中遵循未成年子女最佳利益的原则，根据夫妻双方的具体抚养条件、结合案件其他事实进行裁量。同时，具有专业知识和经验的专家证人的意见将为案件的处理发挥重要的参考作用。

案情简介

郑某与肖某于 2009 年 2 月 6 日在民政局登记结婚后，于 2010 年 9 月生育双胞胎子女（一儿一女）。后郑某向法院提起离婚诉讼，请求判决：1. 双方离婚；2. 婚生儿子由其抚养，婚生女儿由肖某抚养。肖某答辩称，同意离婚，但为了儿女的权益，请求双胞胎子女均由其抚养。肖某认为，儿女从小一起长大，心理上、生理上比其他孩子更有依赖性，不应被视为财产强行分开抚养。庭审中，肖某申请专家证人袁某出庭作证。袁某具有高级心理咨询师、婚姻家庭咨询师及执业医师资格，其对双胞胎子女分开抚养不利于他们健康成长等方面陈述了专家意见。郑某对此质证称，证人受当事人个人委托出庭作证而不是受相关单位委托不合法，且证人意见仅为一家学术之见，不能据此认定相关事实；但认可双胞胎子女分开生活不利于他们成长。最终肖某取得了双胞胎子女的抚养权。

律师点评

法院在确定未成年子女的抚养权时，不仅应考虑到未成年子女的年龄、性别、生活与教育环境等各种客观因素，而且还要考虑不同年龄阶段孩子的心理需求、精神需求的特点，以及孩子对抚养权归属的自身意愿，对其他兄弟姐妹的情感依赖等方方面面。从某种意义上说，对抚养权归属影响因素的考量越细致、越具体，越能够反映出法院处理案件的精细化水平，也越能够彰显法律对于公民权利保护的人性化关怀。在有条件的案件中，善于运用专家证人制度能够为律师代理工作发挥非常重要的帮助作用。

本案中，专家证人的运用十分值得借鉴。首先，在专家证人的甄选上，考虑到儿童发展心理学是一门专业的学科，专家证人应当同时具备在该专业领域既具有深厚的理论功底，又具备丰富的实践经验，并享有良好社会美誉度等条件。经过严格筛选，最终笔者选择了该领域的专家袁某担任此角色。袁某不仅是当地一所知名院校的专业带头人，同时也经营着一家颇具影响力的心理咨询机构，此外，作为该领域的代表性人物，其理论和观点还经常见诸报端。其身份完全符合此案中对专家证人的资质要求。其次，专家证人作证的方式。通常来讲，证人证言既可以采取书面方式，也可以申请证人直接出庭作证，接受审判人员及双方当事人的质询。本案中，为了使得证人证言能够发挥更大的作用，笔者采取了两者相结合的方式：既邀请专家提供书面意见，同时亦安排专家证人到庭陈述，以便让审理案件的法官得以更加直观地了解双胞胎子女成长的心理机制，以便促使法官更多地从孩子的心理发展的科学角度考虑抚养权归属的问题。

本案的代理实践证明，专家证人的运用在个案的司法实践，甚至推动此类型案件审理的精细化和科学化的过程中能够起到非常重要的积极作用。在今后此类案件的代理过程中，亦可多角度尝试引入专家证人，在父母双方各执一词时，从专业的角度剖析儿童的所想所需，真正做到从子女的利益出发思考抚养权归属的问题。

案例 5：赵某某与陈某某离婚纠纷案[①]

裁判主旨

离婚诉讼中，无过错方可向过错方主张损害赔偿，同时可以要求在分割夫妻共同财产时对无过错方予以照顾，实现多分财产的目的。

案情简介

赵某某与陈某某为夫妻关系。赵某某在婚姻关系存续期间存在出轨行为及家庭暴力，陈某某认为赵某某对离婚存在过错，故要求多分夫妻共同财产及获得损害赔偿。

法院判决

法院经审理认为：赵某某存在出轨行为及家庭暴力，明显存在过错，夫妻因此产生冲突，最终导致感情破裂，赵某某对夫妻离婚负有较大过错。根据照顾女方及无过错方权益的原则，以及法律关于损害赔偿的规定，最终判决离婚时陈某某应适当多分夫妻共同财产，并且获得损害赔偿。

典型意义

本案的典型意义在于：夫妻之间应当互相忠实、互相尊重、互相关爱，维护和睦、文明的婚姻家庭关系。“出轨”属于违反夫妻忠实义务的行为，而“家庭暴力”严重破坏夫妻感情及婚姻关系，两种行为均对婚姻无过错方以及整个家庭造成较大伤害，不仅应予道德上的谴责，还应承担相应的法律

---

① 参见《婚内出轨，被判少分财产！佛山中院公布一批婚姻家庭典型案例》，载佛山市中级人民法院微信公众号（2022 年 3 月 4 日发布），https：//mp. weixin. qq. com/s? _ _ biz = MzA3NDQ4MDA4NA = =&mid = 2652732686&idx = 1&sn = 608eb14605537e5178ad5ade5f6bed31&chksm = 8496fdb5b3e174a39a1fdc425ed93974a09b68a02214673d40a42fa98424b861820b62c4210f&mpshare = 1&scene = 25&srcid = 03087kVTxu8RZQZE4jx3rb0g&sharer_ sharetime = 1646748656955&sharer_ shareid = d151113e903917fe3b7c0ecefd852739&exportkey = AYSBym5fukfCLc8447TKWrU%3D&acctmode = 0&pass_ ticket = 8F2Ekk3opoINCTGGqeke63cx1bzbC3HWCtOCnZnB1roHjj80WB8FObAyEGk6e220&wx_ header = 0#wechat_ redirect，最后访问时间：2022 年 11 月 10 日。

后果。《中华人民共和国民法典》第一千零八十七条规定，离婚时夫妻共同财产的处理，按照照顾子女、女方和无过错方权益的原则判决；第一千零九十一条规定，实施家庭暴力导致离婚的，无过错方有权请求损害赔偿。本案判决体现了对婚内出轨行为受害方在分割夫妻共同财产时予以倾向性保护的理念，也体现了对家庭暴力实施者予以惩戒的鲜明态度，阐释了法律对婚姻无过错方的保护原则。

案例 6：胡某与郝某等民间借贷纠纷案①

裁判主旨

关于子女婚后购房时父母出资的款项性质，应根据《最高人民法院关于适用〈中华人民共和国民法典〉婚姻家庭编的解释（一）》第二十九条的规定进行认定，父母与子女就父母的出资已有明确约定的，应遵循约定认定出资款的性质；若未约定或约定不明时，对于父母主张出资为借款的，应由父母承担举证责任，若无法充分举证，则该出资认定为对子女夫妻双方的赠与。

案情简介

郝某与孙某系母子关系，孙某与胡某系夫妻关系，二人于 2018 年 12 月 12 日登记结婚。

2019 年 3 月 28 日，孙某、胡某作为买受人（乙方）与案外人冯某作为出卖人（甲方）签订《天津市存量房屋买卖协议》，约定：房屋建筑面积为 123.2 平方米，房屋价款为 3075000 元；乙方首付款 2045000 元，申请银行贷款 1030000 元，乙方应于 2019 年 4 月 15 日前将监管的首付款一次性存入天津市房地产交易资金监管中心。孙某、胡某及案外人冯某于上述合同上签

① 审理法院：天津市第二中级人民法院，案号：（2021）津 02 民终 10327 号，载中国裁判文书网，https：//wenshu. court. gov. cn/website/wenshu/181107ANFZ0BXSK4/index. html？docId=22m03dGVsblilwiYiUr3EIlkmC9mJx2CH55x3XTrfOtNlrct70KPl5O3qNaLMqsJUTWcuuSWqFJE3z3XhifmxiN05NRB6QgWvb77MR4zDn4DRKlIFt/k1hqcAzn67AiH，最后访问时间：2022 年 10 月 10 日。

名。后，孙某、胡某作为权利人取得上述房屋的不动产权证书，共有情况登记为共同共有。

另查，2019 年 3 月 29 日，孙某作为借款人出具《借条》一份，载明："为购买房屋，今收到郝某以转账方式出借的人民币 240 万元，立此为据。"同日，郝某通过其名下卡号为 6217××××8864 的银行账户向孙某名下卡号为 6217××××9602 的银行账户转款 1000000 元、1000000 元及 400000 元。

另查，2019 年 11 月 1 日，孙某与胡某的微信对话中孙某表示："爷爷姥姥他们哪次来说亏待姥姥了，对咱俩的付出也不少吧，房子人家给了 240 万元，车子也给换了，这一切不都是为了让咱俩过得更好一些吗，为什么就纠结于每月是不是给钱呢，那如果每月都给，等过几年咱们换房子的时候老人还要给吗……"及"每个月给点钱就是对孩子的关照了吗，我不是说将来换房子一定要爷爷奶奶出钱，但是如果不够怎么办，去找谁解决……这个房子不管爷爷奶奶住多久，姥姥在这是不是有个住的地方，如果一室一厅的话，姥姥怎么住，睡客厅睡沙发吗？目前这个条件家里给的还不够好吗？也没有人说要咱俩对爷爷奶奶给买房子就感恩戴德，这也是对子女生活的一种帮助的具体形式而已……"

另，胡某认可孙某收到涉诉款项后支出如下：监管账户首付款 2045000 元、装修款 19400 元、直接支付卖房人首付款 25000 元、家具及家电 125003 元、契税 46125 元、物业费 3365 元、中介费 68200 元、暖气费 2568 元、贷款评估费 1000 元、租房房租 17500 元，合计 2353161 元。

另查，2020 年 7 月 17 日，胡某于一审法院对孙某提起离婚纠纷之诉；2020 年 9 月 22 日，一审法院作出（2020）津 0102 民初 4747 号民事判决，判决："驳回原告胡某的诉讼请求，不准离婚。"2021 年 5 月 18 日，胡某再次于一审法院对孙某提起离婚纠纷之诉，该案尚未审理完毕。

一审法院认为，本案争议焦点为：郝某向孙某转款 2400000 元系赠与还是借贷。《最高人民法院关于适用〈中华人民共和国婚姻法〉若干问题的解释（二）》第二十二条第二款规定"当事人结婚后，父母为双方购置房屋出资的，该出资应当认定为对夫妻双方的赠与，但父母明确表示赠与一方的除外"。该条款应当理解为适用于夫妻离婚分割共同财产之时，解决的是赠与夫妻一方还是双方的问题，但前提是相应款项已被认定为赠与性质。赠与是一种合意，是双方的法律行为，需要当事人双方一致的意思表示才能成立。现郝某否认作出过赠与的意思表示，胡某对其主张涉诉款项的交付系基于赠与负有举证责任，但其所提供的证据不足以证明其主张。此外，孙某向郝某出具《借条》，胡某未提供充分证据推翻该借条的真实性。从社会角度分析，子女购房，父母给予帮助属于常态，但不能将此视为理所当然，子女成年后应当通过自己的努力来改善生活条件，对父母亦应尽到赡养义务。子女买房时，父母给付款项，除明确表示赠与的以外，应视为以帮助为目的的临时性资金出借。综上，胡某的抗辩意见一审法院不予采信，涉诉款项交付系基于借贷关系。

一审法院判决：孙某、胡某应于本判决生效之日起十日内给付郝某借款本金2400000元及逾期利息（以欠付借款本金为基数，自2020年7月28日起至实际给付之日止，以年利率6%为标准计算）。

后胡某不服一审判决提起上诉。二审审理期间，上诉人提供证据如下：

证据一，2020年6月7日上诉人与原审被告的微信聊天记录。证明：原审被告在2020年6月7日与上诉人在微信谈论离婚时，其明确表示其母亲出资是赠与性质，不是借款。原审被告当时只是辩称是对其个人的赠与，实际属于对双方的赠与。

证据二，2019年3月13日上诉人与原审被告的聊天记录，证明：在被上诉人转账前上诉人与原审被告关于选购房屋的聊天记录提到首付是老人给的，不是借的。不属于借款。

证据三，2019年3月29日和30日上诉人与原审被告的聊天记录。证明：2019年3月29日本案《借条》的出具时间不真实，原审被告父母当时不在天津，原审被告提供《借条》的时间3月29日与事实不符，且原审被告当天根据记录显示整天都在忙于购房贷款事宜。当天原审被告还要和客户吃饭，整天都没有提到写《借条》的事情。根据当天情况，原审被告也不可能写该《借条》，所以《借条》出具的时间不真实。

经本院主持质证，被上诉人的质证意见为：对证据一、二、三的真实性认可，关联性和证明目的不认可。微信聊天记录仅仅代表原审被告孙某对该款项性质的认定，不能代表被上诉人对该款项性质的认定。并且，被上诉人已经通过起诉的方式进行了明确的意思表示，该款项是借，并非赠与。另外，首付款是老人给的就认定赠与系基于原审被告孙某的口头表述，该款项的确由被上诉人转至原审被告孙某银行账户内，如原审被告孙某所述系对该转账行为的认定，而并非对转账性质的认定。2019 年 3 月 29 日被上诉人的确不在天津，被上诉人通过转账给原审被告孙某，后于当日沟通过，原审被告孙某出具借条一张。被上诉人回天津后，原审被告孙某将借条交付被上诉人。

法院判决

法院经审理认为：双方争议的焦点问题是郝某向孙某转款 2400000 元系赠与还是借贷。

首先，对父母在子女购房中出资性质的认定，应尊重双方意思自治，对父母出资行为的认定，原则上应以父母的明确表示为标准。在约定不明或存有争议的情况下，应合理分配当事人的举证责任。由于借贷关系的证明难度要低于赠与的证明难度。因此，将出资为借贷这一事实的证明责任分配给父母一方比将出资为赠与的证明责任分配给子女一方更符合证明责任分配原则，也与一般人日常生活经验感知保持一致。其次，基于双方的亲缘关系及子嗣传承的传统观念，在子女婚后购房时父母出资的真实意思表示为赠与的可能性要高于资金出借。本案中被上诉人虽然提供了资金转账记录以及其子原审被告孙某单方书写的借条，但在被上诉人不能证实借条是在上诉人与原审被告孙某共同合意的情况下出具，仅凭原审被告孙某单方书写的借条尚不足以与被上诉人郝某提供的转账凭证形成完整的证据链，证明被上诉人郝某与上诉人及原审被告孙某之间就借款的金额、使用期限、利息等借款合同必要要素均形成合意。基于以上分析，被上诉人郝某依据其提供的现有证据主张其与上诉人及原审被告之间存在借贷关系，证明力不足。

二审法院判决撤销天津市河东区人民法院（2020）津 0102 民初 6862 号民事判决。

律师点评

子女婚后，父母在子女购房时进行出资是当下较为普遍的现象，子女婚姻关系发生变动或父母与子女关系不和时，父母与子女间往往因为对出资款的性质存在不同观点而陷入诉讼。

《中华人民共和国民法典》生效以前，司法实践中对于婚后购房父母出资的款项性质，若双方没有明确的约定，法院一般会认定为父母对子女的临时性资金出借，子女及其配偶需要向父母返还，但《中华人民共和国民法典》生效后，结合《最高人民法院关于适用〈中华人民共和国民法典〉婚姻家庭编的解释（一）》第二十九条的规定，法院在审理该类案件中主要围绕以下两个思路开展：第一，尊重双方意思自治，此处应指双方对于出资款的性质有明确的约定。第二，在一方主张为借贷，另一方主张为赠与时，主张借贷一方应承担举证责任。在主张借贷一方无法充分举证证明借贷关系存在的情况下，应认定出资为对子女的赠与。

第四章　离婚后财产纠纷

第一节　理论概述与实务指引

一、理论概述

离婚后财产纠纷是指，离婚后一方以尚有夫妻共同财产未处理为由向人民法院起诉请求分割所产生的诉讼纠纷。处理此类纠纷，首先要清楚夫妻共同财产的范围，其次是理解离婚后财产纠纷的立法演进，从而在完全理解立法原意的基础上，把握处理此类案件的脉络。

首先，夫妻共同财产的范围，包括夫妻双方在婚姻存续期间，即从取得结婚证确立夫妻关系时起（男女未办结婚登记即以夫妻名义同居生活，符合婚姻法规定的事实婚姻条件的从同居之日起），至配偶一方死亡或离婚时为止所得的财产。在夫妻分居期间或离婚判决尚未生效期间，仍为婚姻关系存续期间，在这一特定期间内夫妻所得的财产亦为夫妻共同财产。

其次，离婚后财产纠纷在法律依据上经历了一个从无到有的过程。根据“一事不再理”的原则，在诉讼离婚中，财产分割判决具有再诉禁止效力。就离婚诉讼中夫妻财产分割问题所作的判决与独立的财产诉讼判决所产生的禁止再诉效力是相同的，即不允许重复提起诉讼。然而，随着社会经济的发展，涉及夫妻共同财产的线索繁多，难以一时间全部查清，或者由于某些特定的财产因权属未明而未予分割等情形，离婚后财产纠纷具有多元性，因此，《最高人民法院关于适用〈中华人民共和国民法典〉婚姻家庭编的解释（一）》第八十三条规定，离婚后，一方以尚有夫妻共同财产未处理为由向人民法院起诉请求分割的，经审查该财产确属离婚时未涉及的夫妻共同财产，人民法院应当依法予以分割。

最后，应明确说明，允许当事人提起离婚后财产纠纷诉讼并非先前财产分割判决失去再诉禁止效力，即并未违背“一事不再理”的原则，而仅仅是对未分割财产的补充审理而已。

二、产生离婚后财产纠纷的情形

（一）协议离婚后，一方未依约定履行《离婚协议书》的财产性内容的情形

离婚时，对于夫妻共同财产的处理本着尊重当事人意愿的原则，允许双方在协商的基础上，对共同财产的分割达成协议，以充分发挥财产的各项权能，同时又满足当事人各自的意愿，促使纠纷的妥善解决。但是，当事人又常常因为外部环境及心理因素的变化而反悔，不依协议履行约定的情形，导致协议无法实际履行。《最高人民法院关于适用〈中华人民共和国民法典〉婚姻家庭编的解释（一）》第六十九条正是针对这一实际情况，对当事人因履行上述财产分割协议发生纠纷提起诉讼的，人民法院应当受理。

（二）离婚后，发现对方有隐匿的夫妻共同财产未进行分割的情形

离婚时，夫妻双方对婚姻关系存续期间所取得的夫妻共同财产进行分割。因此，明确夫妻共同财产的范围，是正确分割财产的前提。现实生活中大量存在共同财产的数额巨大且来源复杂的情况，不直接管理财产的一方往往无法确切了解实际的财产状况，导致一方隐藏、转移、变卖、毁损以及挥霍夫妻共同财产，甚至伪造借据、虚构债务的情形频发。

《中华人民共和国民法典》第一千零九十二条规定，夫妻一方隐藏、转移、变卖、毁损、挥霍夫妻共同财产，或者伪造夫妻共同债务企图侵占另一方财产的，在离婚分割夫妻共同财产时，对该方可以少分或者不分。离婚后，另一方发现有上述行为的，可以向人民法院提起诉讼，请求再次分割夫妻共同财产。

因此，为了防范和打击这种侵害共同财产的行为，法律赋予一方在离婚后提起离婚后财产纠纷的权利，以维护自身的合法权益。

（三）离婚时，遗漏部分夫妻共同财产未分割的情形

在第二种情形中，夫妻共同财产未分割的原因是一方隐藏、转移、变卖、毁损、挥霍夫妻共同财产或伪造夫妻共同债务，存在侵犯共同财产的故意。而遗漏部分夫妻共同财产未分割的情形，是双方在分割夫妻共同财产时可能因为疏忽或者其他意志以外的原因，而未能进行分割。

《最高人民法院关于适用〈中华人民共和国民法典〉婚姻家庭编的解释（一）》第八十三条规定，离婚后，一方以尚有夫妻共同财产未处理为由向人民法院起诉请求分割的，经审查该财产确属离婚时未涉及的夫妻共同财产，人民法院应当依法予以分割。

因此，离婚时，遗漏部分夫妻共同财产未分割的，夫妻双方均可以依法向人民法院起诉，请求分割。

（四）离婚时，某些特定的财产因权属未明而未予分割的情形

如离婚时夫妻双方尚未取得产权证的房屋、离婚时仍在按揭还款且双方无法就权属取得等达成一致意见的房屋或离婚时涉案财产涉及第三人权益等情形，法院在审理离婚纠纷时，一般不会一并处理。当事人在离婚后，取得房产证或明确涉案房屋的权属之后，可向人民法院提起诉讼，以保障自身的合法权益。

（五）财产权益在离婚前已经产生，但拥有该财产权益的一方配偶在离婚后才实际取得该项权益的情形

如，配偶一方父母在双方离婚前死亡，未留遗嘱，配偶一方在双方离婚后才实际继承遗产的情形。实践中，个别人规避《中华人民共和国民法典》第一千零六十二条第四款的规定，即一方在婚姻关系存续期间通过法定继承所得的财产属于夫妻共同财产的规定，继承人一方拖延办理继承手续，企图规避该财产在夫妻之间进行分割。又如，一方在婚姻关系存续期间取得对公

司的期权，离婚后方才行权的情形。一方在离婚后发现存在上述情形的，可根据《最高人民法院关于适用〈中华人民共和国民法典〉婚姻家庭编的解释（一）》第八十三条的规定，向人民法院提起诉讼，以保障自身的合法权益。

（六）离婚时，因一方配偶存在被羁押等特殊原因，法院未对夫妻共同财产作出处理的情形

离婚时，因一方配偶被羁押等特殊原因，无法进行举证，法院为保障被羁押一方的合法权益，往往不对夫妻共同财产进行分割。待被羁押一方获释后，再向人民法院提起离婚后财产纠纷之诉，对夫妻共同财产进行分割。

第二节　办案思路与实战技巧

针对不同原因形成的此类案件，律师办案时应有针对性地收集整理证据，制定诉讼策略并予以实施。

一、针对协议离婚后当事人未依约定履行离婚协议书的财产性内容的情形

（一）诉讼策略

1. 确认离婚协议的法律效力

（1）依法订立的离婚协议的效力认定

根据《中华人民共和国民法典》第一千零七十六条签订的书面离婚协议对男女双方具有法律约束力。一方离婚后主张离婚协议无效，根据“谁主张，谁举证”的原则，必须提供相应的证据予以证明，否则需承担举证不能的不利后果。

【案例 4.1】 肖某与吴某 1 离婚后财产纠纷再审案[①]中，肖某、吴某 1 申请再审称，《离婚协议书》约定“住房一套由双方共同出售”违反了《中华人民共和国民法通则》第一百七十条、《中华人民共和国合同法》第五十二条第五项规定，该约定应认定为无效条款。肖某已将案涉房屋在房产中介公司登记出售，因吴某 2 拒不搬出案涉房屋，造成案涉房屋不能出售，吴某 2 存在欺诈行为，按照民法总则第一百四十八条规定，肖某、吴某 1 作为受欺诈方有权请求人民法院予以撤销。

再审法院经审查认为，根据现有证据，案涉房屋属肖某、吴某 2 夫妻关系存续期间的共同财产，双方在离婚时仅约定案涉房屋由肖某、吴某 2 共同出售，以及房屋出售款归肖某、吴某 1 享有，并未排除吴某 2 在房屋出售前对房屋享有的占有或使用权，故《离婚协议书》内容未违反合同法第五十二条规定，原审认定该协议有效正确。最后，根据《最高人民法院关于适用〈中华人民共和国婚姻法〉若干问题的解释（二）》第九条规定：“男女双方协议离婚后一年内就财产分割问题反悔，请求变更或者撤销财产分割协议的，人民法院应当受理。人民法院审理后，未发现订立财产分割协议时存在欺诈、胁迫等情形的，应当依法驳回当事人的诉讼请求。”本案中，肖某、吴某 2 于 2018 年 5 月 22 日协议离婚，双方离婚时不存在隐瞒、欺诈、胁迫等导致离婚协议无效或可撤销的情形，故原审认定案涉离婚协议书中关于房屋财产分割的约定有效并无不当。综上所述，肖某、吴某 1 的再审理由不成立。

（2）存在多份《离婚协议》或者《补充协议》的效力认定

实务当中，存在两份以上《离婚协议》或者《补充协议》的，由于出现夫妻一方未按协议履行的情况，进而引发对协议的效力之争。根据笔者的经验，当面对多份《离婚协议》或者《补充协议》时，可主要依据两个方面来判断其是否有效。一方面是协议之间内容上的关系，是相互补充，还是

---

① 审理法院：河南省信阳市中级人民法院，案号：（2021）豫 15 民申 100 号，载中国裁判文书网，https：//wenshu. court. gov. cn/website/wenshu/181107ANFZ0BXSK4/index. html？docId=MBVeB52r+gW8exBzziYIQqkPMjKlk2vO6OvSn25+sBKcicuS29AYvJ/dgBYosE2gp6p68nCRWaKmJ+/AKHue4utpoVk8jY83WllbczIKwepEl+q5eNw1lwvx869mYZCq，最后访问时间：2022 年 11 月 15 日。

相互排斥。当出现相互排斥的情形时，有可能日期在后的协议是夫妻一方伪造的，也有可能日期在前的协议已经被夫妻双方协议修改。另一方面是依据协议签订的时间，在涉及《补充协议》的案件中，由于《补充协议》具有附属性，签订时间应发生在双方签订《离婚协议》之后。

2. 探究《离婚协议》未被依约履行的原因

（1）无任何法律障碍及前置条件，对方无履行意愿

实务中，夫妻双方签订《离婚协议》后，一方在履行协议约定，分割或赠与对方财产时，存在无履行意愿，不按协议约定履行的情形。此时，如果《离婚协议》是夫妻双方真实意思表示，依法有效，法院一般会要求具有履行协议义务的一方按协议约定履行。

（2）《离婚协议》中设置的财产性条款有先后履行顺序，顺序在先的条款未得到履行

如离婚时，夫妻双方约定，一方在约定时间内协助对方办理房屋过户登记手续，办理完毕后另一方支付房屋补偿款。负有协助办理义务的一方拖延办理过户手续，另一方以此为由拒绝支付约定的房屋补偿款。

（3）《离婚协议》中约定的给付内容并非分割已有的夫妻共同财产，该约定的性质在法律上易引起争议，导致最终无法履行

如离婚时，夫妻双方约定一方在一定时间内给付另一方一定数额的财产，但所涉财产不是已有的夫妻共同财产，或给付一方已有的个人财产，而是依靠给付一方未来不确定的收入，当给付一方因失业或生病等原因，失去收入来源时，约定的给付内容即无法履行。

3. 提出有针对性的诉求及解决方案

根据《离婚协议》的效力情况，及未被依约履行的原因，结合当事人的合法权益，有利于在诉讼过程中做到知己知彼，有利于提出有针对性的诉求及解决方案，而这些工作的完成对保障当事人权益往往能达到事半功倍的效果。

（二）实战技巧

1. 结合离婚后财产纠纷的特点，提出有针对性的解决方案

在处理当事人未依约定履行《离婚协议》的财产性内容时，提出有针对

性的解决方案非常关键。如与离婚纠纷不可提出反诉的情况不同，离婚后财产纠纷案件可以反诉，因此，在处理此类案件时，可利用反诉程序提出相应诉求，不仅可以为当事人争取主动，还可以争取在同一案中一并解决其他与离婚后财产分割有关的争议。

2. 准确把握《离婚协议》中相关约定的法律性质

协议离婚当中，双方未依约定履行《离婚协议》的财产性内容的情形往往和其他情形掺杂在一起，如和遗漏夫妻共同财产未分割、赠与子女财产但后来反悔欲撤销赠与等，对此应从法律关系上仔细加以甄别确定应诉方案。

关于《离婚协议》中“男方自愿支付给女方人民币××元”约定的性质，在法律上如何定性的问题，直接影响法院的裁判。有的案例中，可能一审法院确认了《离婚协议》的效力，径行判决男方应该按约定的内容履行给付义务；二审法院认定该约定为赠与性质，依法可以撤销；再审法院认定该约定的性质是经济帮助，提供帮助的一方可根据自己的客观情况的变化而做出调整，甚至解除，不再履行。

从法院认定事实的变化导致裁判结果的差异，可以看出准确甄别双方在《离婚协议》中的具体约定的法律性质，对于及时、妥善解决此类纠纷的重要性。

二、针对离婚后发现对方隐藏、转移、变卖、毁损、挥霍夫妻共同财产，或者伪造夫妻共同债务企图侵占另一方财产的情形

（一）诉讼策略

1. 证实对方确系隐藏、转移、变卖、毁损、挥霍夫妻共同财产，或者伪造夫妻共同债务

根据《中华人民共和国民法典》第一千零九十二条的规定，夫妻一方隐藏、转移、变卖、毁损、挥霍夫妻共同财产，或者伪造夫妻共同债务企图侵占另一方财产的，在离婚分割夫妻共同财产时，对该方可以少分或者不分。离婚后，另一方发现有上述行为的，可以向人民法院提起诉讼，请求再次分割夫妻共同财产。

离婚后，夫妻一方发现对方有隐匿的夫妻共同财产未进行分割时，首先要做的事情，就是收集对方隐藏、转移、变卖、毁损、挥霍夫妻共同财产，或者伪造夫妻共同债务的证据，并基于这一基础事实请求法院在离婚后予以再次分割夫妻共同财产。

2. 善用法律规定，为当事人争取诉讼权益最大化

由于法律规定了对隐藏、转移、变卖、毁损、挥霍夫妻共同财产，或者伪造夫妻共同债务的一方，可以少分或不分，因此，在有证据证实的情况下，应该充分向法院请求在分割共同财产时，将全部或者大部分共同财产分割给利益受损一方，为当事人争取诉讼权益最大化。

（二）实战技巧

关于如何应对对方回避司法裁判的情况。在笔者亲自代理过的此类纠纷中，有对方故意回避司法裁判，无正当理由不予到庭的情形。在此种情形下，提出主张的一方应该主动收集证据，提供案件解决方案以便法院处理该类纠纷。笔者代理如下案件所提诉求便得到了法院的支持。

【案例 4.2】 王某与李某离婚后财产纠纷案①中，王某在离婚后偶然发现前夫李某曾于婚姻关系存续期间在广州购买一套房产，但在离婚时却未曾提及。于是王某诉至法院，要求依法对该房产进行分割，并向法院提交了房地产买卖合同、房地产登记簿查册表、银行贷款明细等相关证据，以证明其主张。在李某不出庭不答辩，消极应诉的情况下，王某主动提出由自己占有全部房屋所有权份额，并对李某进行作价补偿的诉讼请求，且积极申请评估涉案房产价值。同时，针对该房屋目前仍由李某向某银行按揭供款的事实，王某主动向法院提出，由自己筹集资金一次性偿还银行剩余的贷款，并将该部分贷款当中李

---

① 审理法院：广东省广州市天河区人民法院，案号：（2011）穗天法民一初字第2699号，载中国裁判文书网，https：//wenshu. court. gov. cn/website/wenshu/181107ANFZ0BXSK4/index. html? docId=j92DiLDzw1o+pwk/dnFiKxTPueXAD5OJq4RSp35ctjHkkhWLMzRadZO3qNaLMqsJUTWcuuSWqFJE3z3XhifmxiN05NRB6QgWvb77MR4zDn6wtJtGQI2eIXxorPHL0Yqn，最后访问时间：2022年10月10日。

某应承担的份额从自己应支付给李某的房屋补偿款当中扣除的解决方案。对王某提供的合理化解决方案，法院予以接受并支持了王某多分财产的诉请。

三、针对离婚时遗漏部分夫妻共同财产未分割的情形

（一）诉讼策略

如何证实该部分财产为遗漏的共同财产，特别是涉及现金资产。

在司法实践中，法院在审理离婚纠纷案件中，可根据一方当事人提供的对方名下的银行账户、证券账户等财产线索进行调查，以查清夫妻共同财产的情况。如发现有涉及隐藏、转移、变卖、毁损、挥霍夫妻共同财产的情形，对该部分财产可予以追回或作为夫妻共同财产进行分割。

但是，有鉴于一方当事人名下可能存在多个账户、账户间频繁的财产流动使得所牵涉的财产线索繁杂，一时难以梳理。而法院为了实现庭审效率，往往会要求当事人尽早明确要分割的财产范围。一旦明确了财产范围后，当事人又发现新的财产线索，往往只能另案处理。如何在离婚案件结束后，还能凭借财产线索去查明遗漏的财产范围，特别是现金资产的范围，是首先要解决的问题。

因离婚案件结束后，当事人很难凭借新发现的财产线索自行调取对方的财产，也难以在未确定财产范围的情况下，让法院认定是遗漏了夫妻共同财产未处理而受理立案。因此，在离婚诉讼中，即使已明确诉讼请求，审理案件的法官亦已明确不再处理本案新发现的财产，也必须在庭审中对新发现的财产线索或财产明确提出，同时要求法庭记入庭审笔录，以为后期的离婚后财产纠纷做好准备。

（二）实战技巧

1. 离婚后提出分割离婚时遗漏的夫妻共同财产是否有诉讼时效的限制

根据《最高人民法院关于适用〈中华人民共和国民法典〉婚姻家庭编的解释（一）》第八十四条的规定：当事人依据民法典第一千零九十二条的规定向人民法院提起诉讼，请求再次分割夫妻共同财产的诉讼时效期间为

三年，从当事人发现之日起计算。

同时，笔者认为，一旦发现遗漏了夫妻共同财产未分割，虽有三年的诉讼时效，但还是尽早收集证据提起诉讼，避免对方转移财产难以追回。

2. 应慎重选择在《离婚协议》当中就财产分割事宜使用兜底性条款

由于协议离婚时双方不一定对家庭全部的资产情况有全面、充分的了解，因此，在离婚协议中使用如“××财产已分割处理完毕，双方无争议”的兜底线条款，容易对日后因发现离婚时未实际分割的夫妻共同财产而提起诉讼带来难以避免的人为障碍。因此，笔者建议，在《离婚协议》中应详细写明各项具体财产的分割方案，并且慎重选择使用兜底性条款，避免日后维权困难。

四、针对一方婚前的财产权益在离婚后才实际取得财产利益的情形

（一）诉讼策略

1. 对存在上述可能的情形的，一方应对对方婚姻关系存续期间取得的财产权益及可能涉及的财产关系有一个全面的了解和持续的关注；

2. 一旦了解到对方在离婚后行使其财产权益，并取得财产利益，应尽快提起诉讼，以避免出现对方已将相关财产处分变现等情形导致的分割困难。

（二）实战技巧

1. 针对有可能出现的掌握财产的一方企图逃避分割的情况，另一方可采取紧急措施对财产加以保全，如向房屋交易登记部门申请异议登记或提起诉前财产保全等。

2. 实践中，由于部分财产权益实现的时间不确定或不可预期，为当事人利益考虑，不排除通过协商方式将不确定的远期利益提前实现。比如下面的这个案例，刘某与田某经过协商同意离婚，但在分割财产时产生了争议，原因是刘某在婚姻存续期间向国家商标局申请注册并获批了一个文字商标，最近该商标被某公司相中，某公司愿意出资购买该商标，双方已经初次接触但未达成协议。田某要求将商标的预期收入所得作为夫妻共同财产，二人各占

一半，刘某不同意，故诉至法院。田某认为，涉案商标是婚姻存取期间注册的，因此即使在离婚后，自己也应有权取得收益的一半；刘某认为这是还未取得收益的知识产权，在离婚时应当归他个人所有。法院受理后，根据《最高人民法院关于适用〈中华人民共和国婚姻法〉若干问题的解释（二）》第十二条的规定，对双方当事人进行调解，最终田某同意由刘某独享商标的所有权，但刘某愿意向其支付2万元作为经济补偿。

笔者认为，本案中田某通过调解取得补偿是很明智的。由于该商标能否取得收入仍不明确，法院难以在判决中对该商标的财产权益进行分割。若待日后刘某实际取得该商标带来的收入后再主张分割，田某需承担比较严格的举证责任，最终能否取得款项亦难以预计。因此，通过调解的方式把此部分的财产权益先行分割亦不失为一个好方法。

第三节　典型案例评析

案例7：李某与吴某某离婚后财产纠纷案①

裁判主旨

婚姻关系解除后，若尚有固定资产未分割，相对容易发现和查证。但是像银行存款这些流动性较强的资产则难以被发现，而当事人又无调查取证的权力，往往需要依靠法院向银行调查才能查实。一旦查实，认定为夫妻共同财产的标准与一般离婚案件中认定的标准是基本一致的。

案情简介

李某与吴某某于1993年7月6日登记结婚，在夫妻关系存续期间生育

① 审理法院：广东省中山市中级人民法院，案号：（2014）中中法立民申字第65号，载中国裁判文书网，https：//wenshu. court. gov. cn/website/wenshu/181107ANFZ0BXSK4/index. html?docId=OOqpMK6es41sMqN4pXjZN8Lcyk9cb7G7JM+AQZnfyYG94Nq+Hyv51p/dgBYosE2gp6p68nCRWaKmJ+/AKHue4oLG/LQrtig9GxGws5u6O/J6bXRCD2CtutRSUuEoLBjD，最后访问时间：2022年11月15日。

一女吴某婷。2012 年 12 月 19 日，李某与吴某某在婚姻登记机关办理了离婚登记。离婚后，李某认为尚有夫妻共同财产未处理，遂于 2013 年 1 月 21 日提起诉讼，以其在中山市国土房管局查询发现尚有隐藏的夫妻共同财产未处理为由，请求判令：1. 吴某某支付夫妻共有财产分割款 500000 元；2. 本案诉讼费由吴某某承担。

经法院审理查明，2010 年 9 月 9 日，吴某某与置业公司签订了购房合同，购买了 1002 房，房屋总价 647638 元，首付 259638 元，银行按揭贷款 388000 元（贷款人吴某某），于 2012 年 7 月 10 日办理了房地产权证，产权人为吴某某。至 2012 年 12 月 19 日李某与吴某某离婚时止，该房已向银行还款本息合计 121444.46 元。庭审中，李某明确要求对上址房产的首期款以及离婚前所还的银行本息予以分割。庭审期间，李某向原审法院申请查询吴某某名下账户存款情况，经查询，吴某某在银行的账户 2012 年 10 月 10 日理财到期转入 368805.7 元，该账户在 2012 年 12 月 18 日余额为 1338.95 元；吴某某的农行账户 2012 年 12 月 17 日余额为 70733.22 元，共计 440877.87 元。另，在 2007 年至 2009 年，李某先后以“备用金”的名义支取了现金 480000 元。上述房产、款项在 2012 年 12 月 19 日离婚协议中没有处理。

法院判决

一审法院经审理认为：1002 房购买于李某与吴某某夫妻关系存续期间，应归夫妻共同所有，吴某某抗辩房产是用其所分得的现金购买，系其个人财产，该抗辩理由无法律依据，一审法院不予采纳。另外吴某某的银行存款 440877.87 元在离婚协议中并没有处理，该款项系李某与吴某某夫妻关系存续期间的财产，应归夫妻共同所有，吴某某称该款系公司的货款的抗辩理由，证据不充分，一审法院亦不予采纳。关于李某提取了的现金 480000 元，李某称该款均用于日常生活的辩解理由不成立，一审法院亦不予采信。综上所述，李某主张 1002 房、吴某某的银行存款 440877.87 元，吴某某主张李某提取的 480000 元均系夫妻共同财产，理据充分。因上述房产、款项在双方的离婚协议中并没有处理，双方当事人请求予以分割，一审法院予以支持。李某请求分割 1002 房在离婚前已支付的首期款及已还银行本息合计

381082.46 元，故由吴某某支付 190541.23 元给李某，1002 房所有权归吴某某；吴某某应支付银行存款 220438.94 元给李某；李某在清宇商行提取的现金 480000 元应支付其中的一半即 240000 元给吴某某。上述两项比对，吴某某应支付各项财产分割款 170980.17 元给李某。

一审判决后，吴某某与李某均提起上诉。经查，根据吴某某提交的支票存根显示，取款时间发生在 2007 年至 2009 年，用途分别注明为“备用金”“备用”“备用过年”“交学费”等，部分支票存根还注明“一部货款”“板芙税”“恒基商铺”等附加信息。对此，二审法院认为，李某取款的时间处于夫妻关系存续期间，在双方协议离婚三年前，其对于款项的用途能够进行合理的解释说明，且在夫妻关系存续期间，夫妻一方处分共同财产应当推定为已征得对方的许可。吴某某予以否认，但其不能举证证明李某的行为损害了夫妻共同利益，并且款项用途与夫妻共同生活无关，故法院对于吴某某的主张不予确认。采信李某的诉讼主张，认定上述款项已用于夫妻共同生活，与其他已经离婚协议书认定并处理的夫妻共同财产密不可分，不应认定为李某私自处分财产。故该 480000 元并非遗漏处理的夫妻共同财产，李某无须向吴某某返还 240000 元。涉案的 1002 房购买于李某与吴某某夫妻关系存续期间，依照我国婚姻法的相关规定，该房地产属于夫妻共同财产。离婚协议书未对 1002 房进行处理，故李某主张分割吴某某支付的首期房款与已清偿的房贷本息，依据充分。吴某某的银行存款 440877.87 元同样没有在离婚协议中得到处理，该款依法应归李某与吴某某夫妻共同所有。

律师点评

本案中，李某发现吴某某在婚姻关系存续期间，以夫妻共同财产购买了一套房产，并且以夫妻共同财产来偿还贷款。因在双方离婚时，并未对此房屋及还贷部分作出处理，法院依法受理立案。立案后，法院依李某的要求调查了吴某某名下的银行流水，发现双方在婚姻关系存续期间尚有存款未分割，在本案一并作出了处理。若案件只是对固定资产房产进行分割，则并无特别之处，特别之处在于本案在立案时是以分割固定资产为由，而后又通过法院的调取发现了更多未分割的夫妻共同财产。如本案中李某并未发现吴某某在婚姻关系存续期间购买了房产，在未掌握到确定的未分割处理的具体财产的情况下，仅称吴某某名下银行账户尚有余款未分割，要求调查吴某某的银行流水并要求法院受理立案。根据笔者的经验，较难让法院立案受理。因此，如实在需分割银行账户的存款，而又无从入手时，是否可以通过其他上文所述的情形，先让法院立案，随后再向法院递交调查申请，以查清未分割的银行账户金额。

另外，本案中，法院对离婚后追讨婚姻关系存续期间的存款，采取认定的时间是截至离婚当天前账户所显示的余额情况。本案中因在协议离婚时未处理存款，故相对容易认定截至离婚当天的余额是尚未分割的。而在实践中，如离婚时，对其他账户的存款及转移资金已作分割，则这些未分割银行账户的余额是否有部分是来源于离婚当时所分割的转移的资金？在实际操作上，这涉及是否会重复分割的问题。

最后，在离婚后财产纠纷中，法院对婚姻关系存续期间不合理的支取亦会作出审查。本案一审中，李某未能举证证明取款的 480000 元已用于家庭生活，故法院认为李某所取出的 480000 元属夫妻共同财产，亦应予分割。但二审法院审查了李某提交的证据材料后认为，这笔取款李某对款项的使用已作合理的解释，认定该款项已用于家庭日常开销，不需再分割。因此，在日常的交易转账中，尤其是较大金额的交易转账，要有证据意识，注意备注款项相应的用途，避免纠纷。

案例 8：许某与邱某离婚后财产纠纷案①

裁判主旨

离婚协议中的财产分割条款，因其具有明显的人身属性故应优先适用

---

① 审理法院：广西壮族自治区高级人民法院，案号：（2013）桂民提字第 18 号，载中国裁判文书网，https：//wenshu. court. gov. cn/website/wenshu/181107ANFZ0BXSK4/index. html？docId = rnZKb0y5gfxLB1iMpNUT/VGz2NvOkZEfRv3W1g+0EiaEa0OQ3Vv/jZO3qNaLMqsJUTWcuuSWqFJE3z3XhifmxiN05NRB6QgWvb77MR4zDn6huZIUyXu51d9SO6MfHv4w，最后访问时间：2022 年 10 月 10 日。

《中华人民共和国民法典》婚姻家庭编的相关规定。然而，如果离婚协议中对财产处理的条款并非为了平衡夫妻财产利益而设置，其脱离了人身关系而存在的话，该条款亦应当受到《中华人民共和国民法典》合同编的调整。如何界定离婚协议中财产支付条款的性质，应结合协议的其他内容及当事人签订协议时的真实意思综合作出认定。

案情简介

许某（男）和邱某（女）于 2008 年 9 月 18 日在民政局办理了离婚登记，并签订了《离婚协议》，该协议书的内容显示双方无婚生子女需要抚养，也没有共同房产或其他共同财产需要分割，亦没有共同的债权债务，但许某在离婚协议中承诺支付邱某 307000 元，每 6 个月支付 30000 元。后许某仅支付了 25000 元，余下的款项拒不支付。为此，邱某提起诉讼，要求许某继续履行支付义务。许某辩称，其每月只有 3500 元的收入，根本没法履行约定，请求法院驳回原告的诉讼请求。

法院判决

法院再审后认为：该离婚协议应是有效的协议，而从《离婚协议》的其他约定内容来看，双方并无婚生子女需要抚养，也没有共同房产或其他共同财产需要分割，双方婚后亦没有共同的债权债务，综观本案事实、证据，许某自愿支付给邱某的 307000 元应视为离婚时一方对另一方所提供的经济帮助。这种适当的帮扶，提供帮助的一方可根据自己的客观情况的变化而做出调整，甚至解除，不再履行，但已履行的也无权要求返还。现许某因身患多种严重疾病，经济状况显著恶化，许某提出要求终止或解除该条款，并不违反法律、法规的规定，再审法院予以支持。终止履行的时间从本案一审诉讼许某提出反诉的时间，即 2009 年 6 月 19 日起算。许某与邱某签订的《离婚协议》中约定的“男方自愿支付给女方人民币 307000 元，每 6 个月男方向女方支付人民币 30000 元，直至付完为止”的条款自 2009 年 6 月 19 日起终止，不再履行。

律师点评

本案的争议焦点是：(1)《离婚协议》中“男方自愿支付给女方人民币307000元，每6个月男方向女方支付人民币30000元，直至付完为止”，该条款的性质应如何认定。(2) 该条款是否可以撤销或是终止履行。

首先，许某与邱某作为完全民事行为能力人，双方在民政局签订的《离婚协议》是双方真实意思表示，并不违反法律、法规的效力性强制性规定。因此，该《离婚协议》是真实有效的。

法院认为因许某支付给邱某款项的约定，是《离婚协议》中的内容，这应是解除夫妻关系的同时，对夫妻共同财产处理的约定。因其涉及人身关系，其中牵涉到各种利益的平衡，而并非简单的赠与问题，因此不能适用《中华人民共和国合同法》中关于撤销赠与的约定，并由此作出判决。

但是，再审法院认为，因《离婚协议》中的其他条款清晰表明，双方在婚姻关系存续期间并无牵涉其他财产、债务等利益，且邱某亦在庭审中表示，该款项的支付的确并非平衡夫妻共同财产、债务处理的对价。因此，二审法院认为，该款项的支付虽约定于《离婚协议》中，但其实际属普通的赠与条款，应适用《中华人民共和国合同法》的规定，因许某现生活困难，对许某终止履行的行为予以确认。

可见，夫妻离婚时，对财产支付的约定涉及是否与夫妻财产分割的利益平衡有关，若是为了平衡财产利益而作出了财产支付约定，应在条款设置时注明，避免因条款性质认定的问题引发争议。

第五章　离婚后损害责任纠纷

第一节　理论概述与实务指引

一、基本概念

离婚后损害责任纠纷，是指夫妻双方因一方的严重过错而导致离婚的，有过错的一方应当向无过错方承担法定赔偿责任的纠纷。

二、法律依据

离婚后损害赔偿制度的主要法律依据为《中华人民共和国民法典》第一千零九十一条，该条规定：有下列情形之一，导致离婚的，无过错方有权请求损害赔偿：（一）重婚；（二）与他人同居；（三）实施家庭暴力；（四）虐待、遗弃家庭成员；（五）有其他重大过错。

《中华人民共和国民法典》在《中华人民共和国婚姻法》的基础上，扩大了对无过错方的救济范围，在原有四类法定过错情形下增加了“有其他重大过错”作为无过错方可请求离婚损害赔偿的兜底条款。

除此之外，在《最高人民法院关于适用〈中华人民共和国民法典〉婚姻家庭编的解释（一）》第八十七条、第八十八条、第八十九条、第九十条以及第九十一条均对离婚后损害赔偿责任制度有着明确的规定。

三、产生离婚后损害责任纠纷的情形

离婚后损害责任的适用情形是法定的，主要分为四项列举性规定以及一项兜底规定，简述如下：

（一）重婚

这里所指的重婚，是指有配偶者又与他人结婚，或有配偶者与他人虽未经结婚登记但公然以夫妻名义同居生活的情形。前一种情形又被称为法律上的重婚，是一种破坏国家一夫一妻制婚姻制度的犯罪行为。根据《中华人民共和国刑法》第二百五十八条规定："有配偶而重婚的，或者明知他人有配偶而与之结婚的，处二年以下有期徒刑或者拘役。"在实践中，因我国的婚姻登记制度处于不断完善的过程当中，各地婚姻登记机构也在逐步实现信息联网，法律上的重婚将会越来越少，事实上的重婚成为现实当中大量存在的主要类型。

（二）与他人同居

与他人同居在此处特指有配偶者与他人同居，是指有配偶者与婚外异性不以夫妻名义，但持续、稳定地共同居住的情形。相比重婚，二者的主要区别在于是否以夫妻的名义共同生活。

（三）实施家庭暴力

根据《中华人民共和国反家庭暴力法》第二条的规定："本法所称家庭暴力，是指家庭成员之间以殴打、捆绑、残害、限制人身自由以及经常性谩骂、恐吓等方式实施的身体、精神等侵害行为。"家庭暴力分为身体暴力、精神暴力、经济控制以及性暴力四种类型，无论是以哪一种形式实施家庭暴力，只要有充分的证据证实，无过错方均可要求对方支付损害赔偿。

（四）虐待、遗弃家庭成员

虐待，是指经常性地故意折磨、摧残家庭成员，使其在精神上、身体上遭受巨大痛苦，蒙受损失的行为。根据《最高人民法院关于适用〈中华人民共和国民法典〉婚姻家庭编的解释（一）》第一条的规定，持续性、经常性的家庭暴力，可以认定为民法典第一千零四十二条、第一千零七十九条、第一千零九十一条所称的“虐待”。

同时，传统的观念认为与家庭暴力相比，虐待行为既包括积极的作为，如以殴打、捆绑等手段伤害对方的身体，也包括消极的不作为，如不给对方提供应有的生活必需品、生病不给予医治等；而家庭暴力行为多是以积极作为的方式实施的。随着《中华人民共和国反家庭暴力法》的颁布，“家庭暴力行为”的外延从之前的仅包括身体暴力扩大到了亦包括精神暴力，相应地，越来越多的以不作为方式实施的家庭暴力行为，如冷落、疏远、不予理睬等，将会得到法律的认定。此外，虐待家庭成员，情节恶劣的，将依法承担刑事法律责任。①

遗弃，是指对于年老、年幼、患病或其他没有独立生活能力的人负有赡养、抚养或扶养义务而拒绝抚养的情况。依据法律规定，夫妻之间有互相扶养的义务，② 如一方遗弃没有独立生活能力的另一方，另一方据此提出离婚的，自然符合本条的法律规定。同时，如果一方遗弃的对象是除配偶之外的其他家庭成员，例如一方的父母或子女，配偶据此提出离婚的，亦应适用本条的规定。具体到司法实践中处理此类案件时，应当综合考虑遗弃行为的具体情节、对被遗弃人及配偶另一方所造成的危害后果以及遗弃行为对夫妻关系所造成的影响等因素。此外，遗弃家庭成员，情节恶劣的，将依法承担刑事责任。③

（五）有其他重大过错

《中华人民共和国民法典》第一千零九十一条对离婚时无过错方可主张损害赔偿的情形设置了一条兜底性条款，即：有其他重大过错，这一变化体现了我国法律对婚姻中无过错方的保护，让其能够得到相应的救济。对于

---

① 《中华人民共和国刑法》第二百六十条。

② 《中华人民共和国民法典》第一千零五十九条。

③ 《中华人民共和国刑法》第二百六十一条。

“有其他重大过错”的解读，目前尚未有统一的标准，根据笔者的经验，应从以下几点判断：一是实施相关行为的一方是否有主观的故意；二是所实施的行为是否违反夫妻忠实义务、违反公序良俗等；三是双方感情破裂是否因该行为而导致。如：一方在婚姻关系存续期间与他人生育非婚生子女，尽管尚未达到重婚或与他人同居的程度，无过错方也可以在离婚诉讼中主张损害赔偿，由人民法院结合已有证据认定是否存在过错并决定是否支持损害赔偿的诉求。

第二节　办案思路与实战技巧

一、严格把握提起离婚后损害责任纠纷的程序性要求

无过错方主张离婚损害赔偿的，若作为原告的，需同离婚诉讼一并提出；无过错方作为被告的，如被告不同意离婚也不基于该条规定提起损害赔偿请求的，可以在离婚后就此单独提起诉讼；此外，双方在婚姻登记机关办理离婚登记手续后，且协议离婚时无过错方未明确表示放弃该项请求的，无过错方可以在离婚后就此单独提起诉讼。

（一）法院支持无过错方提出的损害赔偿诉求的前提

符合《中华人民共和国民法典》第一千零九十一条规定的无过错方作为原告基于该条规定向人民法院提起损害赔偿请求的，必须在离婚诉讼的同时提出。

此外，存在过错以及因此而导致离婚的后果，是适用损害赔偿制度的两个必不可少的要件，两个条件需同时具备、缺一不可。

法院支持损害赔偿的诉求是以双方婚姻关系解除为前提的，如法院判决不准予双方离婚，则同案提出的损害赔偿请求相应地亦无法得到支持。

（二）离婚后无过错方起诉要求损害赔偿的诉讼时效

无过错方作为被告的离婚案件，从诉讼策略上来讲大致有三种情况：一是不披露对方的过错，亦不同意离婚，这种情况下无过错方亦不会提出损害赔偿的请求。那么，如果法院判决准予离婚的，无过错方则需在双方离婚后三年之内另行起诉。二是披露对方的过错，但表示谅解并且不同意离婚，这种情况下无过错方亦不会提出损害赔偿的请求。同上，如果法院判决准予离婚的，无过错方则需在双方离婚后三年之内另行起诉。三是无过错方披露对方过错且同意离婚，这种情况下同时提出损害赔偿请求的，若证据充分，诉求通常会获得法院的支持。如无过错方未同时提出损害赔偿请求的，亦应当在离婚后三年内另行起诉予以主张。

（三）二审提出损害赔偿诉求的处理方式

无过错方作为被告的离婚诉讼案件，一审时被告未提出损害赔偿请求，二审期间提出的，法院应进行调解，调解不成的，须在离婚后三年内另行起诉。但如果双方同意由第二审人民法院一并审理的，第二审人民法院可以一并裁判。

按照民事诉讼的一般规则，当事人在一审期间未明确提出的诉求，在二审期间提出的，法院一般不予采纳。但考虑到婚姻案件中损害赔偿请求与案件的实体认定有着非常紧密的依附关系，因此，在处理程序上规定，对在二审期间提出损害赔偿请求的案件，法院应当进行调解，即调解是必经程序；调解不成但双方同意由二审法院审理的，也可以由二审法院一并裁判。

（四）双方协议离婚的，如无过错方在协议离婚时已表示放弃损害赔偿请求的，离婚后向法院提出损害赔偿请求的将不予支持

协议离婚与诉讼离婚的区别仅在于离婚的方式不同，所产生的法律效力并无二致。通过协议方式离婚的，当事人之间签订的离婚协议书应得到双方的尊重和执行。如协议约定无过错方放弃向对方追索损害赔偿的，该约定有

效；即便无过错方事后反悔，亦难以获得法院的支持。此外，即使离婚协议中未对损害赔偿内容做出约定，无过错方在离婚后再主张赔偿的，也应在办理离婚登记手续后三年内提出。

实践中，离婚协议中经常出现的“协议未尽事项，双方均不得再进行追究”这类约定，往往易引发争议。首先，应避免使用此类所指不明的条款；其次，具体到损害赔偿事宜，因其与婚姻关系的解除及无过错方利益保护均具有密切联系，因此，一般需双方以明示方式进行约定，即无过错方需明确表示是否放弃追究对方损害赔偿的法律责任。

二、损害赔偿的内容和标准

（一）损害赔偿既包括物质损害赔偿，也包括精神损害赔偿

《最高人民法院关于适用〈中华人民共和国民法典〉婚姻家庭编的解释（一）》第八十六条明确规定：民法典第一千零九十一条规定的“损害赔偿”，包括物质损害赔偿和精神损害赔偿。涉及精神损害赔偿的，适用《最高人民法院关于确定民事侵权精神损害赔偿责任若干问题的解释》的有关规定。

物质损害赔偿，主要是指对因前述婚姻过错行为给无过错方造成的物质损失的补偿，例如因一方的家暴行为对另一方造成的身体伤害所产生的医疗费用，因一方的虐待、遗弃行为对另一方造成的身体伤害、疾病加重等所产生的医疗费用、护理费用、营养费用等。这些实际发生的费用，因与一方的过错行为存在明确的因果关系，因此均应由过错方承担。

精神损害赔偿，是指无过错方因对方的过错行为导致婚姻破裂而产生的精神痛苦。需要指出的是，在婚姻纠纷案件当中，一方存在《中华人民共和国民法典》第一千零九十一条规定的过错的情形一旦得到法院的认可，即可推定无过错方存在精神损害，且依法应获得损害赔偿，而无须无过错方单独再就精神损害的存在进行举证。

（二）涉及精神损害赔偿的，适用《最高人民法院关于确定民事侵权精神损害赔偿责任若干问题的解释》的有关规定

关于精神损害赔偿数额的确定，可结合以下因素予以综合认定[①]：

1. 侵权人的过错程度，但是法律另有规定的除外；
2. 侵权行为的目的、方式、场合等具体情节；
3. 侵权行为所造成的后果；
4. 侵权人的获利情况；
5. 侵权人承担责任的经济能力；
6. 受理诉讼法院所在地的平均生活水平。

因此，在向法院请求精神损害赔偿时，不仅要举证证明一方存在导致双方感情破裂的过错行为，还需要对损害结果、过错方的经济能力以及当地的平均生活水平等进行举证。

（三）在离婚诉讼当中已处理了物质损害赔偿的，不影响无过错方在离婚后另行起诉要求精神损害赔偿

如前所述，婚姻案件中无过错方的精神损害赔偿要求既可以在离婚诉讼中一并提出，亦可选择在离婚后一年内另案单独提出。因此，即便在离婚诉讼当中，法院已就一方的过错行为对无过错方造成的物质损害进行了处理，只要无过错方并未明确表示放弃对精神损害赔偿的追索，其在婚姻关系解除后三年之内另行起诉要求过错方支付精神损害赔偿的，法院均应予以支持。

【案例 5.1】费某与李某离婚后损害赔偿纠纷一案[②]中，费某（女）曾

---

① 《最高人民法院关于确定民事侵权精神损害赔偿责任若干问题的解释》（2020 年修正）第五条。

② 审理法院：重庆市第一中级人民法院，案号：（2013）渝一中法民终字第 03360 号，载中国裁判文书网，https：//wenshu. court. gov. cn/website/wenshu/181107ANFZ0BXSK4/index. html? docId=smlPFwvnNFoAip2c98aL1D7Rbvv8SFSBSFNsWtA6tlxcgWMMuUUaBpO3qNaLMqsJUTWcuuSWqFJE3z3XhifmxiN05NRB6QgWvb77MR4zDn5RJ4xNlz2aqWEEg4y0GQo/，最后访问时间：2022 年 10 月 10 日。

于2012年向法院起诉，请求与李某（男）离婚，并主张李某在婚姻关系存续期间多次对其实施殴打等暴力行为，其主张得到了法院的认可，判决准予双方离婚，并判决李某赔偿费某医疗等费用1000元。2013年费某再次向法院提起诉讼，要求判令李某赔偿因家庭暴力行为导致离婚的精神损害赔偿3万元。李某答辩称，在双方的离婚判决中，其已就打架的事宜赔偿过费某，现费某再次以同一事由起诉，法院不应认可。法院经审理认为：虽然李某辩称已赔付费某1000元，但该赔偿仅为物质损害赔偿，费某在离婚判决后一年内起诉要求给付精神损害赔偿符合法律规定。故法院对李某的辩称意见不予采纳，对费某主张精神损害赔偿的诉讼请求予以支持。

第三节　典型案例评析

案例9：周某某与张某离婚后损害责任纠纷案[①]

裁判主旨

婚姻关系存续期间，夫妻一方存在出轨行为的，实质上是对婚姻和整个家庭的背叛，会给另一方及子女带来伤害。因此，即使在夫妻双方离婚期间并未发现一方存在出轨行为，在离婚后才发现的，无过错方向法院起诉要求过错方支付精神损害赔偿，人民法院依法予以支持。这体现了维护妇女合法权益的司法精神。

案情简介

2003年5月1日，原告周某某与被告张某登记结婚，婚后生育一女一子。2013年7月10日，张某提起与周某某离婚之诉，经法院主持调解离婚，

① 本案系2015年河南省高级人民法院发布保护妇女权益十大典型案例之七，参见《省高院发布维护儿童合法权益十大典型案例》，载河南省高级人民法院网站，http：//www.hncourt.gov.cn/public/detail.php?id=164673，最后访问时间：2022年10月10日。

在调解书最后约定“其他未尽事宜，双方互不再追究”。而在 2013 年 5 月 28 日，张某与案外人宋某在某医院生育一女，取名张某某。周某某称离婚后才发现此事，现起诉要求张某赔偿精神损害赔偿金 3 万元。

法院判决

法院经审理认为：被告张某在与原告婚姻关系存续期间，与他人有不正当男女关系，并生育一女，导致离婚，应该承担相应的民事责任；离婚调解书的内容，没有原告周某某明确放弃过错损害赔偿的意思表示，同时无法确认双方已就过错损害赔偿问题达成协议，因此，原告周某某在离婚后向被告张某提出损害赔偿请求应予支持，遂判令被告张某给付原告周某某精神损害赔偿人民币 15000 元。宣判后，双方均未提出上诉。

律师点评

本案的双方当事人系在法院调解离婚的，调解书的内容中含有“其他未尽事宜，双方互不再追究”的约定。那么，这一约定，能否认为系双方尤其是无过错方放弃损害赔偿请求的意思表示是本案争议的关键点。如认定该约定系无过错方放弃向对方追索损害责任的意思表示的，即便无过错方事后反悔，诉至法院的，亦难以获得法院的支持。相反，如该约定被认为不包含放弃追索损害责任的意思表示的，且无过错方系在离婚后一年内提出的，法院对其诉求则应予以支持。

本案中，在双方所签订的离婚调解书未明确披露张某与周某某离婚是否因一方存在过错的情况下，无法推演出周某某在离婚之时已经知悉张某与他人的婚外情行为，从而亦无法确认其调解书当中“其他未尽事宜，双方互不再追究”的约定包含周某某放弃对张某过错行为进行追索的意思表示。因此，法院从保护无过错方及保护妇女权益的角度出发，支持周某某的诉求不仅合法，而且合乎情理。

实践中，当事人之间签署的离婚协议中经常出现“协议未尽事项，双方互不再追究”这类约定，往往易引发争议。律师在处理此类型纠纷过程中，应注意以下几个方面：首先，应建议当事人避免使用此类所指不明的条款；

其次，具体到损害赔偿事宜，因其与婚姻关系的解除及无过错方利益保护均具有密切联系，因此，应建议双方以明示方式进行约定，即无过错方需明确表示是否放弃追究对方损害赔偿的法律责任。

案例 10：李某与费某离婚后损害责任纠纷案①

裁判主旨

婚姻案件中无过错方的精神损害赔偿要求既可以在离婚诉讼中一并提出，亦可选择在离婚后一年内另案单独提出。因此，即便在离婚诉讼当中法院已就一方的过错行为对无过错方造成的物质损害进行了处理，只要无过错方并未明确表示放弃对精神损害赔偿的追索，其在婚姻关系解除后一年之内另行起诉要求过错方支付精神损害赔偿的，法院均应予以支持。

案情简介

费某（女）与李某（男）原系夫妻关系，双方均系再婚。2012 年 6 月 14 日李某因离婚起诉至一审法院，该院作出（2012）碚法民初字第 03395 号民事判决书，判决其离婚。同时，该判决中载明了双方在离婚纠纷中李某将费某打伤，判决李某赔偿费某医疗费用等 1000 元。

2011 年 10 月 11 日费某诉称李某在婚后多次对其实施殴打等暴力行为，2011 年 9 月 12 日、13 日李某两次对其暴打，致其右侧筛窦外侧壁骨折，入院治疗，为保护自身及近亲属的安全，费某向法院申请人身保护令。该院作出（2011）碚法民初字第 05164 号民事裁定书，裁定：一、李某不得再对费某及其亲友进行威胁、殴打。二、李某不得在费某的住所地 200 米内活动。

---

① 审理法院：重庆市第一中级人民法院，案号：（2013）渝一中法民终字第 03360 号，载中国裁判文书网，https：//wenshu. court. gov. cn/website/wenshu/181107ANFZ0BXSK4/index. html?docId=smlPFwvnNFoAip2c98aL1D7Rbvv8SFSBSFNsWtA6tlxcgWMMuUUaBpO3qNaLMqsJUTWcuuSWqFJE3z3XhifmxiN05NRB6QgWvb77MR4zDn5RJ4xNlz2aqWEEg4y0GQo/，最后访问时间：2022 年 10 月 10 日。

本案在审理中，费某出示2011年9月13日的报警记录及重庆市北碚区中医院的出院证（2011年9月14~26日），该出院证载明费某诊断结论为：（1）双眼球顿挫伤；右眼外伤性角膜炎，左眼球结膜下出血，双眼视网膜震荡伤。（2）双眼屈光不正。（3）全身多处软组织挫伤。（4）右侧筛窦外侧壁骨折。2012年2月3日的报警记录及重庆市北碚区中医院的诊断证明，该诊断证明结论为：（1）全身多处皮肤挫伤；（2）面部皮肤擦伤。李某对此没有异议。庭审中费某还出示2012年4月10日、2012年7月14日、2012年10月1日的报警记录及重庆市北碚区中医院的出院证（2012年2月11日至3月5日），该出院证载明费某诊断结论为：（1）血管性头痛；（2）腰椎间盘突出；（3）糜烂性胃炎。李某对此表示异议，认为其与殴打事实没有关联性不予认可。李某出示2012年2月7日患右肾癌症的诊断证明，费某没有异议。

费某向一审法院诉称：双方原系夫妻关系，李某性格暴戾，在婚姻存续期间多次因钱财对费某进行家庭暴力，并且李某多次辱骂费某，对费某身体、精神均造成了损害，现请求法院判决李某赔偿费某家庭暴力离婚精神损害赔偿3万元，并承担诉讼费。

李某辩称：其只认可打过费某两次，第一次是2011年9月在天桥上看到费某与他人亲密，一时气愤才动手打费某；第二次是2012年2月费某两母子动手打李某，其不得已予以的反击。两次打得都不严重，且都是事出有因。在离婚的判决中，李某已就打架事情赔偿费某1000元，费某再次以同一事情起诉，不予认可；目前李某也是一名癌症病人，治病急需用钱，且费某在李某生病住院期间未尽到妻子的义务，不同意赔偿费某精神损失。请求驳回费某的诉讼请求。

法院判决

法院经审理认为：根据《中华人民共和国婚姻法》第四十六条的规定，有下列情形之一，导致离婚的，无过错方有权请求损害赔偿：（1）重婚的；（2）有配偶者与他人同居的；（3）实施家庭暴力的；（4）虐待、遗弃家庭成员的。本案中，因李某未能提供费某在婚姻中有违反夫妻忠实义务的相关证据，结合费某向法院提交的2011年9月13日报警记录、出院证及该院作出的相关法律文书，该院认为2011年9月13日李某对费某实施的殴打行为，符合家庭暴力的构成要件，属于家庭暴力行为，该院对费某属于无过错方及遭受家庭暴力的事实予以确认。庭审中，李某辩称其已在离婚诉讼中就打架纠纷赔偿费某1000元，费某无权再就此事提出损害赔偿。根据《最高人民法院关于适用〈中华人民共和国婚姻法〉若干问题的解释（一）》第二十八条、第三十条第三款的规定，婚姻法第四十六条规定的“损害赔偿”，包括物质损害赔偿和精神损害赔偿……无过错方作为被告的离婚诉讼案件，一审时被告未基于婚姻法第四十六条规定提出损害赔偿请求，二审期间提出的，人民法院应当进行调解，调解不成的，告知当事人在离婚后1年内另行起诉。据此，虽然李某辩称已赔付费某1000元，但该赔偿仅为物质损害赔偿，费某在离婚判决后1年内起诉要求给付精神损害赔偿符合法律规定，该院对李某的辩称意见不予采纳，对费某主张精神损害赔偿的诉讼请求予以支持。至于精神损害赔偿的数额，根据《最高人民法院关于确定民事侵权精神损害赔偿责任若干问题的解释》（已被修订）第十条第一款的规定，精神损害的赔偿数额根据以下因素确定：（1）侵权人的过错程度、法律另有规定的除外；（2）侵害的手段、场合、行为方式等具体情节；（3）侵权行为所造成的后果；（4）侵权人的获利情况；（5）侵权人承担责任的经济能力；（6）受诉法院所在地平均生活水平。本案中，李某于2011年9月13日殴打费某，致其右侧筛窦外侧壁骨折、双眼球顿挫伤及全身多处软组织挫伤；2012年2月3日双方发生抓扯，致费某全身多处皮肤挫伤；结合该院作出的（2011）碚法民初字第05164号民事裁定书，该院认为李某的家暴行为使费某的身体和精神均受到伤害。但该裁定作出后，李某未再对费某实施过家暴行为。虽然庭审中费某还举示了2012年4月10日、2012年7月14日、2012年10月1日的报警记录及2012年2月11日至3月5日期间的出院证，因该三份报警记录只载明双方因房产发生争议，并无殴打事实；该出院证载明的诊断内容并未显示抓扯伤情；且双方已于2012年6月14日经判决离婚，据此，该院对该三份报警记录、该出院证的关联性不予认可。综上所述，该院结合家暴行为的持续时间以及家暴行为给费某造成的损害后果并考虑到李某目前的经济状况，酌情确定李某赔偿费某精神损害抚慰金5000元。据此，一审法院依照《中华人民共和国民事诉讼法》第一百四十二条、第一百五十二条，《中华人民共和国婚姻法》第四十六条，《最高人民法院关于适用〈中华人民共和国婚姻法〉若干问题的解释（一）》第二十八条、第三十条第三款之规定，判决如下：由李某于判决生效之日起十五日内赔偿费某精神损害抚慰金5000元。如果未按本判决指定的期间履行给付金钱义务，应当依照《中华人民共和国民事诉讼法》第二百五十三条之规定，加倍支付迟延履行期间的债务利息。

李某不服一审判决，提起上诉，请求：(1) 撤销原判，依法改判；(2) 本案诉讼费及其他诉讼费由费某承担。事实与理由：(1) 原审法院将该院在此之前已经对费某作出的损害赔偿再次进行裁断，明显违反法律规定。在（2012）碚法民初字第03395号案件中，判决李某赔偿费某医疗费1000元；其后，在（2013）碚法民初字第00247号案件中，以“鉴于李某在婚姻关系存续期间有实施家庭暴力的行为，本案在照顾女方权益的原则的基础上进行判决”为由，将李某原本应该享有的7.5万元房屋折价款，扣除2.5万元，仅仅判给李某5万元，已经包含了对费某的精神抚慰金。(2) 双方曾经在北碚区人民法院审判员组织下，就发生的纠纷签有调解协议，已经明确表示彼此不再要求对方损害赔偿。因此，一审法院不应再就此事审理。

费某答辩认为：一审判决正确，请求驳回上诉，维持原判。

法院二审查明的事实与一审法院查明的事实相同。

二审法院认为，《最高人民法院关于适用〈中华人民共和国婚姻法〉若干问题的解释（一）》第二十八条规定：“婚姻法第四十六条规定的‘损害赔偿’，包括物质损害赔偿和精神损害赔偿……”第三十条规定：“……（三）无过错方作为被告的离婚诉讼案件，一审时被告未基于婚姻法第四十六条规定提出损害赔偿请求，二审期间提出的，人民法院应当进行调解，调解不成的，告知当事人在离婚后一年内另行起诉。”因此，虽然李某上诉称其已赔付费某1000元，但该赔偿仅为物质损害赔偿，费某在离婚判决后1年内可以要求给付精神损害赔偿。李某上诉称，在（2013）碚法民初字第00247号案件中，以“鉴于李某在婚姻关系存续期间有实施家庭暴力的行为，本案在照顾女方权益的原则的基础上进行判决”为由，将李某原本应该享有7.5万元的房屋折价款，扣除2.5万元，仅仅判给李某5万元，已经包含了对费某的精神抚慰金。但其未提供证据予以佐证，其提出的该上诉理由不能成立。李某还称，双方曾经在北碚区人民法院审判员组织下，就发生的纠纷签有调解协议，已经明确表示彼此不再要求对方损害赔偿。但其仍未提交该证据，故对李某的该上诉意见亦不予采纳。综上，李某的上诉理由不能成立。一审判决认定事实清楚，适用法律正确，二审法院依照《中华人民共和国民事诉讼法》第一百七十条第一款第一项之规定，判决驳回上诉，维持原判。

律师点评

律师在办理此类案件过程中，应当审慎把握此类纠纷提起的程序性要求，即无过错方作为原告的，需同离婚诉讼一并提出；无过错方作为被告的，如被告不同意离婚也不基于该条规定提起损害赔偿请求的，可以在离婚后就此单独提起诉讼。此外，如本案例所示之情形，即无过错方作为被告，在离婚诉讼中同意离婚，但未基于该条规定提起损害赔偿请求的，也须遵守在离婚后另行起诉的规定，否则其合法权益将得不到法律的保护。

需要说明的是，该案例发生在《最高人民法院关于适用〈中华人民共和国民法典〉婚姻家庭编的解释（一）》生效以前，因此适用《最高人民法院关于适用〈中华人民共和国婚姻法〉若干问题的解释（二）》第二十七条规定的一年诉讼时效的规定。

此外，在离婚案件以及单独提起的离婚后损害责任案件中，如何确定精神损害赔偿的标准亦是本案中值得探讨的主要内容之一。

本案中，过错方李某对费某的家庭暴力行为已经达到了较为严重的程度，但法院考虑到李某目前自身患有重大疾病、经济负担能力有限的情况，仅支持了5000元的损害赔偿金额。虽然对于法院认定因一方的过错行为导致双方夫妻感情破裂的案件中无过错方无须再就精神损害的存在进行举证，但无过错方精神遭受损害的程度、过错行为对自身造成的不利影响程度、过错方的主观恶意、过错方的经济负担能力等均关乎法院对精神损害赔偿具体数额的认定。因此，律师在代理此类案件的过程中，仍应积极主动收集能够证实前述所列各项内容的证据，以为案件当事人争取更大的权益。

第六章　婚姻无效纠纷

第一节　理论概述与实务指引

一、无效婚姻的理论概述

无效婚姻是指因存在法定禁止结婚的情形或欠缺婚姻成立的法定要件而不具有法律效力的婚姻关系。即男女双方的结合由于不符合法律规定的结婚实质要件，而自始得不到法律的认可和保护。

无效婚姻制度是2001年修订《中华人民共和国婚姻法》时新增设的一项制度，填补了之前法律规定的空白，使得法院判决时有法可依。后来随着《最高人民法院关于适用〈中华人民共和国婚姻法〉若干问题的解释（一）》《最高人民法院关于适用〈中华人民共和国婚姻法〉若干问题的解释（二）》《中华人民共和国民法典》以及《最高人民法院关于适用〈中华人民共和国民法典〉婚姻家庭编的解释（一）》的出台，结合《婚姻登记条例》和《婚姻登记工作暂行规范》的有关规定，我国无效婚姻制度逐步得以完善。通过法律明确婚姻无效的情形及无效婚姻的法律后果，有利于促使全社会树立科学、健康的婚恋观。一旦婚姻关系被认定为无效，在同居期间所得的财产将难以得到法律的有效保护，因此，男女双方在结合时必须审慎对待，本着对社会及家庭负责任的原则，认真遵守法律规定，这样才能有效保护自身的合法权益。

二、婚姻无效的情形

合法有效的婚姻关系要求男女双方须同时符合法定形式要件与法定实质

要件，两者缺一不可，否则将导致婚姻无效。其中，法定形式要件要求男女双方须亲自到民政部门办理登记结婚手续；法定实质要件要求男女双方不得具有《中华人民共和国民法典》第一千零五十一条规定的下列任一情形：

（1）重婚；

（2）有禁止结婚的亲属关系；

（3）未到法定婚龄。

以上的这三种情形，根据是否会因客观情况的改变而消除又分为绝对无效及相对无效两种情况。其中，绝对无效的情况有“重婚”及“有禁止结婚的亲属关系”这两种情形。

这种两种情形，无论在什么情况下都不会改变其无效婚姻的事实。举个例子，男方先后与女子 A、女子 B 在不同的地方登记结婚，因女子 B 与男子的结合属于重婚，因此，女子 B 与男子属无效婚姻。这段违法关系不会因女子 A 与男子离婚或女子 A 死亡而改变，女子 B 与男子之间始终不能认为是合法夫妻关系。另外，第三项的情形则属于相对无效的情况，有可能随着客观情况的变化而发生改变。例如，夫妻双方或一方在结婚时未达法定婚龄，但随着时间的流逝，在起诉至法院时，夫妻双方均已达到法定婚龄，则该段婚姻关系应被认定为合法有效，并且是自始有效的。

需要强调的是，这个起诉的时间点十分关键。《最高人民法院关于适用〈中华人民共和国民法典〉婚姻家庭编的解释（一）》第十条规定，法定的无效婚姻情形在提起诉讼时已经消失的，人民法院不予支持。但实践中，法院在审理无效婚姻案件的整个过程中，法定的无效婚姻情形消失的，法院亦不会判决婚姻无效。例如，在向法院提出申请时，夫妻一方未达法定婚龄，但在案件审理过程中，夫妻双方均已达到法定婚龄的，法院将驳回申请婚姻无效的诉求。

三、申请宣告婚姻无效的请求权人

可以向法院申请宣告婚姻关系无效的适格主体，除了婚姻关系的当事人之外，还包括利害关系人，根据《最高人民法院关于适用〈中华人民共和国民法典〉婚姻家庭编的解释（一）》第九条的规定，以不同理由向法院申请宣告婚姻无效的，对利害关系人的确定有不同的标准：

（1）以重婚为由的，为当事人的近亲属及基层组织；

（2）以未到法定婚龄为由的，为未到法定婚龄者的近亲属；

（3）以有禁止结婚的亲属关系为由的，为当事人的近亲属。

四、婚姻无效的法律后果

1. 符合法律规定的婚姻无效条件的，法院应当一律宣告当事人的婚姻关系无效，且依据《中华人民共和国民法典》第一千零五十四条的规定，无效婚姻自始没有法律约束力。在这里，需要强调的是，无效婚姻虽然是自始无效，但并非当然无效，需经法院宣告无效。

2. 一旦经法院宣告婚姻关系无效，当事人便不具有夫妻的权利和义务，双方当事人之间互相不具有继承权。

3. 同居期间所得的财产，除有证据证明为当事人一方所有的以外，按共同共有处理。对重婚导致的婚姻无效的财产处理，不得侵害合法婚姻当事人的财产权益。

4. 婚姻无效不影响父母子女之间的权利义务关系。仍适用婚姻法等相关法律对父母子女关系的调整。

5. 婚姻无效的，无过错方有权请求损害赔偿。

第二节　办案思路与实战技巧

一、认定婚姻无效的情形仅限于法律列举的三种类型，且不得做任意扩大解释

应当认定婚姻无效的情形仅限于《中华人民共和国民法典》第一千零五十一条中明确列举规定的三种情形，对此不得做任意扩大解释。

二、严格把握处理婚姻无效纠纷的程序性要求

1. 如何确定原告

根据前述法律规定，近亲属作为利害关系人一般均可作为原告向法院请求确认婚姻无效，但根据导致婚姻无效的不同理由，对原告主体资格的要求亦有不同，要注意区分，不得一概而论，避免因主体不适格而被驳回诉讼请求。

【案例 6.1】 何某某与辛某某婚姻无效纠纷一案①中，申请人何某系何某某的儿子，何某某死后，何某以何某某在和辛某某登记结婚前患有精神分裂症，结婚后并未治愈，并办理残疾证（精神二级残疾），属于患有医学上不应当结婚的疾病，婚后尚未治愈的情形为由，向法院提出申请，要求宣告何某某与辛某某的婚姻关系无效。法院经审理后认为，夫妻一方或者双方死亡后一年内，生存一方或者利害关系人依据《中华人民共和国婚姻法》第十条的规定申请宣告婚姻无效的，人民法院应当受理。本案中申请人何某系何某某儿子，属于利害关系人，但申请人何某以其父亲婚前患有医学上认为不应当结婚的疾病为由申请其父亲与辛某某婚姻无效，不符合法律规定“以婚前患有医学上认为不应当结婚的疾病，婚后尚未治愈为由申请宣告婚姻无效的，为与患病者共同生活的近亲属”的利害关系人条件，申请人何某成年后并未与其父亲何某某共同生活，申请人何某不具备申请婚姻无效的主体资格，故不符合受理条件。因此，本案中的申请人何某因不具备申请婚姻无效的主体资格，不符合受理条件，法院最终驳回了何某的申请。

2. 被告一般是无效婚姻的一方或双方当事人

请求人民法院确认婚姻无效的，如婚姻的一方当事人为原告，另一方则

---

① 审理法院：四川省金堂县人民法院，案号：（2020）川 0121 民初 2757 号，载中国裁判文书网，https：//wenshu. court. gov. cn/website/wenshu/181107ANFZ0BXSK4/index. html? docId=7CFZcq2iKKWgr/Z8c2oKcuxXvV3nyiFd7msIHWWRQe6vt2xxh/F0WJ/dgBYosE2gp6p68nCRWaKmJ+/AKHue4m+Qemdnw2tRni7kt7ePRFEU0pEEMRKkpmeCc4bUGdJb，最后访问时间：2022 年 11 月 15 日。

为被告；如利害关系人为原告，婚姻关系当事人双方为被告，夫妻一方死亡的，生存一方为被告。

3. 请求法院确认婚姻无效时，可同时提出处理婚姻期间所得财产的诉求，法院会依照处理同居关系财产的规则对无效婚姻期间内所取得的财产作出处理

由于婚姻无效，因此同居期间的财产不属于夫妻共同财产，根据双方当事人身份关系的特殊性，当事人同居期间所得的财产，除有证据证明为当事人一方所有的以外，人民法院按共同共有处理。

4. 确认婚姻无效纠纷案件不可申请再审

如前所述，婚姻被确定无效之后，最直接的法律后果即当事人的婚姻关系自始无效。那么对于此类案件的处理结果不服的，是否可以申请再审？对此，司法实践的态度是否定的。其法律依据在于《中华人民共和国民事诉讼法》第二百零九条的规定：当事人对已经发生法律效力的解除婚姻关系的判决、调解书，不得申请再审。

三、利用婚姻无效案件的程序性及效力性特点，寻求多角度的诉讼解决方案

1. 利用婚姻无效案件程序上优先于离婚案件处理的特点，延迟离婚案件的审理，以实现当事人特定的诉讼目的

由于离婚纠纷以双方当事人存在合法有效的婚姻关系为前提，因此如人民法院就同一婚姻关系分别受理了离婚纠纷和请求确认婚姻无效纠纷案件的，对于离婚案件的审理，应当待请求确认婚姻无效案件作出判决后进行。

2. 利用婚姻无效案件效力的特点，通过请求确认婚姻无效，达到在财产争议等问题上的诉讼目的

婚姻关系一旦经法院确认无效，当事人便不具有夫妻之间的权利义务关系，其中便包括配偶之间享有的继承权。实践中，很多当事人希望通过确认婚姻无效，来排除“现任配偶”的继承权，达到己方多分遗产的目的。

第三节　典型案例评析

案例 11：申某与明某婚姻无效纠纷案①

裁判主旨

因重婚而导致婚姻无效的情形，会涉及前婚与后婚两段婚姻关系，前婚既包括依法成立的登记婚姻，也包括符合条件的事实婚姻，且无论登记婚姻成立在先，还是事实婚姻成立在先，只要构成重婚，必然引起后婚婚姻无效的法律后果。

案情简介

明某与王某登记结婚，后隐瞒其已经结婚的事实再次与申某在民政局登记结婚，虽然其在 2020 年 8 月与王某解除了第一段婚姻，但其重婚的事实无法改变，应确认申某与其婚姻无效。

申某向一审法院起诉请求：（1）依法确认（或宣告）申某与明某的婚姻无效；（2）涉诉费用由明某承担。

明某辩称，申某起诉时其已经解除了与王某的婚姻关系，其与申某已生育子女。一审判决适用法律正确，应予维持。

法院判决

一审法院经审理认为：有重婚情形的婚姻无效，当事人可向人民法院申请宣告婚姻无效，但申请时，法定的婚姻情形已经消失时，人民法院不予支持。本案中，明某与案外人王某于 2020 年 8 月在人民法院调解离婚，2020

---

① 审理法院：河南省安阳市中级人民法院，案号：（2021）豫 05 民终 1403 号，载中国裁判文书网，https：//wenshu. court. gov. cn/website/wenshu/181107ANFZ0BXSK4/index. html？docId=NDOtIA+hdMh/v0yhwJnku1/BQHUG9FzP1R6m1WdrnpzcJMR43XHMKp/dgBYosE2gp6p68nCRWaKmJ+/AKHue4oLG/LQrtig9GxGws5u6O/J6bXRCD2CtutPgov5kpbxW，最后访问时间：2022 年 11 月 15 日。

年 11 月 30 日，人民法院作出刑事判决书，以明某犯有重婚罪，判处有期徒刑一年。明某重婚，其与申某的婚姻属于无效婚姻，明某于 2020 年 8 月与案外人王某调解离婚，即申某起诉明某时法定的无效婚姻情形已经消失，故对于申某的诉讼请求人民法院不予支持，一审法院判决：驳回申某的诉讼请求。

二审法院认为，根据《中华人民共和国民法典》第一千零五十一条规定，有下列情形之一的，婚姻无效：（1）重婚；（2）有禁止结婚的亲属关系；（3）未到法定婚龄。本案中，明某在与王某婚姻关系存续期间，又与申某登记结婚，其行为已构成重婚。重婚是严重违反一夫一妻制原则的行为，虽然在申某提起本案诉讼之前明某已经解除了其与王某的婚姻关系，但并不影响其与申某婚姻无效的认定。一审法院判决驳回申某诉讼请求不当，本院予以纠正，二审法院判决：确认申某与明某的婚姻无效。

律师点评

导致婚姻无效的情形包括重婚、有禁止结婚的亲属关系以及未到法定婚龄三种。我国实行一夫一妻制，因此无论申请确认婚姻无效时一方存在两个婚姻关系还是仅存一个婚姻关系，后成立的婚姻都依法属于婚姻无效的情形。

第七章　撤销婚姻纠纷

第一节　理论概述与实务指引

一、理论概述

可撤销婚姻，是指男女双方或一方缺乏结婚的意思表示，因受他方或者第三者胁迫或一方患有重大疾病且未在结婚登记前如实告知对方而缔结的婚姻关系。

根据《中华人民共和国民法典》第一千零五十四条的规定，被撤销的婚姻自始没有法律约束力，当事人不具有夫妻的权利和义务。同居期间所得的财产，由当事人协议处理；协议不成的，由人民法院根据照顾无过错方的原则判决。对重婚导致的无效婚姻的财产处理，不得侵害合法婚姻当事人的财产权益。当事人所生的子女，适用本法关于父母子女的规定。婚姻无效或者被撤销的，无过错方有权请求损害赔偿。

此外，申请撤销婚姻的要注意在诉讼时效内提出，根据《中华人民共和国民法典》第一千零五十二条以及第一千零五十三条的规定：

1. 因胁迫结婚的，受胁迫一方应当自胁迫行为终止之日起一年内向人民法院请求撤销婚姻；

2. 被非法限制人身自由的当事人请求撤销婚姻的，应当自恢复人身自由之日起一年内向人民法院请求撤销婚姻；

3. 因一方患有重大疾病且婚前未如实告知而撤销婚姻的，应当自知道或者应当知道撤销事由之日起一年内向人民法院请求撤销婚姻。

二、可撤销婚姻的法定情形

根据《中华人民共和国民法典》第一千零五十二条以及第一千零五十三条的规定，可撤销婚姻的情形包括“因受胁迫结婚”以及“一方患有重大疾病的，结婚登记前未如实告知另一方”两种情形，并不包括《中华人民共和国民法典》中规定的其他可撤销民事行为的情形，如重大误解、欺诈、显失公平等情形。

（一）受胁迫结婚的婚姻可撤销

胁迫，此处是指行为人以给另一方当事人或者其近亲属的生命、身体、健康、名誉、财产等方面造成损害为要挟，迫使另一方当事人违背真实意愿结婚的情况。

从构成要件上，“胁迫”应当包括以下要件：

1. 有胁迫的故意。

2. 有实施具体的胁迫行为，包括言语上和动作上的威胁。如通过口头、书信等方式进行恐吓，或对当事人及其近亲属实施暴力、骚扰等行为。

3. 胁迫行为和受胁迫一方与之登记结婚之间有因果关系。

因此，一方因受到他人实施的胁迫行为而违背真实意愿与他人结婚的，可向人民法院请求撤销婚姻，婚姻被撤销后，自始不具有法律约束力，男女双方不具有夫妻的权利和义务。

（二）一方患有重大疾病的，结婚登记前未如实告知另一方的婚姻可撤销

该情形是《中华人民共和国民法典》新增的可撤销婚姻的法定情形，法院审查是否符合可撤销婚姻时有两个审查重点，一是一方婚前患有重大疾病；二是结婚登记前未如实告知另一方。

三、撤销权的除斥期间

申请撤销婚姻的要注意在诉讼时效内提出，其中受胁迫的应在胁迫行为

终止之日起一年内提出，被非法限制人身自由的应在恢复人身自由之日起一年内提出，因一方婚前隐瞒患有重大疾病的，应自知道或者应当知道撤销事由之日起一年内提出。

关于撤销权的行使期限，《中华人民共和国民法典》在《中华人民共和国婚姻法》的基础上进行了调整，将原有的“受胁迫的一方撤销婚姻的请求，应当自结婚登记之日起一年内提出”调整为“自胁迫行为终止之日起一年内提出”，更好地保障了受胁迫而缔结婚姻一方的婚姻自主权。

此外，因为受胁迫或被非法限制人身自由的当事人请求撤销婚姻的，不适用诉讼时效中止、中断或者延长的规定以及不受《中华人民共和国民法典》第一百五十二条中关于撤销权行使除斥期间最长五年的规定。

可能有些人会不甚理解，为什么对当事人主张无效婚姻的法律并没有除斥期间的规定，而对可撤销婚姻的申请会有此规定。之所以会有这样的差别，是因为无效婚姻对社会、家庭的危害极其严重，且持续存在。因此，无论在任何时候，对这种违法的婚姻关系都必须通过法律进行规制。但是，对于可撤销婚姻，其危害主要是公民个人的婚姻自主权利未能得以充分实现。但鉴于婚姻关系涉及的毕竟是错综复杂的情感纠纷，即使存在可撤销婚姻的情形，但通过婚后长时间的相处，双方建立起真正的夫妻感情也是有可能的。因此，法律便仅给予了“一年”的时间，在这一年的期间内，若拥有撤销权的一方仍不愿继续其婚姻生活的，亦有充分的时间寻求法律帮助来撤销这段婚姻。但拥有撤销权的一方未在法律赋予的期限内行使撤销权，此时这段婚姻已与正常的婚姻关系并无二致，应受《中华人民共和国民法典》中关于夫妻权利义务的规制，不能要求撤销。

四、婚姻被撤销的法律后果

1. 婚姻被撤销的，自始没有法律约束力，当事人不具有夫妻的权利和义务。

2. 婚姻被撤销不影响父母子女之间的权利义务关系。

3. 被撤销婚姻的双方当事人之间的财产问题，依照同居关系的相关原则来处理。根据《最高人民法院关于适用〈中华人民共和国民法典〉婚姻家庭编的解释（一）》第二十二条的规定，被确认无效或者被撤销的婚姻，当事人同居期间所得的财产，除有证据证明为当事人一方所有的以外，按共同共有处理。

4. 婚姻被撤销的，无过错方有权请求损害赔偿。

【案例 7.1】 徐某与李某 1 撤销婚姻纠纷案①中，徐某以李某 1 在登记结婚前隐瞒其患有严重的精神分裂症为由起诉要求撤销婚姻，并要求李某 1 支付精神抚慰金、经济损失等 20 万元。法院经审查认为，婚姻自由的本质是当事人作出是否缔结婚姻关系的意思表示应是无瑕的，是建立在彼此相互了解信任的基础上，故一方患有重大疾病的，对于另一方当事人来说，可能将会影响到其作出结婚的意思表示是否真实完整，也可能会造成另一方生活上的不便。因此，一方当事人患有重大疾病的，对于另一方当事人而言，该信息属于足以影响另一方当事人是否愿意缔结婚姻关系而应当知情的基本信息，另一方当事人对其结婚对象是否患有重大疾病当然享有知情权。

而对于重大疾病的具体范围，《中华人民共和国民法典》未作明确规定。但根据《中华人民共和国母婴保健法》的规定，根据举重以明轻的原则，本案中，被告在办理结婚登记前知晓自身患有精神分裂症，且仍需药物控制，应当视为其患有《中华人民共和国民法典》第一千零五十三条规定的重大疾病，李某 1 应将患病信息如实告知徐某。李某 1 未在结婚登记前如实告知其病情，既侵犯了徐某的知情权，也违反了法律规定，故徐某在知道撤销事由之日起一年内向本院申请撤销婚姻，符合《中华人民共和国民法典》第一千零五十三条的规定，本院依法予以支持。关于徐某主张精神抚慰金、经济损失等 20 万元，根据本案的实际情况，酌情支持 5000 元。

---

① 审理法院：山东省临沂市罗庄区人民法院，案号：（2021）鲁 1311 民初 5232 号，载中国裁判文书网，https://wenshu.court.gov.cn/website/wenshu/181107ANFZ0BXSK4/index.html?docId=Rjlsv3zRAPBBdUJUMnzjoZNxN2LvaLZavtCxeTd7uRAzpHnPuACsbZO3qNaLMqsJUTWcuuSWqFJE3z3XhifmxiN05NRB6QgWvb77MR4zDn6IXh6huF/kPGtehIxuG0rB，最后访问时间：2022 年 10 月 10 日。

五、因结婚登记程序存在瑕疵而主张撤销的情形

对于婚姻登记程序不规范的情形，如一方当事人未到场、另一方利用熟人关系单方面取得结婚证的，或者一方伪造身份、冒用他人身份与另一方办理结婚登记等情形，类似的登记程序瑕疵的存在，导致双方的婚姻关系存在“先天不足”，也极易在随后的共同生活当中引发进一步的矛盾和问题。因此，在当事人有证据证实结婚登记程序确实存在瑕疵的情况下，应通过行政诉讼的方式进行救济，法院对一方提出的撤销结婚登记的诉求，一般可予以支持。

相比之下，因结婚登记程序存在瑕疵而主张撤销结婚登记的情形与本章所述的可撤销婚姻有如下异同点：

（一）导致婚姻被撤销的原因不同

本章所述可撤销婚姻之所以被撤销，原因在于其违反了结婚的实质性要件，即缔结婚姻应系当事人主观上的真实意思表示，而非基于其他任何原因；因结婚登记程序存在瑕疵而主张撤销的原因在于其违反了结婚的形式要件，导致婚姻成立存在要件欠缺的情况。

（二）主张撤销所依据的法律程序不同

本章所述的可撤销婚姻应当按照本章所述、依照民事诉讼程序提起撤销婚姻之诉，法院会适用民事诉讼案件的裁判规则对案件进行审理；因结婚登记程序存在瑕疵而主张撤销结婚登记的，则应依法申请行政复议或者提起行政诉讼解决。[①]

（三）两种情形下婚姻被撤销后，所引起的法律后果相同

如前所述，本章所述的可撤销婚姻的婚姻关系被撤销后，应被视为自始

① 《最高人民法院关于适用〈中华人民共和国民法典〉婚姻家庭编的解释（一）》第十七条。

无效。同样地，因结婚登记程序存在瑕疵而被撤销的婚姻，同样亦被视为自始无效。此外，在父母子女关系的认定及双方当事人财产关系的认定和处理上，均适用相同的处理原则。

第二节　办案思路与实战技巧

一、撤销婚姻纠纷案件办案思路

（一）因受胁迫而结婚

1. 办理此类案件的关键在于证实“受胁迫”，并且证据必须充分，法院认定支持的可能性才会高。因此，在遭受胁迫时必须注意保留证据，证据须明确体现遭受胁迫的情况。

【案例 7.2】 李某与张某撤销婚姻纠纷案①中，李某向法院起诉称，张某以李某家人的人身安全及公开散布对李某工作不利的谣言为要挟，胁迫李某与其登记结婚，要求撤销这段婚姻关系，并向法院提供了两份协议书。协议书的内容分别是：“李某同意与张某结婚，婚期一个月，一个月后张某必须无条件同李某离婚。而且张某不得提出任何物质赔偿条件等”“李某同意与张某结婚一天，一天以后无条件离婚，张某不得提出任何物质赔偿”。张某未进行答辩。一审法院审理后认为：李某仅提供两份协议书，但未能提供其受威胁、胁迫的其他相应证据予以证明，对李某的诉求不予支持。李某不服，提起上诉。庭审中李某补充提交了其与张某的短信记录。张某仍未到庭答辩。二审法院审理后认为，李某作为原告方，主张其是在受到张某胁迫的情况下才与张某结婚，其

① 审理法院：安徽省合肥市中级人民法院，案号：（2014）合民一终字第 02832 号，载中国裁判文书网，https：//wenshu. court. gov. cn/website/wenshu/181107ANFZ0BXSK4/index. html?docId=r05t/O+YDgYcwlkzH8IpC+cXOAuTOKWBGnYSj4xU97nvWpsQ4IyVOpO3qNaLMqsJUTWcuuSWqFJE3z3XhifmxiN05NRB6QgWvb77MR4zDn4LEzl4jUr14NHDFfrUFsZv，最后访问时间：2022 年 10 月 12 日。

应当就其受到张某胁迫这一事实加以举证证明，但其提供的两份结婚前双方达成的协议书仅涉及结婚后双方无条件离婚，其提供的手机短信系存于其自身手机，未经张某确认，真实性难以认定，因此，李某所举的证据不足以证明其诉讼主张，应当承担举证不能的法律后果。最终，二审法院维持了一审判决。

本案中，原告李某未能提供直接的证据证明其遭受胁迫的事实，而又因被告张某未进行答辩，法院无法通过对其询问等方式还原案件的事实情况。因此，法院只能谨慎地对李某所提供证据从“证据三性”① 的角度进行审查认定，这在客观上无疑加大了李某的举证难度。为了避免类似情况的再次出现，在面临胁迫时，一定要注意收集保留好最直接的证据。

2. 婚后是否在一起生活，是否生育子女等情况均对案件事实的认定存在一定的影响。

如前所述，婚姻关系包含着不同于一般民事法律关系的特殊情感因素，法院审理此类案件的审查重点，除了双方缔结婚姻关系时是否存在一方受胁迫的因素之外，还应考察双方在婚后是否建立起夫妻感情，具体的因素可包括双方婚前是否有以恋爱结婚为目的进行充分的交往、婚后是否一起生活、有否生育子女、双方的亲属朋友等对双方的婚姻关系是否认可等。

（二）因一方婚前隐瞒重大疾病而结婚

1. 重大疾病的范围

现有法律并未对该条中“重人疾病”的范围予以明确规定，但根据《中华人民共和国母婴保健法》的相关规定，“重大疾病”应包括严重的遗传性疾病、指定传染病（如艾滋病、淋病、麻风病以及医学上认为影响结婚和生育的其他传染病等）和重大精神病（如精神分裂症、躁狂抑郁型精神病以及其他重型精神病等），此外，在判定是否属于“重大疾病”时，笔者认为应当综合考虑治疗周期、疾病的可控程度、治疗费用、对生育的影响以及对患者工作及家庭生活上带来的负面影响进行判定。

---

① 即证据的真实性、合法性和关联性。

2. 应为结婚登记前未如实告知另一方

《中华人民共和国民法典》第一千零五十三条关于婚姻无效的规定中删除《中华人民共和国婚姻法》第十条中关于“婚前患有医学上认为不应当结婚的疾病，婚后尚未治愈的婚姻为无效婚姻”的规定，但在可撤销婚姻中，则增加了一方患有重大疾病的，结婚登记前未如实告知另一方的为可撤销婚姻的规定，从立法的变化可以看到现有的法律更保护婚姻自由，维护婚姻自由自愿原则。

因此，在审查是否符合可撤销婚姻的条件时，应尤其关注得知配偶一方患有重大疾病的时间节点，对于婚前已经知悉这一情形的，则不属于可撤销婚姻，不能以此要求撤销婚姻。

二、撤销婚姻纠纷案件实战技巧

（一）因受胁迫而结婚

1. 充分利用被告人对事实情况的陈述

由于撤销婚姻纠纷案件存在严格的除斥期间的限制，往往诉讼时距离双方缔结婚姻关系的时间间隔并不长，被告对双方如何建立婚姻关系的细节描述很多时候可以为原告的主张提供佐证。

【案例 7.3】胡某与王某撤销婚约纠纷案①中，胡某（女）与王某（男）经朋友介绍相识，双方相识后，王某采用口头胁迫、恐吓及暴力威胁等手段，胁迫胡某与其到民政局办理婚姻登记。婚姻登记前双方均未购置婚后生活所需物品，婚后双方亦未共同生活。现胡某以结婚登记系在王某胁迫下完成为由，到法院起诉，要求撤销与被告之间的婚姻登记。王某答辩称，的确

---

① 审理法院：天津市南开区人民法院，案号：（2014）南民初字第 3624 号，载中国裁判文书网，https：//wenshu. court. gov. cn/website/wenshu/181107ANFZ0BXSK4/index. html？docId=hVmS6czW3wZpnlKrKtWpILu45iVI69kSElwONhiP1qskwUJwCvzu+pO3qNaLMqsJUTWcuuSWqFJE3z3XhifmxiN05NRB6QgWvb77MR4zDn4V0Wr7LMNuw779IwBlZ/WW，最后访问时间：2022 年 10 月 12 日。

是其胁迫胡某与自己登记结婚，但当时认为自己可以在婚后改变胡某自愿与之共同生活，但是胡某在婚后依然冷漠没有任何改变。法院通过双方婚前并未为结婚购置共同生活的用品，婚后未共同生活的事实，以及通过证人陈述，查明胡某确实遭胁迫登记结婚，最终判决撤销双方的婚姻关系。

本案中，王某除自认是其胁迫胡某与之登记结婚外，其对结婚后双方未共同生活，胡某一直对王某的态度冷淡的陈述，对法院认定胡某确实是被胁迫结婚的事实亦起到了重要的作用。

2. 保存和固定可证实“受胁迫结婚”的证据

此类案件中，最容易收集及体现“受胁迫”事实的证据类型应是书证及电子证据。

【案例 7.4】 杨某与杜某婚姻家庭纠纷案[①]中，杨某与杜某于 2015 年 3 月通过网络认识，在双方相识不久、缺乏了解的情况下，杜某就提出结婚。杨某表示要多了解一段时间，杜某竟以自杀及杀死杨某及其全家相要挟，杨某在杜某胁迫的情况下同杜某登记结婚，但双方至今未举行结婚仪式，未共同生活。杨某于 2016 年 1 月以结婚登记时受胁迫、婚姻并非杨某自愿为由起诉至法院，请求撤销与杜某的婚姻关系。在举证期限内，杨某提交了杜某书写的信件一封，该信件载明：……我可是有你家钥匙，如果你 5 月 22 日前再不和我领结婚证你就别怪我不客气！我先把你杀了再自杀！……今天是 17 日，我就再给你最后 5 天！否则我就先拿油漆写在你家大门！……大不了就是一起死！我把你杀了！把所有人都杀了！反正你不和我领结婚证谁也别活了！……我杜某说到做到！经杜某质证，杜某对上述证据的真实性无异议。法院认为，杨某提供的结婚证一份、杜某书写的信件一封，因经杜某质证，杜某对上述证据的真实性无异议，故人民法院对上述证据的真实性予以

① 审理法院：河北省保定市清苑区人民法院，案号：（2016）冀 0608 民初 52 号，载中国裁判文书网，https：//wenshu. court. gov. cn/website/wenshu/181107ANFZ0BXSK4/index. html？docId=ZaaP19pDiJrYfce1NcwEwnDTRDGGoAgdkBp6zYkyGOb/z67HEJtZfJ/dgBYosE2gp6p68nCRWaKmJ+/AKHuc4m+Qemdnw2tRni7kt7ePBFG0nH28Av6lUKREMkPxwilS，最后访问时间：2022 年 11 月 15 日。

确认；杜某采用书写威胁杨某及其家人恐吓信的手段，胁迫杨某与之办理了结婚登记，上述情节有杨某提供的结婚证一份、杜某书写的信件一封及双方陈述为证，人民法院对上述情节予以采信；杨某受杜某胁迫而办理了结婚登记，违背了《中华人民共和国婚姻法》的相关规定，受胁迫的杨某自结婚登记一年内要求撤销与被告的婚姻关系，本院应予以支持。

此外，在张某与米某撤销婚姻纠纷一案①中，法院通过两封电子邮件，认定被告米某的行为对张某构成威胁，张某与米某的婚姻应当依法撤销。

【案例 7.5】 张某（女）与米某（男）于 2010 年相识并建立恋爱关系。2014 年初，米某提出和张某结婚，但张某予以拒绝。2014 年 1 月 10 日，米某向张某发出两封电子邮件，第一封邮件正文为"今天跟你说的话好好考虑一下吧，如果不跟我结婚我就把这些不雅照片发到网上去"，附件中为两张张某的不雅照片。第二份邮件正文为"还有，我还会把这些相片发给你朋友，跟他们说你结过婚"，附件中为三张米某通过电脑合成的张某与他人的结婚照。2014 年 1 月 26 日，张某与米某在重庆市南岸区民政局登记结婚。婚后，双方未共同生活。上述事实，有双方当事人的陈述，原告张某提供的结婚证、电子邮件、照片等证据在案证明，并经庭审质证和法院审查，可以作为认定事实的根据。法院审理后认为，被告米某采用威胁散发原告张某不雅、不实照片的手段，迫使张某违背自身意志，同意与其结婚。米某的行为已构成胁迫结婚，依法应当撤销该婚姻。

总的来说，此类案件中能发挥证明效力的证据类型可包括：

（1）被告实施威胁时自身写就的书信、字条等书证；

（2）被告带有威胁性质的手机短信、微信、电子邮件等电子介质的证

① 审理法院：重庆市沙坪坝区人民法院，案号：（2014）沙法民初字第 04280 号，载中国裁判文书网，https：//wenshu. court. gov. cn/website/wenshu/181107ANFZ0BXSK4/index. html？docId=b+6XwRiJBSal6ChlNuKcc9ae2CfeI5I3CKgRKr1cwIV98jQOGYa9ApO3qNaLMqsJUTWcuuSWqFJE3z3XhifmxiN05NRB6QgWvb77MR4zDn4Ju10QivCrCxFJxcmMiIMm，最后访问时间：2022 年 10 月 12 日。

据，此类证据因其形式的特殊性，有必要的，应通过公证等形式将其固定；

（3）被告实施威胁行为时，原告报警或向其他机构、个人求助时形成的报警回执、情况证明、证人证言等；

（4）被告实施威胁行为时，在场其他人员所出具的证人证言。

3. 司法实践中，也有“威胁”是来自案外第三人的情形

考虑到法律设立可撤销婚姻制度的立法本意乃是保护当事人的婚姻自主权，针对此类情形，有充分证据证实的，法院也应支持撤销婚姻的诉求。

（二）因一方婚前隐瞒重大疾病而结婚

1. 应举证证明一方在登记结婚前患有重大疾病

适用《中华人民共和国民法典》第一千零五十三条而主张撤销婚姻的前提是，一方患有重大疾病且在结婚登记前没有如实告知另一方。因此，对于婚前患有重大疾病但已经治愈或者是婚后才患有重大疾病的情形，不适用该项关于撤销婚姻的规定。

【案例 7.6】钟某与邓某 1 撤销婚姻案①中，钟某向法院诉称，邓某 1 婚后性格暴躁，经常对钟某实施家庭暴力，2017 年 1 月至 3 月 19 日，邓某 1 又多次殴打钟某，钟某在他人帮助下回到娘家，自此居住在娘家，邓某 1 对钟某母女亦从不过问。2020 年 3 月 29 日，钟某起诉离婚，开庭后，邓某 1 称自己患有精神分裂症，但未提供相关证据，钟某不相信。2021 年 6 月 10 日钟某收到的邓某 1 起诉钟某承担扶养义务的证据中，有一份鉴定意见，证实邓某 1 患有精神分裂症，并查明其患病已有十余年，这是典型的婚前向钟某隐瞒患有重大疾病的情形，应撤销双方的婚姻。法院认为，本案中，湖南省某司法鉴定中心出具的《司法鉴定意见书》及引用的湖南省脑科医院病历

---

① 审理法院：湖南省双峰县人民法院，案号：（2021）湘 1321 民初 2835 号，载中国裁判文书网，https：//wenshu. court. gov. cn/website/wenshu/181107ANFZ0BXSK4/index. html？docId=nEjR7hqAO8St+5/mSGuFMPl6Mfbuxa6TgQD2zoEuZG1p708aEachR5O3qNaLMqsJUTWcuuSWqFJE3z3XhifmxiN05NRB6QgWvb77MR4zDn7Q58ykfp9HIWM+ekjZX90y，最后访问时间：2022 年 10 月 12 日。

资料只能证明邓某1目前患有精神分裂症，结合婚后几年邓某1工作生活状况，不能认定邓某1在婚前即患有精神疾病等重大疾病。故钟某要求撤销与邓某1婚姻的诉讼请求，无事实依据，本院不予支持。

2. 应举证证明一方所患的是重大疾病

虽然我国法律未对“重大疾病”的范围予以列明，但是结合《中华人民共和国母婴保健法》的相关规定，应从该疾病是否具有遗传性、对生育的影响以及对民事行为能力的影响等方面进行举证。

第三节　典型案例评析

案例12：许某与杨某撤销婚姻登记案①

裁判主旨

结合医疗技术水平的进步与不断提高，不同历史时期对重大疾病的认识也会随之变化，重大疾病的范围逐步减少符合医学进步的客观事实，对于可控性疾病、非遗传性疾病且在病情稳定的情形下可正常孕育的慢性疾病，不宜认定为重大疾病。

案情简介

2018年5月1日，许某与杨某经媒人介绍相识并确定恋爱关系。2018年6月1日，原、被告举行订婚仪式。2018年10月22日，被告进入山东大学齐鲁医院治疗，并确诊患有系统性红斑狼疮、狼疮性肾炎。2018年11月

---

① 审理法院：山东省德州市（地区）人民法院，案号：（2021）鲁14民终3562号，载中国裁判文书网，https：//wenshu. court. gov. cn/website/wenshu/181107ANFZ0BXSK4/index. html?docId=BPnDf6f76e4Ow1q4F3GV4Buz5IgaxJFTOJIwHuU24y+twUHN6Yv6kJO3qNaLMqsJUTWcuuSWqFJE3z3XhifmxiN05NRB6QgWvb77MR4zDn521KylADrzavkb/ZCBKO2l，最后访问时间：2022年10月12日。

23日，被告再次到山东大学齐鲁医院住院治疗。2018年12月13日，被告办理出院手续，出院诊断为系统性红斑狼疮、狼疮性肾炎好转。××××年××月××日，原、被告在夏津县民政局办理结婚登记手续。2019年1月16日，原、被告举行结婚仪式后开始同居生活。许某以其配偶患有系统性红斑狼疮、狼疮性肾炎为由，请求撤销婚姻。

许某认为，红斑狼疮为一类慢性、反复发作的自身免疫性疾病的总称，该病目前尚无法根治，该病具有基因遗传性，遗传概率约10%，如果生育女孩，遗传概率还会成倍增加。且该病容易反复发作，治疗费用高，非普通家庭经济能够承担。双方结婚一年多被上诉人治疗就花费了5万余元，许某家庭属于普通农村家庭，家庭年收入也不能维持杨某治疗支出，且杨某已经发展成了狼疮性肾炎，已经严重累及脏器，这种情况下医生认为不宜生育，否则妊娠风险成倍增加，且面临遗传风险，这也是结婚两年被上诉人不能怀孕的根本原因。被上诉人若不隐瞒病情，上诉人断然不会同意这门婚事，也不会与之结婚。因为被上诉人隐瞒重大疾病，给上诉人的家庭造成重大影响。

被告杨某辩称，答辩人病症不属于我国法律规定的重大疾病范畴，也不属于我国法律规定婚前要进行检查的三类疾病。首先，法律对重大疾病并未作出明确规定，且我国现行法律也未将系统性红斑狼疮疾病列为重大疾病，即禁止性结婚。其次，随着我国医疗技术和水平的进步提高，不同历史时期对重大疾病的认识也会发生变化。一般来讲重大疾病通常是指医疗花费巨大，且在较长时间内严重影响患者的正常生活和工作的疾病。结合本案答辩人在一审庭审时也积极参加庭审，从答辩人的神情气色来讲，答辩人并没有像上诉人陈述的那样已经发展到不能自理，并且答辩人在进行简单治疗后一直从事工作，并未因此病症长期卧床及行动不便。

在一审庭审时，上诉人调取的答辩人的住院病案中也明显显示出答辩人病情好转，该病症并非不可治愈。答辩人主治医师及相关医务工作人员、专家等均对该病症作出详细释明，并且每个病患当事人对疾病所产生的影响也具有极大的差异性。答辩人病情并未达到上诉人主张的恶劣情形，且答辩人病情已经到稳定控制，逐步康复。

法院判决

法院经审理认为：首先，法律对重大疾病并未作出明确规定，但随着技术的进步、医疗水平的提高，不同历史时期对重大疾病的认识也会发生变化，但许某关于重大疾病的两个认定要素，具有极强的主观性，不同当事人对疾病的影响具有极大的差异性，且没有法律依据，故一审法院对许某关于重大疾病认定要素的诉称不予采纳；其次，《中华人民共和国民法典》婚姻家庭编对重大疾病的规定，出发点应为是否危害对方当事人的健康以及子孙的健康，是否影响婚姻的本质，《中华人民共和国母婴保健法》对此已有明确规定，结婚前患有指定疾病的，医师应当提出医学意见，指定疾病包括严重遗传性疾病、指定××、有关××；最后，系统性红斑狼疮是一种多发于青年女性的、累及多脏器的自身免疫性炎症性结缔组织病，病因至今尚未肯定。综上，一审法院认为，被告所患的系统性红斑狼疮不属于《中华人民共和国民法典》第一千零五十三条规定的重大疾病，即杨某婚前向许某隐瞒了患病事实，但该情形不构成撤销婚姻要件，许某要求撤销婚姻的诉讼请求一审法院不予支持。

此外，结合医疗技术水平的进步与不断提高，不同历史时期对重大疾病的认识也会随之变化，重大疾病的范围逐步减少符合医学进步的客观事实。系统性红斑狼疮疾病已经由过去的急性、高致死性疾病转为慢性、可控性疾病，该疾病非遗传性疾病，病情稳定的狼疮患者亦可正常孕育，杨某虽婚前向许某隐瞒了患病事实，但综合以上分析一审认定该疾病不属于《中华人民共和国民法典》第一千零五十三条规定的重大疾病并无不妥，二审法院维持原判，驳回许某的上诉请求。

律师点评

本案中，许某以杨某患有系统性红斑狼疮为由主张撤销婚姻，但无论是一审法院还是二审法院，在现有法律尚未明确“重大疾病”范围的情况下，对“重大疾病”的判定都是综合多重因素予以考量的，由此也可发现，法院在适用这一条款裁判申请撤销婚姻的案件时，对于“重大疾病”的认定是较为严格与审慎的。

因此，在以“一方婚前隐瞒患有重大疾病”为由起诉要求撤销婚姻的，不仅需要举证证明登记结婚前即患有重大疾病的情形以及登记结婚前一方隐瞒患有重大疾病的事实，还需要举证证明疾病的严重程度，证明疾病的严重程度时可围绕疾病的治疗周期、疾病的可控程度、治疗费用、是否具有遗传性以及对生育的影响等角度进行举证，以证明疾病严重危害对方当事人的健康以及子孙的健康，进而影响了婚姻的本质。

第八章　夫妻财产约定纠纷

第一节　理论概述与实务指引

一、我国的夫妻财产制度

《中华人民共和国民法典》确立了我国的夫妻财产制度，是以夫妻双方在婚姻关系存续期间所取得的财产共同所有为原则，同时亦充分尊重当事人之间的自由约定的财产制度。

（一）夫妻财产共同所有的法律依据

《中华人民共和国民法典》第一千零六十二条规定，夫妻在婚姻关系存续期间所得的下列财产，为夫妻的共同财产，归夫妻共同所有：

1. 工资、奖金、劳务报酬；
2. 生产、经营、投资的收益；
3. 知识产权的收益；
4. 继承或者受赠的财产，但本法第一千零六十三条第三项规定的除外；
5. 其他应当归共同所有的财产。

夫妻对共同所有的财产，有平等的处理权。

据此，除法律有特别规定之外，夫妻双方在婚姻关系存续期间所得的全部财产均归属于双方共同所有，从而确立了夫妻财产共同所有在我国法律当中的地位。

（二）夫妻财产约定制度的法律依据

《中华人民共和国民法典》第一千零六十五条规定，男女双方可以约定婚姻关系存续期间所得的财产以及婚前财产归各自所有、共同所有或者部分各自所有、部分共同所有。约定应当采用书面形式。没有约定或者约定不明确的，适用本法第一千零六十二条、第一千零六十三条的规定。夫妻对婚姻关系存续期间所得的财产以及婚前财产的约定，对双方具有法律约束力。夫妻对婚姻关系存续期间所得的财产约定归各自所有，夫或者妻一方对外所负的债务，相对人知道该约定的，以夫或者妻一方的个人财产清偿。

这里需要强调的是，夫妻财产约定应以书面形式订立，且该协议原则上为夫妻双方的内部约定，不能对抗善意第三人。

（三）夫妻财产约定制度的法律地位

依据上述法律规定，男女双方对婚姻关系存续期间所得的财产以及婚前财产的约定，对双方具有约束力。据此，我国确立了夫妻财产约定制度，即以夫妻双方协商一致的自由意愿排除法定夫妻财产共同所有制适用的制度。作为调节夫妻财产关系的重要手段，夫妻财产约定制度在司法实践中具有重要的地位。司法实践中处理任何一个婚姻法律关系，在认定财产性质时均应首先考虑夫妻对财产是否有约定，凡是有合法约定的，应以约定内容作出处理；没有约定的或者约定无效的，才考虑按照法定夫妻财产共有制的规定处理。

二、夫妻财产约定成立的要件

（一）夫妻财产约定的条件与形式

夫妻双方均具备完全民事行为能力，无民事行为能力人或限制民事行为能力人所签订的夫妻财产约定协议无效，夫妻财产约定应当采取书面形式。

【案例 8.1】 王某某与朱某某夫妻财产约定纠纷案[①]中，朱某某与王某某于 2013 年 3 月 4 日签订了夫妻财产约定书，该协议的主要内容为：约定房屋归被告王某某一人所有，原告朱某某不享有本房屋产权。该协议签订之日，双方共同办理了公证。原告朱某某于 2013 年 3 月 10 日入住精神病院治疗，被诊断为精神分裂症，共住院治疗 57 天。原告在住院治疗期间，由其父母委托，进行了司法鉴定，鉴定意见为："（1）精神分裂症。（2）目前无民事行为能力。"2013 年 6 月 7 日，法医精神病鉴定所又出具了补充鉴定书，补充内容为："……被鉴定人于 2013 年 3 月 10 日入精神病院住院治疗，其入院前一个月已经出现明显精神病症状。因此，本鉴定所认为其目前之民事行为能力的期限应包括入院前一个月在内。"据此，朱某某的母亲向人民法院提出申请，要求宣告朱某某为无民事行为能力人，法院受理后委托精神病司法鉴定所鉴定，鉴定意见为朱某某无民事行为能力，遂判决宣告朱某某为无民事行为能力人，指定朱某某母亲为朱某某的监护人。后朱某某法定监护人向法院起诉，请求依法确认朱某某、王某某于 2013 年 3 月 4 日签订的夫妻财产约定书无效。一审法院审理后认为，依照鉴定意见及法院的判决文书，朱某某在签订该协议时，不具有民事行为能力，也不能正确地表达自己的真实意思，该协议应属无效协议，故对原告朱某某要求确认该协议为无效协议的诉讼请求，一审法院依法予以支持。

王某某不服，提起上诉。二审查明的事实与一审查明的事实一致。二审法院认为，朱某某所患疾病为精神分裂症，疾病都有一定的发展周期，从朱某某签订夫妻财产约定书到其入院治疗仅有几天时间，鉴定机构的补充鉴定意见将朱某某无民事行为能力的期限界定为入院治疗之前也符合疾病的发展规律，故朱某某在签订夫妻财产约定书时即不能辨认自己的行为，不能正确表达自己的意思，不具有民事行为能力，该夫妻财产约定书无效。最终判决维持原判。

---

① 审理法院：河南省南阳市中级人民法院，案号：（2014）南民二终字第 01289 号，载中国裁判文书网，https：//wenshu. court. gov. cn/website/wenshu/181107ANFZ0BXSK4/index. html?docId=cZgj5z4bDZNearpX5bIqviXdYZRig2aQgLExCCrUqkUs0hSMwxz9XZO3qNaLMqsJUTWcuuSWqFJE3z3XhifmxiN05NRB6QgWvb77MR4zDn7+5TqAD1JD0ocRw7bZS79j，最后访问时间：2022 年 10 月 12 日。

从上述案例可以看出，即使夫妻双方已对夫妻财产约定协议办理了公证，但如果能够证明夫妻一方在签订协议时系处于无民事行为能力状态的，该协议亦应认定为无效。

（二）夫妻财产约定系双方真实意思表示

对财产处分的约定必须是夫妻双方真实意思表示，不存在胁迫、欺诈等行为。实践中特别是在约定全部或者大部分财产归一方所有的情况下，较多存在另一方事后反悔、主张签约时意思表示不真实的情况。因此，在对夫妻财产处分进行约定时，不要用简单模糊的语言来表达，应当规范各项条文的表述，明确要处分的财产，包括处分前的财产归属，所占的财产份额、处分后的财产归属或双方所占的财产份额等内容。

如一方事后主张自己所签订的协议并非自己真实意思表示的，需承担相应的举证责任，即向法院举证说明；如果该方未能够提交充分的证据证明是在受胁迫、欺诈或有重大误解的情况下签订协议的，法院一般会认定协议有效，即认为当事人作为完全民事行为能力人，具有相应认知和分辨能力，其应当预见到签署协议书后会产生的法律后果，夫妻财产约定协议应是其真实的意思表示。因此，若存在一方系在受胁迫、欺诈或有重大误解的情况下签订了夫妻财产约定协议的，应立即收集相关证据，不要等对方拿着协议书要求履行时才主张抗辩。

【案例 8.2】陶某甲与朱某某夫妻财产约定纠纷案①中，陶某甲与朱某某系夫妻关系，因夫妻矛盾，陶某甲不愿意回家。一天晚上，朱某某发现陶某甲与婚外异性汪某某在酒店休息，就带人将陶某甲及汪某某堵在房间，并要求陶某甲写下《离婚协议书》一份。协议约定：陶某甲净身出户，放弃所有

---

① 审理法院：安徽省芜湖市镜湖区人民法院，案号：（2011）镜民一初字第01447号，载中国裁判文书网，https：//wenshu. court. gov. cn/website/wenshu/181107ANFZ0BXSK4/index. html?docId=dv6wNnAVYW9dutn6KetfOZbC+OTg2rB0UqdnMEPXXnoGVZTX1paXm5O3qNaLMqsJUTWcuuSWqFJE3z3XhifmxiN05NRB6QgWvb77MR4zDn5vY6Xoq7sa6XTVR6iCLKuD，最后访问时间：2022年10月12日。

的财产；所有生意债务和朱某某无关。朱某某在陶某甲写好上述协议后，让陶某甲离开房间，陶某甲在离开房间后，立即拨打110报警。第二天，陶某甲到医院门诊治疗。现陶某甲以朱某某胁迫其写下《离婚协议书》诉至本院要求撤销该份协议书的效力。

上述事实，原告陶某甲提供了《离婚协议书》、派出所的出警记录、照片、病历资料等证据予以证实。

法院审理后认为：原告陶某甲在人身权利限制解除后立即通过110报警，向公安机关反映被告朱某某的违法行为，公安机关的出警记录材料可以证实陶某甲写下保证书的行为违背了其真实意思表示，故可以认定陶某甲写下《离婚协议书》的行为并非其真实的意思表示。因此确认原告陶某甲与被告朱某某之间签订的《离婚协议书》不具有法律效力。

（三）财产约定的内容要合法

根据《中华人民共和国民法典》第一百三十二条的规定，夫妻财产约定不能违反法律的强制性规定，也不能损害国家利益、社会公共利益或他人合法权益。因此，如夫妻财产约定处分了他人名下的合法财产，则该部分约定则因损害他人合法权益而无效。

三、夫妻财产约定的内容

按照自愿、平等原则，法律尊重夫妻双方在协商一致的基础上，对包括一方的婚前财产、双方在婚姻关系存续期间所取得的财产的占有、使用、收益、处分等权利事项作出约定。对于约定的内容，法律并无明确的限制性规定，具体说明如下。

（一）夫妻财产约定的对象既可以包括双方婚姻关系存续期间取得的共有财产，亦可以包括一方婚前取得的个人财产

换言之，只要是夫妻一方或双方有完全的处分权力的财产，均可在夫妻财产约定当中进行约定。需要注意的是，对于夫妻双方或一方仅拥有部分权利的财产而言，在夫妻财产约定当中仅能就其所拥有的财产份额进行约定，

且该约定不能妨碍其他权利人财产权利的行使。例如，夫妻双方在就一方与他人共有的房产进行约定时，仅应在一方所拥有的财产份额范围之内进行约定，且该约定亦不能妨碍其他房屋共有人对房屋正常权利的行使。否则该约定部分可能被认定为无效。

（二）夫妻财产约定的权属内容既可以是财产的所有权，也可以仅就财产的使用、收益、处分权作出约定

依据我国法律的规定，财产的权属功能既可以合并行使，也可以分别行使。因此，针对特定的财产，在夫妻财产约定中，可以分别就财产的使用权、管理权、收益权、处分权等进行约定。例如双方婚后取得的房产，双方可约定该房产归夫妻一方所有，但同时明确在婚姻关系存续期间，双方均享有该房屋的使用权。

（三）夫妻财产约定的财产归属状况可包括：财产归各自所有、共同所有或部分各自所有、部分共同所有

夫妻财产约定，区别于法定的夫妻财产共有制度的一个最大的特点，是尊重双方的自由意愿。在进行财产约定时，双方可在协商一致的基础上运用法律的手段充分体现意思自治的合同理念。例如，双方可以约定各自婚前、婚后的财产所得全部归各自所有，与对方无关，即法律意义上的夫妻分别财产制；也可以约定各自婚前、婚后的财产全部归夫妻双方共有；当然，还可以约定双方各自婚前财产的一部分归夫妻共同所有；或者双方婚后仅一部分财产归夫妻共有，其余各自所有；等等，不一而足，全凭当事人的主观意愿而定。即可以约定采取分别财产制、一般共同制或限定共同制。

（四）夫妻财产约定的时间跨度可涵盖夫妻关系存续期间，亦可覆盖双方当事人离婚之时

夫妻财产约定，相比离婚协议书而言，有以下几个区别。

1. 法律依据不同

如上所述，夫妻财产约定的主要法律依据是《中华人民共和国民法典》

第一千零六十五条：男女双方可以约定婚姻关系存续期间所得的财产以及婚前财产归各自所有、共同所有或者部分各自所有、部分共同所有。约定应当采用书面形式。没有约定或者约定不明确的，适用本法第一千零六十二条、第一千零六十三条的规定。夫妻对婚姻关系存续期间所得的财产以及婚前财产的约定，对双方具有法律约束力。夫妻对婚姻关系存续期间所得的财产约定归各自所有，夫或者妻一方对外所负的债务，相对人知道该约定的，以夫或者妻一方的个人财产清偿。

而离婚协议书的法律依据则源于《中华人民共和国民法典》第一千零八十七条，即离婚时，夫妻的共同财产由双方协议处理；协议不成的，由人民法院根据财产的具体情况，按照照顾子女、女方和无过错方权益的原则判决。对夫或者妻在家庭土地承包经营中享有的权益等，应当依法予以保护。

2. 生效要件不同

夫妻财产约定，自双方当事人签署之时即为生效，无须附加任何额外的生效要件；而离婚协议，根据《最高人民法院关于适用〈中华人民共和国民法典〉婚姻家庭编的解释（一）》第六十九条的规定，当事人达成的以协议离婚或者到人民法院调解离婚为条件的财产以及债务处理协议，如果双方离婚未成，一方在离婚诉讼中反悔的，人民法院应当认定该财产以及债务处理协议没有生效，并根据实际情况依照民法典第一千零八十七条和第一千零八十九条的规定判决。

3. 法律后果不同

夫妻财产约定所引起的法律后果，主要是财产性的，包括夫妻双方婚前及婚后财产的归属、使用、收益、处分等权利义务事项等内容；而离婚协议所引起的法律后果，首先是双方特定身份关系的解除，其次才是双方各项财产关系的变更、维持或者处分内容，当然，其中还包含了子女抚养、债权债务、损害赔偿等一系列与婚姻关系解除密切相关的约定内容。从这个意义上讲，离婚协议所涉及的法律关系复杂多样、牵涉到身份关系和财产关系的诸多领域，相较主要涉及财产性内容的夫妻财产约定而言，要复杂许多。

综上，可以看出夫妻财产约定与离婚协议虽都与婚姻生活中的财产关系密切相关，然而它们却是性质完全不同的两类法律文书。但是，上述特性并不妨碍夫妻财产约定的效力亦可覆盖双方当事人离婚之时，需要特别留意的是，为避免在法律上引起协议性质的争议，夫妻财产约定的制作应当特别谨慎。

夫妻财产约定的事项既包括财产权利的归属，亦包括婚内债务的承担、家庭支出分担等内容。与夫妻在婚姻关系建立之后的经济生活相匹配，夫妻财产约定的事项可以包含双方在婚姻关系存续期间经济权利义务的方方面面。例如，财产的归属、使用、收益和处分；家庭开支包括日常生活、子女教育、老人赡养等费用的承担；婚内债务例如房屋按揭、银行贷款等的负担等，均可以通过夫妻财产约定的形式加以明确和固定。

四、夫妻财产约定的效力

（一）约定优于法定

如前所述，夫妻双方对财产合法有效的约定，其效力高于婚姻法所确立的夫妻财产共同共有的一般原则。司法实践中，在双方因夫妻财产约定发生争议的情况下，法院一般会尊重双方的自由意志、按照约定对财产进行分割。

（二）对签约双方当事人具有同等的法律效力，双方均应诚信遵守

夫妻财产约定与其他类型的民事协议一样，是在协议双方平等协商一致的基础上签订的，遵循民事法律关于自愿平等、诚实信用的基本法律原则。无论哪一方当事人，均应当尊重并且诚信履行双方所签订的协议。相应地，如果任何一方违反协议的约定，则应当按照协议约定的违约责任条款或者民事法律关于合同违约的规定承担相应的法律责任。

（三）夫妻财产约定对第三人的法律效力

一般而言，民事协议的效力仅及于签约的双方。夫妻财产约定也是一样，我们仅能要求签约的双方当事人严格遵守协议的约定，协议的效力无法直接约束到第三人。但是，在第三人知道夫妻双方存在关于夫妻财产的特殊

约定的情况下，仍然借贷给夫妻一方、与之形成债权债务关系的，可以视为该第三人已经预见到其债权将仅能由实施借贷行为的夫妻一方进行偿还，也即在这种情形下，可以认为第三人在某种程度上也受到了夫妻财产约定的约束。对此，《中华人民共和国民法典》第一千零六十五条第三款明确规定：夫妻对婚姻关系存续期间所得的财产约定归各自所有，夫或者妻一方对外所负的债务，相对人知道该约定的，以夫或者妻一方的个人财产清偿。

第二节　办案思路与实战技巧

一、办理夫妻财产约定纠纷案件的办案思路

实践中，律师在办理夫妻财产约定纠纷案件的时候，经常面临法律适用上的冲突问题，需要在实务中特别加以留意。下面的讨论，也将主要围绕法律适用的冲突解决问题进行展开。

（一）夫妻财产约定纠纷的法律适用冲突

1. 法律适用冲突的由来

夫妻财产约定制度，如前所述，其主要法律依据来自《中华人民共和国民法典》婚姻家庭编第一千零六十五条的规定，加之其制度设计的核心乃是规范夫妻之间的婚姻财产关系，因此，在法律适用上顺理成章地以《中华人民共和国民法典》婚姻家庭编的规定为主。但同时，也因夫妻财产约定具有民事协议的一般特征，即在两个平等的民事主体之间签订，系双方经过平等协商、达成意思表示一致的结果。因此，夫妻财产约定亦应当受到民事法律的调整和规范。综上，因夫妻财产约定而引发的争议，既受《中华人民共和国民法典》婚姻家庭编的调整，也受《中华人民共和国民法典》总则编以及合同编的调整。在此情形下，如《中华人民共和国民法典》婚姻家庭编的规定与《中华人民共和国民法典》其他编或章的规定发生冲突，则会导致在对此类纠纷的处理上出现不同的裁判准则和结果。

2. 法律适用冲突在具体案件中的体现

近年来，实践中大量涌现因夫妻之间房产“加名”“赠与”等的效力问题引发的争议。如夫妻在婚姻关系存续期间签署财产约定书，约定丈夫婚前购买的一套房产归属女方所有或者双方共有，协议签署后，房产并未实际过户。后双方面临离婚，丈夫主张其行为系对妻子的赠与，现赠与基础丧失，要求按照合同法的规定撤销赠与；而妻子主张夫妻财产协议系双方真实意思表示，不能因双方面临离婚即否定协议的有效性，主张丈夫应按照协议约定将房产过户至自己名下。

3. 司法实践中对法律适用冲突问题解决的探索

针对上文所述的法律适用冲突问题，根据《最高人民法院关于适用〈中华人民共和国民法典〉婚姻家庭编的解释（一）》第三十二条的规定，婚前或者婚姻关系存续期间，当事人约定将一方所有的房产赠与另一方或者共有，赠与方在赠与房产变更登记之前撤销赠与，另一方请求判令继续履行的，人民法院可以按照民法典第六百五十八条的规定处理。

从这条规定看，最高法院对前述法律适用冲突问题采取了较为折中的态度，对于未办理房产变更登记的，赋予了赠与人任意撤销权；而对已经办理了房产变更登记的，则不支持赠与人行使任意撤销权。

（二）律师处理夫妻财产约定纠纷的办案思路

1. 一般情况下，法院从尊重当事人意思自治的原则出发，对双方就财产归属有明确约定的夫妻财产约定协议，会予以认可。

2. 协议一方主张协议无效或者要求撤销协议，无充分理据的，法院一般不予支持。

3. 同时，亦不能机械地理解《最高人民法院关于适用〈中华人民共和国民法典〉婚姻家庭编的解释（一）》第三十二条的规定，认为只要完成了赠与房产的登记手续，赠与行为就是确定无疑的、就不会被撤销。此时，赠与人虽然不能行使任意撤销权，但是只要具备法定撤销权的情况，仍有可能通过法定程序予以撤销赠与。因此，在实践中，即使完成了变更登记手续的房产根据《中华人民共和国民法典》合同编第六百六十三条①的规定被撤销赠与的情况也并不鲜见。

4. 如前所述，律师在办理相关案件的过程当中，应注意提示当事人：夫妻财产约定中涉及房产权属的约定时，如果涉及需要变更权属登记情形的，应尽早到相关部门办理变更登记手续；如暂时不具备办理变更登记手续的条件，亦应到公证处对该协议进行公证。

5. 司法实践中还应注意避免夫妻财产约定无效的风险。例如对他人的财产在协议中进行了处分。

【案例 8.3】在赵某与靳某等夫妻财产约定纠纷案②中，赵某与陈某系母子关系。靳某与陈某系夫妻关系。赵某向法院诉称因其是单位退休人员，单位根据其职务、工龄等分配了房产一套。该房屋性质为限价房，为方便办理贷款手续，经部房管处同意，以儿子陈某的名义签订购房合同，赵某支付了购房的首付款及装修款等费用。于 2013 年 8 月 5 日取得房屋所有权证，登记在陈某名下。陈某和靳某于 2013 年办理了离婚手续。后赵某得知他们在《离婚协议书》中将该房屋作为夫妻共同财产进行了分割，为此赵某诉至法院，请求判令靳某和陈某所签订的《离婚协议书》中关于该房屋的处理内容无效。

本案中，应认定涉案房屋有赵某的出资，其对涉案房屋应当享有相应的权利份额。据此，靳某和陈某于《离婚协议书》中所处分的涉案房屋并非其二人的夫妻共同财产。因靳某和陈某亦无证据证明其分割涉案房屋的意见经过了赵某的同意，故其二人处分涉案房屋的行为应认定为无效。最终一审法

---

① 《中华人民共和国民法典》第六百六十三条规定，受赠人有下列情形之一的，赠与人可以撤销赠与：（一）严重侵害赠与人或者赠与人近亲属的合法权益；（二）对赠与人有扶养义务而不履行；（三）不履行赠与合同约定的义务。赠与人的撤销权，自知道或者应当知道撤销事由之日起一年内行使。

② 审理法院：北京市第三中级人民法院，案号：（2015）三中民终字第 5004 号，载中国裁判文书网，https：//wenshu. court. gov. cn/website/wenshu/181107ANFZ0BXSK4/index. html？docId = 8yAVlAKarxawQhuCCvPFMaizVHoaJPPSvxRtzxNjzXG0eWo1NUbWj5/dgBYosE2gp6p68nCRWaKmJ+/AKHue4ji7a1gzeZ/atCLMMKnwMTVg5ZNHU4lpQf75veQcUQvI，最后访问时间：2022 年 11 月 15 日。

院判决靳某和陈某签订的《离婚协议书》中对涉案房屋的约定内容无效。

判决后，靳某不服，向本院提起上诉，请求撤销原判，依法改判。二审法院依法审查后，判决维持原判。

二、如何妥善订立夫妻财产约定协议

（一）正确认识夫妻财产约定的性质和作用，才能正确、充分地对其加以利用

夫妻财产约定是在我国婚姻财产采用法定夫妻共同财产制原则的背景下，由法律明确设立的允许婚姻双方自由约定婚前婚后财产归属等内容的一种制度。这项制度的核心内容是尊重夫妻双方的意思自治，凡是双方能想得到的、不违反法律基本原则的财产性内容都可以尽情设定。有鉴于此，财产约定的内容可包括但不仅限于以下内容：

1. 夫妻财产约定的对象既可以包括双方婚姻关系存续期间取得的共有财产，亦可以包括一方婚前取得的个人财产。

2. 夫妻财产约定的权属内容既可以是财产的所有权，也可以仅就财产的使用、收益、处分权作出约定。

3. 夫妻财产约定的财产归属状况可包括：财产归各自所有、共同所有或部分各自所有、部分共同所有。

4. 夫妻财产约定的时间跨度可涵盖夫妻关系存续期间，亦可覆盖双方当事人离婚之时。

5. 夫妻财产约定的事项既包括财产权利的归属，亦包括婚内债务的承担、家庭支出分担等内容。

6. 其他经双方协商达成一致的财产约定事项。

（二）夫妻财产约定的内容应尽可能翔实具体，具有可操作性

这样做有利于为双方履行协议提供明确的依据；另外，即使发生纠纷诉诸法律，亦有利于为法院裁判或执行提供明确的内容。

（三）协议中如涉及一方所有的房产赠与另一方的内容，应尽快办理过户手续或者对协议进行公证

这样做的目的在于避免夫妻双方产生矛盾时，赠与一方因想法改变而依据《中华人民共和国民法典》合同编的规定行使任意撤销权。

（四）夫妻财产约定的内容可调整

夫妻财产约定的内容在夫妻双方协商一致的前提下，可随着夫妻双方共同生活状态的改变而进行修改和调整。具体的操作上，双方可在协商一致的基础上，签订补充协议或者重新签订新的财产约定协议。

第三节　典型案例评析

案例 13：惠某与侯某夫妻财产约定纠纷案[①]

裁判主旨

夫妻财产约定协议原则上适用《中华人民共和国民法典》婚姻家庭编的相关规定，但对于《中华人民共和国民法典》婚姻家庭编没有规定的，可参照适用其合同编的相关规定，即在夫妻财产约定协议中赠与财产的一方可以根据合同编的相关规定主张撤销赠与。[②]

---

① 审理法院：北京市第三中级人民法院，案号：（2014）三中民终字第 10860 号，载中国裁判文书网，https：//wenshu. court. gov. cn/website/wenshu/181107ANFZ0BXSK4/index. html？docId=U2i3wuBZ89NsRRfv3naHmWw7GDZBgAvSdInbo0BvX0KHEWuZYXA40JO3qNaLMqsJUTWcuuSWqFJE3z3XhifmxiN05NRB6QgWvb77MR4zDn6JW7G6whI1L0jwuYtXgSpJ，最后访问时间：2022 年 10 月 12 日。

② 注：以下案例为《中华人民共和国民法典》生效前的案例，但笔者综合考虑法条的变迁，认为该案例对于《中华人民共和国民法典》生效后亦有参考意义。

案情简介

惠某父母在惠某婚前购置房屋一套，登记在惠某个人名下。惠某与侯某婚后，共同居住在该房屋。后因侯某多次提出将房屋登记在侯某个人名下，2013 年 1 月 14 日，惠某与侯某达成协议，约定：经夫妻双方共同协商，一致同意将房屋登记为惠某与侯某双方共同共有。随后，双方办理房屋所有权变更手续，将该房屋登记在惠某、侯某名下，为共同共有。2013 年 7 月 4 日，惠某与侯某再达成协议，约定：经夫妻双方共同协商，一致同意将房屋登记到侯某一人名下，产权归其单独所有。随后，双方办理房屋所有权变更手续，该房屋登记在侯某个人名下。后惠某发现了侯某的婚外情行为，故起诉至法院要求撤销惠某将房屋变更至侯某名下及双方共同名下的行为，将房屋权属登记恢复至惠某个人名下。

法院判决

一审法院经审理认为：房屋原系惠某婚前个人财产，惠某与侯某两次协议变更房屋权属行为，从法律属性看应有所区别。第一次变更至夫妻共同名下，并未排除惠某本人对房屋的所有权，故该行为应属夫妻约定财产属性，受《中华人民共和国婚姻法》规范。第二次变更至侯某个人名下，系惠某将个人享有份额赠与侯某，自己不再享有房屋所有权，该行为应属赠与行为，受《中华人民共和国合同法》规范。本案中，侯某虽否认其存在婚外情，但经查证，侯某确实存在与异性开房共居之事实，该行为与生活常理不符，以此认为侯某存在婚外情并无不当。法院认为惠某依据《中华人民共和国合同法》之规定，行使法定撤销权于法有据，故法院对惠某要求撤销惠某与侯某于 2013 年 7 月 4 日达成的关于房屋权属变更登记行为的诉讼请求，予以支持。双方权属变更撤销后，房屋应重新登记在惠某与侯某名下，为共同共有状态。至于惠某以侯某存在婚外情为由，依据《中华人民共和国合同法》之规定，要求撤销双方于 2013 年 1 月 14 日达成的关于房屋权属约定行为，无法律依据，法院对此不予支持。据此，一审法院判决：撤销惠某与侯某于 2013 年 7 月 4 日达成的关于房屋权属变更登记行为，将该房屋恢复至惠某与侯某共同共有状态；驳回惠某的其他诉讼请求。

一审判决后，惠某、侯某不服，均提出上诉。惠某以侯某存在婚外情给其造成严重侵害为由，诉讼主张撤销两次房屋权属变更登记行为。侯某以其不存在婚外情，夫妻财产约定受《中华人民共和国婚姻法》保护、惠某不得依据《中华人民共和国合同法》的规定撤销为由，不同意惠某的诉讼主张。

根据双方当事人的诉讼主张和答辩意见，二审法院确定本案的争议焦点是：两次房屋权属变更登记的性质以及惠某是否有权依据合同法的相关规定撤销两次变更登记行为。

二审法院经审理认为：两次变更登记行为均属于赠与行为。房屋系惠某婚前购买，且登记在惠某名下，原本属于惠某婚前个人财产。2013 年 1 月 14 日，双方约定并将该房屋登记为双方共同共有。2013 年 7 月 4 日，双方约定并将该房屋登记到侯某一人名下。显然该两次变更登记行为均属于惠某将自己的房产赠与侯某的行为。另外，两次赠与行为均可以依据合同法的相关规定予以调整。

原判认为第一次变更登记行为即由惠某所有变更为惠某与侯某共同所有属于《中华人民共和国婚姻法》第十九条调整范畴，具有法律约束力，惠某不得主张撤销。本院认为，《中华人民共和国婚姻法》第十九条规定了夫妻对婚姻关系存续期间所得的财产以及婚前财产的约定对双方具有约束力，该规定明确了夫妻约定的财产关系受法律保护，夫妻双方应当按照诚实信用原则认真履行。但是，该夫妻财产约定并不能排斥《中华人民共和国合同法》的适用。就夫妻之间的赠与而言，一方赠与另一方动产，已经交付的，依照《中华人民共和国合同法》的相关规定，当然不能随便撤销。依据《最高人民法院关于适用〈中华人民共和国婚姻法〉若干问题的解释（三）》第六条之规定，夫妻之间赠与的房产在变更登记之前撤销赠与，可以按照《中华人民共和国合同法》第一百八十六条的规定处理，赠与人在法定条件下享有任意撤销的权利。同理，如果赠与的房产已经登记过户，但受赠的夫妻一方对另一方有扶养义务而不履行、严重侵害赠与人或者赠与人的近亲属的合法权益、不履行赠与合同约定的义务等，赠与人可以按照《中华人民共和国合同法》第一百九十二条的规定行使法定撤销权。因此，一审法院认定第一次变更登记行为受婚姻法的约束而不得适用合同法的规定予以撤销，属适用法律错误。

惠某根据《中华人民共和国合同法》第一百九十二条之规定主张法定撤销权，具有事实与法律依据，二审法院予以支持。

最终，二审法院判决侯某需协助惠某将涉案房屋变更登记为惠某个人所有。

律师点评

本案是一起涉及夫妻财产约定法律适用冲突问题的典型案例。

案中惠某两次通过夫妻财产约定的方式将自己名下的房屋份额赠与侯某的行为，从婚姻法律的角度上看，是经夫妻双方协商达成一致的财产约定行为，双方均应当诚信遵守；从合同法的角度上看，是夫妻一方将自己所拥有的财产份额无偿赠与另一方的赠与合同行为，且两次赠与均已完成了物权的变更登记手续。相应地，案件的双方当事人也分别选择了从对自己有利的角度出发，分别主张适用婚姻法的规定、维持夫妻财产约定的效力，以及从合同法的角度出发、行使赠与的撤销权。

在案件的处理上，法院同时肯定了婚姻法和合同法在本案当中的适用，在处理上首先根据婚姻法的规定，确认了双方之间签署的两份夫妻财产约定协议的效力。在此基础上，同时根据合同法的规定，确认房产份额及房产权属的变更系夫妻一方对另一方的赠与。由此，赠与一方在法律允许的情况下可以行使撤销权：在赠与房产尚未变更登记的情况下，可行使任意撤销权；在房产已变更登记的情况下，如存在严重侵害赠与人权益的行为，赠与人亦可行使法定撤销权。

据此，因侯某在婚姻关系存续期间存在婚外情行为，严重侵害了惠某的合法权益，即使房屋已经完成权属变更手续，惠某仍可根据合同法规定的法定撤销权向法院主张撤销赠与。

综上，夫妻财产约定原则上自双方签字时起生效，对双方具有约束力。至于夫妻财产约定是否继续履行、能否撤销受《中华人民共和国民法典》婚姻家庭编与合同编的双重约束，在赠与尚未履行完毕之前，赠与方可以行使任意撤销权，受赠方不得要求赠与方继续履行，除非夫妻财产约定经公证或具有救灾、扶贫、助残等公益、道德义务；在赠与已经履行完毕之后，赠与方不得行使任意撤销权，除非受赠方严重侵害赠与人或者赠与人近亲属的合法权益、对赠与人有扶养义务而不履行或不履行赠与合同约定的义务，赠与方才可行使法定撤销权通过向人民法院起诉等法定程序撤销赠与。

案例 14：李某甲与刘某甲夫妻财产约定纠纷案①

裁判主旨

夫妻财产约定协议中处分的财产应为夫妻双方共同财产或一方所有的财产。若第三人对夫妻财产约定协议中处分的财产主张权利的，不论夫妻双方中拥有抗辩权的一方是否抗辩，另一方均可以配偶一方所拥有的抗辩的权利进行抗辩。

案情简介

李某甲与刘某甲原系夫妻关系，双方于1984年10月10日登记结婚，婚生一子取名刘某。2000年6月30日，李某甲与刘某甲经该法院判决离婚。2000年11月24日，刘某甲与何某甲登记结婚，婚生一子一女，分别取名刘某乙和刘某丙。2010年12月，何某甲与刘某甲签订协议书一份，内容为："因原房屋进行改造，经双方协商达成如下协议：刘某甲与何某甲于2000年11月结婚，婚后由何某甲个人出资偿还刘某甲婚前建房所欠债务捌万伍仟元整。所以刘某甲承诺原有房屋面积应归夫妻共同所有，何某甲在婚后于2006年从娘家自筹资金壹拾伍万元，对原有房屋进行扩建，所增大的面积也应归夫妻共同所有，双方同意原有面积和新建面积均为夫妻共同所有。"李某甲

① 审理法院：河南省郑州市中级人民法院，案号：（2015）郑民三终字第1492号，载中国裁判文书网，https：//wenshu. court. gov. cn/website/wenshu/181107ANFZ0BXSK4/index. html?docId=JbFeWClIELWLtK3yzX7y1/GsHnJxCfMJL8bUXMxks3EMumgHJ+1/jZ/dgBYosE2gp6p68nCRWaKmJ+/AKHue4m+Qemdnw2tRni7kt7ePRFHuBpuz5V8tCZTXk6SDGKgv，最后访问时间：2022年11月15日。

认为其二人签订的上述协议处分了其与刘某甲离婚时未分割的拆迁房屋，故诉至法院，请求确认刘某甲与何某甲于2010年12月签订的协议书无效。

法院另查明，2011年11月9日，刘某甲与城中村改造指挥部签订拆迁安置补偿协议一份，该补偿协议附页载明户主为刘某甲，拆迁房屋总建筑面积为861.36平方米，证内三层以下730.35平方米，证内三层以上16.99平方米，证内三层以上置换面积5.66平方米，证外面积补偿114.02平方米，金额为45608元，合计安置面积736.01平方米，证外面积114.02平方米，宅基地面积243.45平方米。

2012年8月28日，城中村改造指挥部出具证明一份，内容为："我村村民刘某甲于1996年上半年在本人集体土地使用证内建房三层约730平方米，2006年下半年在本人集体土地使用证以外建房三层约114平方米，此证明由该城中村村民组证明及邻居证明。"该证明上有邻居刘某青、赵某水、赵某发、刘某生签名。

法院判决

一审法院经审理认为：刘某甲与何某甲于2010年12月签订的协议书是其二人在婚姻关系存续期间对夫妻共同财产进行处分的一种约定，亦系二人的真实意思表示，该协议应为有效协议；另李某甲在2000年已经该院（2000）管民初字第598号判决离婚，该离婚判决中未对刘某甲及李某甲婚姻关系存续期间的财产进行分割，李某甲自2000年判决离婚至今长达十几年的时间内未提出分割财产要求，应当认定其知道或应当知道民事权利被侵害，但未在法律规定的期间内对应当享有的民事权利提起诉讼，已经超过了诉讼时效。故李某甲要求确认刘某甲与何某甲于2010年12月签订的协议书无效的诉讼请求，不予支持。一审法院判决驳回李某甲的诉讼请求。

宣判后，李某甲不服一审法院判决，提起上诉称：（1）原审认定事实错误，适用法律不当。其与刘某甲1984年结婚，拆迁房屋系1996年二人所建，2000年法院判决离婚时没有对夫妻共有财产进行分割，该房屋始终处于二人共同共有状态。刘某甲与何某甲在2000年11月24日结婚，该房屋属于刘某甲婚前个人财产，证外面积扩建部分才属于刘某甲与何某甲夫妻共有财产。（2）一审认定刘某甲与何某甲之间协议有效错误。庭审过程中刘某甲一直坚持称其与何某甲之间的协议不是他签的，原审在未对原件进行质证的情况下，不能证明鉴定意见的真实性。且何某甲本人提供的两份一模一样的检材，鉴定机构却给出了相反的鉴定意见，说明鉴定意见属于或然性很强的证据，不能在该单一证据下得出必然的证明结果，协议是否为刘某甲所签处于不确定状态，一审认定为有效协议错误。（3）关于诉讼时效问题，一审采用推定方法违法。根据《中华人民共和国婚姻法》的有关规定，夫妻关系存续期间财产除法律有特别规定或夫妻有特别约定外，即为夫妻共有，"一物一权"，夫妻双方都是物权的所有权人，不存在诉讼时效问题。请求撤销原审判决，改判支持原审诉讼请求，一、二审诉讼费用由二被上诉人承担。

被上诉人何某甲答辩称：（1）李某甲诉称的笔迹鉴定问题，在原审法庭就讲清楚了，原件在另案即何某甲诉刘某甲离婚一案中。（2）上诉状中列举的二上诉人所指何人，陈述不清，结合本案实际情况是李某甲一人，无可答辩。（3）关于诉讼时效问题。根据《中华人民共和国民法通则》第一百三十五条之规定，向法院请求保护民事权利的诉讼时效期间为2年，李某甲应当从判决书生效的次日起在二年内提出财产分割。

被上诉人刘某甲未到庭进行答辩。

本院经审理查明的事实与原审法院查明的相同。

二审法院经审理认为：李某甲与刘某甲在2000年即经法院判决离婚，从其应知道或应当知道权利被侵害的长达十几年的时间里，李某甲未对其应享有的民事权利进行过主张，一审法院以超过诉讼时效期间为由，驳回李某甲诉讼请求，并无不当，法院予以维持。被上诉人刘某甲经传票传唤，未到庭参加诉讼，不影响本案的正常审理。综上，李某甲的上诉理由不能成立，判决驳回上诉，维持原判。

律师点评

本案发生在何某甲与刘某甲离婚纠纷案件审理期间。若李某甲不提起本诉讼，因房屋等财产都登记在丈夫刘某甲一人名下，在离婚案件中可根据何某甲与刘某甲签订协议书一份对这些财产进行分割处理。当然，并不是说李某甲提起本诉讼，其诉讼主张就必定会得到法院的支持，李某甲应对其主张充分举证。而且，本案发生的时间点很特殊，由于本案被告刘某甲消极应诉，不到庭参加庭审，法院对本案的审理将会更加谨慎，避免虚假诉讼损害何某甲的利益。

本案中，法院判决驳回李某甲诉求的主要依据是该诉求已经过了诉讼时效。根据本案中的财产性质，明确自李某甲与刘某甲离婚之时，李某甲就已经清楚了解该财产的存在，并清楚知道该财产系夫妻共同财产，不属于最近才发现的未处理的夫妻共同财产。而其在十多年后的今天，待何某甲与刘某甲离婚之际才来主张其分割夫妻共同财产的要求，诉讼主张明显已过诉请时效，难以得到支持。但如果本案中不涉及诉讼时效的问题，因涉案财产李某甲依法享有财产份额，故何某甲与刘某甲所签署的协议中对李某甲的财产份额处理的部分将无效。

本案中，尽管刘某甲采取回避态度，不参与庭审，不发表意见，不管其是出于何种目的而消极对待，但这并不影响何某甲陈述其答辩意见，以及何某甲可使用刘某甲的抗辩理由进行抗辩，如本案中对离婚后财产分割的诉讼时效的抗辩意见原应是由刘某甲提出的。

第九章　同居关系纠纷

第一节　同居关系析产纠纷

一、理论概述与实务指引

同居关系，是指男女双方未经结婚登记而具有的较稳定的长期共同生活关系。目前在司法实践中，通常将同居关系分为两类：一类是非婚同居，是指不为法律所禁止的，无配偶的男女双方自愿、长期、公开共同生活在一起，但又没有履行结婚登记手续的一种两性结合的方式。另一类是所谓“非法同居关系”，即有配偶者与他人同居的情形。

针对上述两种不同的同居关系类型，实践中有着不同的处理态度：针对第一类非婚同居的情形，我国法律对其并无特别的规制，即采取既不鼓励也不禁止的态度；针对第二类有配偶者与他人同居的情形，我国法律明文禁止。但无论是哪种类型的同居关系，法院对同居关系析产的处理均采取相同的做法。

同居析产纠纷，指同居关系双方因对同居期间所形成的财产归属等问题无法协商达成一致意见而诉诸法院的情形。作为解除同居关系的法律后果之一，当事人因同居期间析产纠纷向法院起诉的，人民法院应当受理。在处理的原则上，适用婚姻法有关宣告婚姻无效或者撤销婚姻的规定。即同居期间取得的财产，按共同共有处理，但有证据证明为当事人一方所有的除外。①

① 《最高人民法院关于适用〈中华人民共和国民法典〉婚姻家庭编的解释（一）》第二十二条。

同居期间所得的财产，由当事人协议处理，协议不成时，由人民法院按照照顾无过错方的原则判决。①

二、办案思路与实战技巧

（一）把握同居关系与婚姻关系在财产处理上的不同特点

1. 总体来说，在我国婚姻关系受到法律的保护，对于男女双方非婚同居的情况，法律并无特别的规定；而对有配偶者与他人同居的情形，则被法律认为是违法行为，尤其有配偶者在同居期间所取得的财产属于夫妻共同财产，不能直接认定属同居期间所得财产予以析产分割。

2. 我国婚姻关系实行夫妻财产共有制度，除非夫妻双方另有约定，否则无论财产登记在哪一方的名下，都被视为夫妻共同财产；而同居关系存续期间是否存在共同财产、哪些财产构成共同财产以及双方各自占有的份额等，均需要提出主张的一方通过证据予以证实。

3. 同居期间的起止时间难以认定。不同于合法婚姻关系以在民政局登记的日期作为夫妻关系的起算点，同居关系当中需举证两人是从什么时候开始同居，以分清财产的积累是发生在同居之前还是同居期间内。

（二）同居析产纠纷案件证据的调查收集

1. 同居基本情况：双方当事人同居时间，是否属非法同居，同居期间的相处状况。

2. 同居期间财产现状：同居期间财产来源及出资情况，财产权属登记情况，使用现状，双方是否有其他书面约定，是否有债权债务，双方对财产的分割意见。

3. 同居期间所生子女的基本情况：子女出生情况，子女过去主要由哪一方照顾抚养，子女现居住状况，子女本人跟随父母生活的倾向，同居双方抚养意愿及抚养能力，双方有无任何不利于抚养子女的习性或疾病，一方或双

---

① 《中华人民共和国民法典》第一千零五十四条。

方还有无其他继子女、养子女或婚生子女。

4. 发生同居纠纷的原因及双方或一方有无过错。

5. 主要争议焦点是在解除同居关系方面，还是财产分割方面，抑或子女抚养权争议方面。

6. 了解同居纠纷是否涉及第三人（尤其是合法配偶及子女）的相关权益，以便于确定是否要收集相关证据。①

在调查收集上述证据材料的基础上可以对案件的事实有一个清晰的梳理，并在此基础上提出明确的诉求。

（三）律师处理同居析产案件的实战技巧

1. 同居析产案件处理中对财产权属的认定上，一般以产权登记为准；无明确产权登记的财产，则以实际占有为准。

2. 对财产归属的处分上，对已确认系同居双方共有的财产，双方均主张财产归属的，实践中将依据各自对财产的出资比例、占有使用情况以及对该财产的使用依赖程度、偿付给对方经济补偿的现实可操作性等因素综合考虑；并非财产登记在哪一方的名下，就一定将财产判归该方所有。

【案例 9. 1】 郭某与卢某同居关系纠纷案②中，卢某与郭某原系同居男女朋友关系。同居期间，卢某与郭某购买了一套房屋，房屋所有权登记在卢某名下。房屋购买总价款为 125 万元，其中首付款 60 万元，公积金贷款 65 万元。法院认定购房首付款 60 万元系卢某出资。此外，法院依据证据认定了郭某汇给卢某总计人民币 196800 元用作偿还房屋的贷款，且依据其他证据对房屋的出资比例进行确定，并最终依据出资比例对房屋进行了分割。

---

① 中华全国律师协会编：《中华全国律师协会律师业务操作指引》，北京大学出版社 2009 年版。

② 审理法院：北京市第一中级人民法院，案号：（2014）一中民终字第 4035 号，载中国裁判文书网，https：//wenshu. court. gov. cn/website/wenshu/181107ANFZ0BXSK4/index. html? docId=7CFZcq2iKKXxbVxK0lQ5SJmN25AgMvJ1zxPwYzG5vx2Bmt7Vq3BP7ZO3qNaLMqsJUTWcuuSWqFJE3z3XhifmxiN05NRB6QgWvb77MR4zDn5mQ5M+ql7kHiFCV4MwRqP0，最后访问时间：2022 年 10 月 16 日。

3. 同居一方对登记在对方名下的财产主张权利的，如无充分证据证实己方对该财产做出过实质性贡献的（如由己方出资、出力等），法院通常不会予以支持。

【案例9.2】 王某与张某等同居关系析产纠纷案①中，王某与张某经人介绍于2001年认识，2004年开始同居。双方同居后于2004年8月16日以王某名义在×县移动公司对面注册成立特产购销店。双方于2020年5月解除同居关系。2020年9月3日张某在原“特产购销店”原址上以张某名义注册成立高原土特产，明确其经营场所为××路46-3。双方在共同生活期间，于2009年1月8日以王某为车辆所有人购买红旗牌轿车一辆，于2010年12月10日，以张某的名义从马某手中购买一套面积为149.59平方米的房屋一套，现由王某居住，该房屋于2015年4月20日登记房屋所有权人为张某单独所有。王某向一审法院起诉请求：（1）解除同居关系。（2）张某支付双方同居期间的共同财产50万元（庭审中变更为1072450元）给王某，具体是指张某注销取走王某尾号5545的银行卡400066.69元，该款是返还；504号房屋价值35万元，车辆价值1万元，家具家电价值72500元，张某转移给洪某购买车辆、五金223900元，除了40万元要求返还外其他要求平分。（3）第三人洪某对第二项诉讼请求承担连带责任。（4）登记在王某名下的高原土特产购销店归王某所有。（5）本案诉讼费由张某承担。

一审法院判决：（1）解除王某与张某的同居关系；（2）驳回王某的其他诉讼请求。张某不服上诉，二审法院经审理认为：本案中，王某起诉请求分割同居期间的共同财产1072450元，但其提交的张某银行账户交易明细仅反映张某账户内的资金往来情况，不能证明其与张某同居期间的共有财产情况。王某虽称张某擅自取走其银行卡内的400066.69元，但其提交的取款凭证等证据不足以支持其主张成立，张某对此不予认可，其该项诉请依据不足。

---

① 审理法院：河南省信阳市中级人民法院，案号：（2021）豫15民终3485号，载中国裁判文书网，https：//wenshu.court.gov.cn/website/wenshu/181107ANFZ0BXSK4/index.html? docId=0iKNW5yGV8IZjtr1ogsp5GELyW7zKoTibygbGxVvXPSOoueso3L9LJ/dgBYosE2gp6p68nCRWaKmJ+/AKHue4utpoVk8jY83WllbczIKwep8Krr720HG741gjWhlhMVt，最后访问时间：2022年11月15日。

关于房屋分割问题，张某辩称该房屋系其用同居之前个人财产购买并提交了证人证言等证据，王某虽称该房屋系同居期间共有财产未提交足以反驳的证据，且王某申请对同居期间财产进行评估系在一审庭审后，举证期限已届满，其怠于行使诉权且未提交充分证据证明申请鉴定事项与待证事实存在关联性，原审对其鉴定申请以及分割房屋价值的诉请不予支持并无不当。王某上诉虽称张某同居期间财产2144900元转移至洪某名下，但其提交的转账凭证系张某名下银行账户之间的资金往来，并无其他充分证据证明洪某实际取得其主张的2144900元款项，故王某要求洪某承担连带责任依据不足。王某要求确认特产购销店归其所有，但根据查明事实可知，特产购销店经营期间与王某、张某同居期间接近一致，且现有证据不能证明双方自愿解除同居关系时特产购销店的资产负债情况，故原审对王某的该项请求不予支持并无不当。

三、典型案例评析

案例15：郭某与卢某同居关系纠纷案①

裁判主旨

同居关系解除后对同居期间所得的财产进行析产的，首先需确认财产是否为同居期间所得。对已确认系同居双方共有的财产，双方均主张财产归属的，法院将依据双方的出资情况确认男女双方对财产所占的比例。在双方均主张房屋所有权的情况下，法院将依据对财产的出资比例、占有使用情况等因素，对房屋归属作出处理。

案情简介

卢某与郭某原系同居男女朋友关系。同居期间，卢某与郭某共同出资购

---

① 审理法院：北京市第一中级人民法院，案号：（2014）一中民终字第4035号，载中国裁判文书网，https：//wenshu. court. gov. cn/website/wenshu/181107ANFZ0BXSK4/index. html?docId=7CFZcq2iKKXxbVxK0lQ5SJmN25AgMvJ1zxPwYzG5vx2Bmt7Vq3BP7ZO3qNaLMqsJUTWcuuSWqFJE3z3XhifmxiN05NRB6QgWvb77MR4zDn5mQ5M+ql7kHiFCV4MwRqP0，最后访问时间：2022年10月12日。

买了一套房屋，房屋所有权登记在卢某名下。房屋购买总价款为 125 万元，其中首付款 60 万元，公积金贷款 65 万元。现双方解除同居关系，因对房屋的分割无法达成一致意见，卢某向法院起诉要求对房屋进行分割。

法院判决

法院经审理认为：同居期间，卢某与郭某出资购买了房屋，该房屋属卢某与郭某的按份共有财产，在同居关系解除后应予以分割。

关于房屋份额问题，由于双方未办理结婚登记手续，故应按双方各自出资比例确定各自所占房屋份额。根据卢某提供的建设银行转账凭条，购房首付款 60 万元系卢某出资。郭某辩称卢某转账支付的首付款 60 万元系其交给卢某的现金所存，应视为其个人出资，但未提供相应证据，故对郭某之相关抗辩主张，不予采信。虽然郭某提供了其与卢某之间的通话录音，并在通话中多次询问卢某是否承认购房首付款 60 万元属其个人出资，但卢某在通话中未明确表示购房首付款 60 万元属郭某的个人出资，故郭某以此主张卢某未予反驳即视为承认购房首付款 60 万系其个人出资，没有法律依据，亦不予采信。因此，法院认定房屋的首付款 60 万元是由卢某出资。

关于公积金贷款还贷的情况，卢某认可郭某于 2010 年 4 月 9 日偿还房屋贷款 20 万元及 2013 年 12 月 2 日、2013 年 12 月 31 日偿还房屋贷款 4600 元，但否认郭某自 2012 年 4 月 4 日起至 2013 年 11 月 5 日止通过卡号尾号为 2466 的银行账户汇给卢某的总计 196800 元的款项是用于偿还贷款的，原因是这些款项并非直接汇入卢某名下的公积金还贷账户中。卡号尾号为 2466 的账户系双方解除同居关系后卢某提供给郭某的账户，且郭某每月汇入一定数额的钱款，其中有两次分别为 10 万元、5 万元的汇款。对此，卢某解释称郭某的全部相关汇款系用以支付房屋占用使用费。但郭某予以否认，认为其相关全部汇款系用以偿还房屋贷款。因卢某就上述解释未提供证据，法院认为有理由相信郭某自 2012 年 4 月 4 日起至 2013 年 11 月 5 日止向卡号尾号为 2466 的账户汇给卢某总计 196800 元系为了偿还房屋的贷款，无论卢某是否将该部分钱款实际用于偿还房屋贷款，该部分钱款都理应视为郭某偿还房屋贷款。由于双方均无法确认各自已偿还房屋贷款中本金及利息的比例，故将依据公积金贷款本金 65 万元在双方已偿还房屋贷款和剩余尚欠房屋贷款总和中所占比例，确定房屋总贷款中本金部分所占比例，并据此确定卢某、郭某各自偿还的房屋贷款中的本金数额及卢某尚欠房屋贷款中的本金数额。至于尚欠房屋贷款 312479. 35 元，该部分欠款系以卢某名义所借，且双方当庭均同意由卢某负责偿还，故而尚欠房屋贷款 312479. 35 元应视为卢某的个人出资，由卢某自行偿还。卢某主张分割房屋时在房屋总价值中先行予以扣除。最终法院根据双方出资的比例确定双方所占房屋的份额。

关于房屋如何分割，法院根据房屋的实际占有状况等客观情况，参考双方各自调解意见，依法判决房屋判归郭某所有，郭某按照双方达成的房屋总价值及卢某对该房屋的购买出资比例给付卢某相应的房屋折价款。

律师点评

公民合法的民事权益受法律保护。当事人对自己提出的主张有责任提供证据；没有证据或者证据不足以证明当事人的事实主张的，由负有举证责任的当事人承担不利后果。本案中，郭某认为房屋首付款是由其取款后交给卢某，再通过卢某的账户支付给开发商的。但郭某却未能提供较为直接的证据，包括自己的取款记录。而在双方矛盾爆发之后，郭某试图通过电话录音取证。但在此时，对方已经非常警惕，因此取证非常困难。最终，法院认定购房首付款 60 万元系卢某出资。另外，郭某在同居期间以及同居关系解除之后，有固定地通过银行转账给卢某的记录，且金额较大，法院最终认定了这些款项是郭某出资用于偿还银行贷款。

综观本案的事实认定情况，律师建议，在同居关系存续期间，双方在购入大件财物时，要注意保留出资的相关证明，注意避免通过现金操作，同时在转账时应留意注明资金的用途。

另外，财产的归属未必与登记情况相一致。法院在判决房产归属时会综合考虑各方面的因素，包括双方各自所占房产的份额，双方各自拥有财产的情况，房产目前的使用情况，补偿款的支付能力等。当事人可从上述这些方面着手准备证据材料。

第二节 同居关系子女抚养纠纷

一、理论概述与实务指引

同居关系所生的子女俗称非婚生子女，非婚生子女与婚生子女一样享有和承担父母子女关系当中的相关权利义务。因此，与同居关系析产纠纷不同，同居关系子女抚养的问题在实践操作中与婚姻关系子女抚养问题相类似。具体的法律依据如下：

1.（同居关系）当事人所生的子女，适用本法关于父母子女的规定。①

2. 当事人因同居期间财产分割或者子女抚养纠纷提起诉讼的，人民法院应当受理。②

二、办案思路与实战技巧

（一）同居关系子女抚养权归属的司法认定

司法实践中，在抚养权归属的确定上，通常综合考虑以下因素：

1. 同居双方各自的抚养条件，包括经济收入、工作情况、居住条件、有无协助抚养人、有无影响抚养照顾子女的不良嗜好等。父母双方各自抚养条件的优劣是司法实践中确定抚养权归属的基础因素。其中，抚养条件所包含的因素非常多，而这些因素又可以分为对抚养子女有利的因素和对抚养子女不利的因素。有利的因素包括但不局限于双方各自的经济收入、工作性质及工作的稳定程度、各自的居住条件等；不利的因素则包括一方患有身体和精神方面的疾病、曾实施家庭暴力或虐待遗弃家庭成员等违法犯罪行为、有吸毒酗酒滥交等不利于子女健康成长的不良嗜好等。

---

① 《中华人民共和国民法典》第一千零五十四条第一款。

② 《最高人民法院关于适用〈中华人民共和国民法典〉婚姻家庭编的解释（一）》第二条第二款。

2. 子女平时主要随哪一方生活。

这一点主要基于有利于未成年人健康成长考虑。

3. 同居双方各自的老人及其他亲属平时帮助照顾子女的情况。

鉴于维持一个相对熟悉、稳定的生活环境及人际关系对未成年子女的成长最为有利，且考虑到我国目前的家庭结构当中，依赖家中老人或者其他亲属乃至家政人员帮助照顾子女的现象普遍存在，因此在实践当中，法院有必要对双方发生争议之前子女的抚养照顾情况进行调查和了解，查明同居各方是否有合适的协助抚养人可以帮忙照顾子女以及之前帮忙照顾抚养的情况。

4. 子女满八周岁的，应当征求子女本人的意见。针对年满八周岁的未成年子女，司法实践中法院一般会征求其本人的意见。在程序上，为保护未成年人的合法权益及其身心健康，征求意见的过程会在庭审程序之外单独进行。在内容上，由于年满八周岁的未成年人已经具备相当的认知能力，法官在征求其本人关于抚养权归属问题的意见的同时，也会向其询问和了解日常生活当中家庭的基本情况、父亲和母亲对其抚养照顾的情况等，以协助对案件的处理。

（二）同居关系子女抚养费的确定与支付

有关抚养费的争议，根据起诉一方的具体诉求不同，大致包括以下几种类型：

1. 确定抚养费的支付标准；

2. 变更抚养费支付标准；

3. 变更抚养费支付方式；

4. 变更抚养费支付期限等。

一般而言，男女双方在解除同居关系之时即应就子女抚养权归属及抚养费的支付问题达成一致意见。如双方对此未能达成一致意见或者之后出现反悔情况的，一方诉至法院，即形成同居关系抚养争议。对此，法院会根据双方在解除同居关系之时有无达成协商一致意见、抚养费支付一方的支付能力、被抚养子女的实际花费情况等因素综合考虑确定。

（三）同居关系子女探视权问题

与因离婚纠纷引致的探视权纠纷一样，同居关系子女抚养纠纷当中，也会涉及子女探视的问题，实践中，容易引发纠纷的情形包括：

1. 双方对子女探视问题无明确的约定，未直接抚养子女一方认为对方侵害了己方的探视权利，要求法院确定探视权利与探视方式的。

实践中，相当多的当事人在解除婚姻或同居关系时，比较注重对财产的分割及子女抚养权归属问题的约定，但对于子女的探视权问题却不够重视。大部分当事人所签订的离婚协议或解除同居关系协议中对探视权问题并无约定或者约定得过于原则性，例如一方“可随时探视孩子”等。在之后的协议履行过程中，极易因双方的配合度不高或者因双方在其他问题上的矛盾引发冲突，从而导致直接抚养一方对另一方行使探视权加以阻挠和限制，或者不直接抚养一方对孩子不闻不问等情况，此时往往需要再次起诉至法院，由法院对子女的探视问题进行裁决。

2. 双方对子女探视问题有明确的约定，一方未按照约定履行，另一方向法院起诉要求对方依约定履行的。

双方在离婚或解除同居关系时已经就子女的抚养和探视问题做出明确约定，但一方未按照约定履行，包括直接抚养子女一方拒绝对方探视子女，不按照约定的频率、方式等配合对方探视；也包括未直接抚养子女一方主动放弃探视、对子女的生活不闻不问，或只提供经济供给但不与或很少与子女见面。对于前一种情况，未直接抚养子女一方可直接向法院起诉要求按照协议的约定行使探视子女的权利，诉求有事实及证据支持的，法院一般均会准许。但针对后一种情况，在司法实践中仍然存有争议，原因在于在我国目前的法律框架下，探视权仍被视为父母对子女的一项权利而非义务，如未直接抚养子女的一方怠于探视的，会被认为是对自身权利的放弃，法律并没有相应的程序可以对权利的相对人进行救济。

对此，笔者认为，探视权对未直接抚养子女的父母一方而言，除具有权利属性之外，亦应当被视为对子女的一种义务，也即父母对子女除应承担经济上的给付责任之外，教育和陪伴孩子，亦是法律明确规定父母应尽的义务①。而在单亲家庭中，这种义务的承担有赖于未直接抚养一方定期探望孩子。

在笔者代理的一起同居关系探望权纠纷中，尝试通过各种方法巧妙地解决了当事人之间关于子女探视问题的争议。

【案例9.3】王某诉李某同居关系纠纷案中，王某在与李某同居期间生育一女，取名王某某（随母姓）。双方解除同居关系之时，并未对王某某的抚养问题达成一致意见，王某某一直跟随王某生活，李某从未承担过任何抚养义务。后以王某某名义向法院起诉，法院判决李某每月支付抚养费人民币1600元。之后，李某虽按时支付抚养费，但从未探视过女儿王某某。随着女儿渐渐长大，越来越需要父亲的陪伴和照顾，王某遂找到律师，希望通过法院诉讼的方式判令李某定期探望女儿。考虑到目前司法框架下，被探视一方尚无法直接起诉要求对方行使探视权利，律师建议王某以增加抚养费为诉求先起诉至法院，同时在诉求第二项当中列明要求对方定期探视。同时，了解到受理案件的某区法院针对涉及未成年人权益的案件有与社会观护机构长期合作，由观护机构从中立角度对涉案双方的情况进行调查了解，出具观护报告。律师建议王某主动与观护机构联系，请他们协助对案件进行调解。最终，在律师、观护机构和法院的共同努力之下，双方达成了调解意见：李某每月须探望王某某一日。后律师经向王某了解，调解协议达成至今，李某均遵照协议执行，定期探视女儿，亦渐渐与女儿产生了感情。

3. 双方对子女探视问题有明确的约定，一方认为需要对约定作出变更而另一方不同意的，一方向法院起诉请求对探视时间、频率、方式等做出变更。

有时候尽管双方已经对子女的探视问题有了明确具体的约定，但在实际履行过程中，一方对约定的探视权行使方式产生异议，或者随着子女年龄的增长、就学及生活状况的变化，原来约定的探视权行使方式已经不再符合各

① 《中华人民共和国家庭教育促进法》第二十条。

方的实际情况，会产生变更探视权的需求。这种需求既有可能来自抚养一方，也有可能来自不直接承担抚养义务的一方，但无论由谁提出，均需要经过双方协商达成一致意见，并通过变更原来签订的有关抚养探视子女的法律文书或者重新拟定新的协议加以固定。此时，如双方不能够协商达成一致意见的，主张变更的一方只能通过起诉的方式要求法院处理。

三、典型案例评析

案例 16：陈某某与梁某某子女抚养纠纷案①

裁判主旨

法律保护非婚生子女享有与婚生子女同等的权利，非婚生子女的抚养问题，同样应坚持有利于子女身心健康、保障子女合法权益的基本原则，结合父母双方的抚养能力和抚养条件等具体情况妥善解决。不直接抚养非婚生子女的生父或生母，应当负担子女的生活费和教育费等，直至子女能独立生活时为止。

案情简介

原告陈某某诉称：原、被告于 2009 年经人介绍相识恋爱并同居生活，2010 年 11 月 6 日生育小孩陈某甲，小孩出生后原、被告便将小孩交由原告父母照顾，二人相继外出工作，并分居生活，继而因二人感情破裂，故终结了同居关系，未继续共同生活，为了方便小孩日后的生活，有利于小孩成长，请求依法判决非婚生小孩陈某甲随原告生活，由被告按月给付抚养费（标准为 500 元/月~800 元/月）。

被告梁某某辩称：非婚生儿子陈某甲应当随被告生活，将更有利于小孩成长，请法院判决小孩归被告抚养并由原告支付每月 1000 元的抚养费。理

① 最高人民法院 2015 年度公布弘扬“社会主义核心价值观”典型案例之婚姻家庭纠纷典型案例二十，载中华人民共和国最高人民法院网，https：//www.court.gov.cn/zixun-xiangqing-16211.html，最后访问时间：2022 年 11 月 15 日。

由如下：(1) 陈某甲自2010年11月6日出生以来，一直随被告生活，各项生活费、教育费也是由被告支付，原告长期在外地打工，对小孩不闻不问，2014年原告与他人同居，在给被告写下保证书后，仍然在2015年春节期间带他人回家过年，最终导致被告与其感情破裂，可见其品行不端；(2) 原告的职业是夜店酒保，这种黑白颠倒的生活方式明显不利于小孩的成长。被告已经在耒阳市找到一份稳定的房地产销售顾问工作，月收入稳定，而且可以长期陪伴小孩，这样将更有利于小孩的成长。综上所述，请求将原、被告非婚生育小孩陈某甲判随被告生活，并由原告按月支付抚养费1000元至小孩成年时止。

法院判决

法院经审理认为：本案中，陈某甲系原、被告的非婚生小孩，在原、被告同居关系期间，该小孩随原告父母和被告共同生活，原、被告解除同居关系后，小孩虽随原告父母共同生活了一段时间，但该期间原告一直在外打工，被告在市区工作，亦对小孩履行了抚养义务。综合考虑原、被告双方的实际情况，小孩随被告梁某某生活，由原告每月给付抚养费600元，能更好地融洽父母子女间的亲情关系，也有利于小孩的健康成长。综上所述，人民法院依法判决原告陈某某与被告梁某某的非婚生小孩陈某甲随被告梁某某生活，由原告陈某某每月给付抚养费600元至小孩能独立生活时止，小孩成年后，随父随母由其自择。

律师点评

本案中，由于原、被告双方都一直在外打工，陈某甲由原告的父母负责带养，被告偶尔进行探视，后来陈某甲随被告一起生活。以上实际抚养情况说明被告有意愿且有能力亲自抚养照顾孩子。而原告长期在外地打工，只能由其父母帮忙照顾子女，这一方面说明原告没有意愿或能力亲自带养，另一方面也反映出子女对原告本人的抚养依赖程度较低。综上，在此类案件处理中，人民法院往往综合考虑原、被告双方的实际情况，从坚持有利于子女身心健康、保障子女利益最大化的基本原则出发作出判决。

案例 17：王某辉与柴某探望权纠纷案①

裁判主旨

探望权是基于父母子女关系而产生的法定权利，因此，针对男女双方在同居期间生育的子女，当男女双方解除同居关系后，不直接抚养子女的一方同样可凭借父母子女关系而享有对子女的探望权。

案情简介

原告王某辉与被告柴某经人介绍相识后于 2012 年 10 月 6 日按照农村习俗举行典礼仪式后开始同居生活，2013 年 9 月 12 日生育女儿王某瑶，后双方解除同居关系。王某辉与柴某曾因非婚生女王某瑶的抚养权纠纷诉至法院，2015 年 6 月 2 日，人民法院判决非婚生女王某瑶暂随被告柴某生活，待其成年后随父随母由其自择。2015 年 7 月 20 日，原告王某辉因探望权行使的时间和方式产生纠纷到法院起诉。

原告王某辉诉称：原告多次要求探望孩子都被拒绝，原告和家人都很想念孩子。请求依法判令原告每周探望孩子一次，周末两天把孩子带回原告家。

被告柴某辩称：被告没有不让原告看孩子，主要是原告天天找人在我村转悠，考虑到孩子的人身安全，所以没有让被告探望。

法院判决

法院经审理认为：本案中原、被告的非婚生女儿王某瑶与被告共同生活，原告作为父亲，有权探望王某瑶。现双方对原告探望权的具体时间和方式有不同意见，法院本着既要考虑不影响子女的正常生活，又要增加女儿同

① 审理法院：河南省浚县人民法院，案号：（2015）浚民初字第 1458 号，载中国裁判文书网，https：//wenshu. court. gov. cn/website/wenshu/181107ANFZ0BXSK4/index. html？docId=M1kKoTaFpa0rlx+Sjcl6DADgaBY5NWJxYk0f/5BURiundgbVcV4qy5/dgBYosE2gp6p68nCRWaKmJ+/AKHue4ji7a1gzcZ/atCLMMKnwMTVg5ZNHU4lpQVMF1/f/Gcyd，最后访问时间：2022 年 11 月 15 日。

父亲的沟通交流、减轻子女因父母解除同居关系而带来的家庭破碎感以及既有利于子女今后身心健康成长，又能维护原告合法权利的原则，依照《中华人民共和国婚姻法》第三十八条第一款、第二款的规定，判决原告王某辉自判决生效之日起，可于每月第一周周日 9 时至 17 时探望女儿王某瑶一次，被告柴某应予以协助。

律师点评

我国法律对探望权的规定属于原则性规定，仅有“离婚后，不直接抚养子女的父或者母，有探望子女的权利，另一方有协助的义务。行使探望权利的方式、时间由当事人协议；协议不成的，由人民法院判决。父或者母探望子女，不利于子女身心健康的，由人民法院依法中止探望；中止的事由消失后，应当恢复探望”一条①。实践中，有的当事人在解除婚姻关系或同居关系的时候对探望权的行使方式也不够重视，在协议中并无约定或者笼统进行约定。也有部分法院在审理离婚及同居抚养纠纷案件时，对探望权不做明确的处理，希望当事人能够自行协商。这些实践中的做法，往往导致男女双方在解除身份关系之后仍因探视问题发生矛盾而纠纷不断。对此，律师建议，当事人在协商或者诉讼中应尽可能地明确自己的诉求，对探望权的行使提出具体、可操作的方案。除按照固定的周期和频率探视子女之外，也应考虑寒暑假、传统节日等因素；此外，针对多子女家庭，在子女由父母双方分别抚养的情况下，还应考虑兄弟姐妹之间的相处和陪伴方案。总之，探望的问题，不仅事关父母各方的权利义务行使，更加关系到未成年子女的切身利益，务须慎重对待。

---

① 《中华人民共和国民法典》第一千零八十六条。

第十章 亲子关系纠纷

第一节 确认亲子关系纠纷

一、理论概述与实务指引

（一）诉讼主体及诉求的确定

1. 确认亲子关系的法律依据

此处所称的亲子关系特指基于自然血亲形成的亲子关系，系因子女出生的事实而产生。实践中，母亲绝大多数可以通过子女出生的事实加以确定，但是父亲与子女是否存在血缘关系则无法单纯通过子女出生的事实加以断定。

《中华人民共和国婚姻法》没有亲子关系确认的相关规定，但实践中却存在大量亲子关系确认的案件，为了解决该类案件并统一裁判尺度，《最高人民法院关于适用〈中华人民共和国婚姻法〉若干问题的解释（二）》第二条就规定了亲子关系确认诉讼。基于实践的需要，《中华人民共和国民法典》吸收了该司法解释的相关内容，从立法角度首次对亲子关系的确认作出了规定，《中华人民共和国民法典》第一千零七十三条规定，对亲子关系有异议且有正当理由的，父或者母可以向人民法院提起诉讼，请求确认或者否认亲子关系。对亲子关系有异议且有正当理由的，成年子女可以向人民法院提起诉讼，请求确认亲子关系。

2. 诉讼主体的确定

根据《中华人民共和国民法典》第一千零七十三条的规定，有权利提起确认亲子关系之诉的原告为对亲子关系有异议的父亲、母亲和成年子女。父亲或者母亲提起亲子关系确认之诉，一般是基于非婚生子父母中某一方不愿意认可亲子关系，或是基于孩子被抱错、被福利机构收养，或是基于父母子女离散后被找到等原因。需要注意的是，由于未成年子女不具有诉讼行为能力，未成年子女需要提起亲子关系确认诉讼的时候，可以由其父亲或者母亲代为提起。为了保护未成年子女的利益，本条规定范围以外的其他人不能作为原告提起亲子关系确认之诉。

3. 诉讼请求的确定

确认亲子关系诉讼，主要的诉讼请求一般是确认亲子关系一项；实践中，原告可以根据实际情况一并提起抚养费支付、子女生产时的医疗费返还等诉讼请求。

（二）亲子关系的认定规则

1. 通过组织证据及司法鉴定确认亲子关系

根据《中华人民共和国民事诉讼法》第六十七条第一款之规定，当事人对自己提出的主张，有责任提供证据。亲子关系的确认和否认，对于子女来说，不仅涉及一系列权利义务的产生、消灭，更是人身关系的重大改变，直接影响到家庭和社会的稳定，人民法院在审理此类案件时，必须对当事人提交的证据严格审核和认定。

对于确认亲子关系的诉求，原告方应当提供充分的证据证明血缘关系存在，如自行委托鉴定机构做的亲子鉴定报告；对于取样进行亲子鉴定较为困难的情况，也应尽可能围绕原、被告存在血缘关系、一起生活、费用支付、情感联系等思路组织证据证明亲子关系存在的可能性，并在此基础上请求法院委托鉴定机构做出进一步的鉴定。

2. 法院推定存在亲子关系

《最高人民法院关于适用〈中华人民共和国民法典〉婚姻家庭编的解释（一）》第三十九条第二款规定，“父或者母以及成年子女起诉请求确认亲子关系，并提供必要证据予以证明，另一方没有相反证据又拒绝做亲子鉴定的，人民法院可以认定确认亲子关系一方的主张成立”。据此，原告方请求确认亲子关系，在提交必要证据证明亲子关系可能成立的情况下，举证责任转移至被告方，被告方此时应提交证据证明亲子关系不成立，或配合原告方完成亲子鉴定证明亲子关系不成立，没有相反证据又拒绝做亲子鉴定的，人民法院可以认定亲子关系成立。

值得注意的是，《最高人民法院关于适用〈中华人民共和国民法典〉婚姻家庭编的解释（一）》第三十九条第二款中“必要证据”的标准，可以参考司法案例来判断尺度。例如，在朱某橙诉张某确认亲子关系纠纷案①中，原告朱某橙的母亲刘某卿与丈夫朱某鸽在婚内生育了女儿朱某橙，但后经亲子鉴定，朱某橙与朱某鸽排除生物学上父子关系。刘某卿后与朱某鸽诉讼离婚，离婚诉讼判决书确认“刘某卿违背夫妻间的忠实义务，与他人发生性关系并导致怀孕，后又对朱某鸽进行欺瞒，并产下非婚生女儿朱某橙”。朱某橙在诉张某确认亲子关系诉讼中，提供了前述离婚判决书、朱某橙与朱某鸽不构成亲子关系的亲子鉴定报告、刘某卿与张某关于朱某橙系张某女儿及抚养费等的微信聊天记录，最终法院认为原告方朱某橙在该案中已完成《最高人民法院关于适用〈中华人民共和国民法典〉婚姻家庭编的解释（一）》第三十九条第二款中款规定的“提供必要证据予以证明”的举证责任，被告张某没有提供相反证据又拒绝做亲子鉴定，法院依法认定原告确认亲子关系的主张成立。

二、典型案例评析

案例18：苗某某、郭某军确认亲子关系纠纷案②

裁判主旨

如何认定主张亲子关系成立一方已经完成了“提供必要证据予以证明”

---

① 审理法院：湖南省株洲市中级人民法院，案号：（2021）湘02民终2384号，载中国裁判文书网，https：//wenshu. court. gov. cn/website/wenshu/181107ANFZ0BXSK4/index. html？docId=NDOtIA+hdMjk3dzaHMSr7viO75CTztOHagKXcwYAaBU4he/srXl23JO3qNaLMqsJUTWcuuSWqFJE3z3XhifmxiN05NRB6QgWvb77MR4zDn6QOP4rRUNZDXLGO13bxZje，最后访问时间：2022年10月12日。

② 审理法院：山东省德州市（地区）中级人民法院，案号：（2018）鲁14民终366号，载中国裁判文书网，https：//wenshu. court. gov. cn/website/wenshu/181107ANFZ0BXSK4/index. html？docId=cVyxAV2KtXQbuQWcCbNXuMfFD4lSNx7udF1uMxwbC3RiEtFbDFvvEpO3qNaLMqsJUTWcuuSWqFJE3z3XhifmxiN05NRB6QgWvb77MR4zDn7WE9vZQS97yS6HTY4J0A95，最后访问时间：2022年10月12日。

的举证责任，是此类案件的重点和难点之一。本案中，法院不仅考虑原告方的举证能力，同时，基于保护未成年人利益的原则，结合日常经验法则，认定被告方在无相反证据的情况下，仅以涉及个人隐私为由拒不配合亲子鉴定，应当承担由此产生的不利后果。

案情简介

原告诉称：2005 年 2 月 15 日，苗某某出生。苗某某系李某玲与郭某军非婚生子女。自苗某某出生至今，一直跟随母亲李某玲生活。苗某某与郭某军的关系，郭某军不认可，多年来也不承担抚养费，特依法起诉。请求确认郭某军与苗某某具有亲子关系。

被告郭某军辩称，第一，原告的陈述与真实情况不符，原告就此问题提起过诉讼，因此，原告违反了一事不再理的原则，人民法院应当裁定驳回原告的起诉。第二，原告是在其母亲李某玲与其丈夫苗某甲婚姻关系存续期间所生，且双方离婚时李某玲认可原告为苗某甲所生，因此在确认原告与苗某甲之间不存在亲子关系前，原告不应当起诉其他人要求确认亲子关系。第三，原告没有确凿的证据证明其与答辩人有可能存在亲子关系，而且答辩人认为亲子鉴定涉及个人隐私，答辩人有权利拒绝，所以在答辩人拒绝做亲子鉴定的情况下，不能推定双方存在亲子关系。

原告苗某某为支持其诉讼请求，向法院提交以下证据：

证据一，苗某某户口登记表及李某玲的户口登记表一份；证明：原告于 2005 年 2 月 15 日出生，真实存在，李某玲为苗某某的母亲。证据二，(2012) 德中少民初字第 67 号民事裁定书一份；证明：本案原告曾作为上诉人上诉本案的被告郭某军，案由为抚养关系纠纷，同时证明该诉自提起诉讼时原告及法定代理人均认可本案被告是原告父亲，应当承担抚养义务，该裁定书内容为发还平原县人民法院重审。证据三，(2013) 年平民初字第 380 号民事判决书一份；证明：该判决书第 2 页记载，原告的母亲李某玲在该案中提交了张某秀的证言一份；该判决书第 2 页记载，原告的母亲李某玲在德州市中级人民法院提交了王某华的书面证言，判决书第 3 页记载，对该证言双方在德州市中级人民法院进行过质证。两份证言均证实被告与原告的母亲李某玲关系密切，在李某玲脚踝骨受伤后被告经常去探望并收拾家务。证据四，司法鉴定所鉴定说明一份；证明：被告表示不同意采血进行司法鉴定。有能力配合而不予配合。可以进行推定原告主张的亲子关系成立。

被告质证意见为：对证据一真实性没有异议，但与被告没有关联，原告是否存在与被告无关。对证据二裁定书真实性没有异议，但对证明内容有异议，身份关系不能靠原告和代理人的自认。对证据三判决书真实性没有异议，但对其证明内容有异议，判决书中第 3 页最下方明确记载“本次庭审中，法庭要求其提交书面证言和证人的联系方式，并要求证人出庭，以对书面证言进行核实，但原告未提供，致使法庭对证人证言无法核实”，所以我方认为证人自始至终没有出庭作证接受双方的质询，所以证人证言不成立，另外该判决书反而能证明本案属于重复起诉，违反一事不再理的原则。对证据四被告认为不属于证据的形式，对其证明内容有异议，我方综合质证意见：原告没有提供新的证据证明原告与被告之间存在亲子关系，也没有证据证明双方之间可能存在亲子关系，所以不能推定双方之间有亲子关系，拒绝做亲子关系鉴定是被告的法定权利，原告没有新证据的情况下，判决结果应当与原判决结果相同。

原告于 2017 年 3 月 16 日向本院提交鉴定申请书：请求鉴定郭某军与苗某某在生物学上具有亲子关系。本院技术室于 2017 年 4 月 20 日电话通知郭某军进行采样，因郭某军明确答复不采样，本院技术室将该鉴定做退回处理。

案件审理中，原告于 2017 年 6 月 16 日向一审法院提出对张某秀、李某玲、勇某珍、苗某乙进行调查，法院于 2017 年 9 月 7 日对勇某珍、苗某乙进行调查，并制作调查笔录两份。因原告无法提供张某秀、李某玲的地址和联系方式，法院无法查找到张某秀、李某玲二人。

原告对调查笔录的质证意见为：对笔录真实性、合法性没有异议，上述两人的调查笔录，没有关于质证人与原告母亲亲近的相关陈述，不能反映出原告母亲与被告关系特殊。

被告对调查笔录的质证意见为：对笔录真实性、合法性没有异议，两人原来与本案苗某某及其母亲李某玲有亲属关系，从二人的回答内容中，能够间接看出苗某某不是苗某甲的孩子，请法院予以采纳。

经一审审理查明：原告苗某某之母李某玲与苗某甲于2002年元月登记结婚，2005年2月15日育有一子苗某某。2007年苗某甲起诉离婚，平原县人民法院2009年11月24日出具（2007）平民初字第1222号民事调解书，原告苗某某由李某玲抚养，抚养费自行负担。现原告诉至法院，要求确认自己与被告郭某军的亲子关系。

法院判决

一审法院经审理认为：原告提供的民事判决书、民事裁定书等证据不足以形成合理的证据链条证实原被告之间存在亲子关系，因被告不认可且不同意进行亲子鉴定，原告提出的证据不符合《最高人民法院关于适用〈中华人民共和国婚姻法〉若干问题的解释（三）》第二条第二款中“人民法院可以推定请求确认亲子关系一方的主张成立”的规定情形。故对原告主张与被告之间存在亲子关系的请求无事实和法律依据，本院不予支持，综上，根据《中华人民共和国民事诉讼法》第六十四条第一款、《最高人民法院关于适用〈中华人民共和国婚姻法〉若干问题的解释（三）》第二条之规定，判决如下：驳回原告苗某某的诉讼请求。

上诉人苗某某因与被上诉人郭某军确认亲子关系纠纷一案，不服山东省平原县人民法院（2017）鲁1426民初420号民事判决，提起上诉。二审立案后，法院依法组成合议庭进行了审理。苗某某上诉请求：撤销原判，改判确认上诉人与被上诉人具有亲子关系。事实与理由：上诉人起诉后提起亲子关系鉴定申请，被上诉人没有理由予以拒绝；上诉人提供证人证明，上诉人不是李某玲与苗某甲所生；上诉人在一审提供的证据，能够形成合理的证据链条，应推定当事人双方存在亲子关系。

被上诉人郭某军辩称，同意一审判决，上诉人的上诉请求没有事实和法律依据，没有确凿证据证明上诉人与被上诉人有可能存在亲子关系，亲子鉴定涉及个人隐私，被上诉人有权拒绝，不能推定双方存在亲子关系。

本案二审期间，双方当事人没有提交新的证据。二审法院对一审查明的事实予以确认。

二审法院经审理认为：本案双方当事人争议的焦点问题是，根据现有证据和司法解释，能否推定上诉人和被上诉人之间存在亲子关系。经查，上诉人苗某某自2012年以来，以请求支付抚养费、请求确认亲子关系为由，先后五次起诉和上诉。经对历次诉讼中的证据、笔录、裁判文书进行全面审查，并经本案二审调查，评判如下：综合原告母亲李某玲提交的张某秀书面证言，一审法院对勇某珍的调查笔录，平原县人民法院（2009）平民初字第1286号民事调解书中李某玲主张理由和协议内容，几个证据可以相互印证，结合多次庭审中李某玲陈述的事实，上诉人主张的其不是苗某甲亲生的事实具有高度可能性。李某玲在历次庭审中，对与郭某军交往的过程，有比较详尽的陈述；张某秀、王某华的书面证言，均有被上诉人郭某军曾与李某玲关系密切的内容；本案二审调查中郭某军自认曾与李某玲熟悉并为她无偿帮忙。本案二审单独调查郭某军之前，在五次涉及本案的庭审和调查中，在可能影响本人切身利益和名誉的情况下，郭某军均没有出庭，也没有主动向有关方面主张权利，不符合常情常理。鉴于本案关键事实的私密性和上诉人的举证能力，可以认定上诉人已经提供了《最高人民法院关于适用〈中华人民共和国婚姻法〉若干问题的解释（三）》第二条第二款中的“必要证据”。郭某军在无相反证据的情况下，仅以涉及个人隐私为由拒不配合亲子鉴定，理由不充分，应当承担由此产生的不利后果。本院根据《最高人民法院关于适用〈中华人民共和国婚姻法〉若干问题的解释（三）》第二条第二款的规定，推定上诉人请求确认亲子关系的主张成立。一审法院以上诉人请求无事实和法律依据为由，驳回其诉讼请求，处理不当，应予纠正。本案的处理结果，关系到未成年人的合法权益，也关系到当事人的切身利益和名誉，本院充分考量不同利益和价值，认为保护未成年人的健康成长、避免其丧失通过法律途径确认生父的机会更为重要。被上诉人郭某军如确实不是苗某某的生父，可通过亲子鉴定予以证明，并可另行诉讼主张权利。

综上所述，苗某某的上诉请求成立，予以支持。依照《中华人民共和国民事诉讼法》第一百七十条第一款第二项规定，判决：撤销山东省平原县人民法院（2017）鲁1426民初420号民事判决；确认郭某军与苗某某具有亲子关系。

律师点评

本案的处理结果，关系到苗某某的合法权益，也关系到郭某军的切身利益和名誉，法院充分考量不同利益和价值，认为保护未成年人的健康成长、避免其丧失通过法律途径确认生父的机会更为重要。最终法院认定苗某某提供的证据符合《最高人民法院关于适用〈中华人民共和国婚姻法〉若干问题的解释（三）》第二条第二款中的“必要证据”，在被告郭某军拒不承认亲子关系也不配合进行亲子鉴定的情况下，推定郭某军与苗某某构成亲子关系。这里需要注意的是，《最高人民法院关于适用〈中华人民共和国民法典〉婚姻家庭编的解释（一）》第三十九条继受了《最高人民法院关于适用〈中华人民共和国婚姻法〉若干问题的解释（三）》第二条的规定，故该案例在《中华人民共和国民法典》实施后依然有着非常高的参考价值。

第二节　否认亲子关系纠纷

一、理论概述与实务指引

（一）诉讼主体及诉求的确定

1. 否认亲子关系的法律依据

请求否认亲子关系，即原告向法院起诉，请求确认自己和子女之间不存在亲子关系。亲子关系否认，大多数情况是父子或父女关系的否认，因为基于出生的事实，很少有母亲无法判断子女是否为自己亲生的情况。从维护婚姻家庭关系稳定、保障未成年子女“幼有所养”的目的出发，理论上一般都认可亲子关系的推定，即子女在婚姻关系存续期间受胎的，一般都将其母亲的丈夫推定为父亲。但在实践中，因为婚内出轨等原因，亲子关系的推定也可能与客观事实不符，子女与被推定的父亲之间可能并不存在血缘关系。这种情况下，要求非血缘关系的父亲继续抚养孩子就缺乏法律依据。为了解决相关问题，民法典从立法角度规定了否认亲子关系之诉，《中华人民共和国民法典》第一千零七十三条第一款规定，“对亲子关系有异议且有正当理由的，父或者母可以向人民法院提起诉讼，请求确认或者否认亲子关系”。

2. 诉讼主体的确定

根据《中华人民共和国民法典》第一千零七十三条第一款之规定，可以提起亲子关系否认之诉的主体为父亲或者母亲，成年子女和其他主体都被排除在外。这是因为：第一，法律上的亲子关系应以真实的血缘关系为基础，故应允许法律意义上的父或母提起诉讼，确定子女的生父和生母；第二，应兼顾亲子关系的稳定性，在当事人之间已经产生了亲情和基于亲子关系的种种社会联系的情况下，从保护儿童最大利益原则出发，应限制其他主体作为原告提起诉讼。司法实践中，父母以外第三人提起否认亲子关系诉讼，法院会判决驳回起诉，如庄某虹诉徐某否认亲子关系纠纷案①中，法院以“本案中，徐某已于2018年11月27日死亡，而庄某虹并非徐某的母亲，不是提起否认亲子关系的适格主体”的理由驳回了原告的起诉。

另外，为了保障老年人的合法权益，防止出现成年子女否认亲子关系后不再对原法律意义上的父母承担赡养义务的情形，《中华人民共和国民法典》从立法角度将成年子女排除在否认亲子关系之诉的原告范围之外。

3. 诉讼请求的确定

在否认亲子关系纠纷的诉求中，除确认不存在亲子关系外，还可以一并要求返还抚养费并赔偿精神损失。关于抚养费，法院一般会根据原告方的举证情况，结合抚养未成年子女当时的物价消费水平、当事人的收入以及双方的费用承担情况等因素综合判断应该返还的数额标准。关于精神损害赔偿，根据《最高人民法院关于确定民事侵权精神损害赔偿责任若干问题的解释》第五条的规定，赔偿数额根据以下因素确定：（1）侵权人的过错程度，但是法律另有规定的除外；（2）侵权行为的目的、方式、场合等具体情节；（3）侵

---

① 审理法院：贵州省贵阳市中级人民法院，案号：（2022）黔01民终238号，载中国裁判文书网，https：//wenshu. court. gov. cn/website/wenshu/181107ANFZ0BXSK4/index. html？docId=FK3CU6/ZpOto+cwdyKW8E/WhoLPBp0vI1s++8hkT0LT94MWloKGGJJO3qNaLMqsJUTWcuuSWqFJE3z3XhifmxiN05NRB6QgWvb77MR4zDn428OpHLf71KInMv+fjHTpe，最后访问时间：2022年10月12日。

权行为所造成的后果；（4）侵权人的获利情况；（5）侵权人承担责任的经济能力；（6）受理诉讼法院所在地的平均生活水平。

（二）否认亲子关系的认定规则

1. 通过组织证据及司法鉴定否认亲子关系

请求否认亲子关系，一般应当提供证据证明有下列情形之一：一是夫妻在妻受胎期间没有同居的事实；二是夫有生理缺陷或者没有生育能力，包括时间不能、空间不能、生理不能等；三是子女和其他人存在血缘关系①。

亲子关系鉴定是最直接、最有证明力的证据，但是原告单方私自委托的鉴定报告，可能因为存在取样不合法等情况而不被法院认可其证明力。此外，原告方请求法院委托进行亲子鉴定的，也会出现因保护未成年人的利益考量而不被允许的情况。如在李某诉李小某否认亲子关系一案②中，二审法院认为："关于李某提交的鉴定材料，均是其自行委托，对于检材来源、送检环节等缺乏合法的程序保障，亦无其他有力证据予以佐证。原审法院未予采信，并无不当。关于李某提出亲子鉴定申请，在庭审中，经法院询问，王某主张李小某目前处于叛逆期，不愿意做亲子鉴定。法院认为，亲子鉴定在采集检材时需要当事人的配合，如一方不配合，不宜强制进行鉴定，且根据未成年人利益最大化原则，考虑到李小某目前的成长状况，本院对李某的亲子鉴定申请不予准许。"最终，二审法院维持了一审法院驳回起诉的判决。

2. 推定不存在亲子关系

在否认亲子关系纠纷中，在被告拒绝配合做亲子鉴定的情况下，要求原告一方必须提供亲子鉴定报告证明不存在亲子关系，无疑加重了原告一方的举证责任。故《最高人民法院关于适用〈中华人民共和国民法典〉婚姻家

---

① 最高人民法院民法典贯彻实施工作领导小组主编：《中华人民共和国民法典婚姻家庭编继承编理解与适用》，人民法院出版社2020年版，第224页。

② 审理法院：北京市第三中级人民法院，案号：（2021）京03民终16579号，载中国裁判文书网，https：//wenshu. court. gov. cn/website/wenshu/181107ANFZ0BXSK4/index. html？docId=Xo/iK6Op8trr9vwrJvp4BYPIjhtbBIGMA/XdlHugk1ujmfFqVQdmu5O3qNaLMqsJUTWcuuSWqFJE3z3XhifmxiN05NRB6QgWvb77MR4zDn4TtxLCmHurCYhYc1RIwDUv，最后访问时间：2022年10月12日。

庭编的解释（一）》第三十九条第一款规定“父或者母向人民法院起诉请求否认亲子关系，并已提供必要证据予以证明，另一方没有相反证据又拒绝做亲子鉴定的，人民法院可以认定否认亲子关系一方的主张成立”。即原告在提供必要证据证明可能不存在亲子关系后，举证责任转移给被告，被告如不能提供证据证明存在亲子关系也不配合做亲子鉴定的，法院可以推定原告的诉讼请求成立，认定不构成亲子关系。因亲子关系的否认，不仅涉及一系列权利义务的产生和消灭，更是人身关系的重大改变，直接影响到家庭和社会的稳定，故人民法院在审理此类案件时，必须对当事人提交的证据是否达到“已提供必要证据予以证明”的标准加以严格审核和认定。

对于原告提供的证据是否已经达到“已提供必要证据予以证明”的标准，原告在起诉时可以参考司法案例来加以判断。

【案例 10.1】在张某 1 诉曹某 1、曹某 2 否认亲子关系纠纷案[①]中，本案再审申请人张某 1 在一审中提交：1. 照片打印件两张，拟证明原告和曹某 1、曹某 2 长相不一致；2. 第四人民医院检验报告单一份，拟证明原告是 A 型血，曹某 1 是 O 型血，曹某 2 是 A 型血。二审中，张某 1 补充提交：(1) 上诉人左右腿部膝盖骨照片打印件 2 页，拟证明上诉人的膝盖骨比二被上诉人的膝盖骨大；(2) 张氏家谱一份复印件 3 页，拟证明曹某 1、曹某 2 均是 1982 年出生，而非 1984 年出生；(3) 双亲与子女的血亲关系图谱书本截图复印件一份，拟证明父母血型决定子女的血型。再审法院认为，再审申请人提供的以上证据均未达到《最高人民法院关于适用〈中华人民共和国民法典〉婚姻家庭编的解释（一）》第三十九条规定的“必要证据”的证明标准，不能推定不存在亲子关系。

① 审理法院：山东省聊城市中级人民法院，案号：(2022) 鲁 15 民申 30 号，载中国裁判文书网，https://wenshu.court.gov.cn/website/wenshu/181107ANFZ0BXSK4/index.html?docId=6r0kB8xc9c7WWsDct4PRyhRx5C5ZzGzoEMAMaH6ME9a+/mFlQlBGnJO3qNaLMqsJUTWcuuSWqFJE3z3XhifmxiN05NRB6QgWvb77MR4zDn6mEUoIHw+41/sbCo8Aa/8V，最后访问时间：2022 年 10 月 12 日。

【案例 10.2】 齐某 1 诉齐某 2 否认亲子关系纠纷案①中，上诉人齐某 1 提供了《DNA 检测意见书》、高阳县人民法院（2020）冀 0628 民初 1023 号民事判决书、保定市中级人民法院（2020）冀 06 民终 6043 号民事判决书及生效证明、齐某 2 出生医学证明和户口本，拟证明：齐某 2 系齐某 1 与刘某婚姻存续期间刘某所育，二人共育有两子，经齐某 2 与另一子的遗传学检测，可推论出齐某 1 与齐某 2 不存在亲子关系。本院认为，上诉人齐某 1 对其否认亲子关系的诉讼请求已经提供了必要的证据予以证明，被上诉人所提供的医院病历不足以反驳上诉人的主张，经法院释明并依法委托鉴定机构，被上诉人及其法定代理人仍拒绝做亲子鉴定，依照上述司法解释之规定，法院认定上诉人齐某 1 否认亲子关系的主张成立。

二、典型案例评析

案例 19：郭某利与王某荣否认亲子关系纠纷案②

裁判主旨

在确定抚养费返还数额时，原告应当对抚养费给付情况承担举证责任。确实无法举证证明的，可以根据子女的实际需要、婚姻关系存续期间双方的经济收入、离婚时共同财产分割情况、当地实际生活水平等酌情判定。此外，被告对婚姻关系的不忠行为，既违反法律规定，又违反公序良俗，严重伤害了原告的感情，侵害了原告的人格权，原告提出精神损害赔偿的，法院应予支持。

---

① 审理法院：河北省保定市（地区）中级人民法院，案号：（2021）冀 06 民终 5210 号，载中国裁判文书网，https：//wenshu. court. gov. cn/website/wenshu/181107ANFZ0BXSK4/index. html？docId=FK3CU6/ZpOvx+95m7vUCvlLm6SeGS8IxtRqfMA6cSAV5+iimQ66vXZO3qNaLMqsJUTWcuuSWqFJE3z3XhifmxiN05NRB6QgWvb77MR4zDn6mEUoIHw+41wmrUbbIs8aN，最后访问时间：2022 年 10 月 12 日。

② 审理法院：山东省费县人民法院，案号：（2021）鲁 1325 民初 4590 号，载中国裁判文书网，https：//wenshu. court. gov. cn/website/wenshu/181107ANFZ0BXSK4/index. html？docId=8yAVlAKarxYCkcfsowIwd0IUjtvGl13Ks/xIJY8WWVwN+IxlH7NThpO3qNaLMqsJUTWcuuSWqFJE3z3XhifmxiN05NRB6QgWvb77MR4zDn6thML3kK2fTskzcP5ETTbf，最后访问时间：2022 年 10 月 12 日。

案情简介

原告郭某利向本院提出诉讼请求：(1) 请求确认原告郭某利与王某铭无生物学父女关系；(2) 请求返还已支付的生活费及抚养费共计163338元；(3) 请求返还生育费用7000元和办满月酒费用5000元；(4) 要求补偿名誉及精神损失10000元整。事实和理由：原告郭某利与被告王某荣于2006年自由恋爱后共同生活，2007年7月15日生育长女郭某铭，2009年8月6日在兰陵县民政局补办结婚登记手续，2013年9月23日生育次女郭某晶，2014年10月23日生育长子郭某依，后双方因感情不和，于2017年11月7日办理离婚登记手续。后被告王某荣发现已有身孕，因怀孕行动不便遂要求原告郭某利支付生活费，原告郭某利支付了相应的费用。2018年3月12日生育小女儿王某铭，原告郭某利协助办理生育、出生证明、申报户口等登记手续，登记父亲为原告郭某利，郭某利支付生育医疗费7000余元，办满月酒花费5000余元。后双方协商，于2018年11月开始原告郭某利每月支付小女儿的抚养费10000元，自2018年11月4日至2020年1月20日原告郭某利共计支付143000元。后贾某兰（王某荣的表姐）通过尹某勇遗留的手机发现王某荣与尹某勇（贾某兰的前夫，双方于2018年10月12日协议离婚）早就同居，并在原告郭某利家中拍摄双方在一起的不雅照片，且王某铭系被告王某荣与尹某勇所生，遂将此事告知原告郭某利，原、被告为此产生纠纷。后“王某荣婚内出轨其表姐夫并生育子女”一事经亲朋好友及近邻传播，使原告郭某利名誉受损，受到嘲笑和指责，对原告造成严重的心理压力，故要求被告王某荣赔偿。

被告王某荣辩称：(1) 原告对于王某铭同其不是生物学父女关系是明知的，且被告予以认可；(2) 原、被告协议离婚后，协议中长女郭某铭、长子郭某依归原告抚养，但实际跟随被告生活，原告每月10000元是给长女、长子的抚养费，且支付生活费并不及时，原告要求被告返还支付的生活费和抚养费163338元的诉讼请求依法不能成立；(3) 原告办酒席费用有双方亲朋好友的随礼祝贺，礼金数额高于酒席费用，且原告没有证据证实生育费用和酒席费是其支付，要求返还生育费用和酒席费的要求没有任何依据；(4) 王某铭是原、被告离婚后才出生的，无论原告与王某铭有无生物学上的父女关系，并没有给原告造成社会评价和精神损害，原告要求补偿名誉及精神损失10000元的请求依法不能成立。

原告围绕诉讼请求依法提交了如下证据：证据一，离婚协议书一份，证实原、被告于2017年11月7日签订离婚协议书，约定了相应的夫妻共同财产的处理以及抚养权的归属；证据二，离婚证，证实2017年11月7日登记离婚；证据三，原告的户口索引表，证实长女郭某铭、长子郭某依随原告生活；证据四，被告的户口索引表，证实次女郭某晶随被告生活；证据五，王某铭的常住人口卡，证实王某铭出生日期，在离婚之前被告已经怀孕；证据六，尹某勇手机里同被告的不雅照，证实被告与尹某勇有不正当的男女关系，王某铭有可能是被告与尹某勇的孩子；证据七，原告和被告离婚后微信支付给原告生活费和抚养费的转账电子凭证，证实自2017年11月12日至2020年1月12日多次大额微信转账，一共支付163388元；证据八，中国邮政储蓄银行账户对账单，证实2020年1月20日转账给被告18000元。

被告的质证意见为：对证据一、证据二真实性无异议，但是证据一不能证明原告方的主张，原告对于被告在2017年11月7日办理离婚手续时已经怀孕是知道的，正常情况下对于未出生的孩子的抚养问题也应当在离婚协议书中有相关的约定。通过离婚协议书，对未出生子女的情况进行表述和约定来看，被告答辩称原告对于王某铭的情况是知情的也是符合离婚协议书所记载内容所显示的，离婚协议书约定长女、长子由原告抚养，次女由被告抚养，但是实际上在办理离婚手续后三个孩子仍然由被告照顾生活，原告一直在上海工作，并没有实际履行协议中约定的抚养长子、长女，原告方称次女现在跟随原告生活这也是最近的事情，原、被告曾于2020年3月1日协商按照协议的约定把孩子分开抚养，但是由于长女不愿意跟随原告生活，所以也没有按照约定把孩子分开抚养，原告方没有如实向法庭陈述离婚后孩子的抚养情况。对证据三、证据四真实性无异议，但是户口登记信息并不能证实孩子实际抚养情况，只能证明户口登记在谁的名下。对证据五真实性无异议，王某铭出生日期准确，被告在答辩时已经明确陈述在离婚时原告对于被告怀孕的情况是知道的。对证据六的合法性有异议，该证据不能证实证据的来源和时间。对证据七原告提交的证据清单中注明的时间是2017年11月12日至2020年1月12日，实际上经过查看，原告提交的电子凭证显示的日期并不能和原告所列明的明细表对应一致。原、被告于2017年11月7日办理离婚手续，离婚后约定跟随原告生活的长子、长女并没有跟随原告生活，一直跟随被告生活，原告向被告支付的款项实际系支付应由原告抚养的长女、长子的抚养费用，并不是原告所称的支付给王某铭的抚养费。原告方为了支持其诉求称支付的抚养费是支付给王某铭的观点明显不符合客观事实，也不符合情理，也和原、被告微信聊天记录相互矛盾。原告所称的微信转账之外的现金支付并没有提交证据予以证实。另外，原告提交的支付给被告的费用明细表并不符合民事诉讼法证据的规定，明细表中记载的时间及数额均应当有相关的证据予以证明。对证据八，拟证明该笔钱是原告承诺支付的抚养费。

被告针对其主张提交了如下证据：证据一，原、被告微信聊天记录截屏三张，时间主要是2018年9月5日、2019年1月14日、2019年3月25日、2019年7月10日，证实原被告经过协商，在离婚时约定由原告抚养的长女郭某铭、长子郭某依一直跟随被告生活，原告每月给被告支付生活费10000元是原告应该抚养的长女、长子的抚养费；证据二，被告微信账单打印件45页，证实被告在抚养孩子的过程中支出生活费、教育费等费用70057.96元，这仅是微信支付部分，现金支付部分被告方无法向法庭提交证据。

原告质证意见为：对证据一真实性无异议，但是对关联性有异议，聊天的截屏实际上是选取了对被告有利的部分，并不是一个完整的聊天记录。而且聊天记录反映的原告每月给被告10000元，实际是给王某铭的抚养费。至于另外三个子女，实际是一直居住在原告家中的，被告实际是无偿居住在原告家中，所有的水电、物业、燃气费用均系原告支付。所以聊天记录并不能反映原告支付的费用是原告抚养两个子女的费用。根据离婚协议书约定，实际分给原告抚养的长女已经14岁了。那么被告居住在原告家中免费用原告的房屋及用品，实际上也是默认有时候可以照看孩子。当时为了隐瞒离婚的事实，所以没有搬离原告家中。而且被告在费县开了好几个美容院，且被告常年忙于工作，为美容院到处去开会。原告之所以每月支付1万元，主要是因为离婚协议书没有约定王某铭的抚养问题，其一直认为王某铭系其亲生女儿。对证据二被告的花费并不能证明是为长子、长女的消费。

根据双方当事人陈述和经审查确认的证据，本院认定事实如下：2006年原、被告双方自由恋爱并共同生活，2007年7月15日生育长女郭某铭，2009年8月6日在兰陵县民政局补办结婚登记手续，2013年9月23日生育次女郭某晶，2014年10月23日生育长子郭某依，后双方因感情不和，于2017年11月7日在兰陵县民政局办理离婚登记手续，离婚时双方约定费县某小区1号楼3单元一套房产归原告所有，登记在女方父亲名下的鲁QX××××号轿车归被告所有；长女郭某铭、长子郭某依由原告抚养，次女郭某晶由被告抚养，抚养费均自理。原、被告离婚后，原告在上海工作，长女郭某铭、次女郭某晶、长子郭某依均跟随被告居住在已归原告所有的费县某小区的房屋内生活。2018年3月12日，被告生育一女，取名王某铭，原告协助被告办理了王某铭的相关出生登记手续以及户口，登记原告为其父亲，原告为此举办了满月酒。王某铭出生后，亦跟随被告在归原告所有的房屋内居住生活至2020年。2020年初，原告得知被告在与其婚姻关系存续期间与尹某勇同居，且王某铭为被告与尹某勇所生。

另查明，原告在2017年11月至2020年1月支付给被告107338元（其中通过微信转账支付89338元，通过银行转账支付18000元）。

法院判决

法院经审理认为：原告提供了充分的证据证实其与王某铭之间不存在生物学父女关系，且被告当庭认可，故原告主张其与王某铭之间不存在生物学父女关系的主张，本院予以支持。原、被告双方在离婚协议中约定次女郭某晶由被告抚养，长女郭某铭、长子郭某依由原告抚养，抚养费均自理，但在离婚后，原告在上海工作，其长女、长子均跟随被告在归原告所有的房屋内居住生活，2018年3月12日王某铭出生后，亦跟随被告在归原告所有的房屋内居住生活至2020年，原告提供的证据证实其在2017年11月至2020年1月向被告转账，但无法证明上述款项均用于抚养王某铭，考虑本案的实际情况，由于被告的隐瞒，原告在不知情的情况下，基于父亲与子女的关系，对王某铭进行了实际抚养教育，本院酌情认定返还 30000 元为宜；对于原告要求被告补偿精神损失费 10000 元的请求，被告违背法律规定的夫妻忠实义务，夫妻关系存续期间隐瞒原告，出轨他人并怀孕生女，既违反法律规定，又违背公序良俗，侵害了原告的人格权，严重伤害了原告的感情，原告显然为此在精神上受到打击，被告应当赔偿原告的精神损失费。对于精神损失费的数额，本庭考虑到被告生育王某铭时，原、被告双方已离婚等实际情况，酌情认定 8000 元。关于原告要求被告返还生育费用 7000 元，原告未能向本院提供相应证据予以佐证，本院不予支持；关于原告要求被告返还办满月酒费用 5000 元，原告未能向本院提供相应证据，且办满月酒的行为与当前社会提倡的勤俭节约、移风易俗、树文明新风、婚丧嫁娶事宜不大操大办的风气相违背，故原告要求被告返还办满月酒费用 5000 元的诉讼请求，本院亦不予支持。综上所述，依照《中华人民共和国民法典》第一百二十条、第一千一百八十三条第一款，《最高人民法院关于确定民事侵权精神损害赔偿责任若干问题的解释》第五条，《中华人民共和国民事诉讼法》第六十四条规定，判决：（1）原告郭某利与王某铭无生物学上的亲子关系；（2）被告王某荣返还原告郭某利对王某铭的抚养费 30000 元；（3）被告王某荣赔偿原告郭某利精神损害抚慰金 8000 元；（4）驳回原告郭某利其他诉讼请求。

律师点评

在亲子关系被否认后，原法律意义上的父亲对该子女无法律上的抚养义务，其与该子女在否认前的抚养关系，即属于欺诈性抚养关系。那么之前原告对该子女支出的抚养费是否有权要求返还呢？最高人民法院民法典贯彻实施工作领导小组在《中华人民共和国民法典婚姻家庭编继承编理解与适用》一书中认为，对于欺诈性抚养关系，因受欺诈人原并无抚养义务，其已经支付的抚养费对子女的生父母而言构成不当得利，故其可以行使不当得利请求权，请求返还已经支出的抚养费用。在确定抚养费返还数额时，原告应当对抚养费给付情况承担举证责任。确实无法举证证明的，可以根据子女的实际需要、婚姻关系存续期间双方的经济收入、离婚时共同财产分割情况、当地实际生活水平等酌情判定①。本案中，原告主张自己对非婚生子王某铭进行了抚养也提供了转账凭证，但其无法证明这些费用是用于抚养王某铭的，故法院结合本案实际情况，综合考虑以上因素，酌情认定返还抚养费 30000 元，该判决合理合法。

此外，由于此类案件不仅涉及财产关系，更涉及人身关系，受欺诈人对孩子付出的不仅有抚养费，更多的还有感情投入。被告对婚姻关系的不忠行为，既违反法律规定，又违反公序良俗，严重伤害了原告的感情，侵害了原告的人格权，根据《最高人民法院关于确定民事侵权精神损害赔偿责任若干问题的解释》，原告提出精神损害赔偿有理有据，法院结合案件情况确定精神损害赔偿 8000 元符合法律规定。

① 最高人民法院民法典贯彻实施工作领导小组主编：《中华人民共和国民法典婚姻家庭编继承编理解与适用》，人民法院出版社 2020 年版，第 225 页。

第十一章　抚养纠纷

第一节　抚养费纠纷

一、理论概述与实务指引

（一）抚养费纠纷处理的法律依据

《中华人民共和国民法典》第一千零八十五条规定，离婚后，子女由一方直接抚养的，另一方应当负担部分或者全部抚养费。负担费用的多少和期限的长短，由双方协议；协议不成的，由人民法院判决。前款规定的协议或者判决，不妨碍子女在必要时向父母任何一方提出超过协议或者判决原定数额的合理要求。

抚养费纠纷主要涉及两个方面：一是针对现实情况的变更，包括要求变更抚养费支付标准、期限或支付方式；二是对拖欠的抚养费进行追索。

（二）抚养费纠纷案件如何确定适格的原告

抚养费纠纷的原告一般为子女本人，由其法定代理人代理向法院提出。通常，原告的身份分为以下几种情形：

1. 离婚后，由父母一方抚养的婚生子女；
2. 由父母一方抚养的非婚生子女；
3. 由形成抚养关系的继父母一方抚养的继子女；
4. 由父母一方抚养照顾的无民事行为能力或限制民事行为能力的子女；

5. 父母双方分居期间，由父母一方抚养照顾的婚生子女。

此外，未直接抚养子女的父母一方亦可作为原告向法院提出诉讼，常见的诉讼请求是降低抚养费的支付标准，其依据往往是己方的生活因收入的降低、疾病等原因而陷入困难，无法再按照原定的标准支付抚养费。司法实践中，笔者亦遇过未直接抚养子女的一方向法院起诉要求增加子女抚养费的，但其诉讼的真正目的是为日后变更抚养权留下证据，以证明其经济能力较强及关爱子女。

（三）抚养费纠纷具体诉求如何确定

1. 变更抚养费支付标准

随着物价水平的提高及孩子成长阶段的变化，之前确定的抚养费标准可能已经无法满足孩子的日常开支，此时可向法院要求增加抚养费。同时，若支付抚养费一方确因客观情况变得经济困难，其亦可向法院起诉要求降低抚养费。需要注意的是，无论是增加还是降低抚养费，都必须向法院明确变更后的抚养费的标准及依据，而不能简单地提出要求变更，具体数额由法院裁决。

实践中，法院对抚养费标准的确定主要依据子女现阶段每月的日常支出情况，同时参考双方的收入情况、生活当地的物价水平等因素。

2. 变更抚养费支付方式

一般情况下，法院仅支持按固定期限支付抚养费，如按月、按季度或按年支付。因特殊原因要求对方一次性支付抚养费的，需提供充足的事实理由及相关证据；同时，要注意计算清楚一次性支付的金额以及把相应的计算标准列明。为避免日后再酿纠纷，同时亦应在诉求中列明在具体期限前将抚养费支付至具体的银行账户等。

3. 变更抚养费支付期限

根据《最高人民法院关于适用〈中华人民共和国民法典〉婚姻家庭编的解释（一）》第五十三条的规定，抚养费的给付期限，一般至子女十八周岁为止。十六周岁以上不满十八周岁，以其劳动收入为主要生活来源，并能维持当地一般生活水平的，父母可以停止给付抚养费。因此，具体案件中可根据子女的成长情况与父母自身的经济状况，提出延长抚养费的支付期限或提出停止支付抚养费的诉求。

4. 除上述三种情形外，子女亦可向父母追索拖欠的抚养费

这里有两种情况：一种情况是，父母双方婚姻关系尚未解除，但处在分居期间的，孩子由父母一方抚养，另一方未支付抚养费的情况。在这种情况下，子女可向法院要求支付此期间另一方应付未付的抚养费。另一种情况是，父母协议离婚，未直接抚养子女的一方拖延支付已约定的抚养费的，子女亦可向法院起诉追讨其应付未付的抚养费。而通过法院判决或调解离婚的，若一方拖延支付抚养费，另一方则可直接向法院申请强制执行。

【案例 11. 1】汤某甲与汤某乙抚养费纠纷案①中，汤某甲的母亲吴某与汤某乙原系夫妻关系，于 2006 年 1 月 19 日生育汤某甲，后因夫妻感情不和，于 2007 年 7 月 29 日协议离婚并办理了离婚登记手续，双方在离婚协议中约定汤某甲随其母亲吴某生活，由汤某乙每月支付其抚养费 1500 元至其年满 18 周岁止。但是对于应支付给汤某甲的抚养费，直至 2011 年底，汤某乙分文未付。于是汤某甲向法院起诉，要求汤某乙一次性支付 2007 年 7 月 29 日至 2011 年 12 月 31 日的抚养费。法院经审理后认为，父母对子女有抚养教育的义务。离婚后，一方抚养的子女，另一方应负担必要的生活费和教育费，父母不履行抚养义务时，未成年的子女有要求父母支付抚养费的权利。本案中，汤某甲母亲与被告离婚时，曾约定汤某甲随其母亲生活，由被告支付每月生活费 1500 元至其年满 18 周岁止，该约定未违反相关法律，应为合法有效，现汤某甲根据该约定向汤某乙主张其权利，应予以支持。汤某甲一并主张 2007 年 8 月 1 日至 2011 年底的抚养费，并未违反相关规定，法院予以支持。

---

① 审理法院：浙江省平湖市人民法院，案号：（2011）嘉平民初字第 1112 号，载中国裁判文书网，https：//wenshu. court. gov. cn/website/wenshu/181107ANFZ0BXSK4/index. html？docId=ZWUIqLwQkQyA3n518uZOlnkZYc4ko6zWlGPyFWfG9bHlCW1bmrHjzJO3qNaLMqsJUTWcuuSWqFJE3z3XhifmxiN05NRB6QgWvb77MR4zDn4l5UrpBOX0mn/jQy+NsjFq，最后访问时间：2022 年 10 月 12 日。

二、办案思路与实战技巧

（一）确定抚养费金额及支付方式的案件

一般情况下，对于要求不直接抚养孩子的一方支付抚养费的诉求，法院一般都会支持。下面我们针对实践中的几个高频难点问题进行分析。

1. 要求对方一次性支付抚养费如何获得法院的支持

根据《最高人民法院关于适用〈中华人民共和国民法典〉婚姻家庭编的解释（一）》第五十条的规定，抚养费以定期支付为原则，有条件的可以一次性给付。那么，实践中满足哪些条件可以要求对方一次性支付抚养费呢？笔者总结如下：

（1）抚养费支付义务人需长期在国外（异地）工作、生活，定期支付抚养费有实际困难；

（2）抚养费支付义务人有故意迟延、拖欠支付抚养费情形，达到一定严重程度，妨碍被抚养人的正常生活；

（3）抚养费支付义务人有一次性支付抚养费的经济能力；

（4）抚养孩子一方能够妥善管理和使用该笔费用，并对孩子今后的学习生活及相应的费用开支做出了合理的安排和计划。

【案例 11.2】林某乙与林某甲抚养费纠纷案①中，2011 年间，林某甲多次到厦门与林某乙母亲钟某见面并发生婚外性行为，2012 年 11 月 11 日，钟某在厦门友好妇产医院生下林某乙。此后，林某乙由母亲抚养，林某甲除到厦门看望林某乙外，一直未承担林某乙的抚养费，为此，林某乙向法院起诉，请求林某甲一次性支付给林某乙自出生起至 18 周岁止的抚养费 500000 元。

---

① 审理法院：福建省龙岩市中级人民法院，案号：（2015）岩民终字第 677 号，载中国裁判文书网，https：//wenshu. court. gov. cn/website/wenshu/181107ANFZ0BXSK4/index. html? docId=yV88v1QW8KFfwP9I6+1nXVSpqPeShxFwtDrQmLK3KF2oMJ8M6IZ9pp/dgBYosE2gp6p68nCRWaKmJ+/AKHue4utpoVk8jY83WllbczIKweqsV4ipZ7H3rL6R3oeUptE/，最后访问时间：2022 年 11 月 15 日。

一审法院审理认为，父母对子女有抚养教育的义务；子女对父母有赡养扶助的义务。父母不履行抚养义务时，未成年的或不能独立生活的子女，有要求父母付给抚养费的权利。非婚生子女享有与婚生子女同等的权利，任何人不得加以危害和歧视。不直接抚养非婚生子女的生父或生母，应当负担子女的生活费和教育费，直至子女能独立生活为止。子女抚育费的数额，可根据子女的实际需要、父母双方的负担能力和当地的实际生活水平确定。林某乙户籍地虽在农村，但其自出生后一直随母亲在厦门生活，抚养费应按城镇居民人均消费性支出予以计算；林某甲办有企业，具有固定稳定收入，并在武平县城购买了房屋，具有一次性给付林某乙抚养费的条件。林某乙作为林某甲的非婚生子女，林某甲应承担相应的抚养义务。

林某甲不服，提起上诉称，第一，原审法院认定林某甲具有一次性给付林某乙抚养费的条件没有事实依据。林某甲经营的塑料厂是家庭作坊式小型企业，没有什么经济效益，特别是近两年来经济形势不好，塑料厂处于亏损状态。另外，林某甲上有年迈的父母需赡养，下有两个婚生未成年子女需抚养，婚生小女儿未满周岁，妻子还在哺乳期，没有任何经济收入。第二，原审法院判决林某甲一次性支付林某乙的抚养费也不利于林某乙成长。抚养费是未成年人教育、医疗等生活费用的保障，最大限度保护被抚养人的成长是抚养费支付的初衷和目的，而一次性给付巨额抚养费会带来一定的风险，一旦钟某挪用或挥霍，林某乙的生活会陷入困境，必然对林某乙的合法权益造成侵害。随着林某乙的成长，不排除林某乙日后选择跟随林某乙一起生活的可能性，而判决林某甲一次性给付抚养费，会造成不必要的诉累。综上，请求：撤销原判，依法改判由林某甲按月支付林某乙抚养费。

二审法院审理认为，父母对子女有抚养教育的义务。《中华人民共和国婚姻法》第二十五条第一款、第二款规定："非婚生子女享有与婚生子女同等的权利，任何人不得加以危害和歧视。不直接抚养非婚生子女的生父或生母，应当负担子女的生活费和教育费，直至子女能独立生活为止。"联系本案而言，林某乙系林某甲的非婚生女，其由母亲抚养，根据上述法律规定，林某甲应对林某乙承担抚养义务。林某甲对其应承担的抚养义务没有异议，但认为应按月支付抚养费，而不是一次性给付。对此，《最高人民法院关于人民法院审理离婚案件处理子女抚养问题的若干具体意见》第八条规定："抚育费应定期给付，有条件的可一次性给付。"是否须一次性支付抚养费应视条件及必要性而定。根据查明的事实，林某甲长期经营塑料厂，其名下有购置的房产和汽车，家境较为殷实，具有一次性给付抚养费的能力；而林某乙作为林某甲的非婚生女，处境与一般的婚生子女相比较为尴尬，且林某甲生活在厦门，林某乙生活在武平，一次性给付抚养费更为合理，也有利于保障林某乙的生活和教育水平。故原审判决一次性给付抚养费并无不当。

2. 孩子的兴趣培养、课外补习、培优等费用能否作为抚养费的一部分，要对方承担

《最高人民法院关于适用〈中华人民共和国民法典〉婚姻家庭编的解释（一）》第四十二条仅明确了抚养费包括子女生活费、教育费、医疗费等费用。实践中，子女参加各类兴趣班、补习班、培优班的支出往往耗资巨大，是否可以列入抚养费的范畴，由对方来承担或者双方分担，成为此类案件争议的难点问题。

一般来讲，凡是符合以下条件的，法院倾向于予以支持：

（1）在父母离婚之前，子女一直有参加相关的课外兴趣班和（或）补习班的课程；

（2）父母的经济条件能够负担相关课外兴趣班和（或）补习班的费用。

此外，应当特别注意的是，实践中并非所有课外兴趣班、补习班的费用法院均予以支持。比如，抚养子女的一方未经对方同意，自行决定给子女报读的课程；再如，子女所参加的教育培训已经超出了利用正常课余时间进行补习或接受辅导的范畴，对方不予认可的情况。

【案例 11.3】 陈某 1 与戴某抚养费纠纷案①中，陈某 1 起诉要求戴某承

---

① 审理法院：福建省高级人民法院，案号：（2020）闽民申 815 号，载中国裁判文书网，https：//wenshu. court. gov. cn/website/wenshu/181107ANFZ0BXSK4/index. html？docId=yJxAGr8vjV3f93dxBhr0pPS5TornMekbsD92pCgB//Pn91VPVs9k1Z/dgBYosE2gp6p68nCRWaKmJ+/AKHue4utpoVk8jY83WllbczIKweoxx86zcjfwBXqvYWLb5RFd，最后访问时间：2022 年 11 月 15 日。

担学前教育培训费等费用，法院审理认为，陈某2、戴某经法院调解离婚时，对婚生女陈某1的抚养费数额达成一致意见，戴某已依约履行每月支付1000元抚养费的义务。陈某1主张的学前教育培训等并非国家义务教育范畴，不属于陈某1的必要生活开支。对于必要生活开支以外的教育费，陈某2、戴某在离婚调解协议中并未约定如何分担，一审时陈某2确认其事先未与戴某协商并征得其同意，也没有证据证明陈某2事后有征得戴某的同意。在陈某2、戴某对该额外教育费用协商不成的情形下，鉴于戴某已提交证据证明其月收入约为2500元，陈某2虽持异议但未能提供有效证据予以反驳，故二审法院综合戴某的收入状况及已支付抚养费数额，认定戴某在其经济能力范围内已尽到抚养义务，对陈某1要求戴某额外支付其教育费的主张未予支持，并无不当。

3. 抚养费是否一定按照支付义务人收入的20%~30%的标准支付

《最高人民法院关于适用〈中华人民共和国民法典〉婚姻家庭编的解释（一）》第四十九条规定，抚养费的数额，可以根据子女的实际需要、父母双方的负担能力和当地的实际生活水平确定。有固定收入的，抚养费一般可以按其月总收入的20%至30%的比例给付。负担两个以上子女抚养费的，比例可以适当提高，但一般不得超过月总收入的50%。无固定收入的，抚养费的数额可以依据当年总收入或者同行业平均收入，参照上述比例确定。有特殊情况的，可以适当提高或者降低上述比例。第五十条规定，抚养费应当定期给付，有条件的可以一次性给付。第五十一条则规定，父母一方无经济收入或者下落不明的，可以用其财物折抵抚养费。关于该规定的适用，下文广东省高院再审的李某甲与李某乙抚养费纠纷案给了我们答案。

【案例11.4】李某甲与李某乙抚养费纠纷案中，李某甲系李某乙与向某甲的婚生女儿，李某乙与向某甲离婚后，李某甲跟随向某甲生活。根据法院判决，李某乙向李某甲每月总共支付3900元抚养费。后李某甲向法院起诉称，要求李某乙应以其年收入的50%为标准一次性支付给李某甲抚养费人民币5284.62万元。

根据《最高人民法院关于人民法院审理离婚案件处理子女抚养问题的若干具体意见》第七条规定的原则，在确定子女抚养费的数额时，根据子女的实际需要、父母双方的负担能力和当地的实际生活水平确定，并无不妥。“有固定收入的，抚育费一般可按其月总收入的百分之二十至三十的比例给付”并非必须按其月总收入的20%~30%的比例给付，在一般情况下，只有在抚养人收入不高的情况下，为了保障被抚养人的权利与正常生活需要，才会按抚养人收入比例计算抚养费。在本案中，李某乙支付的抚养费能保障李某甲正常生活的实际需要，因此李某甲的诉求均应被驳回。

实践中，为了保障被抚养人的权利与正常生活需要，只有在支付义务人收入不高的情况下，才会按支付义务人收入的一定比例计算抚养费。当支付义务人收入较高，甚至远高于社会平均收入水平时，不能机械照搬上述比例的规定。

（二）增加抚养费的案件

增加抚养费案件的证据准备，通常要从以下几个方面入手才有可能获得支持：

1. 随着子女的不同年龄阶段，实际生活支出不断增长，或因经济发展，各项生活指数发生显著变化，原定的数额已不足以维持子女现在日常生活所需。

2. 这些增加的开支属于法律规定的对方应当承担的费用范围之内。

3. 对方有实际的支付能力。

（三）支付拖欠的抚养费的案件

1. 追索抚养费的诉求，是否受诉讼时效的限制

关于这个问题，主要有两种观点：第一种观点认为，抚养费追索的请求权是基于父母子女的身份关系，基于身份关系提起的诉讼，原则上并不适用诉讼时效的规定。第二种观点认为，尽管抚养费的追索是基于身份关系取得的权利，但这种权利的性质实际上却是请求在期限前支付金钱的权利，亦即债权请求权，因此应当适用诉讼时效的规定。之前的司法实践中，法院也倾向于认为追索抚养费，应当适用诉讼时效。

【案例 11.5】 张某（儿子）与宋某（父亲）抚养费纠纷案①中，张某向法院起诉要求宋某支付自 2008 年 6 月至 2009 年 12 月未支付抚养费 19000 元，宋某以已过诉讼时效为由抗辩。最终因张某未能提供证据证实诉讼时效曾中断，法院并未支持张某追讨 2008 年 6 月至 2009 年 12 月未支付抚养费的此部分诉求。

这种情况在 2017 年《中华人民共和国民法总则》实施后发生了改变，《中华人民共和国民法总则》第一百九十六条第三项明确规定，请求支付抚养费、赡养费或者扶养费的，请求权不适用诉讼时效的规定。2021 年 1 月 1 日正式实施的《中华人民共和国民法典》也沿用了这一规定。当然，尽管法律降低了门槛，实践中我们还是建议追索抚养费案件的当事人应当及早行使权利。

2. 要求对方支付离婚之前应承担的抚养费，法院能否支持

《最高人民法院关于适用〈中华人民共和国民法典〉婚姻家庭编的解释（一）》第四十三条规定："婚姻关系存续期间，父母双方或者一方拒不履行抚养子女义务，未成年子女或者不能独立生活的成年子女请求支付抚养费的，人民法院应予支持。"因此，婚姻关系存续期间，虽双方收入均为夫妻共同财产，但若因各种原因导致双方已经分居，各自的财产收入亦相对独立，子女主要随一方生活，在经济上及生活上均较多依赖于实际抚养一方，实际抚养一方付出巨大的，在这种情况下，法院一般会支持子女对抚养费的追索。

---

① 审理法院：北京市高级人民法院，案号：（2014）高民申字第 01057 号，载中国裁判文书网，https：//wenshu. court. gov. cn/website/wenshu/181217BMTKHNT2W0/index. html？ pageId = d389d25fd5d273312a1295637e1ec0af&s7 =% E9% B2% 811325% E6% B0% 91% E5% 88% 9D4590% E5%8F%B7，最后访问时间：2022 年 10 月 16 日。

三、典型案例评析

案例 20：郭乙与郭甲抚养费纠纷案[①]

裁判主旨

在夫妻关系未解除，双方因感情破裂分居，子女随一方生活的情况下，未直接抚养孩子的一方以各种理由拒绝支付抚养费的，子女仍有追讨抚养费的权利。

案情简介

王某（女）和郭甲（男）系夫妻关系，婚后，双方生育了大女儿郭乙和二女儿郭某某（均未成年），王某和郭甲因感情不和于 2013 年 10 月正式分居，王某与两女儿居住在北京，郭甲则生活在上海。女儿郭乙及其法定代理人王某向法院起诉要求法院判令：（1）郭甲支付 2014 年 5 月、7 月，2015 年 1 月、2 月、5 月的抚养费 15000 元；（2）郭甲自 2015 年 6 月起每月支付抚养费 3000 元；（3）郭甲从 2015 年 6 月起负担郭乙的教育费和医疗费的二分之一。

法院审理查明，郭甲与王某从 2013 年 10 月起分居生活，其间郭甲已支付 36000 元抚养费（包括二女儿郭某某的费用），郭甲确实未支付郭乙所述月份的抚养费。分居期间，郭甲每月需负担两套房屋的贷款约 8000 元，其月收入 2 万元左右（扣除税费）。

法院判决

一审法院经审理认为：父母对于子女有抚养和教育的权利、义务。郭甲

---

① 审理法院：上海市第一中级人民法院，案号：（2015）沪一中少民终字第 40 号，载中国裁判文书网，https：//wenshu. court. gov. cn/website/wenshu/181107ANFZ0BXSK4/index. html?docId=81uw4q6F26f+8bIHS2zXH26i/U+j8nzVmoww0C+EtWj8C6IpSMqqyZ/dgBYosE2gp6p68nCRWaKmJ+/AKHue4utpoVk8jY83WllbczIKwepG5Sk94AFQU9ayHG1Ey7an，最后访问时间：2022 年 10 月 16 日。

与王某的婚姻关系尚未解除，实际生活中系王某独自一人负责照顾郭乙，但却无法从郭甲处得到子女抚养费。从公平原则以及保护未成年人合法民事权益的角度出发，根据《中华人民共和国婚姻法》第三十七条之规定，判决郭甲支付抚养费。支付的标准根据郭乙的实际需要、郭甲的负担能力、北京市物价水平以及郭甲负担家庭全部房屋贷款的情况，酌定按照每月 1500 元标准给付。而郭乙主张的教育费和医疗费已包含在抚养费中，故不予支持。另因王某与郭甲的婚姻关系尚未解除，双方分居状态上处于不明确状态，故郭甲的抚养费的支付期限应截止到本案判决前。最终一审法院判决：（1）被告郭甲于本判决生效后 3 日内支付原告郭乙（2013 年 10 月至 2015 年 6 月）拖欠的抚养费人民币 9000 元。（2）驳回原告郭乙其余诉讼请求。

一审判决后，郭甲提起上诉。二审法院认定事实与一审一致，但认为一审法院适用的法律是《中华人民共和国婚姻法》第三十七条，但这是离婚后子女抚养费承担的规定，而郭甲与王某尚未离婚，尚不适宜适用。但并未影响原审法院对本案关于实体的处理结果，一审判决并无不妥，故依法判决维持原判。

律师点评

本案中，郭甲与王某分居事实清晰，且在庭审过程中郭甲主动承认了其确实未支付分居期间某些月份的抚养费。最终法院从维护子女权利的角度出发，判决支持郭乙追讨父母分居期间的抚养费用的诉求。

从案件的处理结果来看，虽然法院支持了郭乙追讨拖欠抚养费的诉求，但在笔者看来，本案中郭甲和郭乙的诉讼策略均不完善，不能为自己争取最大的利益。因此，笔者将分别从郭甲和郭乙的角度出发，谈谈该如何争取最大的利益。

从郭甲的角度出发，郭甲在答辩状中主张其支付了抚养费 36000 元，对方亦予以确认。这里有一个疑问，这 36000 元是怎么支付的？是一次或几次不定期大额支付，还是逐月支付累计 36000 元。如果是前者，那么郭甲其实可以主张这 36000 元便是分居期间的全部抚养费，并不存在具体某些月份未支付抚养费的情况，更不存在所谓的拖欠。如果是后者，对于已支付抚养费的月份中，两个小孩共计 36000 的支付标准，郭乙是并未提出异议的。笔者粗略进行了计算，按以上标准，分居期间抚养费的支付标准应是每月每个小孩 900 元。从郭乙的诉求中可见，其支付标准的调整并不针对分居期间拖欠的抚养费。因此，笔者认为，郭甲应对法院认定的支付标准提出异议。应当认定为一个小孩每月 900 元，而非 1500 元。

从郭乙的角度出发，笔者认为王某作为两个女儿的代理人在本案中有一处失误的地方，就是仅以女儿郭乙的名义起诉。从诉讼主张及理由来看，王某实际上是想为两个女儿追讨抚养费的，但因为仅以郭乙名义起诉，所以在实际上只为郭乙追讨了拖欠的抚养费，而二女儿郭某某的权益却未能得到维护，需另行起诉审理。如果王某开始便以两位女儿的名义同时提起诉讼，由法院合并审理，这将节省不少时间和精力，可以更好地维护自身的权益。

最后，笔者认为，郭甲与王某因感情不和已分居两年，应早日办理离婚手续，一方面，两个女儿长期由王某抚养，这对郭甲日后在离婚纠纷中争取孩子的抚养权非常不利；另一方面，目前房屋的贷款由郭甲一人承担，但所取得的利益在离婚时将被作为夫妻共同财产分割，这无疑会使郭甲的财产权益受到侵害。

案例 21：张某与蔡某甲、蔡某乙抚养费纠纷案[①]

裁判主旨

离婚后，一方抚养子女的，另一方应负担必要的生活费和教育费的一部分或全部，负担费用的多少和期限的长短，由双方协议；协议不成时，由人民法院判决。关于子女生活费和教育费的协议或判决，不妨碍子女在必要时向父母任何一方提出超过协议或判决原定数额的合理要求。

---

① 审理法院：重庆市第五中级人民法院，案号：（2014）渝五中法民再终字第 00043 号，载中国裁判文书网，https：//wenshu. court. gov. cn/website/wenshu/181107ANFZ0BXSK4/index. html？ docId=LjHnnZi8Y09ptIK8oBWdHs2TWNVkkjmwZ2uhxYS2VGhfUcNpbqLCg5O3qNaLMqsJUTWcuuSWqFJE3z3XhifmxiN05NRB6QgWvb77MR4zDn67uqxLGRIT00hPsfEZpH3k，最后访问时间：2022 年 10 月 16 日。

案情简介

蔡某甲、蔡某乙系蔡某某与张某的婚生女，2011 年 5 月 6 日，蔡某某与张某经法院调解离婚，离婚调解协议中，对于共同存款 33000 元，由蔡某某与张某各享有 16500 元；张某将自己享有的 16500 元交给蔡某某保管，用作女儿蔡某甲、蔡某乙的抚养费。蔡某某与张某离婚后，蔡某甲、蔡某乙一直随父亲蔡某某生活至今。蔡某某于 2011 年 7 月进行失业登记，现无固定工作及收入。蔡某甲、蔡某乙因生活发生困难，于 2013 年 1 月起诉请求判令张某每月支付蔡某甲生活费 1000 元、蔡某乙生活费 600 元，蔡某甲、蔡某乙的医疗费、教育费等费用由蔡某某和被告共同承担，诉讼费由张某负担。法院另查明，蔡某甲系择校生，三年需缴纳择校学费 24000 元（8000 元/年），每期需缴纳学费 900 元，课本费 220 元，另需缴纳高二年级参加学业考试费用 96 元。

法院判决

一审法院经审理认为：张某与蔡某某离婚时，虽然将其享有的 16500 元交给蔡某某保管，用作女儿蔡某甲、蔡某乙的抚养费，但其与蔡某某离婚至今已两年，根据本地生活水平及消费状况，张某所付的 16500 元，作为其应承担的两个女儿的学习、生活费用，已花费完毕。现蔡某甲、蔡某乙提出要求张某每月支付抚养费的请求符合法律规定，应予支持，结合本地生活水平及消费状况，对蔡某甲、蔡某乙的该项请求酌情支持为 700 元/月。蔡某甲、蔡某乙系张某与蔡某某的婚生子女，张某与蔡某某应当对蔡某甲、蔡某乙尽到法定的抚养和教育义务，应共同承担蔡某甲、蔡某乙未成年期间必要的教育、医疗等费用。蔡某甲、蔡某乙提出的医疗费、教育费等费用由法定监护人与张某共同承担的诉讼请求符合法律规定，本院确定蔡某甲、蔡某乙未成年期间必要的教育、医疗等费用由张某与蔡某某各承担 50%。审理中，蔡某甲、蔡某乙未举证证明张某与蔡某某离婚时就子女的择校问题有相关的约定或已征得张某的同意，故对蔡某甲要求由其法定监护人与张某共同承担其高中三年择校学费的请求不予支持。综上，重庆市荣昌县人民法院于 2013 年 7

月 14 日作出（2013）荣法民初字第 00361 号民事判决：（1）被告张某从 2013 年 6 月起，每月各支付原告蔡某甲、蔡某乙生活费 350 元，分别支付至原告蔡某甲、蔡某乙十八周岁时止；（2）从 2013 年 6 月起，原告蔡某甲、蔡某乙必要的教育费、医疗费，凭有效票据，由被告张某承担 50%；（3）驳回原告蔡某甲、蔡某乙的其他诉讼请求；（4）本案案件受理费 80 元，由被告张某负担。

张某不服一审判决，向重庆市第五中级人民法院提起上诉，请求撤销一审判决并依法改判。

二审查明的事实与一审查明的事实一致。二审法院认为蔡某甲、蔡某乙系张某与蔡某某的婚生子女，张某与蔡某某虽已离婚，但张某仍负有对蔡某甲、蔡某乙尽法定抚养和教育的义务。张某与蔡某某在离婚时虽然将其应分得的一半房屋所有权赠与蔡某甲、蔡某乙并登记在蔡某甲、蔡某乙名下，但双方并未约定以此冲抵张某应承担的抚养费用。张某离婚时虽然将其享有的 16500 元交给蔡某某保管，用作女儿蔡某甲、蔡某乙的抚养费，但其与蔡某某离婚至今已两年，根据当地生活水平及消费状况，张某所付的 16500 元作为其应承担的两个女儿的学习、生活费用，已花费完毕。张某与蔡某某在离婚时关于子女生活费和教育费的协议并不妨碍子女在必要时向父母任何一方提出超过协议原定数额的合理要求。故一审法院判决张某每月承担蔡某甲、蔡某乙生活费各 350 元并承担 50%的教育费、医疗费并无不当，综上，上诉人张某的上诉理由不能成立，一审判决认定事实清楚，适用法律正确，审理程序合法。重庆市第五中级人民法院依照《中华人民共和国民事诉讼法》第一百七十一条第一款第一项之规定，于 2013 年 11 月 2 日作出（2013）渝五中法少民终字第 00019 号民事判决：驳回上诉，维持原判。

后张某申请再审称，张某与蔡某某离婚时约定，张某将其应分得的房产 50%份额赠与蔡某甲、蔡某乙，应分得的 16500 元现金作为两个女儿的抚养费，女方不再给付任何抚养费。张某已尽抚养义务且张某系失业人员，又身患疾病，无力给付抚育费。蔡某甲、蔡某乙辩称，赠与子女房屋产权不能冲抵抚养费，张某要求不给付抚养费没有法律依据，理由不充分，请求维持原判。

重庆市第五中级人民法院再审查明，对一、二审查明的事实，除张某认为16500元未用完之外，双方当事人对其余事实无异议，本院再审予以确认。张某还出示了2组证据：

1. 张某的《失业证》，社区居民委员会出具的关于张某生活困难的《证明》，有关医疗机构对其眼睛、腰椎的检测证明，证明其目前生活困难、身患疾病（双眼高度近视、腰椎骨质增生、双肾小结石），无力给付抚养费。蔡某甲、蔡某乙的法定代理人质证后认为，对《失业证》《证明》上所盖的印章真实性无异议，但对生活困难《证明》的内容有异议，对张某眼睛、腰椎的检测证明无医生处方，不真实，且认为张某再审中举示的证明缺乏关联性，不能免除张某抚养子女的义务。

2. 张某与蔡某某在（2011）荣法民初字第1385号民事案件的庭审笔录，证明双方约定张某在离婚时应分得的16500元和房产，作为两个女儿的抚养费。蔡某甲、蔡某乙的法定代理人质证后认为，这只是张某一方的要求，并未在《民事调解书》中确认。

重庆市第五中级人民法院再审审查认为：对张某目前处于失业状态，身体患有疾病的事实予以确认。再审另查明，蔡某某、张某在离婚协议书中明确约定："离婚后，女方不再给付任何的抚养费。"

重庆市第五中级人民法院再审认为：离婚后，父母对于子女仍有抚养和教育的权利和义务。关于子女生活费和教育费的协议或判决，不妨碍子女在必要时向父母任何一方提出超过协议或判决原定数额的合理要求。父母离婚后，应当尽力保障不降低子女的生活水平，尽可能减少对子女的负面影响。本案中，根据日常生活情理，张某离婚时应分得的16500元，至本案二审判决时已作为蔡某甲、蔡某乙的抚养费消费完毕。虽然蔡某某、张某在《离婚协议》中明确约定："离婚后，女方不再给付任何的抚养费。"张某在离婚时将应分得的房产份额赠与了蔡某甲、蔡某乙，但根据本案实际，蔡某某、张某未提供其他房屋供蔡某甲、蔡某乙居住，张某赠与的房产份额不能现实转化为对蔡某甲、蔡某乙的抚养费。因此，蔡某甲、蔡某乙根据生活情况的变化，有权要求张某给付超过离婚协议书、（2011）荣法民初字第1385号《民事调解书》确定范围的抚养费。张某目前身体存在一些不健康因素，生活有一定困难，但不能因此推卸其抚养子女的法定义务，（2013）渝五中法少民终字第 00019 号民事判决确定的张某给付抚养费的数额适当，张某只要积极创造条件，克服当前的困难，便能够承担该判决确定的抚养义务。综上，上诉人张某申请再审的理由不能成立，原审判决认定事实清楚，适用法律正确，审理程序合法，应予维持。依照《中华人民共和国民事诉讼法》第二百零七条、第一百七十条第一款第一项之规定，再审裁判结果维持（2013）渝五中法少民终字第 00019 号民事判决。

律师点评

在张某与蔡某某离婚时，虽约定了张某将在离婚时应分得的 16500 元作为两个女儿的抚养费，但张某与蔡某某离婚至今已两年，根据当地生活水平及消费状况，张某所付的 16500 元，作为其应承担的两个女儿的学习、生活费用已花费完毕。张某与蔡某某在离婚时曾达成的关于子女生活费和教育费的约定并不妨碍子女在必要时向父母任何一方提出超过协议原定数额的合理要求。因此，关于抚养费的支付标准，虽在离婚时会确定一个支付标准，但这个标准并非一成不变，即使一方在离婚时为取得子女抚养权而承诺另一方无须支付抚养费，但由于客观情况的改变及抚养子女的实际需要，子女仍可向未直接抚养的一方提出增加抚养费的要求。未直接抚养子女一方将无法以夫妻双方在离婚时的约定进行有效抗辩。

此外，张某与蔡某某在离婚时虽然将其应分得的一半房屋所有权赠与蔡某甲、蔡某乙并登记在蔡某甲、蔡某乙名下，但双方并未约定以此冲抵张某应承担的抚养费用。这也提示我们在离婚协议中的约定必须明确细致，避免日后产生不必要的纠纷。

最后，张某身体存在一些疾病，生活有一定困难，实践中也有很多当事人会以自己现在没有收入来抗辩称无法支付抚养费，但实务中这些主张很难被法院认可。对此，法院主要考虑的是收入能力的问题，短期失业、暂时无收入不等于长期丧失支付抚养费的能力。针对此类案件，法院会根据具体案情酌定出适当的抚养费标准，以实现保护未成年子女权益的目的。

第二节 变更抚养关系纠纷

一、理论概述与实务指引

(一) 变更抚养关系的法律依据

父母与子女间的关系，不因父母离婚而解除，父母对于子女仍有抚养、教育的权利和义务。根据《最高人民法院关于适用〈中华人民共和国民法典〉婚姻家庭编的解释（一）》第五十五条的规定，离婚后，父母一方要求变更子女抚养关系的，或者子女要求增加抚养费的，应当另行提起诉讼。此外，同居关系的男女之间，亦存在不直接抚养子女的一方要求变更抚养关系的情况。

法院在审理此类型的案件时，会从有利于保护子女利益的角度出发，结合父母双方的抚养能力和抚养条件等具体情况作出判决。实践中，如双方的抚养能力或抚养条件相较首次确定子女抚养权时未发生重大改变的，法院一般很难支持一方变更抚养权的诉求。同时，为了使抚养能力和抚养条件的改变可以量化，《最高人民法院关于适用〈中华人民共和国民法典〉婚姻家庭编的解释（一）》第五十六条对常见的、显著的抚养能力和抚养条件变化的情况作出了较为明确的规定，以便于司法实践中进行认定。

(二) 变更抚养关系的方式

1. 父母双方协商一致变更子女抚养权关系。根据《最高人民法院关于适用〈中华人民共和国民法典〉婚姻家庭编的解释（一）》第五十七条的规定，父母双方协议变更子女抚养关系的，人民法院应予支持。为此，父母双方协商达成一致后，可拟定变更抚养关系协议，由双方签字确认。签字后，协议立即生效，子女抚养权归属发生变更。同时，需留意父母双方私下签订的协议是不具有强制执行效力的，如一方拒绝履行协议，另一方是不能直接向法院申请强制执行的，必须先通过诉讼确认协议的效力，之后才能向法院申请强制执行。因此，笔者建议若父母双方能协商一致变更子女抚养权的，可直接到法院进行调解，由法院根据双方的意愿出具具有强制执行力的调解书。

2. 父母双方就是否变更子女抚养关系不能协商达成一致的，主张变更的一方可向法院起诉要求变更。

（三）变更抚养关系的条件

根据《最高人民法院关于适用〈中华人民共和国民法典〉婚姻家庭编的解释（一）》第五十六条的规定，一方要求变更子女抚养关系有下列情形之一的，应予支持：

1. 与子女共同生活的一方因患严重疾病或因伤残无力继续抚养子女的；
2. 与子女共同生活的一方不尽抚养义务或有虐待子女行为，或其与子女共同生活对子女身心健康确有不利影响；
3. 已满八周岁的子女，愿随另一方生活，该方又有抚养能力；
4. 有其他正当理由需要变更。

二、办案思路与实战技巧

办理变更抚养关系纠纷案件要始终牢牢把握法院审查的核心，即是否有利于子女的利益保护。衡量的标准是：相比于维持目前的抚养环境，变更是否更有利于子女的健康成长。除上述司法解释列明的条件之外，法院在审查时往往会考虑抚养子女一方（或双方）的抚养条件距离双方离婚、确定抚养权归属的时间有无发生重大变化，如果没有，变更抚养权的诉求往往很难获得支持。

【案例 11.6】杜某（女）诉徐某（男）变更抚养权纠纷再审案①中，杜某诉称，因其在与徐某协议离婚时患有严重的疾病，故同意由徐某取得子女

① 审理法院：北京市高级人民法院，案号：（2015）高民申字第 02217 号，载中国裁判文书网，https：//wenshu. court. gov. cn/website/wenshu/181107ANFZ0BXSK4/index. html？docId=GvdWoLTHX0XXHtJ6ac/iwdGcbT7LiILq1lWWK89Qq5QDN22EUtBYPZO3qNaLMqsJUTWcuuSWqFJE3z3XhifmxiN05NRB6QgWvb77MR4zDn7iVnsk6kvZ4D/G/nAR5/YW，最后访问时间：2022 年 10 月 16 日。

徐某某的抚养权。现杜某的疾病经治疗后已经痊愈，向法院起诉要求变更子女的抚养权，并列举了许多徐某在抚养子女方面不如杜某的条件，包括徐某有家庭暴力倾向、子女徐某某尚处于哺乳期对母亲依赖程度较高，徐某收入较低且已育有一名子女、工作时间不稳定只能把子女交由其他非直系亲戚照顾等情况，拟证明杜某更加适合抚养子女徐某某。但因抚养条件相比离婚时未发生明显变化，杜某的诉求被一审、二审法院驳回，后申诉至北京市高级人民法院，亦被裁定驳回。

本案中，因为子女徐某某的抚养权归属是父母双方在离婚时真实的意思表示，且徐某某一直由父亲徐某及其亲属一方照顾，亦未出现明显不利于徐某某健康成长的情形。鉴于双方的抚养条件与抚养能力相比离婚时并未发生显著变化，故法院认为维持徐某某现在的成长环境比变更抚养关系更加有利于徐某某的健康成长。

此外，笔者曾经代理过王某与陈某抚养权变更的案件，案中子女的实际抚养人是未取得子女抚养权的一方，法院的审判思路也是以子女的利益为中心，认为维持子女现时的生活及成长环境，比改变环境更加有利子女的健康成长，因此，最终判决变更子女抚养权。

【案例 11.7】王某与陈某变更抚养权纠纷案中，婚生儿子陈某某出生 2 个月时，王某（女）与陈某（男）经协议离婚，由于陈某某尚处于哺乳期，双方约定陈某某的抚养权归陈某所有，在陈某某 1 周岁前由王某进行照顾，1 周岁以后交由陈某进行抚养。现陈某某即将年满 1 周岁，王某向法院起诉要求变更儿子的抚养权归自己所有。经法院审理查明，儿子于庭审之时已经超过 1 周岁，一直系由王某负责抚养照顾，且王某因生理原因难以受孕，儿子陈某某是经试管婴儿方式生育。最终法院判决支持了王某的诉求，儿子陈某某由王某携带抚养，陈某需按月支付抚养费。本案中，双方在离婚时虽然约定了儿子的抚养权归陈某所有，但由于儿子实际是由王某抚养，陈某并未如约履行抚养义务；同时，从陈某某尚且年幼，不改变其目前的成长环境，更有利于其成长的角度出发，法院最终做出如上判决。一审判决后，陈某不服，向广州市中级人民法院提起上诉，二审经审理后维持原判。

实践当中，变更抚养权的诉求怎样才能获得法院的支持？笔者认为应从以下几个方面入手。

1. 具备《最高人民法院关于适用〈中华人民共和国民法典〉婚姻家庭编的解释（一）》第五十六条规定的变更条件，同时变更抚养更符合子女的利益

在具备上述变更条件的情况下，法院并非一律支持变更抚养权的诉求。只有当变更抚养关系更符合子女利益的时候，诉求才会获得支持。

【案例 11.8】在庄某甲诉吴某甲变更抚养关系纠纷案①中，原告庄某甲与被告吴某甲于 2002 年 12 月 16 日结婚，2003 年 7 月 17 日生育一女吴某。吴某随原、被告及祖母居住在吴江区某小区，就读于吴江区某小学，平时由原告送其上学，祖母接其放学。后原、被告于 2012 年 11 月 26 日协议离婚，约定女儿吴某随吴某甲生活，庄某甲每月给付抚养费，并详细约定探望权。原、被告离婚后，吴某随被告吴某甲及祖母在吴江区某小区居住，平时由被告或祖母接送上学、放学。2013 年 6 月底暑假期间，吴某按离婚约定随原告在其租住的吴江区某国际小区居住、生活，一个月后吴某未返回被告处，继续与原告共同居住、生活，并在 2013 年 8 月底、9 月初随原告至某社区的男友家居住、生活，开学后，由原告送其上学、外祖母接其放学。

庄某甲于 2013 年 8 月 1 日诉至法院，提出虽然离婚协议约定吴某由被告吴某甲抚养，但吴某与原告感情极好，离婚后，吴某多次表示希望和原告共同生活，吴某现已满 10 周岁，对于抚养权人有选择的权利，请求法院变更抚养权。

一审江苏省苏州市吴江区人民法院前往吴某就读的吴江区某小学，在其

---

① 本案系 2014 年最高人民法院通报的 98 起未成年人审判工作典型案例之案例六。参见《最高人民法院通报未成年人审判典型案例》，载中国法院网，https：//www. chinacourt. org/article/detail/2014/11/id/1490715. shtml，最后访问时间：2022 年 10 月 16 日。

班主任在场的情况下，征询吴某意见，吴某表示更愿意随原告生活，但又不排斥随被告生活。吴江区人民法院认为原告与被告协议离婚仅8个月，被告的抚养能力、抚养条件并未降低；吴某表达愿意与原告共同生活愿望的同时，不排斥与被告共同生活；事实上吴某自幼即随原、被告及祖母在某小区居住生活，平时主要由其祖母照料生活起居，并就近在吴江区某小学就读，吴某之前的生活环境具有稳定性、便利性。原告现借住在某社区男友家，距吴某学校较远，且生活环境发生变化，可能会对吴某健康成长产生不利影响。故判决驳回原告诉讼请求。苏州市中级人民法院二审维持原判。

最高人民法院在评述本案时亦认为：关于未成年子女的抚养问题，应从有利于子女身心健康、保障子女合法权益角度出发。虽然相关司法解释规定准予变更抚养关系的情形之一包括10周岁以上未成年子女的意愿且该方有抚养能力，但是，该规定中未成年子女的意愿是衡量是否有利于子女健康成长的重要参考因素，而非决定因素。

本案中虽然原、被告的女儿已年满10周岁，且在跟随父或者母共同生活的问题上作出了选择。但法院从保障未成年子女权益出发，一方面，至学校了解情况，征询其意见；另一方面，围绕未成年子女展开调查，了解未成年子女的成长轨迹、成长环境、生活和学习现状。在充分调查后，综合考虑各方面因素及未成年子女的辨识和责任能力，认为改变生活环境对子女健康成长明显不利，故判决驳回原告诉讼请求。

2. 善用法律规定的兜底条款

《最高人民法院关于适用〈中华人民共和国民法典〉婚姻家庭编的解释（一）》第五十六条第四项“有其他正当理由需要变更”属于一个兜底条款。

实践中，有如下情况之一的，法院通常会认为抚养子女一方未善尽抚养责任，从而支持另一方的变更请求：

（1）有证据证明抚养子女的一方有放弃抚养的意思表示。

【案例 11.9】张某与杨某变更抚养关系纠纷案[①]中，张某与杨某于 2012 年 11 月 2 日经人民法院调解离婚，双方所生男孩随杨某生活，张某的彩礼款抵顶孩子的抚养费。另派出所于 2016 年 12 月 26 日对杨某的讯问笔录中，杨某已承认未经张某同意通过其老姑把孩子送给了井某抚养，故张某起诉要求判令孩子归张某抚养，杨某支付孩子的抚养费 6 万元。一审法院审理认为：张某与杨某离婚时，双方协议婚生子随杨某生活，张某用其给付杨某的彩礼款抵顶孩子的抚养费，但杨某未尽到对孩子的抚养、教育义务，未经张某同意把孩子送给他人抚养，且杨某已经再婚，张某一直没有结婚，从事物流行业，有稳定的经济收入，故双方所生男孩随张某生活，对孩子的身心健康成长较为有利。综上，张某要求孩子由其抚养的诉讼请求，本院依法予以支持；关于张某主张的孩子抚养费 6 万元，因其主张的数额过高，杨某应承担孩子抚养费 28600 元（200 元/月，抚养至孩子年满 18 周岁）。杨某不服提起上诉，二审法院维持原判。

（2）抚养子女一方长期将子女交由家中老人或其他亲属照顾，特别是将子女放在老家异地抚养的情形。

（3）因刑事犯罪被羁押，无法履行抚养义务的。

3. 重视和利用“社会观护员”及“家事调查员”制度

在处理涉及未成年人利益的案件中，相当多的法院采取了“社会观护员”或者“家事调查员”制度来保护未成年人的利益，具体的做法是由法院聘请或委托有资质有经验的机构或专业人士，以社会观护员或者家事调查员的身份介入个案，对案件当中涉及未成年人利益的事实进行实地调研，出具调查报告，提供给法院作为判决的参考。这种基于第三方立场出具的意见，能够更为真实和客观地反映未成年人抚养条件及抚养环境的真实状况，

---

① 审理法院：山西省运城市中级人民法院，案号：（2017）晋 08 民终 3353 号，载中国裁判文书网，https：//wenshu. court. gov. cn/website/wenshu/181107ANFZ0BXSK4/index. html? docId=J5BMh/HphKVb5XhYX7/T9mkmMoD7xGpyrwfYgW9Y5ocxc4AnlHsLLJ/dgBYosE2gp6p68nCRWaKmJ+/AKHue4oLG/LQrtig9GxGws5u6O/K2BX/p08ZcT4sYVRsDYrRF，最后访问时间：2022 年 11 月 15 日。

更易获得法院的采纳。因此，重视和利用好这一制度，对此类案件的办理大有裨益。

4. 重视离婚时对子女抚养权归属的确定

应当明确认识：变更抚养关系之诉，的确可以视为解决离婚（包括同居）纠纷当中子女抚养权归属问题的调整机制；但在一般情况下，法院倾向于维持孩子既有的生活环境和生活习惯，对无特殊情况的当事人提出的变更抚养关系的请求不会轻易予以支持，所以当事人应充分重视离婚（同居关系分手）时对子女抚养权归属的确定，杜绝“孩子抚养权可以随时争取回来”的轻率观念。

三、典型案例评析

案例 22：许某与简某变更抚养关系纠纷案[①]

裁判主旨

一般来说，在父母双方抚养条件无重大改变的情况下，法院倾向于维持孩子既有的生活环境，不会轻易改变子女抚养权的归属。此类案件中，对父母双方抚养条件的查明，一方面，有赖于双方各自的举证；另一方面，中立第三方机构出具的调查意见，更易获得法院的采信。

案情简介

许某乙是许某与简某的婚生女。许某与简某离婚后，女儿许某乙由简某携带抚养至今。其间，许某乙曾向法院起诉，要求许某增加支付抚养费，获得法院支持。简某再婚后又生育了一名子女。许某提出其患有不育症，再婚后未生育小孩。因此，许某向法院起诉，要求变更女儿许某乙的抚养权。

---

① 审理法院：广东省广州市中级人民法院，案号：（2014）穗中法少民终字第 52 号，载中国裁判文书网，https：//wenshu. court. gov. cn/website/wenshu/181107ANFZ0BXSK4/index. html?docId=OnI0BZEKwc8rnsg0w65ygvdRaUKI+kz5PfmMV5mtM9Ex+npC5HS8N5/dgBYosE2gp6p68nCRWaKmJ+/AKHue4vUYkQYq9r95+F3TVW0NyjlJ256zgG2F70iwIHLoIBBr，最后访问时间：2022 年 10 月 16 日。

法院判决

一审法院经审理认为：女儿许某乙随简某生活期间，没有出现对女儿许某乙身心健康不利影响的情形。从简某提供的证据分析，因女儿尚年幼，简某携带抚养女儿许某乙，更有利于女儿许某乙的身心健康成长。关于许某提出自己患有不育症，再生育很困难，要求变更抚养关系的意见，法院认为丧失生育能力只是父母在离婚时处理子女抚养问题可以优先考虑的因素，而不是要求变更抚养关系的法定事由，故其主张女儿许某乙随简某生活不利于女儿成长，请求变更抚养关系的理据不足，不予支持。

一审判决后，许某提起上诉。

二审法院委托社会观护员对双方情况进行了社会调查，社会观护员对简某和许某的情况分别进行了调查，并出具了社会调查报告。二审法院审理后认为，从许某与简某的抚养条件及经济能力来看，双方有一定差距，许某经济状况较好，抚养能力较强，而且其妻子愿意接纳许某乙。许某目前家庭确无小孩；简某经济条件稍差，另组建家庭后又生育一小孩，负担较重。综合本案情况，二审法院认为许某乙由许某抚养更为适宜。最终判决变更许某乙的抚养权，由许某抚养。

律师点评

在变更抚养关系纠纷案中，父母双方抚养条件的查明是法院审查的重点内容。对此，一方面，依赖双方各自的举证；另一方面，法院更倾向于采信中立的第三方机构出具的调查报告。

本案中，许某自身并未能提供更多的材料证实其抚养能力和抚养条件比简某优秀，且由于两人离婚多年，均已各自重组家庭，互相之间来往并不多，故对简某方面的具体抚养条件，其从客观上亦很难获得具体的信息及提供更多的证据予以证实。故一审法院并未支持许某变更抚养关系的诉求。

二审法院利用社会观护制度对案件争议焦点的查明是本案的亮点。两位关注未成年人权益的社会人士在该案中担任社会观护员。他们在庭前作出了充分的调查工作，通过与双方当事人单位、学校、朋友和当事人的接触，对涉案未成年人权益的现状、本人的个体情况、性格特点等都作出充分调查，并在开庭时向法庭如实报告。报告中不仅涉及未成年当事人父母双方的经济情况和他们履行各自抚养职责的情况，而且突出该未成年人因为这一案件可能受到的影响，提醒其父母关注未成年人的内心、情感需要。近年来，随着家事审判改革的推进，各地法院在未成年人案件审理过程中，大量运用社会观护员和家事调查员协助案件的事实查明和证据收集，取得了良好的效果。

案例 23：李某某与沈某某变更抚养关系纠纷案[①]

裁判主旨

法院是否准予变更抚养权纠纷的核心考虑是子女的利益。衡量的标准是相比维持目前的抚养环境，变更是否更有利于子女的健康成长。

案情简介

李某某、沈某某原系夫妻关系，2008 年 12 月 13 日生育女儿李某。2010 年 2 月 21 日双方协议离婚，约定李某由李某某自行抚养，此后李某被送往额元阳县牛角寨乡生活，由其爷爷奶奶照顾。2012 年 4 月 30 日，沈某某将李某从牛角寨乡接到南沙镇，送往幼儿园接受学前教育，2015 年 8 月安排李某到建水一小就读一年级，其间李某一直与沈某某共同生活居住至今，沈某某为李某支出教育费、医疗费共计 13769.76 元。后沈某某诉至法院，要求变更李某抚养权，由自己抚养。

法院判决

一审法院经审理认为：离婚后父母对子女均有抚养教育的权利和义务，如双方因抚养问题发生争执不能达成协议时，应从有利于子女成长，保障子

---

① 审理法院：广州市中级人民法院，案号：（2014）穗中法少民终字第 52 号，载中国裁判文书网，https：//wenshu. court. gov. cn/website/wenshu/181107ANFZ0BXSK4/index. html？ docId=OnI0BZEKwc8rnsg0w65ygvdRaUKI+kz5PfmMV5mtM9Ex+npC5HS8N5/dgBYosE2gp6p68nCRWaKmJ+/AKHue4vUYkQYq9r95+F3TVW0NyjlJ256zgG2F70iwIHLoIBBr，最后访问时间：2022 年 11 月 15 日。

女合法权益角度出发，结合父母双方实际情况综合确定。本案沈某某与李某某于 2010 年 2 月 21 日协议离婚时，已约定婚生女李某由李某某照顾，但从 2012 年 4 月起李某一直与沈某某共同生活，并在沈某某努力下得到良好的学前教育与小学教育，考虑到不改变李某现在的学习和生活环境更有利于子女的健康成长，婚生女李某变更由沈某某抚养为宜。对于李某的抚养费，应结合李某某的工资收入，并综合本案事实，酌情由李某某按月负担 800 元。对于沈某某主张本判决生效前的教育费、医疗费及抚养费，因父母对未成年子女均有抚养义务，且离婚后李某某自行抚养过李某，从公平角度出发，由沈某某自行负担其照顾李某期间支付的费用。综上，依据《中华人民共和国民法通则》第四条，《中华人民共和国婚姻法》第三十六条、第三十七条，《最高人民法院关于人民法院审理离婚案件处理子女抚养问题的若干具体意见》第七条、第十六条第四项之规定，判决：（1）婚生女李某变更由沈某某抚养，李某某从本判决生效之月起每月支付抚养费 800 元，至李某年满十八周岁止；（2）驳回沈某某的其他诉讼请求。

宣判后，李某某不服，提起上诉，请求撤销原判，依法改判。主要理由如下：2010 年 2 月 21 日，双方协议离婚，其女儿李某约定由上诉人自行抚养。后上诉人因工作原因，加之女儿尚小，将女儿送往元阳县牛角寨乡与其爷爷奶奶一起生活，虽然地处乡下，但交通便利，其教育条件与城里相比差别不大。2012 年 4 月 30 日，沈某某在女儿随大爹、大妈到牛角寨乡某村途中擅自把女儿接走。上诉人知道后多次打电话询问女儿的情况，但沈某某均对此置之不理，后才知道沈某某将女儿送到幼儿园，在此期间，上诉人因工作需要经常下乡，但其有时间就去看望女儿，给女儿买生活用品并给零用钱。女儿幼儿园毕业后，沈某某未与上诉人商量，把女儿送到建水一小读一年级，女儿才 7 岁，不具备独立生活照顾自己的能力，不利于女儿的成长和教育。沈某某因作息时间与学校不一致，不能接送女儿，不能照顾好女儿，连安全都没有保障。现上诉人常住南沙，收入比较稳定，有利于女儿的生活和教育；而沈某某在企业上班，收入并不多，与上诉人离婚后在廉租房里居住，并获得低保收入，沈某某没有能力给女儿提供优越的生活和良好的教育。综上所述，请求二审法院支持上诉人的上诉请求。

二审审理查明的事实与一审法院审理查明的事实一致。

根据双方的诉辩主张，本案的争议焦点是：上诉人李某某主张其女儿李某由其抚养的理由是否成立；抚养费应如何承担。

二审法院经审理认为：离婚后，父母对子女均有抚养教育的权利和义务。上诉人李某某与沈某某于 2010 年 2 月 21 日协议离婚，并约定女儿李某由李某某自行抚养。现沈某某要求变更子女的抚养关系，根据《最高人民法院关于人民法院审理离婚案件处理子女抚养问题的若干具体意见》第十六条第四项的规定，一方要求变更抚养关系有下列情形即有其他正当理由需要变更的，应予支持。综合本案情况，双方离婚时女儿李某尚小，李某某将其女儿送到乡下与其父母共同生活，但自 2012 年 4 月 30 日起即与沈某某一起生活至今，李某现在建水一小就读一年级。虽然双方均有固定的收入及正常的休息时间，但现在的生活与学习环境更有利于李某的成长，因此，由沈某某抚养李某更为适当。由李某某每月给付抚养费人民币 800 元与目前的生活水平相适应。上诉人李某某要求按离婚协议书约定自行抚养女儿李某的上诉理由不能成立，本院不予支持。

综上所述，一审判决认定事实清楚，适用法律正确，二审法院予以维持。据此判决：驳回上诉，维持原判。

律师点评

夫妻双方离婚时，一方取得子女的抚养权意味着在离婚后该方应承担起对子女的日常照料抚养责任。当父母另一方起诉要求变更抚养权时，只要负责抚养照顾的一方善尽了职责，法院一般不会允许随意变更抚养权的归属，因为这会给子女的生活环境带来巨大的变动。只有在少数抚养一方未能尽到抚养照顾责任的情形之下，法院才会支持抚养权的变更，本案的情况即为一例。

本案中，法院支持抚养权的变更原因有两个：

一是虽然在离婚时李某某取得了女儿的抚养权，但在这之后李某某却将女儿送到老家，由自己的父母也就是女儿的爷爷奶奶日常照顾，这种情形现实中非常多见，但从抚养权的争取角度而言，却是非常危险的。毕竟法院在衡量抚养权归属的时候，比较的是父母双方各自的抚养条件，在凭借自己的抚养优势取得孩子的抚养权之后，却将孩子长期交由老人照顾，不但说明自己并无抚养条件或者抚养意愿，同时，长期缺乏父母的陪伴照顾也非常不利于孩子的健康成长。此时，一旦对方提出抚养权变更的诉求，己方将处于非常被动的境地。

二是在起诉之前，女儿实际上已经跟随母亲共同生活了相当长一段时间，而被告李某某对这一状态采取的是放任的态度。本案中，尽管离婚时是由李某某取得了女儿的抚养权，女儿此前也一直由李某某的父母负责照顾，但是自 2012 年 4 月 30 日起，女儿即与沈某某一起生活至案发时，女儿就读一年级。这就客观上造成了在起诉当时女儿稳定地跟随母亲一起生活的现实情况，完全打消了法院在判决抚养权变更问题上经常存在的关于判决是否能够得以有效执行的顾虑。

笔者认为，本案的情形值得我们借鉴。类似本案的情形在现实生活中非常普遍：夫妻双方离婚后，取得抚养权的一方因为工作繁忙、照顾不便，或另组家庭等原因，将子女长期托付给家中的老人或亲属照顾；或者抚养权在父母一方名下，但实际上子女长期由另一方抚养照顾等。在这些情形之下，如另一方提出抚养权变更的诉求，极易得到法院的支持。

第十二章　扶养纠纷

第一节　理论概述与实务指引

一、扶养纠纷发生的情形

依据我国现行法律的规定，扶养纠纷的发生有以下两类情形：

1.《中华人民共和国民法典》第一千零五十九条规定：夫妻有相互扶养的义务。需要扶养的一方，在另一方不履行扶养义务时，有要求其给付扶养费的权利。

夫妻互相扶养是在婚姻存续期间的法定义务。结合该条规定，有给付扶养费义务的一方拒绝给付的，要求给付一方可以通过诉讼获得扶养费。如果夫或妻一方患病或者没有独立生活能力，有扶养义务的配偶拒绝扶养，情节恶劣，构成遗弃罪的，应当承担刑事责任。

2.《中华人民共和国民法典》第一千零七十五条规定：有负担能力的兄、姐，对于父母已经死亡或者父母无力抚养的未成年弟、妹，有扶养的义务。由兄、姐扶养长大的有负担能力的弟、妹，对于缺乏劳动能力又缺乏生活来源的兄、姐，有扶养的义务。

根据该条规定，在父母已经死亡或父母无力抚养的情况下，未成年的弟、妹可以要求有负担能力的兄、姐给付扶养费。应当给付扶养费的一方拒绝给付的，需要扶养的弟、妹可以通过诉讼获得扶养费。若有负担能力的兄、姐拒绝扶养没有独立生活能力的弟、妹，情节恶劣，同样将构成遗弃罪，应当承担刑事责任。

二、扶养纠纷案件中适格的原告与被告

由于法律只规定夫妻之间或者一定条件下兄弟姐妹之间负有扶养义务，因此此类纠纷对原告和被告身份有特殊的要求。一般情况下，只有以下几种身份可以成为该类纠纷中适格的原告和被告：

1. 婚姻关系存续期间，夫妻一方起诉另一方，要求支付扶养费。

2. 父母已经死亡或父母无力抚养的未成年的弟、妹起诉有负担能力的兄、姐，要求支付扶养费。

3. 缺乏劳动能力又无生活来源的兄、姐起诉由其扶养长大的有负担能力的弟、妹，要求支付扶养费。

三、变更扶养关系纠纷发生的具体情况

变更抚养关系，包括扶养关系人的变更和扶养方式的变更，此处具体指扶养关系人的变更。

根据《中华人民共和国民法典》的规定，法律上的扶养发生在夫妻之间以及特定情况下的兄弟姐妹之间。扶养关系的变更通常会发生在以下情况：

1. 父母是未成年子女的第一抚养义务人，即在父母健在并有能力抚养的情况下，成年的兄、姐对未成年的弟、妹没有扶养义务。但是，如果父母死亡或者丧失劳动能力，那么，成年的兄、姐则应依法对未成年的弟、妹承担扶养义务。

2. 此外，根据《中华人民共和国民法典》的规定，在一定的条件下，祖父母有抚养孙子女的义务，成年的兄、姐对未成年的弟、妹有扶养的义务。假设父母死亡时，兄、姐也没有成年，则弟、妹应由有条件的祖父母抚养。待兄、姐成年并有扶养能力，而祖父母丧失了扶养能力的，那么，对未成年弟、妹的扶养义务则应由祖父母承担变更为兄、姐承担。

第二节 办案思路与实战技巧

一、扶养费纠纷具体诉求的确定

针对扶养费纠纷，实务操作中较为常见的诉求有两种，包括要求按时给付生活费和生活费以外的其他大额支出。

1. 要求按时支付生活费

法律规定了夫妻、兄弟姐妹间互相扶养的义务，需要扶养的一方，可以向负有扶养义务的一方要求给付生活费。结合日常消费情况，可以要求负有扶养义务的一方按月固定支付生活费，以给需要扶养的一方提供基本的生活保障。

2. 生活费以外的其他大额支出

除了要求负有扶养义务的一方按时支付生活费外，需要扶养的一方由于教育、医疗等需要大额支出的，也可以请求有扶养义务的一方给付。

二、扶养费的标准

首先，在确定扶养费的标准时，主要考虑需要扶养一方的实际生活需求，与对方的工资收入并无直接关系。需要扶养的一方以对方收入高为由，主张高标准的扶养费一般无法得到法院的支持。

其次，要考虑给付一方的收入及其生活负担等情况，如给付一方需要抚养子女、赡养老人，偿还房屋银行贷款或由于自身疾病需要支付医疗费用等，都会影响法院对扶养费标准的确定。

最后，要考虑要求给付一方有无其他收入来源，如要求给付一方已有成年子女，可主张赡养费而未主张，则给付一方可以向法官主张要求接受给付一方同时向其成年子女主张赡养费。

三、扶养费纠纷案件的证据收集技巧

抚养费纠纷的处理，关键在于证据的准备是否充分和扎实。下面，笔者结合自身处理此类案件的经验，简要介绍一下扶养费纠纷案件证据收集的技巧：

首先，应收集要求给付一方有实际生活困难的证据，如要求给付一方罹患疾病，没有经济能力进行治疗或者丧失劳动能力，没有基本的收入来源导致生活困难等相应的证据，以证明要求给付扶养费的真实性和迫切性。

其次，应收集对方有给付能力的证据，如对方全职或兼职工作的工作证明以证实其收入来源，或者调取对方银行账户的流水记录、查询其银行储蓄情况等证据，以证明给付一方的给付能力。

最后，收集对方应支付扶养费而未支付的证据，如要求给付一方已多次向对方请求支付扶养费，对方在收到请求后，不予回应或予以拒绝等证据，以证实该扶养费纠纷由法院处理的必要性。

第三节　典型案例评析

案例 24：熊某与张某扶养费纠纷案[①]

裁判主旨

夫妻有互相扶养的义务。在确定扶养费的标准时，应考虑需要扶养的一方的基本生活需求，扶养费的数额与对方的实际工资收入并无直接关系。

案情简介

熊某与张某系夫妻关系，双方于 2003 年 2 月 18 日登记结婚，后双方因

---

① 审理法院：北京市高级人民法院，案号：（2014）高民申字第 03340 号，载中国裁判文书网，https：//wenshu. court. gov. cn/website/wenshu/181107ANFZ0BXSK4/index. html? docId=AxudzOqwH02eyuHoRTjAWq/h7jVI2TJSEVJSnoL5uO2jtJXuM+YP55O3qNaLMqsJUTWcuuSWqFJE3z3XhifmxiN05NRB6QgWvb77MR4zDn6pKusdY0J2tAE8RCde5rTK，最后访问时间：2022 年 10 月 16 日。

夫妻生活产生矛盾，现张某已搬出家在外居住。在此期间，张某未支付熊某相关生活费。庭审中张某认可其月收入为 4 万元至 5 万元，且根据其在离婚案件中提交的收入证明，可以证明张某年收入 200 余万元。而熊某无工作，亦无其他收入。

法院判决

一审法院经审理认为：夫妻间有互相扶养义务，张某作为熊某的丈夫有义务扶养熊某，虽张某称现正与熊某进行离婚诉讼，但熊某现无工作，亦无其他收入，在未离婚前张某仍应履行扶养义务，一审法院根据熊某生活所需的必要开支，判决张某给付熊某 2012 年 7 月 1 日至 2013 年 8 月 30 日扶养费 24000 元。

一审法院判决后，熊某不服，向二审法院提起上诉，请求二审法院依法改判，判令张某按每月 5000 元标准支付熊某扶养费，理由是：张某年税后收入在 230 万元左右，一审法院判决张某支付扶养费的标准过低，无法保证熊某及女儿的正常开支，也无法保证与其居住环境及身份相适应的生活水准。

二审法院经审理认为：夫妻间有互相扶养义务。关于扶养费的支付标准，法院应考虑夫妻双方的劳动能力水平、劳动收入水平以及生活必要开支水平等因素综合予以确定。现一审法院结合前述因素及张某拖欠扶养费的时间，确定由张某支付熊某的扶养费数额并无不妥，二审法院予以维持。

二审判决生效后，熊某依然不服，向北京市高级人民法院提出再审申请，再审理由是：、二审判决的扶养费标准与熊某每月生活必要开支水平相去甚远，根本无法保障熊某的基本生活；一、二审认定张某每年税后收入在 200 余万元的情况下，判令张某支付 14 个月的扶养费仅 2.4 万元过低。

北京市高级人民法院经审理认为：夫妻有互相扶养的义务。熊某以双方婚后因家庭矛盾分居，现其无工作，要求张某给付扶养费，理由正当。一、二审结合双方的实际情况确定的给付标准，并无不当。熊某提出的再审意见，不予支持。故裁定驳回熊某的再审申请。

律师点评

本案历经三级人民法院审理，涉案的主要争议焦点为：第一，夫妻间是否有互相扶养的义务；第二，确定扶养费的标准是什么。

1. 夫妻间是否有相互扶养的义务？《中华人民共和国婚姻法》第二十条规定，夫妻有互相扶养的义务。一方不履行扶养义务时，需要扶养的一方，有要求对方给付扶养费的权利。对此，三级人民法院都予以肯定的回答，张某有给付熊某扶养费的义务。

2. 确定扶养费的标准是什么？纵观本案的发展，熊某正是无法认同法院确定扶养费的标准，才致使本案历经一审、二审、再审三个程序。从三级人民法院的一致态度可以看出，当前司法实践中确定扶养费的标准主要是对夫妻双方的劳动能力水平、收入水平以及生活必要开支等因素予以综合考虑。主要的审判宗旨是满足要求给付扶养费一方的日常生活所需，而不会因给付一方的收入高，就支持要求给付一方提出的高于其日常生活所需的费用要求。这一观点，亦可理解为目前的法律规定附加给付扶养费一方的责任有限，仅要求其满足对方日常基本生活所需即可，并不支持要求给付一方因此而获得额外利益的诉求。对此，可能有人会提出疑问：本案中，张某的收入这么高，而其每月仅需负担熊某不足2000元的扶养费，岂非不公平？实际上，这种疑问的产生是源于局限在扶养费纠纷的框架内来看待这起案件的。因张某和熊某在案中仍是夫妻关系，张某在婚姻关系存续期间的收入无疑均为夫妻共同财产，熊某完全可以在离婚之时提出分割的主张，其在财产方面的实体利益并不会因本案而受到影响。

第十三章　赡养纠纷

第一节　赡养费纠纷

一、理论概述与实务指引

（一）赡养费纠纷的法律适用

赡养是指子女、孙子女、外孙子女等晚辈对父母、祖父母、外祖父母等长辈在经济上的供养和生活上的扶助。

《中华人民共和国民法典》和《中华人民共和国老年人权益保障法》都明确规定了子女对于父母有赡养扶助的义务。《中华人民共和国民法典》第二十六条第二款规定，成年子女对父母负有赡养、扶助和保护的义务。第一千零六十七条第二款规定，成年子女不履行赡养义务的，缺乏劳动能力或者生活困难的父母，有要求成年子女给付赡养费的权利。第一千零七十四条第二款规定，有负担能力的孙子女、外孙子女，对于子女已经死亡或者子女无力赡养的祖父母、外祖父母，有赡养的义务。《中华人民共和国老年人权益保障法》第十四条第一款规定，赡养人应当履行对老年人经济上供养、生活上照料和精神上慰藉的义务，照顾老年人的特殊需要。由上述规定可知，赡养义务是一种具有人身性质的法定义务，赡养人不得附加任何条件，不得以被赡养人未对其履行抚养义务而拒绝履行赡养义务，被赡养人的赡养权利也是法定的，不得另行处分和转让。

（二）赡养费纠纷中如何确定原、被告及诉求

1. 适格的原、被告

（1）亲生父母诉子女的情形

父母抚养子女，同时要求子女履行赡养义务，无论是从法律上还是道德上本无争议。实践中容易出现争议的情形是成年子女以父母未尽到抚养义务为由拒绝履行赡养义务。成年子女的上述理由能否得到法院的支持，需要具体情况具体分析。

如果亲生父母在子女未成年时有能力抚养而恶意不履行抚养义务，那么成年子女有条件少负担一些赡养义务。如果亲生父母未尽抚养义务是由于没有抚养能力，那么成年子女就不能以此为由拒绝履行赡养义务。基于亲生父母与子女之间的特殊关系，即使父母对子女没有尽到抚养和教育的义务，仍然有生育之恩，因此在父母年老、无劳动能力、生活困难之时，子女有赡养父母的义务。

（2）形成抚养关系的继父母诉继子女的情形

根据《中华人民共和国民法典》第一千零七十二条第二款的规定，继父或者继母和受其抚养教育的继子女间的权利义务关系，适用本法关于父母子女关系的规定。可见，继父母与继子女之间是否产生父母子女之间的权利义务关系，应视实际情况而定。形成抚养关系的继父母和继子女之间存在赡养关系；此外，即使继父母的婚姻关系发生变化，只要上述拟制的亲子关系存在过，继子女就有赡养继父母的义务。

（3）养父母诉养子女的情形

根据《中华人民共和国民法典》第一千一百一十一条第一款的规定，自收养关系成立之日起，养父母与养子女间的权利义务关系，适用本法关于父母子女关系的规定。可见，养子女对养父母也有法定的赡养义务。但较为特殊的是，收养关系是可以解除的。《中华人民共和国民法典》第一千一百一十七条规定，收养关系解除后，养子女与养父母以及其他近亲属间的权利义务关系即行消除，与生父母以及其他近亲属间的权利义务关系自行恢复。《中华人民共和国民法典》第一千一百一十八条第一款同时还规定，收养关

系解除后，经养父母抚养的成年养子女，对缺乏劳动能力又缺乏生活来源的养父母，应当给付生活费。应该予以明确的是，此处规定的生活费给付义务与赡养义务有不同的含义，已经解除收养关系的养子女对养父母没有赡养义务，但有一定的经济补偿责任。

（4）子女已经死亡或子女无赡养能力的祖父母、外祖父母诉有负担能力的孙子女、外孙子女的情形

与前述子女对父母的赡养义务相比，孙子女、外孙子女对祖父母、外祖父母的赡养义务是有条件的：第一，子女已经死亡或者无力赡养。假如其子女健在，并有能力赡养，孙子女和外孙子女对祖父母和外祖父母并无赡养的义务。第二，孙子女、外孙子女有负担能力。对于子女而言，赡养义务是法定义务，不管其是否有负担能力，该义务都当然存在。而对于孙子女、外孙子女而言，假如其没有负担能力，则不存在对祖父母、外祖父母的赡养义务。

2. 诉求的具体内容

（1）定期支付固定赡养费

被赡养人根据其基本生活需求，有权要求负有赡养义务的子女、孙子女、外孙子女在力所能及的范围内定期支付固定赡养费。

（2）提高赡养费的支付标准

随着通货膨胀以及社会整体物质生活水平的提高，被赡养人有权要求提高赡养费的支付标准。

（3）支付之前拖欠的赡养费

如果赡养人存在拖欠赡养费的情形，导致被赡养人生活困难，被赡养人可以请求法院要求赡养人支付之前拖欠的赡养费。

（4）提供医疗费用和护理

被赡养人普遍年龄较大，体弱多病，不但没有劳动能力和生活来源，还常常需要花费大笔的医疗费用并需要别人照料。《中华人民共和国老年人权益保障法》第十五条规定，赡养人应当使患病的老年人及时得到治疗和护理；对经济困难的老年人，应当提供医疗费用。对生活不能自理的老年人，赡养人应当承担照料责任；不能亲自照料的，可以按照老年人的意愿委托他人或者养老机构等照料。

二、办案思路与实战技巧

（一）赡养费具体包括哪些费用

根据《中华人民共和国老年人权益保障法》的规定，结合司法实践中的具体情况，被赡养人主张的赡养费一般包括基本生活费、医疗费、房租费用等。

首先，基本生活费用的主张应以被赡养人的基本生活需求为基础，结合赡养人的负担能力，综合考虑。

其次，医疗费是赡养费中不可或缺的一部分，因为被赡养人大多年老体弱，疾病缠身，需要得到及时的医疗救助和护理。被赡养人经济困难时，赡养人应当替被赡养人支付医疗费用。

最后，房租费用是赡养人保障被赡养人的居住权的体现，赡养人应当妥善为被赡养人安排住所。如果被赡养人租房居住，同时被赡养人经济困难时，赡养人应当支付租房费用，如果被赡养人居住在自有房屋，赡养人应承担维修责任。

（二）同一顺序的数个赡养人是否应均等负担赡养费

现行法律对同一顺序的数个赡养人应如何负担赡养费没有明确的规定，实务操作中一般采取按份共同承担的方式来确定同一顺序数名赡养人的赡养责任。但是，若有证据证明个别赡养人存在经济困难或者有其他无法克服的困难情况的，法院一般会对赡养人之间的负担比例进行调整，确有困难的赡养人可以适当少负担赡养费。

（三）被赡养人主张赡养费应如何举证

司法实践中，法院会综合考虑被赡养人自身的收入情况、地区生活水平、赡养人的经济状况、负担能力以及各赡养人的负担比例等情况，酌情确定赡养费的给付标准。因此，此类案件的举证应从以下几个方面入手：

1. 被赡养人自身的情况：具体包括自身的收入情况、身体（疾病）状况、居住情况、日常开支项目及具体金额等。

2. 各赡养人的实际情况：具体包括各子女的工作、收入情况，家庭负担情况，过往对被赡养人的经济负担和生活照料的情况等。

3. 赡养费的具体金额：根据对被赡养人自身情况的综合评判，结合被赡养人所在地区的生活水平，同时综合各赡养人的负担能力，确定赡养费的具体金额。

三、典型案例评析

案例 25：孙某与陈某乙等赡养费纠纷案①

裁判主旨

子女对父母有赡养扶助的义务。子女不履行赡养义务时，无劳动能力或生活困难的父母，有要求子女给付赡养费的权利。在确定赡养费的标准时，应结合被赡养人的基本生活情况以及子女的负担能力综合考虑。

案情简介

原告孙某诉称，其现年 88 岁，与丈夫陈某（已于 2001 年辞世）共同生育 6 个子女，长子陈某（已于 2012 年辞世）、次子陈某乙、长女陈某丁、次女陈某丙、三子陈某戊、三女陈某己。自 2007 年开始，孙某一直住在次女陈某丙家，现因陈某丙是残疾人，又患癌症做了手术，无力照顾孙某，现孙某的生活陷入了困境。由于孙某的房租已到期，身无分文，加之年事已高，体弱多病，急需人照顾，故向法院提起诉讼，请求法院判令五名被告尽赡养义务，每人每月给付原告 500 元生活费、每人每年给付原告 6000 元医疗费备用金以及每月共同支付房租 3000 元及保姆费用 5000 元。

被告陈某乙辩称：同意每月给原告生活费 500 元，原告没有医保，每年给 6000 元的医疗备用金无异议，每人 6000 元，五个被告一年是 3 万元，但

---

① 审理法院：北京市第一中级人民法院，案号：（2014）一中民终字第 8196 号，载中国裁判文书网，https：//wenshu. court. gov. cn/website/wenshu/181107ANFZ0BXSK4/index. html？docId = 930s85qhV2MABSJTEEe6ZQ7VT7OWfWpdB6j9tc9g1rJpTypFQ4UC0ZO3qNaLMqsJUTWcuuSWqFJE3z3XhifmxiN05NRB6QgWvb77MR4zDn6pKusdY0J2tCB6j08GmEna，最后访问时间：2022 年 10 月 16 日。

我提议在我母亲看病后，将3万元备用金五人平摊，再补足这3万元。同意支付房租及保姆费。但是如果其他人不同意原告的诉讼请求的话，我方就不同意原告的诉讼请求，具体由法院判决。

被告陈某丁辩称：我们每月给150元生活费，其他诉讼请求不同意。原告有一老一小保险。原告原来有拆迁款，我当时主张用拆迁款给原告买房，但是原告不同意，现在这几年不知道为何拆迁款就没有了。

被告陈某丙辩称：同意每月给原告生活费500元，原告没有医保，每年给6000元的医疗备用金无异议，每人6000元，五个被告一年是3万元，但我提议在我母亲看病后，将3万元备用金五人平摊，再补足这3万元。同意支付房租及保姆费。2007年1月，我与原告一起生活且在2008年年初得了癌症，经过手术和化疗，从经济上和生活上照顾原告也很吃力，我还是四级残疾，有残疾证。但是如果其他人不同意原告的诉讼请求的话，我方就不同意原告的诉讼请求，具体由法院判决。

被告陈某戊辩称：同意每月给150元生活费，现在生活水平提高了，可以给200元。其他的诉讼请求不同意，我的看法是可以让老人去敬老院。

被告陈某己辩称：是在其他人都同意原告诉讼请求的情况下我方才同意原告的诉讼请求，否则我不会同意原告的诉讼请求，具体由法院判决。

一审法院查明：陈某丁的每月退休工资为4200元；陈某丙的每月退休工资为2516元；陈某戊的每月退休工资为3200元；陈某己的每月退休工资为2600元；孙某现每个月的医药费为200元；孙某现随陈某丙一起生活。现孙某并无生活来源且现年已经88岁高龄。

法院判决

一审法院经审理认为：子女对父母有赡养扶助的义务。子女不履行赡养义务时，无劳动能力的或生活困难的父母，有要求子女给付赡养费的权利。现孙某年老且每个月均有200元医药费支出，其子女对其均负有法定的赡养义务。故孙某要求陈某乙、陈某丁、陈某丙、陈某戊、陈某己给付赡养费的诉讼请求合理，一审法院予以支持，但数额过高，具体数额一审法院将按照孙某的实际情况及其子女的负担能力以及孙某现随陈某丙一起生活的事实酌情予以判定。对于孙某每个月 200 元的医药费支出，孙某的子女应平均分担。至于原告孙某要求的被告支付 6000 元的医疗费备用金、每月房租 3000 元及保姆费用 5000 元，无法律依据，一审法院不予支持。

综上，一审法院依据《中华人民共和国婚姻法》第二十一条之规定，判决如下：（1）被告陈某乙自 2004 年 7 月起每月给付原告孙某赡养费 300 元以及医药费 40 元；（2）被告陈某丁自 2004 年 7 月起每月给付原告孙某赡养费 300 元以及医药费 40 元；（3）被告陈某丙自 2004 年 7 月起每月给付原告孙某赡养费 100 元以及医药费 40 元；（4）被告陈某戊自 2004 年 7 月起每月给付原告孙某赡养费 200 元以及医药费 40 元；（5）被告陈某己自 2004 年 7 月起每月给付原告孙某赡养费 150 元以及医药费 40 元。

孙某不服一审法院的判决，向北京市第一中级人民法院提起上诉。以一审法院判决的赡养费数额偏低为由，要求法院判令陈某乙、陈某丁、陈某丙、陈某戊、陈某己每人每月各给付赡养费 700 元。陈某乙、陈某丁、陈某丙、陈某戊、陈某己同意一审判决。

二审法院经审理认为：孙某年老体弱又无经济来源，故一审法院依据陈某乙、陈某丁、陈某丙、陈某戊、陈某己收入情况，确认陈某乙、陈某丁、陈某丙、陈某戊、陈某己给付孙某一定的赡养费、医药费的处理是正确的，二审法院予以维持。孙某要求陈某乙、陈某丁、陈某丙、陈某戊、陈某己每人每月给付 700 元的上诉请求，已经超出了陈某乙、陈某丁、陈某丙、陈某戊、陈某己的给付能力，故孙某的上诉请求，依据不足，二审法院不予支持。综上所述，一审法院判决正确，应予维持。故判决驳回上诉，维持原判。

律师点评

本案主要争议焦点为：（1）孙某的子女对孙某是否有赡养的义务；（2）确定赡养费的标准是什么。

针对孙某的子女对孙某是否有赡养的义务的争议焦点。依照我国法律的规定，子女对父母有赡养扶助的义务。子女不履行赡养义务时，无劳动能力的或生活困难的父母，有要求子女给付赡养费的权利。依照上述法律规定，结合孙某现年 88 岁，无劳动能力，无生活来源，且每月需支付一定的医疗费，孙某有权要求其子女给付赡养费。

关于确定赡养费的标准是什么？现行法律对赡养费的标准没有明确的规定，司法实践中，法官在确定赡养费标准时，一般结合被赡养人的基本生活情况以及赡养人的负担能力综合考虑；有数个赡养人时，会考虑各个赡养人之间负担能力的差异，在分担赡养费时予以适当调节。

第二节　变更赡养关系纠纷

一、理论概述与实务指引

赡养关系的变更是指赡养人与被赡养人之间关于赡养程度、赡养方式的变更，当赡养人或者被赡养人一方或者双方的经济和生活状况发生变化时，双方均有权请求变更赡养关系。赡养人或被赡养人提出变更赡养关系，必须以原有的赡养情况发生明显变化为条件。

1. 变更赡养关系的双方当事人是赡养人与被赡养人，而非赡养人之间

变更赡养关系纠纷中，当赡养人作为原告时，适格的被告只能是被赡养人；当被赡养人作为原告时，适格的被告只能是赡养人。赡养人之间因承担赡养义务而引发纠纷，赡养人应以被赡养人为被告提出变更赡养关系纠纷，假如以某名赡养人为被告提起诉讼，将因主体不适格而无法得到法院的支持。

2. 法院审理变更赡养关系纠纷时主要审查的内容

（1）被赡养人的收入情况、身体（疾病）状况、居住情况等是否发生明显改变。

如前所述，赡养人或者被赡养人提出变更赡养关系，必须以原有的赡养情况发生明显变化为条件。因此，被赡养人的收入情况、身体（疾病）状况、居住情况等是否发生明显改变，是法院考虑是否支持变更赡养关系请求时审查的主要内容。

【案例 13.1】 丰某甲诉丰某乙等五个被告变更赡养关系纠纷案①中，丰某甲是丰某乙等五个被告的母亲，曾因赡养费纠纷诉至北京市顺义区人民法院，通过法院的工作，原、被告达成调解协议。协议约定，丰某乙等五被告轮流履行赡养义务。但随着年龄的增长，丰某甲疾病增加，身体活动受限，已不适宜轮班流动的赡养方式。因此丰某甲诉至法院，请求从 2014 年 5 月起终止依次随五被告每次每家生活两个月的协议约定，准许丰某甲在被告丰 6 家固定生活，由被告丰 6 负责日常照料，其他四被告从 2014 年 5 月 1 日起每月初给付丰某甲生活费各 100 元。另，丰某甲产生的医疗费中，医疗保险不予报销的部分，由五被告均摊。法院经审理认为，被赡养人现已 95 岁高龄，生活不能自理，与 2011 年相比，被赡养人的身体状况发生了显著的变化，固定居住点并由专人照顾护理的赡养方式比轮流赡养方式更利于丰某甲的身体健康，有利于老人长寿，因此法院支持了丰某甲的诉讼请求。

（2）赡养人的赡养能力是否发生明显改变。

赡养人主张变更赡养关系，要求减免自己的赡养费时，一般需要举证证明自身收入状况显著恶化，甚至完全丧失收入来源，或身体发生严重疾病或有其他无法克服的困难。但应予以明确的是，子女依法履行对父母经济上的供养、生活上的照料和精神上的慰藉的义务，不因其经济困难而免除，赡养人不能以自身生活困难、身患疾病为由不履行自己的赡养义务。如确因上述情况导致赡养人的赡养能力发生显著变化，请求变更赡养关系的，实践中仅支持在一定程度上减免赡养费用或调整赡养方式；同时，待赡养人的赡养能力恢复或提高时，被赡养人完全可以另行起诉要求恢复或者提高赡养人应支付的赡养费标准。

---

① 审理法院：北京市顺义区人民法院，案号：（2014）顺民初字第 06985 号，载中国裁判文书网，https：//wenshu. court. gov. cn/website/wenshu/181107ANFZ0BXSK4/index. html？docId=kPOB9XJWQheMXvioRxGJrlT1bwYxg8DZp0qXL4B85ULz0+t3Bvk4F5O3qNaLMqsJUTWcuuSWqFJE3z3XhifmxiN05NRB6QgWvb77MR4zDn6cJSO7ab4kKLVuXRM33H7a，最后访问时间：2022 年 10 月 16 日。

二、办案思路与实战技巧

（一）各赡养人之间或赡养人与被赡养人之间已经签署赡养协议的情况如何处理

1. 一般情况下，可认定赡养协议有效

赡养协议是指各赡养人之间或赡养人与被赡养人之间就赡养的权利义务进行约定所达成的协议，便于各赡养人依约履行赡养义务，也便于解决由此产生的纠纷。如果赡养协议符合民事法律行为的相关要件，即行为人具有相应的民事行为能力、意思表示真实、不违反法律或社会公共利益，并且协议约定的内容未侵害被赡养人的合法权利的，则赡养协议应为有效。

2. 如赡养协议中免除部分赡养人的赡养义务，因与法律规定相违背，该部分条款会被法院认定无效

赡养协议并没有改变赡养的本质属性，子女赡养父母是一项法定义务，如果赡养协议中免除部分赡养人的赡养义务，该部分条款与赡养义务系法定义务的法律规定相悖，也侵害了被赡养人的合法权益，因此该部分条款会被法院认定无效。如果被赡养人与部分赡养人签订赡养协议，即使该协议约定的赡养费已能满足被赡养人日常生活、医疗所需，也不能免除其他赡养人的法定赡养义务。

（二）赡养人或被赡养人客观情况无明显变化的，变更赡养关系的诉求一般难以得到法院的支持

如前所述，赡养人或者被赡养人提出变更赡养关系，必须以原有的赡养情况发生明显变化为条件。原有的赡养情况发生明显变化包括被赡养人的收入情况、身体（疾病）状况、居住情况等状况发生明显变化或者赡养人的赡养能力发生明显变化，如收入状况显著恶化，甚至完全丧失收入来源，或身体发生严重疾病或有其他无法克服的困难等。赡养人或被赡养人需提供证据证明上述变化，否则变更的诉求一般难以得到法院的支持。

三、典型案例评析

案例 26：林某 1 与林某 2 变更赡养关系纠纷案①

裁判主旨

变更赡养关系的双方当事人是赡养人与被赡养人，而非赡养人之间，如赡养人以其他赡养人为被告提起诉讼，将由于主体不适格而无法得到法院的支持。

案情简介

林某 1 与林某 2 是姐弟关系，母亲隋某于 2017 年去世后，林某 1 与林某 2 协商父亲林某某由林某 2 赡养，现林某某已经同林某 2 生活两年，其间，林某 1 发现林某 2 不能尽到赡养义务，恶意侵占老人财产的行为时有发生，2017 年 9 月林某 2 以旅游名义私自带老人前往美国，非法滞留美国直至现今，老人无法享受医疗以及社会服务，生活受到极大限制，林某 1 有理由相信被告的行为侵犯了林某某的合法权益，故林某 1 诉至法院要求判令林某某由林某 1 赡养、监护。

法院判决

法院经审理认为：变更赡养关系纠纷是指赡养人与被赡养人之间因变更赡养关系而引起的纠纷。林某 1 与林某 2 系姐弟关系，双方不存在赡养关系。现林某 1 以变更赡养关系为由起诉林某 2，林某 2 不是本案适格的被告。故对林某 1 提起的诉讼，本院应予驳回。

---

① 审理法院：北京市丰台区人民法院，案号：（2019）京 0106 民初 35318 号，载中国裁判文书网，https：//wenshu. court. gov. cn/website/wenshu/181107ANFZ0BXSK4/index. html？docId=m9l7mDe8rk7SAjfagQetwz9r7RqeJ1mGL8I3DhladVfJbojC3RjMsJ/dgBYosE2gp6p68nCRWaKmJ+/AKHuc4utpoVk8jY83WllbczIKwer8p3fdnxSmfnQAlTjjjDOy，最后访问时间：2022 年 11 月 15 日。

律师点评

本案的争议焦点在于林某 2 是否是本案的适格被告。变更赡养关系纠纷是指赡养人与被赡养人之间因变更赡养关系而引起的纠纷。林某 1 与林某 2 之间并不存在赡养关系。现林某 1 以变更赡养关系为由起诉林某 2，但林某 2 并非本案的适格被告。本案的适格被告应该是林某 1、林某 2 的父亲林某某，因此本案经法院审理，驳回林某 1 的起诉。可见在该类案件中，厘清当事人之间的法律关系、找准被告的重要性。

第十四章 收养关系纠纷

第一节 确认收养关系纠纷

一、理论概述与实务指引

收养关系的成立，是收养人依照《中华人民共和国民法典》规定的条件和程序建立拟制血亲的亲子关系。因此，收养关系成立的条件包括实质性条件和程序性条件两个方面：

1. 收养关系成立的实质性条件

（1）合格的被收养人：被收养人必须是丧失父母的孤儿，或查找不到生父母的未成年人，或生父母有特殊困难无力抚养的子女。① 在《中华人民共和国民法典》实施之前，对被收养人有不满14周岁的年龄限制，《中华人民共和国民法典》取消了这一限制，即凡符合前述三个条件之一的未成年人都可以被收养。

（2）合格的送养人：送养人须是孤儿的监护人、儿童福利机构或有特殊困难无力抚养子女的生父母。②

第一，孤儿的监护人。根据《中华人民共和国民法典》第二十七条的规定：孤儿的监护人应当由以下人员中有监护能力的人按顺序担任：祖父母、外祖父母；兄、姐；其他愿意担任监护人的个人或者组织，但是须经未成年

① 《中华人民共和国民法典》第一千零九十三条。

② 《中华人民共和国民法典》第一千零九十四条：下列个人、组织可以作送养人：（一）孤儿的监护人；（二）儿童福利机构；（三）有特殊困难无力抚养子女的生父母。

人住所地的居民委员会、村民委员会或者民政部门同意。为了进一步保护孤儿的合法权益，《中华人民共和国民法典》第一千零九十六条还对监护人送养孤儿作了限制性的规定，监护人送养孤儿的，须征得有抚养义务的人同意。有抚养义务的人不同意送养、监护人不愿意继续履行监护职责的，应当依照《中华人民共和国民法典》的规定另行确定监护人。

第二，儿童福利机构。儿童福利机构是指民政部门设立的，主要收留抚养由民政部门担任监护人的未满 18 周岁儿童的机构。儿童福利机构包括按照事业单位法人登记的儿童福利院、设有儿童部的社会福利院等。① 对于父母死亡、无其他亲属抚养的孤儿以及查找不到生父母的弃婴和儿童，由民政部门将其安排到儿童福利机构，接受养育和监护。在符合收养条件时，儿童福利机构可以将所监护的孤儿和查找不到生父母的弃婴、儿童送养合格的收养人。

第三，有特殊困难无力抚养子女的生父母。由于生父母无力抚养子女，通过送养变更亲属关系，可以保障子女的基本生存权利。法律为了保护各方的利益，对于生父母为送养人设定了相关的限制措施，如生父母送养子女，须经双方共同送养。生父母一方不明或者查找不到的，才可以单方送养。② 配偶一方死亡，另一方送养未成年子女的，死亡一方的父母有优先抚养的权利。③

（3）合格的收养人：收养人应同时具备无子女或者只有一名子女、有抚养教育和保护被收养人的能力、未患有医学上认为不应当收养子女的疾病、无不利于被收养人健康成长的违法犯罪记录和年满 30 周岁的条件。④ 收养人

---

① 《儿童福利机构管理办法》第二条：本办法所称儿童福利机构是指民政部门设立的，主要收留抚养由民政部门担任监护人的未满 18 周岁儿童的机构。儿童福利机构包括按照事业单位法人登记的儿童福利院、设有儿童部的社会福利院等。

② 《中华人民共和国民法典》第一千零九十七条：生父母送养子女，应当双方共同送养。生父母一方不明或者查找不到的，可以单方送养。

③ 《中华人民共和国民法典》第一千一百零八条：配偶一方死亡，另一方送养未成年子女的，死亡一方的父母有优先抚养的权利。

④ 《中华人民共和国民法典》第一千零九十八条：收养人应当同时具备下列条件：（一）无子女或者只有一名子女；（二）有抚养、教育和保护被收养人的能力；（三）未患有在医学上认为不应当收养子女的疾病；（四）无不利于被收养人健康成长的违法犯罪记录；（五）年满三十周岁。

无子女或者只有一名子女的条件，是为了确保收养人有足够的时间和精力养育被收养人；有抚养教育被收养人的能力不仅要求收养人能给被收养人提供成长所需的物质条件，还要求收养人具备良好的道德品质；未患有在医学上认为不应当收养子女的疾病和无不利于被收养人健康成长的违法犯罪记录，以保障被收养人的身心健康；收养人年满 30 周岁，是考虑到收养人与被收养人之间的年龄差，尽量满足收养人与被收养人之间设立父母子女关系而规定的。除了以上条件之外，针对一些特殊情形，《中华人民共和国民法典》还专门作出了规定，如无配偶者收养异性子女的，收养人与被收养人的年龄应当相差 40 周岁以上①等。

2. 收养关系成立的程序性条件

根据《中华人民共和国民法典》第一千一百零五条第一款和第二款的规定，收养应当向县级以上人民政府民政部门登记，收养关系方能成立。如被收养人是查找不到生父母的未成年人的，办理登记的民政部门应当在登记前予以公告。

外国人在中华人民共和国收养子女，应当经其所在国主管机关依照该国法律审查同意。收养人应当提供由其所在国有权机构出具的有关其年龄、婚姻、职业、财产、健康、有无受过刑事处罚等状况的证明材料，并与送养人签订书面协议，亲自向省、自治区、直辖市人民政府民政部门登记。②

二、办案思路与实战技巧

1. 确认收养关系纠纷案如何确定诉讼参加人

确认收养关系纠纷的诉讼参加人应界定在收养人、送养人和被收养人范围内，其余关联人等可以以证人或其他身份参与诉讼，但不宜列为当事人。

2. 针对当事人的诉求应当如何举证

确认收养关系案件争议的焦点往往在于是否存在事实收养关系及其法律效力。因此，此类案件的举证应从以下两个方面入手。

---

① 《中华人民共和国民法典》第一千一百零二条。

② 《中华人民共和国民法典》第一千一百零九条第二款。

（1）收养人具有收养意愿的证据，包括是否有收养协议；亲友、群众的证人证言；基层组织的证明等。

（2）收养人是否长期与被收养人共同生活的证据，包括亲友、群众的证人证言；基层组织的证明；收养人所在单位的证明等。此外，双方共同生活过程中形成的书证物证，如信件、日记、照片、音视频资料等均可作为证据使用。

三、典型案例评析

案例27：翟某甲与翟某乙、翟某丁确认收养关系纠纷案①

裁判主旨

确认收养关系纠纷的诉讼参加人应界定在收养人、送养人和被收养人范围内的特定之人，其余关联人可以以证人或其他身份参与诉讼，但不宜列为诉讼当事人。

案情简介

翟某甲在北京市朝阳区人民法院再审本案时诉称：2011年8月23日陈某死亡，2011年8月24日翟某丙死亡。翟某丙、陈某系夫妻，二人生前未生育子女。1958年翟某甲母亲病逝，翟某丙、陈某收养了翟某甲。1959年2月翟某甲落户北京，直到1968年翟某甲到山西插队，翟某甲与翟某丙、陈某共同生活了十年。插队及工作后翟某甲每年回北京探望翟某丙、陈某。现翟某甲诉至法院，要求确认翟某甲与翟某丙、陈某的事实收养关系。

翟某乙辩称：翟某甲与翟某丙、陈某不存在事实收养关系。1958年翟某甲母亲去世后，家中无人照料，翟某甲由奶奶照看，奶奶为了照顾翟某甲，

---

① 审理法院：北京市第三中级人民法院，案号：（2014）三中民再终字第02888号，载中国裁判文书网，https：//wenshu. court. gov. cn/website/wenshu/181107ANFZ0BXSK4/index. html?docId=TEBb1cfvywx8tseHbalSgQrfOvaUgsFGCRe4vtbPEVWax444uSCZZ5O3qNaLMqsJUTWcuuSWqFJE3z3XhifmxiN05NRB6QgWvb77MR4zDn6iC8s2fGYZxwVhlwGZFIlz，最后访问时间：2022年10月16日。

带翟某甲一起来的北京。翟某甲虽在北京长大，但翟某丙与翟某甲是叔侄关系，翟某丙、陈某只收养过一个女儿翟某戊，并没有收养翟某甲，翟某丙、陈某生前并没有收养翟某甲的意思表示，故不同意翟某甲的诉讼请求。

翟某丁辩称：除与翟某乙答辩意见一致外，还有以下补充：首先，按照习俗，建立收养关系需要举行收养仪式，需经兄弟姐妹认可，翟某甲与翟某丙、陈某并没有举办任何仪式，且翟某甲与翟某丙、陈某的关系并未入家谱，家谱当中仍保留翟某甲与其亲生父母的关系。其次，建立收养关系必须由养父母与养子女共同承认，翟某丙与陈某并没有认可他们与翟某甲存在收养关系，而且翟某甲与翟某丙一直以叔侄相称。再次，翟某甲生父并没有送养的意思表示，翟某甲与其生父一直保持着父子关系。最后，翟某甲的生父仅有翟某甲一个儿子，不可能将翟某甲过继给翟某丙，故不同意翟某甲的诉讼请求。

为证明翟某甲与翟某丙、陈某存在事实收养关系，翟某甲向法庭提交了众多亲友的证人证言，其中多位亲友在庭审中均出庭作证，证明翟某丙、陈某婚后未生育子女，收养了翟某甲，翟某甲对翟某丙、陈某虽未改称呼，但翟某甲结婚后，其媳妇称翟某丙、陈某为爸妈，翟某甲每年探亲假均是回北京探望翟某丙、陈某。翟某甲被收养后未再与其生父共同生活，未赡养其生父，未继承生父遗产，生父葬礼亦是由翟某甲姐姐一手操办，翟某甲仅在葬礼前一天赶到，葬礼仪式均依照翟某甲姐姐安排进行。对上述证人证言，翟某乙、翟某丁均不予认可，认为翟某丙、陈某并未收养翟某甲为养子，翟某甲奶奶为了照顾翟某甲带其去北京共同生活，翟某甲是其生父唯一的儿子，其生父没有送养翟某甲，翟某甲虽在北京生活，但未中断与其生父的联系，其生父去世后，翟某甲是以儿子的身份参加的葬礼。

庭审中，翟某甲向法庭提交了翟某丙 1980 年干部履历表、插队工作证明、北京市勘察设计研究院证明、骨灰安放证、骨灰墙业务流程单、户籍证明等多个文件，分别证明翟某丙、陈某生前未生育子女，收养了翟某甲，翟某丙系翟某甲的监护人，翟某甲为翟某丙、陈某办理善后事宜。其中翟某丙 1980 年干部履历表的家庭主要成员情况处记载：侄子，翟某甲，山西省电厂工人（从小在北京长大）。翟某甲以此证据证明其是翟某丙的家庭成员，翟某丙、陈某与翟某甲形成收养关系。翟某乙、翟某丁均认可该证据的真实性，但不认可证明目的，称翟某丙在履历表中明确写明翟某甲是侄子而不是儿子，翟某丙没有收养翟某甲的意思表示。

翟某乙、翟某丁不认可翟某丙、陈某与翟某甲存在收养关系，均向法庭提交了1958年翟某丙科级干部分析材料，1963年、1980年翟某丙干部履历表，1980年陈某干部履历表，证明翟某丙、陈某在上述履历表中均未写翟某甲是养子的情况，翟某丙、陈某未承认翟某甲是养子。此外，翟某丁向法庭提交了翟某丙1983年干部任职呈报表，该表家庭成员一栏中填写：爱人陈某，女儿翟某戊，侄子翟某甲，哥哥翟某，弟弟翟某乙，妹妹翟某丁。翟某丁提交上述证据证明翟某甲是翟某丙的侄子，并不是养子。对上述证据，翟某乙予以认可，翟某甲认可真实性，但不认可证明目的。

法院判决

一审法院经审理认为：本案中，翟某甲主张其生父翟某1958年将其送养给翟某丙、陈某，翟某甲与翟某丙、陈某形成了事实上的收养关系，但在翟某甲主张的收养关系当中，送养人翟某及收养人翟某丙、陈某均已去世，收养关系中的收养人主体已不存在，翟某乙、翟某丁并不是收养关系当中的适格主体，故法院裁定驳回翟某甲的起诉。翟某甲如认为其与翟某丙、陈某成立事实上的收养关系，对翟某丙、陈某的遗产享有继承权，可直接在继承案件中主张相关权益。

翟某甲不服一审裁定，提起上诉。请求：撤销一审裁定；确认上诉人与翟某丙、陈某存在收养关系。理由是：本案是确认收养关系之诉，原告只需就作为诉讼标的的实体法律关系有确认的利益，就可以成为适格的当事人，而被告只要与原告对作为诉讼标的的实体法律关系有争议，就能成为适格的被告。因翟某乙与翟某丁对翟某甲主张与翟某丙、陈某存在收养关系持有异议，故其参加本案诉讼的请求合理。一审法院为了驳回原告翟某甲的起诉，对实体事实部分不予审理，在程序法上故意驳回原告翟某甲的起诉，侵害了上诉人的合法权益。

二审法院经审理认为：本案一审时翟某甲所主张收养关系中的送养人翟某及收养人翟某丙、陈某均已去世，收养关系中的重要主体出现缺失，且已经列为当事人的翟某乙、翟某丁又不是收养关系当中的适格主体，故一审法院裁定驳回翟某甲的起诉并无不妥，遂裁定：驳回上诉，维持原裁定。

律师点评

本案的争议焦点为翟某乙、翟某丁是不是本案的适格被告。如前所述，收养关系需由送养人、收养人和被收养人三方共同参与方可成立，相应地，因确认收养关系所发生的争议，也应在收养关系各方当事人的参与下方可成立和解决。

本案中，翟某甲主张的收养关系当中，送养人翟某及收养人翟某丙、陈某均已去世，已不具备成立确认收养关系纠纷的法定条件，这也是两审法院均驳回翟某甲起诉的原因。翟某甲请求法院确认其与翟某丙、陈某成立事实上的收养关系的目的是继承翟某丙、陈某的遗产，本案因被告主体不适格被法院驳回起诉，并不代表翟某甲就彻底丧失了主张其对翟某丙、陈某的遗产享有继承权的机会。事实上，翟某甲可以直接通过法定继承纠纷立案，在继承案件中，请求法院确认其与翟某丙、陈某的收养关系，从而实现其继承翟某丙、陈某遗产的主张。

第二节　解除收养关系纠纷

一、理论概述与实务指引

（一）解除收养的法律依据

收养关系可以通过法律行为依法设立，在符合法律相关规定的情况下，也可以依法解除。《中华人民共和国收养法》第二十六条、第二十七条规定了收养关系的两种解除方式，即协议解除和诉讼解除，为解除收养关系提供了法律依据。

（二）解除收养的方式

1. 协议解除

《中华人民共和国民法典》第一千一百一十四条第一款规定：收养人在被收养人成年以前，不得解除收养关系，但是收养人、送养人双方协议解除的除外。养子女八周岁以上的，应当征得本人同意。《中华人民共和国民法典》第一千一百一十五条规定：养父母与成年养子女关系恶化、无法共同生活的，可以协议解除收养关系。从以上规定可知，协议解除收养关系有下列条件：其一，在养子女成年前，协议解除收养关系须收养人、送养人一致同意，同时应当尊重八周岁以上的未成年人本人的意愿。其二，在养子女成年后，协议解除收养关系不需要送养人同意，仅由收养人、被收养人双方一致同意即可。此外，协议解除收养关系除了上述当事人就解除收养关系达成一致意见外，还需要到民政部门办理解除收养关系登记。①

2. 诉讼解除

《中华人民共和国民法典》第一千一百一十四条第二款规定：收养人不履行抚养义务，有虐待、遗弃等侵害未成年养子女合法权益行为的，送养人有权要求解除养父母与养子女间的收养关系。送养人、收养人不能达成解除收养关系协议的，可以向人民法院提起诉讼。《中华人民共和国民法典》第一千一百一十五条规定：养父母与成年养子女关系恶化、无法共同生活的，可以协议解除收养关系。不能达成协议的，可以向人民法院提起诉讼。从以上规定可知，在收养关系当事人无法就解除收养关系达成一致意见时，可以就该问题向人民法院起诉。

3. 实践中，收养关系解除的几种情形

（1）收养人解除对未成年养子女的收养

根据《中华人民共和国民法典》第一千一百一十四条第一款的规定，在养子女成年以前，收养人不得提出解除收养关系，除非得到送养人的同意，与送养人签订解除收养协议。

---

① 《中华人民共和国民法典》第一千一百一十六条。

（2）送养人解除对未成年养子女的收养

根据《中华人民共和国民法典》第一千一百一十四条的规定，在养子女成年以前，送养人单方提出解除收养关系，也无法得到法律的支持，除非得到收养人的同意，与收养人签订解除收养协议。如果收养人不履行收养义务，有虐待、遗弃等侵害未成年养子女合法权益的行为的，送养人可以要求解除收养关系，如果送养人与收养人无法达成解除收养关系协议的，送养人可以向人民法院起诉。

（3）收养人与成年养子女解除收养关系

根据《中华人民共和国民法典》第一千一百一十五条的规定，养父母与成年养子女关系恶化、无法共同生活的，可以协议解除收养关系。不能达成协议的，可以向人民法院起诉。

4. 收养关系解除的法律后果

（1）根据《中华人民共和国民法典》第一千一百一十七条的规定，收养关系解除后，养子女与养父母及其近亲属间的权利义务关系即行消除。养子女与养父母之间不再具有抚养、教育、保护、赡养扶助和继承遗产等权利义务关系。

（2）收养关系解除后，为了保护未成年养子女的合法权益，未成年养子女与生父母及其他近亲属间的权利义务关系自行恢复，但成年养子女与生父母及其他近亲属间的权利义务是否恢复，可以协商确定。①

（3）收养关系解除后，成年养子女的生活费给付义务和养父母的补偿请求权。

根据《中华人民共和国民法典》第一千一百一十八条的规定，收养关系解除后，经养父母抚养的成年养子女，对缺乏劳动能力又缺乏生活来源的养父母，应当给付生活费。因养子女成年后虐待、遗弃养父母而解除收养关系的，养父母可以要求养子女补偿收养期间支出的抚养费。

生父母要求解除收养关系的，养父母可以要求生父母适当补偿收养期间支出的抚养费；但是，因养父母虐待、遗弃养子女而解除收养关系的除外。

---

① 《中华人民共和国民法典》第一千一百一十七条。

二、办案思路与实战技巧

因收养关系是依照法定的条件和程序建立的拟制血亲关系，具有特殊的人身关系性质，因此，在司法实践中对要求解除收养关系的案件，法院会格外慎重对待。在此类案件的处理上，应注意掌握以下办理思路：

1. 要求解除收养关系的案件，证实收养关系的存在是第一步；如无法证实，起诉将被法院驳回。

【案例 14.1】胡某某、倪甲诉倪乙解除收养关系纠纷案①中，胡某某、倪甲诉称，1976 年 2 月收养倪乙，并将倪乙视为亲生，尽心尽责抚养至 1998 年。然倪乙隐瞒胡某某、倪甲与他人结婚并离家，自 1998 年 4 月起至今，倪乙从未尽过赡养老人的义务，故胡某某、倪甲诉至法院，请求法院解除与倪乙之间的收养关系。一审、二审法院经审理认为，胡某某、倪甲起诉要求解除收养关系，首先应该提供证据证明胡某某、倪甲与倪乙双方成立收养关系的事实，因本案中胡某某、倪甲并未提供充分证据证明双方存在收养关系，未满足起诉条件。因此对胡某某、倪甲的请求不予支持。

2. 要求解除收养关系的一方应对存在法定解除事由充分举证，方可获得法院支持。

（1）养父母或成年养子女起诉要求解除收养关系的，应举证双方关系严重恶化、确实无法共同生活。

（2）送养人起诉收养人要求解除收养关系的，应举证收养人有虐待、遗弃等侵害未成年养子女合法权益的行为。

3. 因案件的人身关系特性，解除收养关系的案件存在经审查认为双方关

---

① 审理法院：上海市第二中级人民法院，案号：（2014）沪二中民一（民）终字第 1386 号，载中国裁判文书网，https：//wenshu. court. gov. cn/website/wenshu/181107ANFZ0BXSK4/index. html? docId = vUmy3C2ryok6FDqxGcdBKuhHN0RgUMMInJWM/EJsrEaa+uU/iFdjeJO3qNaLMqsJUTWcuuSWqFJE3z3XhifmxiN05NRB6QgWvb77MR4zDn49GK + CwpoKNeTSLIdw + TCA，最后访问时间：2022 年 10 月 16 日。

系尚未恶化到确实无法共同生活的程度，不准予解除收养关系的情形。这种情况下，如一方坚持解除的，再次向法院起诉，一般会获得支持。

这样处理的目的，一方面是慎重起见，考虑双方长期共同生活建立起的父母子女的情感不宜轻易否定；另一方面亦是给予双方重新弥合情感裂缝的机会。但如果之后双方仍未能修复好情感，一方坚持解除、再次起诉主张的，法院一般会予以支持。

【案例 14.2】钟某某与张某某解除收养关系纠纷案①中，钟某某诉称，其与配偶于 1963 年收养张某某，并将张某某抚育成人。近些年，双方因故产生矛盾。钟某某夫妇曾于 2010 年诉至法院，要求与张某某解除收养关系，但未获法院支持。之后，双方矛盾并未缓和。2013 年，钟某某丈夫去世后，张某某未出席葬礼。钟某某以张某某不尽孝道，经常辱骂钟某某，并且不参加钟某某丈夫的葬礼为由，要求解除其与张某某的收养关系。一审法院认为，钟某某与张某某因故产生矛盾，致使双方关系恶化，钟某某与其丈夫亦曾为此诉诸法院，要求与张某某解除收养关系，虽未获法院准许，但之后，双方关系并未改善，相反，钟某某丈夫去世，张某某未能出席葬礼，可见双方关系确已恶化，故钟某某要求解除收养关系，应予以准许。一审法院遂判决钟某某与张某某解除收养关系。张某某不服一审判决，提起上诉。二审法院经审理认为一审判决查明事实清楚，适用法律正确，遂驳回张某某上诉，维持原判。

---

① 审理法院：上海市第二中级人民法院，案号：（2014）沪二中民一（民）终字第 1079 号，载中国裁判文书网，https：//wenshu. court. gov. cn/website/wenshu/181107ANFZ0BXSK4/index. html? docId=EmoQ6ORmLEc3yFqO3RJfUOdZjkuimzPrKWYluOKPyZeqZEGboYAlFJO3qNaLMqsJUTWcuuSWqFJE3z3XhifmxiN05NRB6QgWvb77MR4zDn5WaJBbOuE8Elb7ou/CPzBY，最后访问时间：2022 年 12 月 30 日。

三、典型案例评析

案例 28：杨某甲、张某某与杨某乙解除收养关系纠纷案①

裁判主旨

收养行为发生在《中华人民共和国收养法》实施以前的，亲友、群众公认，或有关组织证明确以养父母与养子女关系长期共同生活的，虽未办理合法手续，也应按收养关系对待。收养关系解除后，经养父母抚养的成年子女，对缺乏劳动能力又缺乏生活来源的养父母，应当给付生活费；因养子女成年后虐待、遗弃养父母而解除收养关系的，养父母可以要求养子女补偿收养期间支出的生活费和教育费。

案情简介

1978 年 7 月，杨某甲与前夫收养出生仅一天的杨某乙，1979 年 2 月，杨某甲前夫病逝，1985 年杨某甲与张某某再婚，双方共同将杨某乙抚养成人，并为杨某乙操办了婚事。杨某乙建房时，杨某甲与张某某曾资助九棵大树，并将村组发的补偿款 5 人共计 40000 元交给杨某乙用于建房。近年来，杨某甲、张某某与杨某乙关系恶化，杨某乙不履行赡养义务，后经村组织进行调解并达成调解协议后，杨某乙仍拒不履行赡养义务。故依法提起诉讼，请求解除杨某甲、张某某与杨某乙之间的收养关系，并判令杨某乙补偿收养期间的生活费、教育费共计 42000 元。

一审法院审理查明：杨某甲与前夫生育三个女儿，现均已成年。1978 年 7 月，杨某甲与前夫收养出生仅一天的杨某乙。1979 年 2 月，杨某甲前夫病逝。1985 年杨某甲与张某某再婚，双方共同将杨某乙抚养成人，并为杨某乙

---

① 审理法院：陕西省洋县人民法院，案号：（2014）洋民初字第 00691 号，载中国裁判文书网，https：//wenshu. court. gov. cn/website/wenshu/181107ANFZ0BXSK4/index. html？ docId=0Bjffb7IIMU36BIfeI5mRozWdTEesqVkUIOa+6V3f7IeRuQ6QuFa3J/dgBYosE2gp6p68nCRWaKmJ+/AKHue4utpoVk8jY83WllbczIKweoGT9oWJfSE6eqtTwAQWeX/，最后访问时间：2022 年 11 月 15 日。

操办了婚事。杨某甲、张某某与杨某乙共同生活期间，双方多次发生纠纷，虽经村组多次调解，但双方关系仍极其恶化。2014 年 5 月，杨某甲、张某某向本院起诉，请求依法解除与杨某乙的收养关系，并请求杨某乙补偿收养期间的生活费、教育费共计 42000 元。案件审理中，双方均同意解除收养关系，但对支付杨某甲、张某某生活费之数额分歧较大，无法达成一致意见。

法院判决

法院经审理认为，杨某甲与前夫于 1978 年 7 月收养被告，虽未办理收养登记手续，但该行为发生于《中华人民共和国收养法》实施以前，且被亲友、群众公认双方系养母子关系，双方长期共同生活，故杨某甲与被告之间的事实收养关系成立。而张某某 1985 年与杨某甲结婚，其对于杨某甲收养杨某乙的事实并未表示反对，且其与杨某甲共同对杨某乙进行了抚养，故张某某与杨某乙之间亦形成事实收养关系。现杨某甲、张某某与杨某乙之间关系恶化，经村组调解，双方亦无法共同生活；杨某甲、张某某起诉解除收养关系，杨某乙当庭亦表示同意解除收养关系，故对杨某甲、张某某与杨某乙之间的收养关系应予解除。

收养关系解除后，经养父母抚养的成年养子女，对缺乏劳动能力又缺乏生活来源的养父母，应当给付生活费。因杨某甲、张某某现患病，且年龄较大，缺乏劳动能力，故在收养关系解除后，杨某乙应当支付相应的生活费。考虑到杨某甲、张某某与杨某乙之间关系恶化，该生活费一次性给付较妥。结合当地实际生活状况及杨某甲、张某某另有三个女儿承担赡养义务的事实，本院酌情确定由杨某乙一次性给付杨某甲、张某某生活费 28000 元。

因无证据证明杨某乙对杨某甲、张某某有虐待、遗弃行为，故杨某甲、张某某请求被告补偿收养期间的生活费和教育费之诉讼请求，依法不予支持。

律师点评

本案的争议焦点为：1. 杨某甲收养杨某乙未办理相关的收养手续，收养关系是否成立。2. 杨某甲、张某某主张杨某乙给付生活费是否可以得到法律的支持。3. 杨某乙是否存在虐待、遗弃杨某甲、张某某的行为。

针对收养关系是否成立的争议焦点，根据《最高人民法院关于贯彻执行民事政策法律若干问题的意见》第二十八条的规定，杨某甲于 1978 年 7 月收养杨某乙，虽未办理相关的收养手续，但收养行为发生在《中华人民共和国收养法》实施之前，且双方对收养事实无异议，双方当事人周围的群众也公认，杨某甲、张某某收养杨某乙并将其抚养成人，尽了抚养义务，因此，杨某甲、张某某与杨某乙已经形成事实上的收养关系。

针对杨某乙是否应给付杨某甲、张某某生活费的争议焦点，根据《中华人民共和国收养法》的规定，收养关系解除后，经养父母抚养的成年子女，对缺乏劳动能力又缺乏生活来源的养父母，应当给付生活费。结合本案中杨某甲、张某某的具体情况，杨某甲、张某某现患病，且年龄较大，缺乏劳动能力，故在收养关系解除后，杨某乙应当支付相应生活费。考虑到杨某甲、张某某与杨某乙之间关系恶化，该生活费一次性给付较妥。

针对杨某乙是否存在虐待、遗弃杨某甲、张某某的行为的争议焦点，法院以无证据证明为由驳回杨某甲、张某某的诉讼请求。根据笔者的实务经验，法院在认定被收养人是否存在虐待、遗弃收养人时，是非常谨慎的，除非收养人能就被虐待、遗弃的事实进行充分的举证，否则均难以得到法院的支持。

第十五章　探望权纠纷

第一节　理论概述与实务指引

一、探望权纠纷处理的法律依据

（一）探望权的概念

探望权，也称探视权，是指夫妻离婚后，不直接抚养子女的一方，享有与子女保持通信，对子女进行探望、管教、保护等权利。

（二）探望权的法律依据

根据《中华人民共和国民法典》第一千零八十六条的规定，离婚后，不直接抚养子女的父或者母，有探望子女的权利，另一方有协助的义务。行使探望权利的方式、时间由当事人协议；协议不成的，由人民法院判决。父或母探望子女，不利于子女身心健康的，由人民法院依法中止探望；中止的事由消失后，应当恢复探望。

《最高人民法院关于适用〈中华人民共和国民法典〉婚姻家庭编的解释（一）》对《中华人民共和国民法典》第一千零八十六条作出了补充，其中第六十五条规定，人民法院作出的生效的离婚判决中未涉及探望权，当事人就探望权问题单独提起诉讼的，人民法院应予受理。第六十六条规定，当事人在履行生效判决、裁定或者调解书的过程中，一方请求中止探望的，人民法院在征询双方当事人意见后，认为需要中止探望的，依法作出裁定；中止探望的情形消失后，人民法院应当根据当事人的请求书面通知其恢复探望。第六十七条规定，未成年子女、直接抚养子女的父或者母以及其他对未成年子女负担抚养、教育、保护义务的法定监护人，有权向人民法院提出中止探望的请求。

二、探望权的主体

（一）探望权的义务主体

探望权的义务主体，是指直接抚养孩子的父或母一方。探望权的存在主要基于血缘关系，体现人伦的内涵，探望人和被探望人通过探望而获得情感的满足和精神的愉悦，因此，探望权不因父母离婚而被割裂，也不因其他法律事由而归于消灭，从人伦道德的角度以及保护未成年子女权益出发，直接抚养孩子的父或母一方不能以任何财产性义务或其他事由限制不直接抚养子女的父或母的探望权。

（二）探望权的权利主体

1. 不直接抚养孩子的父或母一方

《中华人民共和国民法典》第一千零八十六条规定，探望权的权利主体，是离婚后不直接抚养孩子的父或母一方。但在近年的司法实践中，也认可在夫妻婚内分居的情况下，未与子女共同生活的一方的探望权。

【案例 15. 1】韩某与董某探望权纠纷案①中，董某与韩某未办理离婚手续，夫妻处于分居状态，董某未经韩某同意将孩子韩小某带走，韩某去探望韩小某时，董某及董某的父亲拒绝并阻碍韩某探望，西安市中级人民法院经审理认为，抚养权作为一种亲权，是父母对其子女的一项人身权利，当然包括分居期间不直接抚养孩子的一方探视子女的权利，对此另一方有协助的义务。韩某和董某婚姻关系仍然存在，只是分居而已，两人均为韩小某的法定

---

① 本案系陕西省高级人民法院 2011 年参阅案例，载陕西法院网，http：//sxgy. sxfywcourt. gov. cn/article/detail/2013/12/id/2296310. shtml，最后访问时间：2022 年 11 月 15 日。

监护人，故韩某对韩小某仍有法定的监护抚养义务，其当然享有抚养、探望韩小某的权利，这是法定监护人行使抚养权的体现。因此，法院支持韩某关于要求探望韩小某的诉讼请求。

2. 不直接抚养孩子的父或母一方的父母对孙子女的隔代探望权

在监护权纠纷一章中，一旦夫妻离婚、一方过世或丧失行为能力时，祖父母或者外祖父母是否有权利主张对孙子女、外孙子女进行探望。对于该问题，我们目前的法律法规尚无明确的规定，但在近年的司法实践中，也有支持失独老人具有探望孙子女权利的案例。

【案例 15.2】陶某与张某、秦某探望权纠纷案①中，张某、秦某夫妇的独生子张甲于2006年5月经人介绍与陶某相识，后张甲与陶某于2007年6月登记结婚，于2008年4月在民政局协议离婚，于2008年7月登记复婚，于2013年4月生女张乙。2014年6月23日，张甲起诉与陶某离婚，后于2014年9月1日撤诉。2015年4月14日张甲第二次起诉与陶某离婚，2015年4月21日张甲病故，该案终结诉讼。张甲病故次日，张某、秦某及亲戚至陶某居住的父母家发生纠纷，陶某及其母亲报警。此后，张某、秦某多次为探望张乙与陶某进行沟通，均未果。2016年11月、12月，张某、秦某委托江苏运泰律师事务所就探望张乙事宜与陶某进行沟通，希望通过协商就此事达成一致意见，亦未果。后张某、秦某起诉至法院，请求确认张某、秦某依法享有对陶甲（曾用名：张乙）的探望权，每月可以对其探望两次，每次2天；除上述时间外，法定节假日亦可进行探望，在探望期间可将陶甲带回张某家中短暂生活，陶某予以协助。

一审法院审理认为，《中华人民共和国婚姻法》虽然将探望主体规定为

---

① 审理法院：江苏省泰州市中级人民法院，案号：（2017）苏12民终1348号，载中国裁判文书网，https：//wenshu. court. gov. cn/website/wenshu/181107ANFZ0BXSK4/index. html? docId=ZWUIqLwQkQw0BZQu1g0nsEiO8q4ZphW4VjAniex1Fw72WQNRQYGb/p/dgBYosE2gp6p68nCRWaKmJ+/AKHue4utpoVk8jY83WllbczIKwepDyYE2KWP64anj8P4MUHic，最后访问时间：2022年11月15日。

离婚后不直接抚养子女的父或母，但在探望主体死亡或者丧失行为能力的情况下祖父母、外祖父母可否代替子女对孙子女或外孙子女进行探望未作明确规定。对此，从法律规定之精神和我国传统的家庭伦理及善良风俗进行综合衡量，允许失独老人隔代探望孙子女与公序良俗、社会公德相符，亦是对中华民族传统美德的继承与发扬：

第一，从探望权设立的初衷看，系为保护未成年子女的身心健康及情感需要，是亲属权的重要内容之一。允许其他成年近亲属代替已经死亡或者丧失行为能力的子女对孙子女或外孙子女进行探望，有助于培养未成年子女尊老、敬老的优良品质和责任心，对未成年人人格健全、身心健康成长有着积极意义，符合《中华人民共和国未成年人保护法》的保护原则。

第二，注重亲情、伦理、孝道是我国传统的家庭伦理及善良风俗。家庭不仅是生产和生活的中心，也是精神的寄托和情感的依附。赋予失独老人探望孙辈的权利能更好地促进长辈与晚辈的沟通与交流，不仅有利于青少年身心的健康成长，也有利于抚慰失独老人孤独、落寞的心，使他们重新燃起生活的希望，亦符合《中华人民共和国老年人权益保障法》规定老年人养老以居家为基础，享受家庭成员尊重、关心和照料的权利。

第三，《中华人民共和国继承法》赋予孙子女、外孙子女等在父或母先于祖父母、外祖父母死亡情形下有代位继承祖父母、外祖父母遗产的权利。《中华人民共和国婚姻法》规定有负担能力的祖父母、外祖父母，对于父母已经死亡或父母无力抚养的未成年的孙子女、外孙子女，有抚养的义务。可见失独老年人代替死亡子女行使探望权于法于理并不相悖，且与孙辈享有代位继承权利等法律原理相对应。

第四，近亲属担任未成年人的监护人应当遵循法定的顺序位阶，在未成年人有法定监护人的情形下，其他近亲属探望不得妨碍序位在先的监护人履行监护职责，否则监护人可依法要求中止不当探视。当然，监护人在依法行使监护权时亦应为其他近亲属合理探视提供必要之便利。

本案中，陶某作为陶甲的母亲是法定的第一顺位监护人，对陶甲的监护权毋庸置疑，作为陶甲的祖父母张某、秦某应当充分尊重陶某作为法定第一顺位监护人的权利。张某、秦某及陶某双方此前存在的种种矛盾后因张甲死亡而更加尖锐，最终以张某、秦某要求对陶甲行使探望权而与陶某对簿公堂。张某、秦某老年丧子，陶某中年丧偶，陶甲幼年丧父，均为人间莫大之不幸，张某、秦某、陶某如能尽弃前嫌，更多地从陶甲身心健康成长的角度考虑，既能从一定程度上弥补陶甲因幼年丧父而遭受的不幸，亦能使彼此已受伤害的心灵免受更加严重的伤害。鉴于张某、秦某在法庭的疏导及自身的反省下，已承诺不再纠缠过去的矛盾，并当庭对陶某及其父母赔礼道歉、主动缓和双方关系，故可支持其采用适当方式探望陶甲。陶某作为直接抚养人也应理解和尊重张某、秦某，并感念他们在精神及物质上给予陶甲的帮助，其家人在两位失独老人进行探望时应当给予恰当的、必要的便利，共同营造有利于孩子健康成长的良好环境。如果今后因张某、秦某探望陶甲不利于陶甲身心健康，作为第一顺位的监护人陶某可以通过法定途径依法维护其监护权的行使。

一审法院判决：(1) 自判决发生法律效力之日的次月起至陶甲年满 10 周岁时止，张某、秦某可每月探望陶甲两次，陶某负有协助配合义务。具体探望方式为：每次的探望时间以三小时为限，以陶某经常居住地或由陶某指定的地点（本市市区范围内）为宜。(2) 驳回张某、秦某的其他诉讼请求。

陶某不服提起上诉称：(1) 陶某是陶甲的法定监护人，张某、秦某是陶甲的祖父母，不是监护人。(2) 张某、秦某多次损害陶甲的利益和身心健康，影响陶甲的正常生活，不适宜探视陶甲。第一，张某、秦某有严重的重男轻女思想，四年来对陶甲不闻不问，更没有花费一分钱，如不送红蛋、在陶甲百天时制造矛盾；第二，张某、秦某多次怂恿儿子张甲与陶某离婚，拒绝陶某和陶甲回家居住，在离婚诉讼中，张甲因病未能及时合理得到救治而去世，致使陶甲失去父亲；第三，张某、秦某恶毒诅咒陶某母女及陶某父母，损害陶甲的利益和身心健康，影响陶甲的正常生活。(3) 根据法律规定，法院也应判决驳回张某、秦某的诉讼请求。祖父母只有在父母已去世或没有监护能力的情况下，才能担任监护人，本案并不具备这一情形，张某、秦某的探望权无法律依据，陶某作为陶甲的法定监护人业已明确拒绝其探望，故其探望请求不应得到支持。(4) 张某、秦某至今未将属于陶某和陶甲的泰州市某某花园某幢某室的大门钥匙给陶某，且对自己的错误行为不深刻检讨，赔礼道歉敷衍了事，致使陶某不愿意满足张某、秦某的探望请求。

二审法院审理认为：《中华人民共和国婚姻法》第三十八条规定，离婚后，不直接抚养子女的父或母，有探望子女的权利，另一方有协助的义务。虽然该条法律仅明确了离婚后不直接抚养子女的父或母的探望权，但对于前述探望主体去世的情形下其父母可否代为探望并未明确禁止。从探望权的立法精神、未成年人及老年人权益保护、重塑家庭伦理亲情等方面综合考虑，应对张某、秦某的探望权请求予以支持：

第一，探望权系亲权的延伸，是基于父母与子女之间特定身份关系而衍生出来的，是为了保护子女的利益而设定的权利，是血缘关系中的固有亲情之体现。祖父母与孙子女具有基于特殊血缘情感而产生的特殊身份，不因父母婚姻关系的结束而消灭，对祖父母探望孙子女的主张予以保护，不仅能够满足祖父母对孙子女的关心、抚养、教育的情感需要，对孙子女也是天伦共享的行为，系符天理、合人伦之举，能一定程度上弥补逝者在子女关爱上的缺位，保护未成年孙子女的身心健康及情感需要，对孙子女的价值观形成起到积极的作用，更符合探望权的伦理价值取向和社会善良风俗。

第二，从权利义务对等性角度考虑，失独老人也应对孙子女享有探望权。依据《中华人民共和国继承法》的规定，失独老人的孙子女对失独老人的遗产往往享有代位继承权。在代位继承遗产的同时，以赋予探望权的形式保障老人的精神养老需求，也符合权利义务的对等性要求。

第三，允许失独老人探望孙子女是慰藉老年人心灵、帮助其树立生活信念的重要途径。《中华人民共和国老年人权益保障法》第十三条规定，老年人养老以居家为基础，家庭成员应当尊重、关心和照料老年人。张某、秦某老年丧子，是人生一大悲痛，其对陶甲有强烈的精神寄托感也是人之常情，符合我国传统家庭伦理观，而该精神寄托感具体表现为能否得以与子女相处、看望、问候、关爱等慰藉形式，探望即是典型的该精神慰藉需求行为。张某、秦某二审中也再次书面承诺不会影响陶甲的正常生活，主动缓和双方之间的关系，故依据现有证据不能认定张某及秦某探望陶甲会对陶甲产生不利影响。

裁判时适用的《中华人民共和国民法通则》以10周岁为限，对未成年人区分为无民事行为能力人和限制民事行为能力人，并以此认定其对某一事项如是否愿意被探望有无认知和表达能力，故一审法院酌定至陶甲年满10周岁时止张某、秦某可进行探望，并无不当。鉴于张某、秦某和陶某同在泰州市，距离较近，一审法院酌定的探望方式，并无不当。二审法院判决驳回陶某的上诉请求，维持原判。

第二节 办案思路与实战技巧

依据探望权纠纷发生的法律事由，可将探望权纠纷划分为以下几种类型。下面，笔者根据各类型纠纷的特点分别探讨办理探望权纠纷案件的办案思路与实战技巧。

一、因探望权的行使而产生的纠纷

1. 一方以对方拒绝、阻碍己方探望权的行使为由起诉要求行使探望权

实践中，大量存在直接抚养子女的一方因对方未及时支付抚养费而拒绝其探望要求，或者因离婚时对对方产生的怨恨未消，心结未解开，为了报复对方而拒绝对方的探望要求等情形。对此，即使直接抚养子女的一方以种种理由抗辩其拒绝对方探望事出有因，只要没有法律规定的应当中止或者剥夺探望权的情形存在的，法院一般会支持未直接抚养子女的一方提出的探望要求。

【案例15.3】杨某诉韩某探望权纠纷案①中，韩某与杨某于2014年12月1日离婚，婚生女杨小某归杨某抚养，韩某每月支付抚养费1000元。2015年3月11日，韩某以杨某不让其看望孩子为由将杨某诉至法院。一审

---

① 审理法院：沈阳市中级人民法院，案号：（2015）沈中少民终字第00284号，载中国裁判文书网，https：//wenshu. court. gov. cn/website/wenshu/181107ANFZ0BXSK4/index. html? docId=3uFe0YX95zFbTMwz6MFr5f+rhf58O+FppfMTV/bMiz/Iq/IW3BsdLp/dgBYosE2gp6p68nCRWaKmJ+/AKHue4utpoVk8jY83WllbczIKweoZpYaxWyU8qq2HVacsHbRc，最后访问时间：2022年11月15日。

法院审理后判决韩某每周可探视婚生女杨小某一次。每次探视的时间限于周五 17 时韩某亲自将孩子从杨某处接走，次日 17 时前韩某将孩子送回，杨某应予以协助。杨某不服一审判决，上诉至沈阳市中级人民法院，以韩某不能保证孩子安全、韩某工作性质不能保证陪孩子时间等为由，要求二审法院改判韩某每个月只能探望两次，且不能过夜。二审法院经审理认为，杨某所提出的理由未有证据予以证明，法院不予采纳，一审法院判决确定的探望时间和方式符合法律规定，也有利于孩子的身心健康，二审法院予以维持。

2. 一方以之前确定的探望权行使方式存在问题为由起诉要求变更探望权行使方式

实践中，提起该类诉讼的原告既包括直接抚养子女的一方，亦包括未直接抚养子女的一方，提起诉讼的一方均是对现有探望权行使方式不满，起诉要求变更探望权行使的方式，所提出的理由各式各样：既定的探望时间和方式与自己的工作生活安排不匹配、探望时间过多或过少，甚至是对方不能保证孩子的安全等原因。

对于此类型案件的处理，法院往往采取审慎的态度，遵循儿童利益优先并兼顾履行及执行的原则。在全面考察双方当事人的居住、生活和工作情况的基础上，以子女利益（身心健康、生活、学习）优先为首要原则，同时充分兼顾今后探望权的实际执行，寻找到各方利益平衡点并确定最佳探望方式，最大限度地实现探望权的立法初衷，保障子女及父母各方的利益和诉求。

在综合考量的基础上，如已经确定的探望权行使方式符合法律规定，有利于子女的身心健康，则非因特殊理由不得随意改变。同样地，如经过多方权衡，既定的探望权行使方式确实有违子女利益优先的原则或不利于探望权的长期履行的，亦可准予变更。

二、因探望权的中止而产生的纠纷

《中华人民共和国民法典》第一千零八十六条第三款规定：父或者母探望子女，不利于子女身心健康的，由人民法院依法中止探望；中止的事由消失后，应当恢复探望。可见，我国法律将“不利于子女身心健康”作为探望权中止的唯一法定事由。对于何种情况下构成“不利于子女身心健康”的情形，法律并无明确的规定，实践中认为包括以下情况：

1. 探望权人是无民事行为能力人的。

2. 探望权人患有严重传染性疾病或者其他严重疾病，可能影响子女身体健康的。

3. 探望权人有吸毒、酗酒等不良行为，可能会危及子女健康的。

4. 探望权人与子女感情严重恶化，子女拒绝其探望的。

5. 探望权人在行使探望权时对子女有侵权或者犯罪行为，损害子女权益的。

6. 发生过借探望之机藏匿子女的行为或者有明显藏匿倾向的。

7. 探望权人在探望期间，有教唆、胁迫、引诱子女作出违法行为的。

8. 其他不利于子女身心健康的情形。

实践中，法院在审理一方提出的中止探望的案件时，会着重审查其中止申请有无充分的理据支持，一般情况下，如提出请求一方无充分证据或者其证实的情形并不属于法律认可的不利于子女身心健康情形的，法院一般不予支持。

需要明确的是，探望权的“中止”不同于“终止”，只有在探望权人或被探望权人死亡、被探望权人成年的情况下，探望权才会终止。所谓的中止探望权，系因出现了探望权人行使探望权不利于子女身心健康的情况，探望权人暂时停止行使探望权，在不利于子女身心健康的情形消失后，就应该恢复其探望的权利。

【案例 15.4】朱某甲与彭某某探望权纠纷案[①]中，彭某某与朱某甲于 2012 年 10 月经他人介绍相识恋爱并同居生活。2013 年 8 月 2 日朱某甲生育

---

① 审理法院：江西省萍乡市中级人民法院，案号：（2016）赣 03 民终 311 号，载中国裁判文书网，https：//wenshu. court. gov. cn/website/wenshu/181107ANFZ0BXSK4/index. html？docId=VQTcRSDTJBAXTKBKG5BiWPyYHyjEp7BIEkhgWxtkaZEaHoHTh7D9Ep/dgBYosE2gp6p68nCRWaKmJ+/AKHue4utpoVk8jY83WllbczIKweoXZlxAnlDozoSvFq7uHuRw，最后访问时间：2022 年 11 月 15 日。

一子，取名朱某乙。小孩出生后，双方未办理结婚登记，亦没有继续同居生活，朱某甲携子回娘家居住，双方所生子朱某乙一直由朱某甲抚养至今。其间双方因小孩抚养权及抚养费产生纠纷后，双方先后向本院起诉，经一审法院判决确认小孩朱某乙由朱某甲抚养，彭某某每月承担抚养费800元，并支付2014年7月至2015年12月拖欠的抚养费共计14400元。判决生效后彭某某履行了义务。但朱某甲认为小孩生病时原告未尽义务，不同意彭某某探望小孩。2016年1月29日彭某某诉至一审法院，要求每月探望小孩二次，具体方式为周六或周日由其上午带小孩回家，下午予以送回；寒暑假则轮流抚养。

一审法院认为，彭某某、朱某甲在恋爱同居期间所生子属于双方的非婚生子。依照《中华人民共和国婚姻法》的规定，非婚生子女享有与婚生子女同等的权利，父母对非婚生子有教育和抚养的义务。不直接抚养子女的父或母，有探望子女的权利，另一方有协助的义务。行使探望权的方式、时间由当事人协议，协议不成由人民法院判决。双方因非婚生子朱某乙的抚养问题发生纠纷后，经一审法院判决已确定由朱某甲抚养成人，并由彭某某承担抚养费用。现双方的非婚生子朱某乙已由朱某甲抚养，彭某某亦按照判决履行了义务；彭某某依法享有探望小孩的权利，朱某甲以小孩年幼多病及彭某某前期有咒骂小孩的行为不同意彭某某探望小孩不符合法律规定，该辩驳理由一审依法不予采纳。彭某某要求探望小孩的主张应予支持；但鉴于小孩年幼，彭某某每月行使一次探望权更有利于小孩的健康成长；彭某某要求探望二次及寒暑假期间轮流抚养小孩，一审不予采纳。依照《中华人民共和国婚姻法》第二十五条、第三十八条之规定，判决：（1）彭某某对其所生非婚生子朱某乙享有探望权，探望方式为：自2016年4月1日起，每月的最后一个周六当日其非婚生子朱某乙跟随彭某某生活，并在当日18点以前送回给朱某甲抚养。朱某甲对彭某某的探望应予协助。（2）驳回彭某某其他诉讼请求。

朱某甲不服并提起上诉。

二审法院审理认为，本案系探望权纠纷。根据我国法律规定，探望权是未直接抚养子女的父亲或母亲一方对子女的一项法定权利，除非出现法定事由即一方行使探望权不利于子女身心健康，才暂时中止探望权的行使。本案中，朱某甲与彭某某恋爱同居期间生育一子朱某乙，经一审法院判决确定朱某乙由上诉人朱某甲抚养，彭某某承担相应抚养费用，彭某某依法享有对朱某乙探望的权利。

朱某甲上诉所称的彭某某未支付相关费用等理由并非中止探望权的法定事由，且彭某某亦按生效判决履行了支付抚养费的义务。至于朱某甲提出朱某乙患有多种疾病，不同意彭某某进行探望，根据保健院的诊断证明书记载：对先天性佝偻病医院建议户外活动、门诊治疗；对先天性散光偏高、弱视，医院建议定期复诊，弱视训练，坚持带镜；对佝偻病合并迁延性肺炎、湿疹、过敏性鼻炎、荨麻疹、支气管哮喘，医院建议慢性病需长期治疗，上述诊断均不能证明彭某某行使探望权必然会影响朱某乙的身心健康。且子女患有疾病，母亲一方固然有照顾看护子女的义务，作为父亲一方的彭某某亦有照顾探望子女的权利及义务。一审从有利于孩子身心健康角度出发，结合朱某乙年幼多病的客观情况，判决彭某某每月探望朱某乙一次，恰当合理，并无不妥。朱某甲的上诉主张无事实与法律依据，本院不予支持。

三、因探望权的恢复而产生的纠纷

《中华人民共和国民法典》第一千零八十六条第三款规定："……中止的事由消失后，应当恢复探望。"可见，探望权的中止是可逆转的，当中止探望的情形消失后，探望权人可以通过诉讼的方式申请恢复探望的权利。但此时应当明确以下条件：

1. 中止探望的事由即不利于子女身心健康的情形完全消失。

2. 探望权的恢复必须经由法定的程序。即使中止探望的事由消失，探望权亦不可自行恢复，而应向法院提出请求，经由法院审查决定是否准予恢复。

第三节　典型案例评析

案例 29：孙某与贾某探望权纠纷案[①]

裁判主旨

如经过多方权衡，既定的探望权行使方式确实有违子女利益优先的原则，或不利于探望权的长期履行的，法院经审理，在符合子女利益优先原则的情况下，可准予变更。

案情简介

原告孙某与被告贾某于 2007 年 11 月结婚，2008 年 8 月 27 日协议离婚。2008 年 9 月 3 日，被告贾某生一女孙小某，后该女由孙某抚养。2009 年 4 月 20 日，因孩子的探望权问题，贾某诉至法院，该院作出调解书，对贾某探望女儿的时间、方式作出约定。2009 年 8 月、2010 年，原告孙某两次诉至法院，要求变更贾某对孙小某的探望方式和探望时间，法院均以既定的探望权行使方式符合法律规定，无不利于孙小某身心健康的情形，孙某主张变更探望权方式的理据不足而判决驳回孙某的诉讼请求。2012 年 9 月 5 日孙某以“孙小某已入学，调解书的执行不利于孩子的身心健康”为由，向法院要求变更被告贾某对孙某的探望方式和探望时间。经审查，孙某、贾某均在济南居住生活。孙某称其平时上班没有时间照看孙小某，故孙小某在寿光市第一中学幼儿园入托，由孙某的父母代为照看。孙某每月需频繁接送孙小某到济南给贾某探望，这对于孙某来说，无论在时间上还是经济上都无法承受。因此，孙某希望考虑孩子的学习情况和孙

---

① 最高人民法院 2014 年 11 月 24 日发布未成年人审判工作典型案例 98 例之一，载最高人民法院网站，https：//www. court. gov. cn/zixun-xiangqing-13447. html，最后访问时间：2022 年 11 月 15 日。

某的工作、经济情况，变更探望权行使方式，每月一到两次，寒暑假可灵活处理。

法院判决

法院经审理认为：原告再次要求变更探望时间和方式的诉讼请求不当，为此驳回孙某的诉讼请求。宣判后，原告孙某不服，提出上诉。济南市中级人民法院二审认为，孙某、贾某和孙小某分处两地，探望时间、空间均受客观限制，原定探望方式的实现存在实际困难。依照相关法律规定，决定撤销一审民事判决，判决自 2013 年 9 月起，被上诉人贾某每月探视孙某两次，孙某负有协助义务。

律师点评

本案的争议焦点是孙某提出变更法院调解书既定的探望时间和方式的理由是否正当？首先，孙某提出的第一个理由是，孙小某在寿光市第一中学幼儿园入托，而孙某、贾某在济南市生活、工作，孙某频繁地将孙小某从寿光市带往济南市给贾某探望，对孙小某的生活、学习造成不良的影响；其次，孙某提出的第二个理由是，频繁往来于寿光市和济南市，给孙某带来难以承受的时间负担和经济负担。因此，为了今后探望权的可实际履行，孙某请求贾某每月探望孙小某一到两次。孙某的该项请求最后得到了法院的支持。探望权的履行因父母感情破裂而存在障碍，因此本着务实的原则确定合理的探望方式非常重要。结合本案以及司法实践中大量的探望权纠纷案例，当事人向法院提出变更探望时间和方式时，如能够始终坚持以儿童利益优先的原则，并结合自身的实际情况，提出现有探望时间和方式的不合理之处，并有确切的证据予以证明，一般可得到法院的支持。

案例 30：黄某与刘某探望权纠纷案①

裁判主旨

法院在处理探望权纠纷案件的过程中，要始终以被探望人权益优先为原则，当无法确定被探望人现有生活环境是否有利于其健康成长时，可由法院聘请社会观护员对被探望人的生活环境、身心发展等情况进行调查，以最大限度地保护被探望人的合法权益。

案情简介

原告黄某与被告刘某原系夫妻，儿子小黄出生六个月即送至扬州外祖父母处。后双方因感情不和离婚，小黄继续由外祖父母抚养并在扬州读幼儿园。作为父亲的黄某，自从离婚后就再也没有见到儿子小黄。2011 年 12 月，他向上海市闸北区人民法院（以下简称闸北法院）提起诉讼，以上海的经济、生活条件、就学条件等更有利于孩子成长为由，坚持要在上海以每周一次的频率探望小黄。法庭上，刘某拒绝了黄某的要求。原来，因为小黄的探视问题，夫妻双方早就产生矛盾。为看望孩子，黄某还曾带着几个家人去扬州刘某老家，与刘某父母发生了肢体冲突。刘某认为，黄某探望孩子是假，抢孩子是真，小黄六个月起就一直由外祖父母抚养，早已适应了扬州的生活；自己因为工作繁忙只是暂时不能将小黄带在身边，等到小黄要上小学时，肯定会把儿子接回上海读书。案件审理过程中，双方分歧较大，离婚时双方的对立情绪重新出现。

法院判决

法院经审理认为：黄某作为父亲享有探望儿子的权利，但具体的探望方式应最大限度地保障小黄的合法权益，不应有损孩子的身心健康。在案件审

① 最高人民法院 2014 年 11 月 24 日发布未成年人审判工作典型案例 98 例之一，载最高人民法院网站，https：//www. court. gov. cn/zixun-xiangqing-13447. html，最后访问时间 2022 年 11 月 15 日。

理过程中，少年庭的法官根据《中华人民共和国未成年人保护法》，特意安排了具有心理学背景的社会观护员上海市阳光社区青少年事务中心闸北工作站的社工黄某赴扬州对小黄的成长环境、身心发展等情况作了社会调查，提交了报告并当庭宣读。社会观护员出具了内容详实客观的调查报告，通过评估分析认为小黄现今成长环境稳定、有较好的生活和教育条件，身心发展状况良好。“自我认同感初步形成，具有一定的成就感，生理上具有安全感和归属感。”同时认为，小黄“长期与外祖父母一同生活，缺乏父爱关怀，建议有针对性地让父亲参与孩子的抚养活动”。

结合社会观护员出具的调查报告，准确考量小黄的生活状况，闸北法院认为，小黄现仅4周岁多，频繁往返上海与扬州打破了他原本稳定与平静的生活，黄某要求每周一次在上海探望孩子的诉求并不现实。以保障未成年人的合法权益为首要原则，闸北法院最终判决在小黄学龄前时期由黄某每月一次前往扬州探望。在判决书的结尾，法官善意地提醒这对昔日夫妻：“原、被告虽已离婚，但作为孩子的父母对儿子的爱是永恒的。希望双方及其家人在探视问题上多考虑、多关注孩子的感受和身心健康，在家庭方面为了孩子的成长营造良好的环境。”

律师点评

社会观护工作在未成年人民事审判工作中具有积极的作用。本案中，闸北法院所聘请的具有心理学背景的社会观护员在案件审理中起到重要的作用，其出具的社会调查报告反映出小黄现今的成长环境稳定、有较好的生活和教育条件，身心发展状况良好。该报告对法院作出有利于未成年人合法权益，促进未成年人健康成长的判决具有举足轻重的地位。

本案的情形在探望权纠纷和抚养权纠纷中非常常见，未直接抚养子女的父母一方通常以其生活的经济、就学条件等更有利于孩子成长为由，要求变更探望的时间和地点或者直接要求变更抚养权。那么让被探望人离开熟悉的成长环境到底符不符合被探望人的利益最大化呢？作为律师，当遇到上述问题，在说服法官作出有利于己方当事人的判断的时候，如果仅是从法律方面进行论述，恐怕难以取得积极效果。如果法官没有主动聘请社会观护员进行社会调查时，律师也可以积极向法院申请，促成社会观护员在该类型案件中发挥积极作用，对于实现当事人的委托往往能起到事半功倍的效果。

案例 31：张某与郭某某探望权纠纷案①

裁判主旨

在处理探望权纠纷时，应从充分保障未成年人合法权益的角度出发，设计出兼顾各方利益，并具有长期可执行性的探望方式。

案情简介

原告张某与被告郭某某原系夫妻。张某在妊娠期间发现郭某某与其他异性有暧昧关系，因而产生矛盾。张某与郭某某婚生之女小郭 1 岁时被诊断为运动发育迟缓，一级伤残，两人矛盾加剧。此后，张、郭二人先后向法院起诉离婚，因张某处于哺乳期等原因均未获支持。2012 年，郭某某再次向法院起诉离婚，张某同意，法院判决女儿小郭由父亲郭某某抚养，考虑到张、郭之间矛盾严重激化，未支持张某的探望权请求。一审判决后，张某以探望女儿是母亲的法定权利等为由提出上诉，二审法院驳回上诉，维持原判。半年后，张某再次起诉要求探望。

法院判决

审理期间，在上海市普陀区人民法院少年庭法官的主持下，原、被告达成协议，原告每月第二周周日至女儿小郭住处进行探望，具体探望次数可随着原、被告关系的改善逐步增加。为更好地解决矛盾纠纷，普陀区人民法院向当事人建议，可以设置社会探望监督人及亲属探望监督人。经过原、被告一致认可，上海市普陀区石泉街道阳光青少年社工薛某某、被告阿姨葛某某

---

① 审理法院：上海市普陀区人民法院，2014 年最高人民法院通报 98 起未成年人审判工作典型案例之案例四，载中国法院网，https：//www. chinacourt. org/article/detail/2014/11/id/1491376. shtml，最后访问时间：2022 年 10 月 16 日。

担任探望监督人，后续探望中若发生争议，由探望监督人协助解决。原告遂主动申请撤诉，普陀区人民法院裁定准许。

案件审结后，法官与探望监督人一起至被告郭某某住处走访，在与被告及家属深入沟通交流后，他们对法院的配合度、认可度大幅提升。对于探望中可能产生新的矛盾的顾虑，法官当即请被告阿姨葛某某表态，其承诺每次探望时都到场监督，及时化解矛盾争议，消除双方矛盾隐患，并与法官一起对被告及家属进行了有效的劝解。社工薛某某也告知被告家属，若结案后出现新的矛盾争议，可第一时间寻求她的帮助，她会利用植根社区，贴近群众的优势，确保第一时间化解矛盾争议。社会、亲属探望监督人的双重设置，彻底打消了原、被告及各自家属的顾虑并达成探望协议。法官与社工一起上门回访时，双方均表示探望权履行情况良好，双方关系大为改善。

律师点评

在处理探望权纠纷案件的实践中，由于探望权的行使具有长期性和相互性，最容易出现的问题就是执行难，如何有效地执行探望权案件的判决，是包括法官、律师等法律工作者长期思考和探索的问题。

本案在审理探望权纠纷案件中引入探望监督人制度，有利于查明案件的当事人本人和家庭的真实情况，有利于及时化解矛盾纠纷，确保探望权人依法、合理履行探望权，从而依法保护了未成年人的合法权益，使他们能够更加健康地成长。根据后续的跟踪，该案的执行情况正常，讼争双方的关系也得到了缓和。本案是全国首例运用探望监督人制度的案件，是人民法院参与社会管理创新，整合各方资源，借助社会力量，化解案件矛盾纠纷，维护和保障未成年人合法权益的有益尝试，为法官的审理和律师的代理工作提供了有益参考。

第十六章　分家析产纠纷

第一节　理论概述与实务指引

一、分家析产纠纷处理的法律依据

（一）分家析产纠纷的概念

分家析产纠纷，指家庭成员之间因财产权属或财产分配方式发生争议，未能协商达成一致意见，其中一方或多方诉诸法律而引发的纠纷。

与夫妻之间的夫妻共同财产争议不同，分家析产纠纷的争议主体往往不仅限于发生在夫妻关系的“小家庭”之间，其纠纷往往涉及夫妻各方的父母以及子女三代人之间的财产利益和亲属关系，因此实践中处理起来也相当复杂。

（二）分家析产的法律依据

分家析产案件的产生，主要是基于共同共有法律关系的变化，引发共同共有物的分割。根据《中华人民共和国民法典》第二百九十九条的规定，共同共有人对共有的不动产或者动产共同享有所有权。《中华人民共和国民法典》第三百零三条规定，共有人约定不得分割共有的不动产或者动产，以维持共有关系的，应当按照约定，但是共有人有重大理由需要分割的，可以请求分割；没有约定或者约定不明确的，按份共有人可以随时请求分割，共同共有人在共有的基础丧失或者有重大理由需要分割时可以请求分割。因分割造成其他共有人损害的，应当给予赔偿。

从上述规定可见，我国为了维护家庭关系的稳定性，对于分割共同共有财产设定了严格的条件，在共同共有关系存在的情况下，以不允许分割为原则，只有具备法定重大理由需要分割时才能分割。

实践中，法院在处理夫妻共同财产分割的问题上秉持相同的思路。根据《中华人民共和国民法典》第一千零八十七条第一款的规定，离婚时，夫妻的共同财产由双方协议处理；协议不成的，由人民法院根据财产的具体情况，按照照顾子女、女方和无过错方权益的原则判决。上述规定可见，当夫妻关系解除，共同共有关系就会解体，夫妻双方均可以要求对共有财产进行分割。此外，虽然夫妻关系并未解体，但一方严重损害共同体关系的，也可视为具备了分割共同财产的重大理由，《中华人民共和国民法典》第一千零六十六条规定，婚姻关系存续期间，有下列情形之一的，夫妻一方可以向人民法院请求分割共同财产：（1）一方有隐藏、转移、变卖、毁损、挥霍夫妻共同财产或者伪造夫妻共同债务等严重损害夫妻共同财产利益的行为；（2）一方负有法定扶养义务的人患重大疾病需要医治，另一方不同意支付相关医疗费用。

二、分家析产纠纷案件办案要点提示

下面，笔者针对实践中不同类型的分家析产案件分别阐述如下。

（一）因城市房屋拆迁安置，家庭成员间因为安置主体资格、安置补偿款或安置房屋等的分配产生争议的案件

因城市改造、公共设施建设等原因，需要对城市范围内特定的住房实施拆迁的，被拆迁人可依据2011年国务院颁布的《国有土地上房屋征收与补偿条例》的规定获得拆迁补偿和安置。补偿的方式包括货币补偿和房屋产权调换两种形式。因实践中房屋拆迁所涉及的补偿金额往往较大，家庭成员之间常因在拆迁补偿中涉及的房屋动迁安置款或者安置款所置换的房屋的分割问题而产生争议。

（二）因农村集体土地及地上建筑物的权属问题，家庭成员之间产生争议的案件

农村集体土地的所有权归属于农村集体所有，农民不具有所有权，只享

有使用权，且不能够继承、分割，但是农村集体土地上所建造的房屋属于农民的个人财产，继承人可以根据法律的规定依法继承农村集体土地上所建房屋。如果继承人属于本集体经济组织又符合取得宅基地使用权的条件，可以依法申请取得宅基地上的房屋所有权和宅基地使用权。如果继承人不属于本集体经济组织，则只能继承宅基地上附着的房屋，并且由于继承人对宅基地没有使用权，因此其只能占有和使用该房屋，而不能对房屋进行处分，在遇到拆迁时也不能主张宅基地使用权的拆迁赔偿。在分家析产的过程中，家庭成员之间可以根据分家析产的原则分割相应的财产，具体处理上，首先应该考虑宅基地使用权和房屋所有权的关系，其次应该考虑我国的土地政策，农村的现实情况、生活习俗，家庭成员为房屋建造所付出的成本等问题，并兼顾保护未成年人和出嫁女的合法权利。

（三）家庭成员共有的财产，因夫妻离婚等某些特殊原因，需在其他家庭成员之间进行分配时，因对是否分配、分配的方式产生争议的

家庭成员之间财产的共同共有是依据共同关系而产生，一旦共同关系解除，如夫妻离婚后，一方要求与对方家庭成员就家庭共同财产进行分割，又或者因收养关系解除而导致父母子女关系不存在，一方要求对家庭共同财产进行分配等，在这些情况下，法院一般会支持家庭成员之间进行分家析产。

（四）家庭成员一致同意进行分家析产的情形

这种情形在现实中也极为常见。各家庭成员在协商一致的基础上，就共同财产的分割达成一致意见，并通过书面协议的方式进行约定，共同遵照执行。

第二节　办案思路与实战技巧

不同类型的分家析产纠纷案件有其各自的办理思路和技巧。下面，笔者分别根据各类型纠纷的特点探讨律师在办理分家析产纠纷案当中的办案思路与实战技巧：

一、因城市房屋拆迁安置，家庭成员间因为安置主体资格、安置补偿款或安置房屋的分配等产生争议的案件办理思路

1. 明确拆迁安置的主体资格

因城市房屋拆迁安置在法律上的补偿性质所限，并非所有的家庭成员都能够获得拆迁安置的主体资格。在处理此类案件时，我们首先要厘清的是哪些人具有拆迁安置的主体资格，也即确定分家析产案件的原被告主体资格的问题。

2. 确定可分割的财产范围及财产价值

对于拆迁补偿系现金形式的，可分割的财产范围应包括被拆迁房屋的货币补偿款及各项补贴款等；如拆迁补偿系房屋回迁形式的，则可分割的财产范围主要指该回迁房屋本身以及拆迁期间的补贴款等。

3. 是否具备法律规定的分割条件

根据《中华人民共和国民法典》第三百零三条的规定，共同共有人在共有的基础丧失或者有重大理由需要分割时可以请求分割，因此，共有基础是否丧失或是否存在其他可分割共有财产的重大理由，是此类案件需满足的一个重要条件。实践中，夫妻离婚一般被认为是共有基础丧失的标志性事件之一。除此之外，其他共有人合谋的行为使部分共有人的权利受损，亦可认定为丧失共有基础。

【案例 16. 1】 蔡某开、谢某与赖某、蔡某明分家析产纠纷案[①]中，蔡某明与赖某系夫妻关系，蔡某开、谢某系蔡某明的父母，蔡某明背着赖某，私自将土地使用权变更登记，先是由蔡某明变更登记至蔡某开一人名下，后再次变更登记至蔡某开、谢某名下。赖某认为蔡某明与其父母合谋转移夫妻共

---

① 审理法院：广东省东莞市中级人民法院，案号：（2015）东中法民一终字第 791 号，载中国裁判文书网，https：//wenshu. court. gov. cn/website/wenshu/181107ANFZ0BXSK4/index. html?docId=OeNWgfeGz7ZaXVOrCE3kkUx384OW4ufN1501Z/u7OJr705gfsqFRCpO3qNaLMqsJUTWcuuSWqFJE3z3XhifmxiN05NRB6QgWvb77MR4zDn7vzUwfin2fDEoaDnJHEjLp，最后访问时间：2022 年 10 月 16 日。

同财产，担心日后权益受损。于是，赖某将蔡某明、蔡某开、谢某诉至东莞市第三人民法院，请求法院确认赖某对房产的份额。该案经一审法院审理认为，蔡某明将涉案房屋土地使用权证的使用权人变更为蔡某开、谢某，实际上等同于蔡某明转移了与赖某的夫妻共同财产，导致赖某利益受损，根据《最高人民法院关于适用〈中华人民共和国婚姻法〉若干问题的解释（三）》第四条的规定，东莞市第三人民法院确认了赖某对涉案房屋的第二、三、四层享有50%份额。一审判决后，蔡某开、谢某不服，提出上诉。上诉理由是，赖某没有证据证明蔡某明存在严重损害夫妻共同财产利益的行为或者因赖某负有法定义务的人患有重大疾病需要医治而蔡某明不同意支付相关医药费的事实，因此一审法院支持赖某分割婚内财产的请求于法无据。东莞市中级人民法院审理认为，虽然案涉房屋第二、三、四层属于赖某与蔡某明夫妻共同财产，但各方因案涉房屋出现纠纷，赖某不能实际控制案涉房屋，蔡某明同意将案涉房屋土地使用权证的使用权人变更为蔡某开、谢某，而两人取得土地使用权证后，在外观上便成为土地使用权人和房屋所有权人，实际上等同于蔡某明转移了与赖某的夫妻共同财产，导致赖某的利益受损，赖某请求确认其对案涉房屋第二、三、四层享有一半份额符合《最高人民法院关于适用〈中华人民共和国婚姻法〉若干问题的解释（三）》第四条的规定，二审法院予以支持。一审判决认定事实清楚，适用法律正确，依法予以维持。

二、因农村集体土地及地上建筑物的权属问题，家庭成员之间产生争议的案件办理思路

农村集体土地登记管理以及地上建筑物的审批、发证，长期以来存在诸多不统一、不完善的问题，加之农村以男孩为核心、父权兄权为尊的家庭结构特点，实践中围绕大家庭分家析产、农村妇女离婚时权益保护等问题引发大量案件。律师在代理此类案件时应注意掌握以下思路和技巧：

（一）确定可分割的财产范围和财产价值

1. 房、地分开处理。
2. 突破一般不动产分割以不动产登记为确定财产权属依据的原则。

农村集体所有的土地和房屋多是以户为单位进行登记的，在大家庭分家之前，宅基地以及地上房屋大多登记在大家庭的家长一人名下；即使大家庭各兄弟之间分家，也多登记在丈夫一人名下。那么，对于未登记姓名的其他家庭成员而言，在法律规定的其他条件齐备的情况下，亦可申请对上述共有财产进行分割。对此，司法实践中会根据共同财产的权利来源、家庭成员对共同财产做出的贡献及对家庭做出的贡献等因素综合进行考量，而非仅仅以不动产的登记情况作为认定的依据。

（二）准确把握共有财产分割的处理原则

根据法律规定，在共同共有关系终止时，对共有财产的分割，有协议的，按协议处理；没有协议的，应当根据等分原则处理，并且考虑共有人对共有财产的贡献大小，适当照顾共有人生产、生活的实际需要等情况，但分割夫妻共有财产，应当根据婚姻法的有关规定处理。

（三）分家析产纠纷案件的证据组织技巧

1. 尽量签署书面协议等文书，以明确财产处理意见

书面协议能够客观、真实、全面地反映相关签约当事人对分家析产的真实意愿，减少争议发生的可能性；执行中即便发生争议，依据协议约定，各方当事人亦可对争议处理结果有合理的预期。因此，实践中应积极倡议和引导当事人采用书面协议的形式进行分家析产。

2. 注意保留和收集共有财产分割意向，对共有财产出资、出力的相关书面凭证等证据

对于未能签订书面协议的情况，应注意保留和收集各方当事人在财产处理过程中达成一致意见的其他证据，如家庭会议的记录、协商过程的录音录像等影音资料等；此外，因对共有财产出资、出力的情况亦可作为分割的考虑因素，因此能够证实当事人对共有财产形成过程当中曾经出资、出力等的证据，如出资证明、银行转账记录、施工合同等，均可起到一定的证明作用。

3. 善于使用证人证言等证据形式

在缺乏书面证据或书面证据并不充分的情况下，可根据案件实际情况充分利用证人证言的证据形式。证人的身份并无特定要求，凡是能够证实案件真实情况的人，如农村基层组织的工作人员、其他家庭成员、邻居、建筑施工人员等，均可提供相应的证人证言作为证据。

三、因法律规定或者特定权利人利益优先的原则而不允许分割共有财产的情形

1. 除法律明确规定的除外情形，婚姻关系存续期间的夫妻共有财产，一般不允许分割。

2. 特定权利人如待赡养的老年人，如其合法权益会因共有财产的分割而遭受损害的，司法实践中一般不允许对共有财产进行分割。

第三节　典型案例评析

案例 32：夏某甲、程某与夏某乙、仲某分家析产纠纷案①

裁判主旨

在按份共有关系存续期间，按份共有人有权请求从共有财产关系中分割属于自己的份额，但分割共有财产时应当遵守法律规定和合同约定，贯彻平等协商、和睦团结的精神。当按份共有人是家庭共同成员时，分割共有财产应充分考虑对老年人权益的保护以及对家庭和睦关系的维护。若负有赡养义务的子女要求分割家庭共同财产会损害父母的权益时，对于该分割请求可以不予支持。

① 审理法院：江苏省苏州市中级人民法院，案号：（2011）苏中民终字第 2116 号，载中国裁判文书网，https：//wenshu. court. gov. cn/website/wenshu/181107ANFZ0BXSK4/index. html?docId=LPj+cEzjlINO9XeJWzB5sXHv8twdx17vreEDu2SHNUIfGnXR0gcJe5O3qNaLMqsJUTWcuuSWqFJE3z3XhifmxiN05NRB6QgWvb77MR4zDn7vzUwfin2fDIs7kTFLSCbN，最后访问时间：2022 年 10 月 16 日。

案情简介

原告夏某甲、程某诉称：夏某甲、程某系夫妻关系，夏某乙、仲某系夫妻关系。某苑A幢B室的房屋是夏某甲、程某与夏某乙、仲某按份共有的房屋，夏某甲、程某的份额是90%，夏某乙、仲某的份额是10%。夏某乙、仲某于2008年离婚时，对案件讼争的房屋未进行分割。现因夏某甲、程某与夏某乙、仲某就房屋分割无法达成一致，故诉至法院请求：依法分割某苑A幢B室房屋。

被告夏某乙辩称：其系某局的老职工，涉案房屋产权90%是夏某甲、程某的，10%是夏某乙的。夏某乙和仲某离婚前明确该房屋是给夏某甲的财产。在2008年10月夏某乙与仲某离婚时，苏州市平江区法院办理离婚案件的法官说该房屋需另行处理。该房屋是供电局的福利房，因为夏某乙和夏某甲是科级以下职工，所以购房时优惠了两个13%。现夏某乙同意分割该房屋。这是因为在夏某乙和仲某离婚一案中，夏某乙把天王井巷C号房屋产权给了仲某，故仲某对本案争议的房屋已没有5%的份额。

被告仲某辩称：涉案房屋系供电局的福利房，当时购买该房屋时要按工龄论资排辈。夏某乙有购买资格，夏某甲当时没有购买资格。夏某乙、仲某当时是夫妻关系，于2004年11月共同购买了该房屋。因购买该房屋时需要办理公积金贷款，但是夏某乙年龄大了，无法通过公积金贷款审批，故以夏某甲的名义办理了贷款。在实际还款过程中，贷款本息均由夏某乙、仲某归还。房屋的首付款20余万元也是夏某乙、仲某支付的。购买该房屋后，夏某乙、仲某共同出资20余万元对该房屋进行了装修。夏某甲、程某对购买和装修该房屋从未出资，故夏某甲、程某对该房屋不享有房屋所有权。仲某仍居住在该房屋中，没有其他居所。依照《中华人民共和国老年人权益保障法》第十三条①的规定，夏某甲作为赡养人，应当妥善安排老年人的住房，不得强迫被告迁居条件低劣的房屋。即使夏某甲享有该房屋的份额，也是由夏某乙、仲某赠与的。夏某甲对赠与人有扶养义务而不履行，赠与人可以撤销赠与。

---

① 对应《中华人民共和国老年人权益保障法》（2015年修正）第十六条。

法院查明：夏某甲、程某系夫妻关系，夏某乙、仲某原系夫妻关系。夏某甲系夏某乙、仲某的儿子。2008年12月30日，夏某乙、仲某经苏州市平江区人民法院调解离婚。(2008) 平民一初字第0942号民事调解书确认：坐落于本市平江区天王井巷C号房屋归仲某所有；夏某乙于2009年1月30日前搬离坐落于本市某苑A幢B室房屋，其住房自行解决。夏某乙、仲某婚姻关系存续期间，夏某甲、夏某乙所在单位向职工出售福利房。因资金紧张，夏某乙、仲某将夫妻共同财产位于苏州市高新区供电新村的一套房屋出售，得款48万元。夏某甲和夏某乙均系供电公司的职工，单位实行论资排辈购房，夏某乙资格老，排在夏某甲的前面，每个职工可在原房价的基础上享受13%的优惠。根据当时单位的有关政策，购房时案件争议的房屋在原价的基础上首先根据夏某乙所享受的福利优惠13%，然后在此基础上根据夏某甲所享受的福利再优惠13%。2003年12月31日，夏某乙与房地产开发公司苏州分公司签订了《苏州工业园区商品房预售合同》，以619283元的价格购买了本案争议的房屋，房屋总建筑面积为179.05平方米，套内建筑面积为154.55平方米。该合同的买方为夏某甲、夏某乙，合同上“夏某甲”“夏某乙”的签字均为夏某乙书写。因夏某乙已近退休年龄，无法取得更多的贷款，故该房屋以夏某甲的名字贷款。该贷款已于2007年12月10日全部还清。购买该房屋后，仲某于2005年3月30日与装饰公司苏州分公司签订了一份住宅装饰合同对涉诉房屋进行装修，承包方式为包工包部分材料，合同总价为6万元。2005年7月9日，仲某与橱柜商行签订了整体厨房销售合同一份，购买了21466元的厨卫家具用于案件争议的房屋。该房屋装修完毕后，仲某在该房屋居住至今。夏某甲、程某已于2008年起不在该房屋内居住、生活。根据苏州工业园区房地产登记簿记载，产权人夏某乙、配偶仲某份额为10%；产权人夏某甲、配偶程某份额为90%。天王井巷C号房屋系上下两层的店面房，设计用途为非居住。

一审庭审中，夏某甲、程某表示要案件争议的房屋，并愿意与夏某乙共有。夏某甲、程某认为仲某有经济能力自行解决住房问题。仲某表示其已在本案争议的房屋中生活习惯，且患有多种疾病，因此拒绝分割、搬离该房屋。

法院判决

法院经审理认为：公民合法的民事权益受法律保护。虽然位于苏州工业园区某苑 A 幢 B 室的房屋登记为按份共有，夏某甲、程某享有 90%的产权，夏某乙、仲某享有 10%的产权，但是该房屋是夏某甲和夏某乙所在单位的福利房，购买该房屋时使用了夏某甲、夏某乙二人的职工福利；另外，购买该房屋时本案四位当事人之间具有亲属关系，故本案的共有关系有别于一般的按份共有关系。当事人取得该房屋后，对房屋进行了精装修，仲某在该房屋内居住生活至今，而夏某甲、程某另有居所，夏某乙自愿从本案争议的房屋中搬出。仲某现系年满 60 周岁的老人，其拒绝分割、搬离本案争议的房屋。虽然仲某在与夏某乙离婚时取得了天王井巷 C 号房屋，但是该房屋系店面房，设计用途为非居住，且其需要照料，故仲某不迁离争议房屋有一定理由。夏某甲、程某提出要求分割房屋并且表示要该房屋，但只愿与夏某乙共有该房屋，认为仲某有经济能力自行解决住房，夏某甲作为仲某的赡养人，未表示给仲某妥善安排与目前住房条件相当的住房。涉诉房屋产权份额在房地产登记簿中已载明，在此前提下，如对该房屋进行分割，或使仲某丧失对该房屋的产权，或将使仲某在取得该房屋产权的同时斥巨资折价补偿其他共有人，陡增老年人的经济压力。夏某甲、程某表示未同意该房屋归仲某所有，仲某又表示拒绝分割，故夏某甲、程某的分割请求若得以支持，将使仲某丧失对该房屋的共有权，从而难以保障仲某的老年人权益。《中华人民共和国物权法》第八条规定了其他相关法律对物权另有特别规定的，依照其规定。《中华人民共和国老年人权益保障法》（2009 年）对老年人的住房权利有特别规定，该法第十三条规定，赡养人应当妥善安排老年人的住房，不得强迫老年人居住或者迁居条件低劣的房屋。综上，为保障老年人合法权益，弘扬中华民族敬老、养老的传统美德，本案当事人之间基于家庭身份关系形成房屋共有关系应予维持为宜，故对夏某甲、程某的房屋分割请求不予支持。

据此，苏州工业园区人民法院依照《中华人民共和国民法通则》第五条，《中华人民共和国物权法》第七条，《中华人民共和国老年人权益保障法》第一条、第十三条第一款的规定，于 2011 年 8 月 5 日作出（2011）园民初字第0750号民事判决：驳回夏某甲、程某的诉讼请求。

原告夏某甲、程某不服一审判决，向苏州市中级人民法院提起上诉，要求撤销一审判决，改判依法分割苏州工业园区某苑A幢B室的房屋。苏州市中级人民法院经审理查明一审法院认定事实清楚，所作判决并无不当，故二审法院依法驳回上诉，维持原判。

律师点评

根据《中华人民共和国民法典》的规定，按份共有人有权请求从共有财产关系中分割属于自己的份额，且本案中被告仲某所占有的房屋份额仅10%，因此表面上看，由原告出资购买被告的份额似乎是最易操作的解决方案。但本案的特殊性在于涉案的共有人之间是直系亲属关系，原告夏某甲对被告仲某负有法定的赡养义务，而赡养义务的其中一项内容即赡养人应妥善安排被赡养人的住房。再反观被赡养人仲某的自身条件，其名下虽有其他房屋，但该房屋系商业用房，并不具备居住的条件，且仲某长期以来一直居住在涉案房屋当中，对该房屋的使用具有相当的依赖性。因此，法院并未支持原告分割共有财产的诉求。

由此可见，在实践中主张共有财产分割时，除应考虑《中华人民共和国民法典》的一般规定之外，亦应对案件当事人之间的特殊身份关系予以充分的考虑。如此案中因法律规定或者特定权利人利益优先的原则而不允许分割共有财产的情形，值得我们特别注意。

案例33：侯某1与舒某分家析产纠纷案[①]

裁判主旨

在共同共有关系终止时，对共有财产的分割，有协议的，按协议处理；

---

① 审理法院：湖南省高级人民法院，案号：（2020）湘民再320号，载中国裁判文书网，https：//wenshu. court. gov. cn/website/wenshu/181107ANFZ0BXSK4/index. html？docId=jE7iRRnAuVhuZ4HTlvRxna06gnfM0HgUa/71Ro699cS1mjELPoq/cZ/dgBYosE2gp6p68nCRWaKmJ+/AKHue4utpoVk8jY83WllbczIKweqqkQobCU0A+dUReDxD7VLE，最后访问时间：2022年11月15日。

没有协议的，应当根据等分原则处理，并且考虑共有人对共有财产的贡献大小，适当照顾共有人生产、生活的实际需要等情况，但分割夫妻共有财产应当根据婚姻家庭法律的有关规定处理。

案情简介

侯某1与舒某系配偶关系，侯某3系两人长子，侯某3与黎某两人于2006年结婚。但侯某3及其配偶黎某未与侯某1、舒某共同生活，侯某2系两人次子。

周某与侯某2于1997年11月29日向人民政府申请办理结婚登记手续，1998年5月4日举办婚礼，2011年侯某2曾向一审法院起诉要求与周某离婚，经该院主持调解，侯某2撤回了起诉。2012年3月，侯某2再次向一审法院起诉要求与周某离婚，该院于2012年6月4日作出民事判决，判决准予两人离婚。周某不服向湘西自治州中级人民法院提起上诉，州中级法院审理后认为分割夫妻共同财产时未查明夫妻在家庭共同财产中的份额，可能影响案件正确处理，并将上述离婚诉讼发回重审。后周某向一审法院起诉侯某1、舒某、侯某2，要求分割家庭共同财产，形成本案。

周某与侯某2共同生活时，侯某1与舒某有房产一栋，砖木房结构，前面系砖房，后面系木房，位于边城镇小桥居委会，周某与侯某2刚共同生活时住在前面的砖房，侯某1与舒某住在后面的木房，该房形成于周某与侯某2共同生活以前。

周某与侯某2举办婚礼后大约六个月，即1998年11月，侯某1与舒某出资9万元购买了某派出所房屋并于次年新建附属楼一栋。1998年11月30日花垣县公安局某派出所向侯某1出具了收款收据，交款单位为侯某1。2003年6月，侯某1与舒某出资在花垣县××路购买地产一块，并于2006年新建房屋一栋，即现在边城镇丛文路的房屋。侯某1于2006年6月10日交纳2072元契税。该两栋房屋现均尚未取得土地使用权证和房屋所有权证。

周某与侯某2共同生活以前，侯某1与舒某夫妇曾经营钟表维护、小家电。家电经营始于1974年，经营地点从小桥居委会的砖木房、购买某派出所房屋，演变到现边城镇丛文路的房屋门面；经营内容从小家电等逐渐演变到主营一系列品牌家电，即本案当事人所称的家电商行。营业执照上业主一直为侯某1。周某与侯某2共同生活以后，家电主要仍然由侯某1与舒某夫妇经营，周某先后在原购买某派出所的房屋内经营服装、在花垣县城经营酒楼，侯某2之前从事客运，2011年后参与家电经营。周某与侯某2同居期间，双方经常为琐事争吵甚至打架，感情一般，2008年两人开始分居，但其在边城镇家里时，也曾到家电商行参与经营。

周某与侯某2共同生活期间购买了一辆小轿车，车牌号为湘U0××××，该车登记在侯某2名下，现由周某管理使用。

法院判决

一审法院判决：（1）确认某派出所的房屋及新建附属楼为周某、侯某2、侯某1、舒某家庭共同财产，分割给侯某1与舒某所有；（2）确认花垣县××路××号房屋为周某、侯某2、侯某1、舒某双方家庭共同财产，分割给侯某1与舒某所有，由侯某1、舒某共同补偿周某、侯某2该房屋价值二分之一的人民币；（3）确认花垣县××路××号房屋门面经营的家电为周某、侯某2、侯某1、舒某家庭共同财产，分割给侯某1与舒某所有；（4）确认车牌号为湘U0××××的小轿车为周某、侯某2、侯某1、舒某家庭共同财产，分割给周某与侯某2所有；（5）驳回周某的其他诉讼请求；（6）驳回侯某3、黎某的诉讼请求。

周某、侯某2、侯某1、舒某、侯某3、黎某均不服一审判决提起上诉。

二审法院认为，本案的争议焦点是：第一，周某是否属于家庭共同成员；第二，本案中的家庭共同财产范围如何界定；第三，周某要求分家析产的条件是否成就；第四，本案中家庭共同财产的分割应该如何进行；第五，侯某3、黎某是否属于家庭共同成员。

关于周某是否属于家庭共同成员的问题。首先，自1997年11月起至双方发生家庭矛盾时止，周某与侯某1、舒某夫妇生活多年，并在十余年的时间里，侯某2与周某生育了一儿一女；其次，不论周某和侯某2当时结婚时年龄是否达到法定结婚年龄，这并不影响此后双方当事人生活十余年之久的事实，不能否认周某作为家庭成员的事实。因此，认为周某具备成为家庭共同成员的资格。

关于本案中的家庭共同财产范围如何界定的问题。本案中，涉及家庭共同财产的认定需要结合双方当事人共同生活关系存续期间来认定，周某与侯某1、舒某、侯某2生活在一起时间达十余年之久，其间该家庭先后购买了某派出所房屋并新建附属楼一栋，同时购买了边城镇丛文路的地产一块并新建房屋一栋。与此同时，所经营的家电、周某现使用的车牌号为湘U0××××的小轿车均是该时间段所购置或者经营的。因此，上述不动产和动产应属于家庭共同财产，虽然侯某1、舒某属于出资人，但任何家庭成员对于共有财产的取得都付出了时间或者金钱，谁出资购买并不能阻却上述不动产和动产作为家庭共同财产的属性。本案家庭共同财产的范围界定为：(1) 某派出所房屋及新建附属楼一栋；(2) 花垣县××路××号房屋一栋；(3) 花垣县××路××号房屋门面经营的家电；(4) 车牌号为湘U0××××的小轿车。

关于周某要求分家析产的条件是否成就的问题。本案中，周某与侯某2的感情确已破裂，并发生了言语和肢体冲突，双方共同生活关系的存续已无可能，且双方之间已发生数次离婚纠纷，因此双方共同生活的基础已不复存在，现周某要求分割家庭共同财产，其实质上主张将与侯某2的共同财产从家庭共有财产中予以析出，以便于分清个人财产与家庭共有财产的范围界限。由于周某目前正在和侯某2就解除婚姻关系发生纠纷，加之该院就之前双方发生的离婚案件发回重审的原因在于分割夫妻共同财产时未查明夫妻在家庭共同财产中的份额，故一审判决认定分家析产的条件已经成就，有利于查清周某与侯某2诉请分割共同财产时在家庭共同财产中的份额多少。因此，该院认为分家析产的条件已经成就。

关于本案中家庭共同财产的分割应该如何进行的问题。本案中，双方当事人没有关于分割家庭共同财产的协议，该院认为，在没有分家协议的情况下，如何分割财产，应从以下几个方面考虑：首先家庭成员对家庭财产的贡献程度。应确定家庭成员对财产的贡献程度，这种贡献不仅仅是经济上的，还应包括劳务、家事管理等付出。其次要考量对家庭弱势群体的保护，他们对家庭财产的贡献可能有限，贡献较小或者没有贡献，但是在分割时应保留他们必要的份额。最后，在分家析产的相应份额确定以后，对于家庭财产的分割应从有利于生产生活和物的利用上进行分析。

因此，一审在分割家庭财产时，未充分考虑到保护妇女的合法权益，二审法院依法予以调整，对于某派出所房屋及新建附属楼，确认为侯某1、舒某、侯某2、周某家庭共同财产，上诉人周某、侯某2占20%，上诉人侯某1、舒某占80%，由侯某1、舒某共同补偿周某、侯某2该房屋价值20%的人民币。对于其他的家庭共同财产确认的分配结果，一审法院认为符合客观事实，照顾了各方利益，没有违背公序良俗原则，二审法院予以维持。但是一审判决在确定履行义务的过程中，未注明履行期限，会对执行造成困难，该院依法予以纠正。鉴于处置不动产的执行期限较长，该院酌定为一个月为宜。

关于侯某3、黎某是否属于家庭共有成员的问题。结合花垣县人民法院向边城镇小桥居委会、码头居委会相关负责人及当地部分群众的调查笔录可知，侯某3、黎某两夫妇未与侯某1、舒某长期生活，故侯某3、黎某不属于家庭共有成员之一，无权享有要求分割家庭共同财产的主体资格。但这并不等同于侯某3无权享有继承权，侯某3作为子女仍然享有平等的继承权利。

综上，一审判决认定事实清楚，适用法律正确，但处理不当，该院予以纠正，二审法院判决：（1）维持花垣县人民法院（2014）花民重字第7号民事判决第三项、第四项、第六项，即："确认花垣县××路××号房屋门面经营的家电行为原告周某、被告侯某2、侯某1、舒某家庭共同财产，分割给被告侯某1与舒某所有""确认车牌号为湘U0××××的小轿车为原告周某、被告侯某2、侯某1、舒某家庭共同财产，分割给原告周某与被告侯某2所有""驳回被告侯某3、黎某的诉讼请求"；（2）变更花垣县人民法院（2014）花民重字第7号民事判决第二项"确认花垣县××路××号房屋为原告周某、被告侯某2、侯某1、舒某双方家庭共同财产，分割给被告侯某1与舒某所有，由侯某1、舒某共同补偿周某、侯某2该房屋价值二分之一的人民币"为"确认花垣县××路××号房屋为原告周某、被告侯某2、侯某1、舒某双方家庭共同财产，分割给被告侯某1与舒某所有，由侯某1、舒某于本判决生效之日起三十日内共同补偿周某、侯某2该房屋价值二分之一的人民币"；（3）撤销花垣县人民法院（2014）花民重字第7号民事判决第一项、第五项，即：

“确认某派出所的房屋及新建附属楼为原告周某与被告侯某2、侯某1、舒某的家庭共同财产，分割给被告侯某1与舒某所有”“驳回原告周某的其他诉讼请求”；（4）确认某派出所的房屋及新建附属楼为上诉人周某与上诉人侯某2、侯某1、舒某的家庭共同财产，分割给上诉人侯某1与舒某所有，由上诉人侯某1、舒某于本判决生效之日起三十日内共同补偿上诉人周某、侯某2该房屋价值20%的人民币；（5）驳回上诉人周某的其他上诉请求；（6）驳回上诉人侯某2、侯某1、舒某、侯某3、黎某的上诉请求。

再审法院审理认为，本案的争议焦点是涉案两处房产、小轿车、家电行是否属于侯某1、舒某、周某、侯某2的家庭共同财产。

家庭共同财产是指家庭成员在共同生活关系存续期间共同积累、共同购置的财产，主要特征是家庭成员对家庭共有财产的形成做出过贡献，而不能仅以家庭成员在形式上是否共同生活为判断标准。

本案中，根据周某的陈述，周某、侯某2自结婚后并未与侯某1、舒某长期生活在一处，1998年之后，侯某1、舒某居住在某派出所的房屋，周某、侯某2先后居住在侯某1的老祖屋和边城镇丛文路的房屋，该陈述也与边城有关社区于2019年3月26日出具的证明内容吻合。更重要的是，周某为其主张所提交的主要证据为证人证言，证人系其邻里、亲戚、朋友等熟人，在没有其他有效证据佐证的情形下，不足以证实周某、侯某2将劳动收入交由侯某1、舒某增值或购置家庭财产，更不足以证实周某、侯某2为购置涉案两套住房或为经营涉案家电行有资金投入。而侯某1提交的个体工商户营业执照、购房收据、契税完税凭证等书证表明，侯某1系涉案家电行营业执照登记经营者，涉案两套房屋也是由侯某1购买。加之，一审法院向边城镇小桥居委会、码头居委会相关负责人及当地部分居民进行调查询问的结果显示，购买某派出所房子及新建附属楼、购买丛文路的地基及修建房子主要是侯某1、舒某出资，家电行也主要是侯某1、舒某经营，只是侯某2参与了经营，周某在家时也参与了经营。因此，涉案两处房产和家电行应属于侯某1、舒某的夫妻共同财产，周某、侯某2不构成家庭成员共同共有；周某、侯某2没有出资行为或凭证，也不因出资比例而构成按份共有。但是，周某、侯某2在婚姻存续期间，特别是侯某2自2011年之后参与了涉案家电行的经营，而侯某1、舒某未提交证据证实向周某、侯某2支付了劳动报酬，现周某、侯某2已离婚，为保护其合法权益，本院酌情判由侯某1、舒某共同补偿周某、侯某2花垣县××路××号房屋价值的20%。至于涉案车牌号为湘U0××××的小轿车，周某并未在本案中提出相应诉讼请求，且该车已被周某、侯某2的离婚案生效判决确定为周某所有，故本院不作处理。

综上，抗诉机关的抗诉理由部分成立，本院予以支持。原审判决认定基本事实清楚，但适用法律错误，处理不当，应予纠正。判决如下：

一、撤销湖南省湘西土家族苗族自治州中级人民法院（2016）湘31民终527号民事判决及湖南省花垣县人民法院（2014）花民重字第7号民事判决；

二、侯某1、舒某于本判决生效之日起三十日内共同补偿周某、侯某2花垣县××路××号房屋评估价值20%的人民币；

三、驳回周某的其他诉讼请求。

律师点评

本案核心的争议焦点为：涉案的两处房产、家电行是否属于侯某1、舒某、周某、侯某2的家庭共同财产。

对于家庭共同财产的认定，除需要权利人属于家庭成员外，还需要家庭成员对财产的形成有所贡献。以本案为例，涉案财产的形成均是侯某1、舒某出资购买或建设，家电行主要是侯某1、舒某经营且登记在侯某1个人名下，侯某2以及周某只是曾经参与经营。在侯某2、周某无法提供证据证明其对家庭财产的形成有出资的情况下，不适宜认定涉案房产属于侯某1、舒某、侯某2、周某的家庭共同财产。

可见，法院在认定家庭共同财产时，除考虑家庭成员的身份外，还会将家庭成员对家庭共有财产的形成是否作出过贡献作为主要考虑因素，因此，不能仅以家庭成员在形式上是否共同生活为判断标准相关财产是否属于家庭共同财产的标准。

第二编

继承纠纷

第十七章　法定继承纠纷

第一节　代位继承纠纷

一、理论概述与实务指引

（一）代位继承的概念和法律依据

代位继承，是指被继承人的子女先于被继承人死亡时，由被继承人子女的晚辈直系血亲代替先死亡的长辈直系血亲继承被继承人的遗产；在被继承人无配偶、子女、父母继承其财产，被继承人的兄弟姐妹又先于被继承人死亡时，由被继承人兄弟姐妹的子女代替先死亡的父母继承被继承人遗产的一项法律制度，又称间接继承、承租继承。先于被继承人死亡的继承人，称被代位继承人，简称被代位人。代替被代位人继承遗产的人称代位继承人，简称代位人。代位人代替被代位人继承遗产的权利，称为代位继承权。[①]《中华人民共和国民法典》第一千一百二十八条规定，被继承人的子女先于被继承人死亡的，由被继承人的子女的直系晚辈血亲代位继承。被继承人的兄弟姐妹先于被继承人死亡的，由被继承人的兄弟姐妹的子女代位继承。代位继承人一般只能继承被代位继承人有权继承的遗产份额。由此可见，相较于《中华人民共和国继承法》[②]，《中华人民共和国民法典》虽未调整法定继承

① 最高人民法院民法典贯彻实施工作领导小组主编：《中华人民共和国民法典婚姻家庭编继承编理解与适用》，人民法院出版社2022年版，第533页。

② 《中华人民共和国继承法》第十一条。

人的范围和顺位，但是扩大了代位继承制度的适用范围，即从原来仅限于被继承人的子女的直系晚辈血亲扩大到被继承人的旁系晚辈血亲。因此，被继承人的侄、甥虽不属于法定继承人①，但仍可以通过代位继承取得遗产。上述改变系从法律制度上尽可能避免被继承人的遗产因无人继承而收归国家或集体所有。代位继承作为法定继承的一种特殊情况，只能在法定继承中适用，依据法定继承的相关法律法规来确定继承人的范围、顺序及遗产分配份额等，在遗嘱继承和遗赠中都不能适用代位继承。

（二）代位继承的实务指引

1. 代位继承的适用条件

根据上述《中华人民共和国民法典》的相关法律规定及司法解释，实务中判断一个具体的案件能否适用代位继承，首先，要确定被继承人生前是否订立合法有效的遗嘱或遗赠扶养协议，以及遗嘱、遗赠扶养协议是否处分了被继承人全部的个人合法财产；其次，对于法定继承来讲，还要确定享有继承权、并未丧失继承权的被代位人是否于继承开始前死亡（包括自然死亡和宣告死亡），从而出现被代位人无法继承被继承人财产的情况；再次，要确定被代位人是否属于被继承人的子女或者被继承人的兄弟姐妹；最后，还要确定代位人是否为被代位人的直系晚辈血亲。只有上述四个条件都得到肯定的答案，据此主张适用代位继承才能得到法院的支持。

2. 代位继承人的范围

如何理解《中华人民共和国民法典》第一千一百二十八条第二款规定被继承人的兄弟姐妹先于被继承人死亡的，由被继承人的兄弟姐妹的子女代位继承中的子女的范围？上述子女是否与被继承人的法定第一顺序继承人相同，即包括生子女、养子女以及形成扶养关系的继子女？答案是否定的。

根据《最高人民法院关于适用〈中华人民共和国民法典〉继承编的解释（一）》第十五条规定，被继承人的养子女、已形成扶养关系的继子女的生子女可以代位继承；被继承人亲生子女的养子女可以代位继承；被继承

① 《中华人民共和国民法典》第一千一百二十七条。

人养子女的养子女可以代位继承；与被继承人已形成扶养关系的继子女的养子女也可以代位继承。由此可见，被代位人的范围包括被继承人的婚生子女、非婚生子女、养子女以及形成扶养关系的继子女，但是代位继承人的范围不包括被代位人的继子女，而仅限于被代位人的婚生子女、非婚生子女以及养子女。

同时，根据《最高人民法院关于适用〈中华人民共和国民法典〉继承编的解释（一）》第十四条的规定，被继承人的孙子女、外孙子女、曾孙子女、外曾孙子女都可以代位继承，代位继承人不受辈数的限制。

3. 代位继承人应继承的份额

《中华人民共和国民法典》第一千一百二十八条第三款规定，代位继承人一般只能继承被代位继承人有权继承的遗产份额。因此，在处理代位继承人应继份额的问题时，首先，确定被代位人的应继份，即按照被继承人的遗产、法定继承人的范围确定被代位人应当继承的遗产份额；其次，由代位人共同继承被代位人的应继份，代位人之间一般为均等继承被代位人的应继份；最后，要明确的一点是，不管该代位继承人的人数是多少，只能共同继承其被代位人有权继承的份额，而不能跟被继承人的其他继承人并列继承。

二、办案思路与实战技巧

（一）针对代位继承法律关系是否成立而发生纠纷的案件，通常要证明以下几个方面才能得到法院的支持

1. 证明被代位人先于被继承人死亡

《中华人民共和国民法典》规定，代位继承的发生必须以被代位人先于被继承人死亡为前提，因为只有被代位人先于被继承人死亡（包括自然死亡与宣告死亡）时，才能发生代位继承。假如不存在被代位人先于被继承人死亡的情况，则被继承人的财产直接由继承人自行继承，不需要出现“代位”的环节。假如继承人在被继承人死亡之后，且在遗产尚未继承分割之前死亡，则只能发生转继承，而不发生代位继承。因此在处理代位继承案件时，确定继承人是否早于被继承人死亡、能否提供继承人即被代位人、被继承人

的死亡时间证明，将直接影响案件的处理结果。

2. 证明被代位人是被继承人的子女或被继承人的兄弟姐妹

根据《中华人民共和国民法典》的相关规定，只有被继承人的子女，以及被继承人的兄弟姐妹才能成为被代位人，其他继承人都不能成为被代位人。即使包括第一顺序继承人中的配偶、父母以及第二顺序继承人中的祖父母、外祖父母在内的其他继承人先于被继承人死亡的，亦不发生代位继承。被继承人的子女包括被继承人的婚生子女、非婚生子女、养子女以及形成扶养关系的继子女。其中，特别需要引起关注的是，被继承人的非婚生子女。对于这类人群，在司法实践中往往没有载明被继承人资料的出生证明，也没有被继承人与非婚生子女的亲子鉴定报告，而导致非婚生子女在继承纠纷中主张合法权利遭受极大的阻碍。因此，对于婚生子女来讲则须提供出生证明、亲属关系证明，以证明被代位人是被继承人的子女；对于非婚生子女来讲，则需要提供包括出生证明、亲子鉴定报告、生活合照、视频，以及证明被继承人与非婚生子女以父母子女名义相称的证人证言等证明材料；对于养子女来讲，则须提供在县级以上人民政府登记备案的收养关系证明。上述证明材料对于主张被代位人享有代位继承权也是非常有必要的。

3. 证明被代位人未丧失继承权

《最高人民法院关于适用〈中华人民共和国民法典〉继承编的解释（一）》第十七条规定了“继承人丧失继承权的，其晚辈直系血亲不得代位继承”。因此，被代位人未丧失继承权是代位继承发生的条件之一。但是，根据谁主张谁举证的原则，如果被继承人的其他继承人主张被代位人丧失继承权的，提出主张者有举证证明的义务。根据《中华人民共和国民法典》第一千一百二十五条第一款的规定，提出主张者必须举证证明被代位人具有下列情形之一：（1）故意杀害被继承人的；（2）为争夺遗产而杀害其他继承人的；（3）遗弃被继承人的，或者虐待被继承人情节严重的；（4）伪造、篡改或者销毁遗嘱，情节严重的；（5）明确放弃继承权等情况。

4. 证明代位人为被代位人的晚辈直系血亲

根据《中华人民共和国民法典》的规定，代位人必须是被代位人的婚生子女、非婚生子女以及养子女，不包括被代位人的继子女，也不包括被代位人的配偶、父母以及兄弟姐妹、祖父母、外祖父母。因此，代位继承人只有提供包括其与被代位人的出生证明、收养关系证明等在内的亲属关系证明，才能主张代位继承权。

（二）针对代位继承人应继份存在争议的案件，通常需要从以下几方面入手，才能获得法院支持

1. 厘清遗产的范围

如何真实有效查明遗产范围，是遗产继承中非常重要的准备工作。《中华人民共和国民法典》第一千一百二十二条第一款规定，遗产是自然人死亡时遗留的个人合法财产。相较于《中华人民共和国继承法》以列举的方式阐明遗产的具体范围，包括公民的收入、房屋、储蓄和生活用品、公民的著作权、专利权中的财产权利等来讲，扩大了遗产的范围。自然人死亡时遗留的个人合法财产除继承法规定的上述财产之外，还应包括其他形式的财产如非上市公司的股权、艺术品、网络虚拟财产等。因此，司法实践中要求代位继承人需提供或者请求法院调查被继承人具体遗产的详细情况，包括储蓄的银行、账号、余额，房屋产权登记证书、机动车产权登记证书，以及相应的知识产权证书，等等。著作权、专利权中的财产权利作为遗产范围，除了著作权中的财产权利、专利权中的财产权利可以作为遗产外，商标专用权以及公民的发现权、发明权、科技进步权、合理化建议权等知识产权中的财产权利，也应在遗产范围之内。

2. 计算被代位继承人应当继承的份额

若具体的案件符合代位继承的条件，代位继承人取代被代位人的继承地位继承被继承人的遗产。但值得注意的是，代位继承人并非与被代位人同一顺序的其他继承人平均继承被继承人的遗产，不管代位继承人的人数有多少，一般只能继承被代位人应继承的遗产份额。

因此，在查清遗产范围的情况下，也需要查明继承人的范围，一般先按平均分配的原则，计算出被代位人应继份，再按照代位继承人的人数，平均分配被代位人的应继份的遗产。

3. 查明代位继承人是否具备多分的条件

根据《最高人民法院关于适用〈中华人民共和国民法典〉继承编的解释（一）》第十六条的规定，代位继承人缺乏劳动能力又没有生活来源，或者对被继承人尽过主要赡养义务的，分配遗产时，可以多分。其中代位继承人缺乏劳动能力又没有生活来源以继承发生时作为认定标准，另外代位继承人对被继承人尽过主要赡养义务的，也须提供证据予以证明。因此，代位继承人如果能提供相应的证据证明存在上述情况，则可以请求多分被继承人的遗产。

三、典型案例评析

案例34：孙某丁与孙某乙法定继承纠纷案[①]

裁判主旨

继承从被继承人死亡时开始，被继承人未留有遗嘱或遗赠抚养协议的，按法定继承处理。被继承人的子女先于被继承人死亡的，由被继承人的子女的晚辈直系血亲代位继承。代位继承人是否有赡养义务，需结合代位继承人的年龄，赡养能力等因素综合进行分析。

案情简介

原告孙某丁诉称：被继承人孙某甲、张某系再婚夫妻，婚后无子女。张某再婚前与前夫生育子女三人即王某、孙某乙、孙某丙，孙某甲再婚前无子女。张某与孙某甲再婚时将其子孙某乙、孙某丙带来与孙某甲一起生活，与孙某甲形成了事实上的抚养关系，其女王某在生父死亡后与其奶奶一起生活，与孙某甲未形成抚养关系。被继承人孙某甲于1995年6月死亡，被继

---

① 审理法院：北京市大兴区人民法院，案号：（2014）大民初字第5551号，载中国裁判文书网，https：//wenshu. court. gov. cn/website/wenshu/181107ANFZ0BXSK4/index. html? docId = 0Bjffb7IIMULpdepck4RPYXlf6OQoTwkBHHh+JCDpCB5H4turIuNxJO3qNaLMqsJUTWcuuSWqFJE3z3XhifmxiN05NRB6QgWvb77MR4zDn6uWV4qVV8873TJ25QPdgBA，最后访问时间：2022年10月16日。

承人张某于2009年10月10日死亡，二人生前均未留有遗嘱，死后也未发生继承。孙某乙生前育有一女即孙某丁。孙某丙与王某乙结婚后育有一子孙某戊。孙某乙于1992年3月8日死亡，孙某丙于2009年11月2日死亡。被继承人孙某甲婚前在北京市大兴区某村83号院内建有正房3间、与被继承人张某结婚后，双方于1981年出资在该院落内新建正房6间，上述房屋应为被继承人孙某甲、张某的遗产。因孙某乙先于孙某甲和张某死亡，故孙某丁对其父亲应继承的份额享有代位继承权。现起诉至法院，请求法院判令：孙某丁依法继承孙某甲、张某遗留在北京市大兴区某村83号院中平房；诉讼费由三被告承担。

被告孙某戊、王某乙辩称：孙某丁作为代位继承人享有继承权的前提是她父亲有继承权，现孙某丁是以继承人的身份提起诉讼，所以她首先应尽到相应的赡养义务。在她父亲去世后，孙某丁就和其母亲离开了，没有回来看老人一眼。两位老人都是和孙某丙一家生活，孙某丙、王某乙尽到最大的赡养的义务，应多分遗产。根据《中华人民共和国婚姻法》的规定，有负担能力的孙子女、外孙女对子女已经死亡或者子女无力赡养的祖父母或外祖父母有赡养的义务，孙某丁没有尽赡养的义务，应少分或不分。

被告王某辩称：与孙某戊、王某乙的抗辩意见一致，另外我要求把我该继承的份额转赠给孙某戊。

经法院审理查明：孙某甲（1995年6月去世）系北京市大兴区某村村民，与张某（2009年10月10日去世）于1967年（具体时间无法考证）登记结婚。孙某甲系初婚，张某系再婚，张某与前夫共育有二子一女（分别是孙某乙、孙某丙、王某），其再婚时将孙某乙（男，1961年7月26日出生，1992年3月8日去世）、孙某丙（男，1962年2月12日出生，2009年11月2日去世）带到某村与孙某甲共同生活，其女王某与王某的奶奶共同生活。

孙某乙与张某乙登记结婚后，于1987年2月7日育有一女取名孙某丁。孙某丙与王某乙登记结婚后，于1996年3月27日育有一子取名孙某戊。

孙某甲在某村有宅基地一处，门牌号为北京市大兴区某村，其与张某结婚前在该宅基地上建有北房3间（按房坨分），1981年前后，孙某甲与张某又在西侧建有北房6间（按房坨分）。

经询问，孙某甲、张某、孙某乙、孙某丙去世时均未留有遗嘱。

孙某乙生前在开发公司任职，其因工死亡后，该公司每月支付孙某乙供养的直系亲属（其女孙某丁、其父孙某甲、其母张某）抚恤费及各类补助费若干，经询问，孙某甲和张某生前一直享受该待遇。

上述事实，有双方当事人陈述，证人证言、勘验笔录、联系笔录、派出所证明信、派出所人口信息查询单、协议书、公证书等证据材料在案佐证。

法院判决

法院经审理认为：继承从被继承人死亡时开始，被继承人未留有遗嘱或遗赠抚养协议的，按法定继承处理。被继承人的子女先于被继承人死亡的，由被继承人的子女的晚辈直系血亲代位继承。继承开始后，继承人没有表示放弃继承，并于遗产分割前死亡的，其继承遗产的权利转移给他的合法继承人。

本案中，孙某乙作为孙某甲的继子女，其与孙某甲形成了事实上的扶养关系，另外，孙某乙在 1992 年因工去世后，孙某甲与张某一直享受孙某乙单位支付的抚恤费及各类补助金，基于孙某乙本人已经去世的事实，其对继父及生母进行生活上的照顾及精神上的安慰均已构成事实上的不能。因此，孙某乙应当作为其继父孙某甲及其生母张某的合法继承人，因其早于孙某甲和张某去世，孙某丁作为其晚辈直系血亲有权代位继承孙某乙应当继承的份额。

孙某丁作为孙某甲和张某的孙女，在其父亲孙某乙去世时，其本人年仅 5 岁，系未成年人，其并非法律规定的有负担能力孙子女，且孙某甲、张某除孙某乙外仍有一子孙某丙，因此，不应将孙某丁认定为对孙某甲与张某负有法定赡养义务。而孙某丁的母亲，即孙某乙的妻子张某乙作为孙某甲、张某的儿媳，其本身并非孙某甲、张某的法定义务赡养人，其在孙某乙去世后虽未对孙某甲、张某尽赡养义务，但其本人亦未据此要求继承孙某甲、张某的遗产。

综上，三被告提出以孙某丁未尽赡养义务为由要求少分或不分遗产的主张，法院不予采纳。

考虑到孙某丙与孙某甲、张某长期共同生活，尽了较多的赡养义务，因此，三被告主张孙某丙多分遗产的主张法院予以采纳，具体份额由法院依法酌情确定。

本案中王某提出将其继承其母亲张某的遗产转赠给孙某戊的主张，不违反法律规定，法院予以准许。

综上，法院根据房屋的实际情况，从有利于生产生活的角度确认北京市大兴区某村西街 13 号院内东侧北房 3 间归孙某丁所有，西侧北房 6 间归王某乙与孙某戊共同所有。

据此，依据《中华人民共和国继承法》第二条、第三条、第五条、第十条、第十一条、第十二条、第二十九条，《最高人民法院关于贯彻执行〈中华人民共和国继承法〉若干问题的意见》第五十二条，《中华人民共和国婚姻法》第二十八条之规定，判决：（1）位于北京市大兴区庞各庄镇某院内东侧北房 3 间归原告孙某丁所有；（2）位于北京市大兴区庞各庄镇某院内西侧北房 6 间归被告孙某戊、被告王某乙共同所有。

律师点评

本案的争议焦点是：（1）孙某丁能否继承孙某甲和张某的遗产；（2）孙某丁对孙某甲和张某是否负有法定的赡养义务；（3）孙某丁的母亲对孙某甲和张某是否负有法定的赡养义务；（4）孙某戊能否以尽了较多的赡养义务为由，多分孙某甲和张某的遗产。

第一，关于孙某丁能否继承孙某甲和张某遗产的问题，笔者认为孙某乙作为孙某甲和张某的子女，是孙某甲和张某的合法继承人，因其早于孙某甲和张某去世，孙某丁作为其晚辈直系血亲有权代位继承孙某乙应当继承的份额。

第二，关于孙某丁对孙某甲和张某是否负有法定赡养义务的问题，根据《中华人民共和国婚姻法》第二十八条之规定，有负担能力的孙子女、外孙子女，对于子女已经死亡或子女无力赡养的祖父母、外祖父母有赡养的义务。本案中，孙某丁作为孙某甲和张某的孙女，在其父亲孙某乙去世时，其本人年仅 5 岁，系未成年人，其并非法律规定的有负担能力孙子女，且孙某甲、张某除孙某乙外仍有一子，因此，不应将孙某丁认定为对孙某甲与张某负有法定赡养义务。

第三，关于孙某丁的母亲对孙某甲和张某是否负有法定的赡养义务的问题，笔者认为，孙某丁的母亲作为孙某甲、张某的儿媳，其本身并非孙某甲、张某的法定义务赡养人，其对孙某甲、张某不负法定的赡养义务，在本案中，其本人亦未要求继承孙某甲、张某的遗产。退一步而言，孙某丁主张继承孙某甲和张某的遗产，是基于自身的代位继承权，与母亲是否赡养孙某甲和张某没有任何关系。

第四，孙某戊与孙某甲、张某长期共同生活，尽了较多的赡养义务，根据《最高人民法院关于贯彻执行〈中华人民共和国继承法〉若干问题的意见》的规定，“代位继承人缺乏劳动能力又没有生活来源，或者对被继承人尽过主要赡养义务的，分配遗产时，可以多分”。因此，孙某戊可以主张多分遗产。

第二节　转继承纠纷

一、理论概述与实务指引

（一）转继承的概念和法律依据

转继承，又称转归继承、连续继承、再继承，是指继承人在继承开始后实际接受遗产前死亡，该继承人的合法继承人代其实际接受其有权继承的遗产。转继承人就是实际接受遗产的死亡继承人的继承人，被转继承人就是指已死亡的继承人。转继承是两个直接继承的连续，被转继承人继承后，由于被转继承人死亡，无法实际接受其有权继承的遗产，因此该遗产由转继承人继承。《中华人民共和国民法典》第一千一百五十二条规定“继承开始后，继承人于遗产分割前死亡，并没有放弃继承的，该继承人应当继承的遗产转给其继承人，但是遗嘱另有安排的除外”。同时《最高人民法院关于适用

〈中华人民共和国民法典〉继承编的解释（一）》第三十八条规定，继承开始后，受遗赠人表示接受遗赠，并于遗产分割前死亡的，其接受遗赠的权利转移给他的继承人。

（二）转继承的实务指引

1. 转继承的适用条件

在继承开始后、遗产分割前，继承人因死亡无法实际接受其有权继承的遗产，被继承人的遗产转由继承人的合法继承人继承。与代位继承相比，转继承发生的原因是被继承人的继承人在继承开始后，遗产分割前死亡，而代位继承是被继承人的子女先于被继承人死亡。

2. 转继承的主体范围

在代位继承中，被代位继承人的范围仅限于被继承人的子女以及被继承人的兄弟姐妹，代位继承人的范围仅限于被代位继承人的直系晚辈血亲，被代位继承人的其他法定继承人不能代位继承。而转继承中，被转继承人和转继承人的范围比代位继承大很多。首先，被转继承人可以是被继承人的任一继承人。其次，转继承人是被转继承人的所有合法继承人，被转继承人有第一顺序法定继承人的，由第一顺序法定继承人转继承；没有第一顺序法定继承人的，则可由第二顺序法定继承人转继承。

3. 转继承的适用范围

转继承不仅适用于法定继承，还适用于遗嘱继承。如前所述，转继承是两个连续的继承，不管是法定继承还是遗嘱继承，被转继承人都已经取得了遗产继承权，当被转继承人在实际取得遗产前死亡时，原本应由其取得的遗产既可由其法定继承人继承，也可以由其生前指定的遗嘱继承人继承。而代位继承则只能适用于法定继承，因为被代位继承人先于被继承人死亡，此时被继承人的遗嘱未生效，被代位继承人尚未取得遗产继承权，因此其继承人也无法代其取得遗嘱中指定的财产。

二、办案思路与实战技巧

（一）针对是否适用转继承的案件，应从以下几方面入手才可能获得支持

1. 证明被转继承人在被继承人死亡后，遗产分割前死亡

转继承人需提供被继承人和被转继承人的死亡证明，从时间上证明被转继承人死于被继承人之后，遗产分割之前。

2. 证明转继承人是被转继承人的法定继承人或遗嘱继承人

转继承人需通过相应的亲属关系证明，证明被转继承人是被继承人的合法继承人，且转继承人是被转继承人的合法继承人；或者转继承人提供合法有效的遗嘱，以证明其系被转继承人的遗嘱受益人。

（二）针对转继承人应继承遗产份额存在争议的案件，应从以下几个方面入手才有可能获得支持

1. 计算被转继承人应继承的份额

不管转继承人人数有多少，转继承人应继承的份额仅为被转继承人应继承的份额，转继承人不能与被继承人的其他继承人并列继承遗产。因此，在计算转继承人应继承的份额时，首先要计算被转继承人应继承的份额，再根据转继承人人数确定每一个转继承人应继承的份额。

2. 转继承人是否具备多分的条件

根据《中华人民共和国民法典》的相关规定，对生活有特殊困难的缺乏劳动能力的继承人，分配遗产时，应当予以照顾。对被继承人尽了主要扶养义务或者与被继承人共同生活的继承人，分配遗产时，可以多分。因此，如果转继承人想要主张多分被继承人遗产，转继承人需提供证据证明自身生活有特殊困难且缺乏劳动能力，或者被转继承人生前对被继承人尽了主要扶养义务等情形，才可能得到法院的支持。

但是遗赠是否可以适用转继承则需要分具体情况。如果被继承人设立遗

嘱将财产赠与法定继承人之外的人，而受遗赠人在知道受遗赠后 60 日内，做出接受遗赠的意思表示，但在遗产分割前死亡的，其接受遗赠的财产是否可以转移给其继承人？《最高人民法院关于适用〈中华人民共和国民法典〉继承编的解释（一）》第三十八条规定“继承开始后，受遗赠人表示接受遗赠，并于遗产分割前死亡的，其接受遗赠的权利转移给他的继承人”。即受遗赠人在知道遗赠后 60 日内做出了接受遗赠的意思表示，但在遗产分割前死亡的，其受赠的财产作为其遗产由其继承人继承。同样，如果遗赠人在遗嘱中对受遗赠人在继承开始后接受了遗赠，却在遗产分割前死亡的情形做出了安排的，则按照遗嘱确定遗赠财产的归属。当然，如果受遗赠人在知道受遗赠后 60 日内未做出接受遗赠的表示，则视为放弃受遗赠。如受遗赠人已放弃受遗赠，其在遗产分割前死亡，则不存在受遗赠的财产转移给其继承人的问题。[①]

三、典型案例评析

案例 35：王某丁与鲍某等析产继承纠纷案[②]

裁判主旨

在继承开始后、遗产分割前，继承人死亡无法实际接受其有权继承的遗产，被继承人的遗产转由继承人的合法继承人继承。合法继承人既包括了晚辈直系血亲，也包括长辈直系血亲等。

案情简介

原告鲍某诉称：我与被告王某乙、王某丙系母女关系，与王某丁系母子

① 最高人民法院民法典贯彻实施工作领导小组主编：《中华人民共和国民法典婚姻家庭编继承编理解与适用》，人民法院出版社 2022 年版，第 660-661 页。

② 审理法院：北京市第一中级人民法院，案号：（2015）一中民终字第 192 号，载中国裁判文书网，https://wenshu.court.gov.cn/website/wenshu/181107ANFZ0BXSK4/index.html?docId=LPj+cEzjlIP7ammDfguAjJ4zdosPa0FUztlt1+uIWO0yIG2e6Mv9GpO3qNaLMqsJUTWcuuSWqFJE3z3XhifmxıN05NRB6QgWvb77MR4zDu5w3kIIE73jc3CtXOrnI9/bd，最后访问时间：2022 年 10 月 16 日。

关系。王某某系我的配偶，系二被告父亲，黄某与王某丁结婚后育有一女王某戊。王某某于2008年5月25日去世，其生前与我在2001年8月17日共同购买位于北京市海淀区某小区302号房屋（以下简称302号房屋）一套，王某某去世后未留有遗嘱。302号房屋是夫妻共同财产，应先析出我的二分之一份额，剩余二分之一由我与三个子女按照法定继承处理，因王某丁已经去世，其应得的八分之一应由三原告即我、黄某、王某戊各继承三分之一，故我共应享有该房屋三分之二的份额。诉讼请求：判令涉案房屋由我享有所有权，由我继承该房屋的三分之二，其余三分之一给付各被告折价款。诉讼费由二被告承担。

原告黄某、王某戊诉称：我们二人同意作为本案共同原告参加诉讼，302号房屋是王某某和鲍某的夫妻共同财产，我们二人主张依法分得302号房屋中我们应得份额，因王某戊尚无工作，且王某丁对王某某尽了较多赡养义务，希望法院多分遗产。

被告王某乙辩称：认可鲍某起诉的事实及诉讼请求。我应按法定继承涉案房屋八分之一的比例，同意302号房屋归鲍某所有，由鲍某给我折价款。我对王某某尽到了主要的赡养义务，我要求适当多分房子的份额，多分的比例由法院酌定。

被告王某丙辩称：（1）本案应按析产纠纷处理，继承纠纷的诉讼时效为两年，本案提起纠纷时诉讼时效已过。（2）鲍某与其夫在夫妻关系存续期间共同购买了北京市海淀区某小区203号房屋（以下简称203号房屋）和302号房屋，该两套房屋的二分之一的份额均应为王某某的个人合法财产。（3）鲍某和王某乙存在侵吞和争抢遗产的事实，王某丙应得到302号房屋的四分之一。

一审法院经审理查明：被继承人王某某与鲍某为夫妻关系，二人共育有三个子女，分别为王某乙、王某丙、王某丁。黄某与王某丁于1987年6月10日结婚，王某戊系王某丁之女。王某某于2008年5月25日去世，生前未留有遗嘱。王某丁于2010年5月11日去世。

王某某与鲍某于夫妻关系存续期间购买了302号房屋，2001年11月26日，房屋管理机关颁发了产权证书，该房屋产权登记在王某某名下。

审理中，经鲍某申请，法院依法委托土地评估公司对302号房屋进行了价值评估。2014年5月7日，该公司作出价值评估报告，该报告确认：302号房屋于2014年4月8日的房地产市场价值为300.31万元，报告使用有效期是自报告提交之日起为一年。

另，王某乙主张自2006年6月至2011年底居住在302号房屋，与父母居住在同一楼中共同生活，其对王某某尽了主要赡养义务，其应多分遗产。鲍某对此予以认可。王某丙认可王某乙自2006年6月起与王某某居住在同一楼中，但认为王某乙居住在302号房屋，父母居住在203号房屋，王某乙与王某某分别独立生活，并非共同生活。王某丙认可王某某自2005年起处于半自理状态，2007年起处于不能自理状态，因2006年王某乙搬入302号房屋对父母有所照顾，看病上都是王某乙照顾。

诉讼中，黄某、王某戊曾在接受询问时表示要求依法继承涉案房屋中其二人应得份额，主张王某戊尚无工作，且王某丁对王某某尽了较多赡养义务，希望多分遗产。

王某丙主张203号房屋系王某某遗产，要求一并处理。经查，203号房屋原登记在王某某名下，2008年9月2日，鲍某作为出卖人与王某乙签订房屋买卖合同，现该房屋登记在王某乙名下。王某丙已另案起诉要求确认上述买卖合同无效、王某乙返还203号房屋，该案已经一审判决确认合同无效，目前尚在二审中。王某丙主张鲍某和王某乙上述买卖行为系故意隐匿、侵吞或争抢遗产，依法应当在分配遗产时少分。

上述事实，有当事人陈述、房屋所有权证书、死亡证明、户籍证明、人事档案材料证明、评估报告及一审法院庭审笔录等在案佐证。

法院判决

一审法院经审理认为：遗产系公民死亡时遗留的个人合法财产。本案涉及的302号房屋登记在王某某名下，系王某某与鲍某夫妻关系存续期间购置，应属夫妻共同财产。王某某去世后，302号房屋的一半份额归鲍某所有，其余为王某某的遗产。王某某生前未订立遗嘱，故其遗产应由第一顺序继承人鲍某、王某乙、王某丙、王某丁按法定继承的方式继承，同一顺序继承人继承遗产的份额一般应当均等。但考虑王某乙自2006年6月起与被继承人王某某生活在同一栋楼中，王某某晚年无法自理，王某乙客观上会对王某某照顾更多，且鲍某及王某丙均认可2006年王某乙搬入302号房屋对父母有所照顾，故王某乙尽了较多赡养义务，在分配遗产时，可以适当多分，多分数额由一审法院酌情判定。王某丁在继承开始后，遗产分割前去世，其应继承的遗产份额转由其继承人继承，即由鲍某、黄某、王某戊转继承。黄某、王某戊主张王某丁对王某某尽了较多赡养义务，但其就此未举证证明，一审法院无法采信。考虑到鲍某对302号房屋享有较多的份额，故该房屋应归鲍某所有，但鲍某应依据房产评估结论，给予其他继承人相应房屋折价款。

王某丙主张203号房屋亦属王某某的遗产，鲍某、王某乙就203号房屋的买卖行为系侵吞和争抢遗产。一审法院认为，203号房屋目前登记在王某乙名下，各方就203号房屋权属尚存争议，且王某丙已就相关房屋买卖合同的效力问题另案提起诉讼，故本案对203号房屋不予处理，王某丙可待203号房屋相关权利确定后另案提出分割主张。

王某丙主张本案起诉已过诉讼时效的辩解，一审法院认为，自被继承人去世后，所涉遗产虽未分割，但已处于共有状态，作为继承人有权随时提出主张，故鲍某此次诉讼未过诉讼时效。

综上，一审法院依据《中华人民共和国继承法》第二条、第三条、第十条、第十五条、第二十六条之规定，判决：（1）现在王某某名下，位于北京市海淀区某小区302号房屋于本判决生效之日起归鲍某所有；（2）鲍某给付王某乙房屋折价款465400元，给付王某丙房屋折价款345400元，给付黄某、王某戊房屋折价款各115100元，以上均于本判决生效之日起三十日内执行；（3）驳回黄某、王某戊的其他诉讼请求。

一审法院判决后，王某乙不服，向北京市第一中级人民法院提出上诉，上诉请求：（1）撤销北京市海淀区人民法院（2014）海民初字第10181号民事判决第一项，依法改判302号房屋及203号房屋四分之一的份额由上诉人继承；（2）撤销北京市海淀区人民法院（2014）海民初字第10181号民事判决第二项，依法改判203号房屋归上诉人所有，由上诉人按照各被上诉人应得的份额向各被上诉人支付房屋折价款；（3）本案一、二审诉讼费用由被上诉人承担。上诉理由：一审法院认定事实不清，适用法律不当，处理显失公正。

鲍某答辩称：同意一审法院认定的事实和判决，不认可上诉人的上诉请求。

黄某、王某戊、王某丙未作答辩。

二审法院经审理查明：一审法院认定的事实属实，二审法院予以确认。

在二审法院审理期间，鲍某、黄某、王某戊、王某丙未向法院提交新的证据；王某乙向二审法院提交（2014）一中民终字第8036号民事判决书，用以证明203号房屋的买卖合同已认定为无效合同，仍应作为王某某与鲍某夫妻共同财产，并对王某某的遗产部分予以继承。鲍某对证据的真实性予以认可，但对证明目的不予认可。

二审法院认为：当事人对自己提出的诉讼请求所依据的事实或者反驳对方诉讼请求所依据的事实，有责任提供证据加以证明，否则将承担举证不能的后果。遗产系公民死亡时遗留的个人合法财产。继承开始后，按照法定继承办理。本案诉争的302号房屋登记在王某某名下，应认定为王某某与鲍某夫妻关系存续期间购置，属夫妻共同财产。王某某去世后，302号房屋的一半份额归鲍某所有，其余为王某某的遗产。因王某某生前未订立遗嘱，故其遗产应由第一顺序继承人鲍某、王某乙、王某丙、王某丁按法定继承的方式继承，二审法院对此予以确认。同一顺序继承人继承遗产的份额，一般应当均等。对被继承人尽了主要扶养义务或者与被继承人共同生活的继承人，分配遗产时，可以多分。一审法院考虑王某乙自2006年6月起与被继承人王某某生活在同一栋楼中，王某某晚年无法自理，王某乙客观上会对王某某照顾得更多，且鲍某及王某丙均认可2006年王某乙搬入302号房屋对父母有所照顾，故认定王某乙尽了较多赡养义务，在分配遗产时，可以适当多分，于法有据，二审法院对此予以确认。王某丙上诉主张其对王某某亦尽了较多赡养义务，但其就此并未举证证明，且鲍某不予认可，二审法院亦不予采信。

王某丁在继承开始后，遗产分割前去世，其应继承的遗产份额转由其继承人继承，即由鲍某、黄某、王某戊转继承，二审法院对此不持异议。一审法院鉴于鲍某对302号房屋享有较多的份额，认定该房屋应归鲍某所有，由鲍某依据房产评估结论，给予其他继承人相应房屋折价款，二审法院予以认可。

王某乙上诉主张203号房屋亦属王某某的遗产，鲍某、王某乙就203号房屋的买卖行为系恶意串通，侵吞和争抢遗产，其房屋买卖合同已被法院认定为无效合同，故亦应作为王某某遗产予以分割，且鉴于鲍某、王某乙的恶意行为，遗产应予少分。二审法院认为，203号房屋的买卖合同已在另案诉讼中确定为无效，王某丙上诉主张对王某某的遗产203号房屋予以一并分割继承，为了避免审级缺失，王某丙应对此另案提出主张。王某丙对其上诉的请求及理由，未能提供充分证据予以证明，亦缺乏事实与法律依据，二审法院不予支持。综上所述，原判正确，应予维持。依照《中华人民共和国民事诉讼法》第一百七十条第一款第一项之规定，判决如下：驳回上诉，维持原判。

律师点评

本案争议焦点为：（1）诉争的302号房屋系王某某个人合法财产还是王某某与鲍某夫妻共同财产；（2）王某乙是否对王某某尽了较多赡养义务，从而有条件多分遗产；（3）王某戊是否可以作为转继承人继承王某某的遗产。

第一，关于本案诉争的302号房屋系王某某个人合法财产还是王某某与鲍某夫妻共同财产的问题，关系到遗产的范围问题。遗产系公民死亡时遗留的个人合法财产。本案诉争的房产虽然仅登记在王某某名下，但由于系王某某与鲍某夫妻关系存续期间购置，属夫妻共同财产，因此，王某某去世后，涉案房屋的一半份额归鲍某所有，其余为王某某遗产，因王某某生前未订立遗嘱，故其遗产应由第一顺序继承人鲍某、王某乙、王某丙、王某丁按法定继承的方式继承。

第二，关于王某乙是否对王某某尽了较多赡养义务，从而有条件多分遗产的问题，关系到被转继承人的继承份额。根据《中华人民共和国继承法》的规定，同一顺序继承人继承遗产的份额，一般应当均等。对被继承人尽了主要扶养义务或者与被继承人共同生活的继承人，分配遗产时，可以多分。法院考虑王某乙自2006年6月起与被继承人王某某生活在同一楼中，王某某晚年生活无法自理，王某乙客观上会对王某某照顾更多，且鲍某及王某丙均认可2006年王某乙搬入涉案房屋对父母有所照顾，故认定王某乙尽了较多赡养义务，在分配遗产时，可以适当多分于法有据。

第三，关于王某戊是否可以作为转继承人继承王某某的遗产的问题，关系到王某戊继承王某某遗产的合法性。王某丁在继承开始后，遗产分割前去世，其应继承的遗产份额转由其继承人继承，即由鲍某、黄某、王某戊转继承。

第三节 其他典型法定继承纠纷

一、其他典型法定继承纠纷情形及法律知识解析

（一）继父母和继子女是否互相享有法定继承权

根据《中华人民共和国民法典》第一千一百二十七条第三款的规定，本编所称子女，包括婚生子女、非婚生子女、养子女和有扶养关系的继子女。对于如何认定继父母子女之间形成扶养关系，尚无相关司法解释予以规定。在司法实践中，一般需要继父母子女具有较为稳定的共同生活居住时间，且继父母对继子女承担了抚养、教育等义务或者继子女对继父母承担了陪伴照顾等赡养义务。此时，原则上可认定继父母子女之间形成了扶养关系。

对于已经形成了扶养关系的继父母子女，在继子女的生父或生母与继母或继父解除婚姻关系后，继父母子女之间是否必然享有继承权呢？答案是否定的，此时应视继子女在生父或生母与继母或继父离婚时是否成年而定：其一，若有扶养关系的继子女尚未成年，继父母明确表示不再扶养继子女的，则继父母子女关系随着生父或生母与继母或继父离婚而自然解除，继父母子女之间不再享有权利义务关系，相互之间不享有继承权；其二，若有扶养关系的继子女已成年，则继父母子女关系并不随着生父或生母与继母或继父离婚而自然解除，继父母子女关系仍然存续，继父母子女之间仍相互享有继承权。此时，继子女仍应履行对继父母的赡养义务，若有扶养能力和有扶养条件的继子女，不尽赡养义务的，分配继父母的遗产时，应当不分或者少分。

（二）丧偶儿媳对公婆，丧偶女婿对岳父母，尽了主要赡养义务，主张作为第一顺序继承人

根据《中华人民共和国民法典》第一千一百二十九条的规定，丧偶儿媳对公婆，丧偶女婿对岳父母，尽了主要赡养义务的，作为第一顺序继承人。因此，作为丧偶儿媳或丧偶女婿，如主张继承权，则需要证明其对公婆或岳父母尽了主要赡养义务。

在司法实践中，关于“尽了主要赡养义务”一般需从以下两个方面综合考虑。

1. 在经济上对公婆或岳父母生活提供了主要经济来源，或者在生活上对公婆或岳父母提供了主要劳务帮助；

2. 对公婆或岳父母尽赡养义务具有长期性、经常性。

若以上两个方面的条件同时具备，主张“尽了主要赡养义务”一般可以得到法院的支持。

（三）随母改嫁的子女是否享有生父遗产继承权及代位继承权

根据《最高人民法院关于适用〈中华人民共和国民法典〉继承编的解释（一）》第十一条规定，继子女继承了继父母遗产的，不影响其继承生父母的遗产。继父母继承了继子女遗产的，不影响其继承生子女的遗产。因此随母改嫁的子女享有对生父遗产的继承权或以生父为被代位人的代位继承权。

（四）人工授精所生子女是否享有法定继承权

根据《最高人民法院关于夫妻离婚后人工授精所生子女的法律地位如何确定的复函》的规定：“……在夫妻关系存续期间，双方一致同意进行人工授精，所生子女应视为夫妻双方的婚生子女，父母子女之间权利义务关系适用《婚姻法》的有关规定。”因此，只要人工授精的行为是夫妻双方一致同意，则人工授精所生子女依法享有法定继承权。

上述复函虽于 2021 年 1 月 1 日起被废止，但其仍具有参考意义。2015 年 4 月 15 日，最高人民法院审判委员会发布的指导案例第 50 号李某、郭某

阳诉郭某和、童某某继承纠纷案当中，即明确了“夫妻关系存续期间，双方一致同意利用他人的精子进行人工授精并使女方受孕后，男方反悔，而女方坚持生出该子女的，不论该子女是否在夫妻关系存续期间出生，都应视为夫妻双方的婚生子女”的裁判要点。①

（五）继承人以外的人在法定继承中是否可分得遗产

根据《中华人民共和国民法典》第一千一百三十一条规定，对继承人以外的依靠被继承人扶养的人，或者继承人以外的对被继承人扶养较多的人，可以分给适当的遗产。

（六）在两个以上互有继承关系的人在同一事件中死亡的情形下，如何确定各继承人的继承份额

根据《中华人民共和国民法典》第一千一百二十一条规定，继承从被继承人死亡时开始。相互有继承关系的数人在同一事件中死亡，难以确定死亡时间的，推定没有其他继承人的人先死亡。都有其他继承人，辈份不同的，推定长辈先死亡；辈份相同的，推定同时死亡，相互不发生继承。

二、典型案例评析

案例 36：谢某某、郑某甲与陈某甲等继承纠纷案②

裁判主旨

相互有继承关系的几个人在同一事件中死亡，如不能确定死亡先后时间的，推定没有继承人的人先死亡。死亡人各自都有继承人的，如几个死亡人辈分不同，推定长辈先死亡；几个死亡人辈分相同，推定同时死亡，彼此不发生继承，由他们各自的继承人分别继承。

---

① 最高人民法院《关于发布第十批指导性案例的通知》（法〔2015〕85号）。

② 载审判案例数据库，http：//www.chncase.cn：9090/case/case/2118810，最后访问时间：2022年11月15日。

案情简介

原告郑某甲、谢某某系被继承人郑某乙之父母，被告陈某甲、陈某乙、陈某丙、陈某丁系被继承人陈某戊之兄姐。自1987年1月起，郑某乙、陈某戊即以夫妻名义公开共同生活，购置财产。1989年4月11日晚，郑某乙、陈某戊在西安市碑林区仁厚庄三号居民楼一单元三层三号家中同时被害死亡，其财产经西安市公安局八处核查后，由四被告保管。郑某乙于1964年4月20日出生，与陈某戊同居生活时已年满23周岁，无配偶。陈某戊于1961年6月22日出生，与郑某乙同居生活时已年满26周岁，无配偶。双方同居生活期间未生育子女。陈某戊的父亲陈某某、母亲吴某某已分别于1977年6月和1982年3月去世。二原告向法院主张继承郑某乙的遗产。

法院判决

一审法院经审理认为：（1）郑某乙、陈某戊生前以夫妻名义公开长期共同生活，已形成事实婚姻关系，其财产应共同共有。（2）原、被告分别为郑某乙、陈某戊第一顺序及第二顺序法定继承人，均有继承郑某乙、陈某戊遗产之权利。原告要求继承郑某乙遗产，依法应予准许。被告辩称，全部遗产系陈某戊个人所有，证据不足，不予认定。（3）对于遗产，应考虑郑某乙、陈某戊各自工作年限长短和在家庭生活中经济收入状况先予分割后继承。一审法院判决如下：郑某乙、陈某戊财产中，债权6000元、“夏普”20英寸彩色电视机一台由郑某乙法定继承人郑某甲、谢某某继承；其余财产归陈某戊所有，由陈某戊法定继承人陈某甲、陈某乙、陈某丙、陈某丁共同继承。

一审判决后，原告郑某甲、谢某某不服，于1989年12月8日向陕西省西安市中级人民法院提出上诉。二审法院根据法医学鉴定意见，经审理查明陈某戊先死亡，郑某乙后死亡，两人死亡时间相距约20分钟。二审法院因此认为陈某戊先于郑某乙死亡，其遗产应由第一顺序继承人即配偶郑某乙继承；郑某乙死亡，其财产应由第一顺序继承人即郑某乙的父母郑某甲、谢某某继承。陈某甲、陈某乙、陈某丙、陈某丁为陈某戊的第二顺序继承人，无权继承陈某戊之遗产。但鉴于陈某甲等对陈某戊生前有一定的扶助，陈某戊、郑某乙死亡后亦尽了一定的安葬义务，可适当分得部分遗产。

律师点评

本案争议焦点为：(1) 陈某戊、郑某乙事实婚姻的认定；(2) 陈某戊、郑某乙死亡先后时间的认定；(3) 本案被告陈某甲、陈某乙、陈某丙、陈某丁的继承权问题。

第一，关于陈某戊、郑某乙事实婚姻的认定。事实婚姻是相对于法定婚姻而言的，是指没有配偶的男女，未进行结婚登记，便以夫妻名义同居生活，群众也认为是夫妻关系的两性结合。由于法治发展的时代性，事实婚姻曾经在我国大量存在，本案的事实婚姻，根据 1989 年 11 月 21 日发布的《最高人民法院关于人民法院审理未办结婚登记而以夫妻名义同居生活案件的若干意见》(已失效) 第二条："1986 年 3 月 15 日《婚姻登记办法》施行之后，未办结婚登记手续即以夫妻名义同居生活，群众也认为是夫妻关系的，一方向人民法院起诉'离婚'，如同居时双方均符合结婚的法定条件，可认定为事实婚姻关系……"的规定，一、二审法院认定陈某戊、郑某乙已形成了事实婚姻，应视为夫妻关系，其财产为夫妻共同财产是正确的。

第二，关于陈某戊、郑某乙死亡先后时间的认定。一审法院认定陈某戊、郑某乙同时被害死亡，并据此判决，陈某戊、郑某乙彼此不发生继承，陈某戊、郑某乙的遗产由他们各自的继承人分别继承。二审法院根据公安机关对陈某戊、郑某乙死亡先后时间作出的法医学鉴定意见，认定陈某戊先于郑某乙 20 分钟左右死亡，并由此导致本案继承关系发生了重大变化，由一审的同时死亡，双方互不发生继承转变为陈某戊先于郑某乙死亡，其遗产由郑某乙继承。二审法院据此作出改判，判决郑某乙、陈某戊死亡后，其遗产由谢某某、郑某甲继承。

第三，关于本案被告陈某甲、陈某乙、陈某丙、陈某丁的继承权问题。陈某甲、陈某乙、陈某丙、陈某丁系被继承人陈某戊的第二顺序法定继承人，由于陈某戊、郑某乙死亡先后时间的确定，导致陈某戊死亡后其遗产只能由其第一顺序法定继承人郑某乙继承这一法律事实。根据《中华人民共和国继承法》第十条第二款“继承开始后，由第一顺序继承人继承，第二顺序继承人不继承。没有第一顺序继承人的，由第二顺序继承人继承”的规定，本案陈某甲、陈某乙、陈某丙、陈某丁依法不享有继承权。鉴于陈某甲、陈某乙、陈某丙、陈某丁在其父母死亡后对陈某戊有一定扶助，陈某戊、郑某乙死亡后他们亦尽了安葬义务，二审法院依据《中华人民共和国继承法》第十四条规定的精神，判决从陈某戊、郑某乙的遗产中适当分给他们部分遗产也充分体现了法律与情理的统一。

案例 37：李某某、范某甲与范某乙等继承纠纷案①

裁判主旨

夫妻关系存续期间，双方一致同意利用他人的精子进行人工授精并使女方受孕后，男方反悔，应当征得女方同意。在未能协商一致的情况下男方死亡，其后子女出生，尽管该子女与男方没有血缘关系，仍应视为夫妻双方的婚生子女。男方在遗嘱中不给该子女保留必要的遗产份额，不符合《中华人民共和国继承法》第十九条规定，该部分遗嘱内容无效。

案情简介

原告李某某诉称：位于南京市某小区的306室房屋一套，是原告李某某与被继承人范某丙的夫妻共同财产。范某丙因病死亡后，原告范某甲出生。范某丙的遗产，应当由妻子李某某、儿子范某甲与范某丙的父母即被告范某乙、滕某等法定继承人共同继承。原告多次与被告协商分割遗产，均未达成一致意见，请求法院解决这一析产继承纠纷。在析产时，应当考虑范某乙、滕某有自己房产并有退休工资，而李某某无固定收入还要抚养幼子的具体情况，对李某某和范某甲给予照顾。

原告李某某提交以下证据：

1. 结婚证书，用以证明李某某与范某丙是夫妻关系；

---

① 最高人民法院《关于发布第十批指导性案例的通知》（法〔2015〕85号）。

2. 公房买卖契约、缴款单、房屋所有权证、国有土地使用权证，用以证明某小区306室是范某丙、李某某夫妻关系存续期间，以范某丙名义购置的一套房屋；

3. 不育夫妇人工授精申请书、人工授精协议书，用以证明经范某丙签字同意后，李某某以人工授精的方式怀孕，生育的范某甲是范某丙的合法继承人；

4. 居民死亡殡葬证，用以证明范某丙于2004年5月23日病故；

5. 收条和欠据，用以证明范某丙、李某某夫妻购房时曾向范某乙、滕某借款1万元，2005年3月1日还款3300元。

被告范某乙、滕某辩称：第一，某小区306室是范家私房被拆迁后，政府安置给范家的公房；这套房屋虽以范某丙的名义购买，但购买时二被告还出资1万元，占总购房款的2/3，故此房不是范某丙、李某某的夫妻共同财产，而是范家家产，二被告起码对该房享有2/3产权。第二，范某丙生前留下遗嘱，明确将某小区306室赠与二被告，故对该房产不适用法定继承。第三，李某某所生的孩子与范某丙不存在血缘关系；这个孩子虽然是范某丙签字同意通过人工授精的方式怀孕出生的，但范某丙在得知自己患了癌症后，已经向李某某表示过不要这个孩子，其时做人工流产为时不晚；李某某坚持要生下这个孩子，当然应该由李某某对这个孩子负责；范某丙在遗嘱中声明他不要这个人工授精生下的孩子，该意愿应当得到尊重，故不能将这个孩子列为范某丙的继承人。第四，李某某声称是范某丙的妻子，但在范某丙病危期间，却不拿钱给范某丙看病，不尽夫妻扶养义务，故无权继承范某丙遗留的房产，该房产应按范某丙的遗嘱进行处分。第五，范某丙生前为开店经营，曾经向滕某借款8500元；范某丙死亡时，留下大笔存款被李某某占有；李某某只提继承房产，却不将其占有的存款拿出来分割和偿还范某丙的债务，是不公平的；应当用范某丙遗留的存款清偿范某丙遗留的债务，其余按法定继承处理。

被告范某乙、滕某提交以下证据：

1. 2004年5月20日范某丙在医院自书的遗嘱，内容是："1. 通过人工授精（不是本人精子）生的孩子，我坚决不要；2. 1984年私房拆迁后分的一套房子，坐落在秦淮区某小区 306 室，当时由母亲出资 1.5 万元按房改政策以我的名义购买的房子，赠与父母范某乙和滕某，别人不得有异议。”

2. 2004 年 5 月 22 日由某法律服务所工作人员袁某某代书的遗嘱，主要内容为：立遗嘱人范某丙，本人患癌症多年，目前病情加重，现住院治疗。因母亲对我付出的太多，为感母恩，趁我目前头脑清醒之时，立遗嘱如下：一、坐落在本市秦淮区某小区 305 室一小套房子，是 2003 年以我的名义，母亲出钱购买的产权房，我去世后，我的全部份额产权，由我母亲继承。二、2001 年因做生意，借母亲 8500 元。目前我在中国农业银行有存款约 6 万元，我去世后，我存款的一半 3 万元由母亲继承。

3. 范某丙书写的借条，内容为：“兹有范某丙开店借母亲 8500 元，以后有钱再还。范某丙，2001 年 3 月 12 日。”

4. 范某丙书写的字条，主要内容为：李某某，我开送货车挣的 2.5 万元在你那里，现在我住院需要钱，请你拿出来给我用。范某丙，2004 年 5 月 21 日。

法庭组织了质证。在质证过程中，双方当事人曾对涉及事实认定的以下问题发生争论：1. 某小区 306 室是由范某丙、李某某夫妻购买，还是由范某丙与被告范某乙、滕某共同出资购买？2. 范某丙生病期间，李某某是否尽到了作为妻子的扶养义务？3. 范某丙死亡后，是否留下存款以及存款数额是多少？4. 范某丙生前，是否为开店经营而向滕某借过款？

关于第一个问题。原告李某某称：购房缴款单、票据、欠条和收条等证明，购房款 14582.16 元是范某丙一个人交付的，其中 1 万元是向二被告借的款，不是与二被告共同出资购房；范某丙死亡后，所借购房款已由我向二被告归还，二被告也接受了此款，现在又主张共同出资购房，没有事实根据。被告范某乙、滕某辩称：范某丙的自书遗嘱和代书遗嘱均证实，房屋是共同出资购买的；后来在派出所解决纠纷时，为尊重派出所的调解意见，二被告才收下原告给付的款项；这样做是为解决矛盾，不代表承认借款事实成立。法庭认为：欠条、收条证明借款事实存在，且借款已在二被告追索下返还。范某丙在自书遗嘱、代书遗嘱中称，购房款 1.5 万元全部由其母滕某出资，既与欠条和收条证明借款 1 万元的事实不符，也与范某乙、滕某关于其出资1万元共同购房的主张不符；况且代书遗嘱不仅将继承房产的房号错写为某小区305室，还存在不是两个以上见证人在场见证，由其中一人代书，并由代书人、其他见证人和遗嘱人签名的问题，不符合《中华人民共和国继承法》第十七条第三款关于代书遗嘱形式要件的规定，不能作为证据使用。

关于第二个问题。被告范某乙、滕某称：范某丙患上癌症，医院发下病危通知单后，原告李某某马上将病危通知单拿去给范某丙看，使病人心理承受了极大压力，病情急转直下；范某丙病危期间，要求李某某拿出钱来给他看病，甚至跪在地上求李某某拿钱，李某某始终不肯拿钱，不尽夫妻之间的扶养义务；李某某的这些表现，医生都知道，法官应当向医生进行调查。李某某称，范某乙、滕某所述不实。根据范某乙、滕某的申请，法官前往医院向范某丙的主治医生进行了调查。据医生反映，在范某丙住院期间，李某某与范某丙的姐姐一样，也是几乎天天到医院服侍病人，只是不太爱说话；在范某丙的病危通知发出后，医生听范某丙的姐姐说，李某某把病危通知书给范某丙看了；至于李某某是否真的给范某丙看过病危通知书，以及范某丙是否向李某某哀求要钱，医生不知道。故对范某乙、滕某关于李某某不尽扶养义务的主张，法庭不予采信。

关于第三个问题。被告范某乙、滕某主张，范某丙死亡时留下了大笔存款，这笔存款被原告李某某占有。李某某承认，在范某丙生病前，其保存的存款是54800元，但扣除了范某丙的医疗费、丧葬费，归还了购房款，再扣除生育范某甲的费用、抚养范某甲的费用以及此次交纳的律师费和预缴的诉讼费，目前只剩下9000元。范某乙、滕某认可医疗费、丧葬费、购房款、生育费可以在存款中开支，对其他费用不予认可。法庭认为：李某某所述医疗费、丧葬费、还购房款、生育费等项开支，均为家庭共同生活所支付，且有取款凭证、住院收据、墓园证明等证实，可以从夫妻共同存款中扣除，其他项目或者目前尚未开支，或者不属于家庭共同生活开支，不应从夫妻共同存款中扣除，据此认定李某某保存的夫妻共同存款应为18705.4元。

关于第四个问题。被告滕某称：2001年3月12日，范某丙以开店为由向其借款8500元，有范某丙出具的借条为证。原告李某某称：范某丙开店时得到了居委会的帮助，不需要借款经营；借条虽然是范某丙所写，但范某丙在死前已经明显表现出维护其父母利益的倾向，因此借条反映的借款一事不真实。法庭认为：范某丙、李某某夫妇有开店经营的事实，而开店经营则需资本，李某某在不能指证资本来源的情形下主张开店无须借款，理由不能成立；滕某以范某丙书写的借条为证，主张范某丙向其借款 8500 元用于开店，此事实应当认定。

法院判决

江苏省南京市秦淮区人民法院认为：夫妻双方同意通过人工授精生育子女，所生子女无论是与夫妻双方还是与其中一方没有血缘关系，均应视为夫妻双方的婚生子女。该子女依法属于夫妻双方的合法继承人。由于本案中，被继承人范某丙死亡后，留有遗嘱，本案应当按照遗嘱继承办理。但是由于范某丙遗嘱中把夫妻共同财产，即范某丙名下的某小区 306 室，处分给其父母，侵害了李某某的房产权，故该部分遗嘱无效，同时，范某丙在遗嘱中未给人工授精所生育的儿子范某甲保留必要的遗产份额，不符合《中华人民共和国继承法》第十九条的规定，因此在处理遗产时，应给范某甲保留必要的份额，剩余部分再按遗嘱确定的分配原则处理。某小区 306 室房产估价 19. 3 万元，鉴于本案具体情况，去除原告李某某应得的一半夫妻共同财产，另一半即估价 9. 65 万元的房产，应作为被继承人范某丙的遗产。在范某丙的遗产中，以 1/3 作为给原告范某甲保留的必要遗产份额，余下的 2/3 由被告范某乙和滕某共同继承。考虑到各继承人的实际需要及所占份额，某小区 306 室应归李某某所有，由李某某给范某甲、范某乙、滕某各补偿现金 32166. 7 元。

关于范某丙死亡后，夫妻关系存续期间的存款余下 18705. 4 元，由原告李某某持有。从这笔存款中向被告滕某偿还范某丙、李某某的夫妻共同债务 8500 元，再扣除李某某应得的一半夫妻共同财产，余款 5102. 7 元是范某丙的遗产。对这部分遗产，范某丙在自书遗嘱中未提及，应当按法定继承办理，由范某丙的法定第一顺序继承人李某某和原告范某甲、被告范某乙、滕某 4 人均分，每人得 1275. 7 元。

据此，南京市秦淮区人民法院判决：（1）位于南京市秦淮区某小区的 306 室房屋归原告李某某所有；（2）原告李某某于本判决生效之日起 30 日内，给付原告范某甲 33442.4 元，该款由范某甲的法定代理人李某某保管；（3）原告李某某于本判决生效之日起 30 日内，给付被告范某乙叁万叁仟肆佰肆拾贰点肆元（￥33442.4）；（4）原告李某某于本判决生效之日起 30 日内，给付被告滕某肆万壹仟玖佰肆拾贰点肆元（￥41942.4）。

一审宣判后，双方当事人均未提出上诉。

律师点评

本案争议焦点是：（1）范某甲能否作为范某丙的继承人？（2）在范某丙留有遗嘱的情况下，对某小区 306 室应如何析产继承？（3）对李某某持有的存款应如何处分？

针对范某甲能否作为范某丙的继承人的问题，范某甲是范某丙与妻子李某某共同通过人工授精生育的子女，虽然范某丙在去世前反悔，但当时李某某已经成功受孕，范某丙想要反悔，依法必须取得李某某的同意，在未取得李某某同意的情况下，范某丙不得单方决定是否堕胎。而范某丙与范某甲的父子关系，系由范某丙与李某某共同签字同意医院进行人工授精生育子女时确定的，范某丙不能在遗嘱中否认其与范某甲的父子关系。根据最高人民法院在 1991 年 7 月 8 日《关于夫妻离婚后人工授精所生子女的法律地位如何确定的复函》中规定："……在夫妻关系存续期间，双方一致同意进行人工授精，所生子女应视为夫妻双方的婚生子女，父母子女之间权利义务关系适用《婚姻法》的有关规定。"范某丙与李某某通过人工授精生育的原告范某甲，是范某丙的合法继承人。

针对范某丙遗产中涉及的某小区 306 室房屋如何析产继承的问题，根据《中华人民共和国继承法》第五条的规定："继承开始后，按照法定继承办理；有遗嘱的，按照遗嘱继承或者遗赠办理；有遗赠扶养协议的，按照协议办理。"由于被继承人范某丙留有遗嘱，本案应当按照遗嘱继承办理。但是从李某某提供的材料可以证明某小区 306 室房屋系范某丙与李某某的夫妻共同财产，范某丙在遗嘱中，将某小区 306 室全部房产处分归其父母，侵害了李某某的房产权，根据《中华人民共和国继承法》第二十六条第一款的规定："夫妻在婚姻关系存续期间所得的共同所有的财产，除有约定的以外，如果分割遗产，应当先将共同所有的财产的一半分出为配偶所有，其余的为被继承人的遗产。”某小区306室事实上只有1/2的份额属于范某丙的遗产。同时，由于确定了范某甲是范某丙的合法继承人，范某甲年幼，缺乏劳动能力又没有生活来源，因此在范某丙的遗产中，应该给范某甲保留必要的份额，剩余部分才可以按遗嘱确定的分配原则处理。

针对李某某持有的存款应如何分割的问题，范某丙去世后，李某某持有夫妻共同存款18705.4元。由于滕某以范某丙书写的借条为证，主张范某丙向其借款8500元用于开店，而范某丙开店经营所欠债务属于夫妻共同债务，所以这笔存款中应该向被告滕某偿还范某丙、李某某的夫妻共同债务8500元，再扣除李某某应得的一半夫妻共同财产，剩余部分遗产由于范某丙在自书遗嘱中未提及，应由范某丙的第一顺序继承人按法定继承分割。

案例38：侯某某与陈某甲等法定继承纠纷案①

裁判主旨

丧偶儿媳对公婆，丧偶女婿对岳父母，尽了主要赡养义务的，可作为第一顺序继承人参与继承。判断是否“尽了主要赡养义务”，一般需从以下两个方面综合考虑。（1）在经济上对公婆或岳父母的生活提供了主要经济来源，或者在生活上对公婆或岳父母提供了主要劳务帮助；（2）对公婆或岳父母尽赡养义务具有长期性、经常性。

案情简介

陈某甲一审诉称，陈某甲是陈某某、刘某某夫妻的女儿。侯某某是陈某某和前妻所生之子陈某乙的妻子，陈某某在小地名为“观音堂”处继承其祖

---

① 审理法院：重庆市第四中级人民法院，案号：（2014）渝四中法民终字第00760号，载中国裁判文书网，https：//wenshu. court. gov. cn/website/wenshu/181107ANFZ0BXSK4/index. html?docId=6X8yG55tLKIabqy/EQsdXZxcUSWCDBxT8XAZ7S2LZeByCra7M6NE5ZO3qNaLMqsJUTWcuuSWqFJE3z3XhifmxiN05NRB6QgWvb77MR4zDn72EMUyb+OO/t4OATWFE/+W，最后访问时间：2022年12月31日。

父一间半木瓦房。陈某某前妻去世后，与刘某某再婚，生育陈某甲，并买了相连的一间半木瓦房，新修两间偏房。陈某乙、侯某某于1973年结婚，居住其中一间半木瓦房，陈某乙于1990年10月先于父母去世；陈某某于1996年9月去世，刘某某于2002年3月去世，陈某某的房产份额应由其妻刘某某、继子陈某乙、生女陈某甲分割继承，刘某某的房产份额应由其继子陈某乙、生女陈某甲继承。但是，在陈某某、刘某某去世后，无继承权的侯某某将该遗产进行了房产登记，并将其中的一间半房屋送给他人，两间偏房及牛栏卖给他人拆走，现存木瓦房两间。2013年8月20日，陈某甲起诉至法院，要求按法定继承分割陈某某、刘某某的两间木瓦房。

侯某某一审辩称：侯某某对公婆尽了主要赡养义务，应作为第一顺位继承人，因此，老人口头遗嘱将房产给予侯某某。

法院判决

一审法院经审理认为：侯某某是丧偶儿媳，经查，双方均未提供充分证据证明侯某某对陈某某、刘某某尽了主要扶养义务。因此，侯某某不应作为第一顺序继承人参与遗产继承。陈某甲要求按法定继承分割两间木瓦房，因该房产确系陈某某、刘某某的遗产，在二人过世后也未进行分割，该诉讼请求符合法律规定，予以支持。

侯某某虽然已经办理了产权变更登记，将涉案房屋登记在其名下，并提出该房屋已经成为其个人财产，不能再进行分割。但根据《最高人民法院关于审理房屋登记案件若干问题的规定》（法释〔2010〕15号）第八条的规定，房屋登记行为并不能使继承权当然消灭，因此，侯某某登记房产的行为虽能对抗其他第三人，但不能因此剥夺继承人的继承权，该理由不成立，一审法院不予采信。综上，一审法院判决侯某某对涉案房屋没有继承权。

侯某某不服一审判决，向二审法院提起上诉，请求撤销原判，依法判决驳回一审原告的诉讼请求，理由是：涉案房屋是侯某某的个人财产，不是遗产，陈某甲主张分割遗产的请求应予以驳回。即使是遗产，陈某某与刘某某的遗产只有半间房屋，而不是二间，并且陈某某生前明确其夫妇生养死葬由侯某某负责，所有房屋归侯某某所有。陈某某、刘某某去世时，侯某某作为丧偶儿媳尽了主要的赡养义务，继承房屋应有相应份额。陈某甲 1987 年外出至今，仅 2013 年初回来一次，根本未尽赡养义务，不应该享有继承权。

被上诉人陈某甲答辩称：一审判决认定事实清楚，适用法律正确，请求驳回上诉人的上诉请求，维持原判。

二审中，上诉人申请王某某、陈某戊、刘某丙出庭作证，证明陈某某、刘某某将房屋一间半分给了侯某某居住，另一间半被冰雹损坏。陈某甲外出务工后，侯某某对陈某某、刘某某的生养死葬尽了相应义务。

被上诉人质证认为，三个证人证实不属于二审新证据。证实的内容相互矛盾，与事实不符。但证人证实陈某某、刘某某生前没有遗嘱，对房屋未进行处理，不应认定为侯某某个人财产。

上诉人还提供了余某某、陈某己、陈某庚、刘某丁、陈某辛的调查笔录，证明陈某甲未尽赡养义务，陈某某、刘某某与侯某某共同生活，陈某某、刘某某安葬是侯某某负责。另提供土地房屋权属调查表，证明涉案房屋是侯某某的个人财产。二审法院审查认为，证人王某某、陈某戊、刘某丙证言符合法律规定，可以作为二审新证据认定。对于其他证据不符合法律规定，不作为二审新证据认定。

二审法院经审理认为：侯某某之夫陈某乙先于陈某某、刘某某去世，而陈某某、刘某某之女陈某甲又外出务工多年，侯某某作为丧偶儿媳，对公婆尽了主要赡养义务，应当作为第一顺序继承人，并且其对被继承人尽了主要赡养义务，又与被继承人共同生活，分配遗产时，可以多分。一审判决侯某某不作为第一顺序继承人参与继承不当，应予纠正。陈某甲没有法定的继承权丧失的情形，因此，不能剥夺其继承权利。二审法院依法撤销一审判决，判决侯某某有权作为第一顺序继承人参与陈某某、刘某某的遗产继承，并且由于侯某某尽了主要赡养义务，有权多分。

律师点评

本案的争议焦点为：侯某某是否有权作为陈某某、刘某某的第一顺序继承人参与继承？根据《中华人民共和国继承法》第十二条的规定，丧偶儿媳对公婆，丧偶女婿对岳父母，尽了主要赡养义务的，作为第一顺序继承人。

因此，判断侯某某是否有权作为陈某某、刘某某的第一顺序继承人的关键在于侯某某是否对陈某某、刘某某尽了主要的赡养义务？结合上述典型案例中的情况，可以看出侯某某二审时提交的关于其对陈某某、刘某某尽了主要的赡养义务的证据是二审法院改判侯某某作为第一顺序继承人的有力支持，该类证据可通过证人证言的形式，收集关于继承人与被继承人共同生活的证据，以及其他继承人外出工作或外嫁等原因未能陪在被继承人身边给予及时的照顾的证据。除此之外，继承人还可以收集在经济上给被继承人提供主要经济来源，或者在生活上给被继承人提供主要劳务帮助等相关材料。

第十八章　遗嘱继承纠纷

第一节　理论概述与实务指引

一、理论概述

（一）基本概念

1. 遗嘱，是指遗嘱人生前依个人意愿通过法定形式对其个人合法财产进行处分，并于其死亡时发生效力的单方民事法律行为。

2. 遗嘱继承，是指被继承人死亡以后，继承人按照被继承人生前所立的合法有效的遗嘱，继承被继承人遗产的继承方式。

（二）遗嘱继承的适用条件

1. 被继承人死亡。在继承法律关系中，被继承人死亡是继承开始的基本条件。

2. 被继承人生前立有合法、有效的遗嘱。《中华人民共和国民法典》对遗嘱的内容和形式作了严格的规定，如果遗嘱在内容或形式上违反法律的强制性规定，则该遗嘱无效，遗嘱继承无法顺利进行。

3. 遗嘱指定的受益人在继承开始之前并未死亡。如果该遗嘱受益人先于被继承人死亡的，则该遗嘱受益人享有的遗嘱利益不发生法律效力。

4. 遗嘱指定的受益人未放弃或丧失继承权或受遗赠权。继承人、受遗赠人因法定事由而丧失继承权或受遗赠权的，不得参加遗嘱继承或遗赠。另外，如果遗嘱受益人在继承开始后、遗产分割前明确表示放弃继承权或受遗赠权的，则对其放弃继承的遗产部分同样也不适用遗嘱继承或遗赠。

5. 遗嘱人没有签订遗赠扶养协议。在法定继承、遗嘱继承、遗赠扶养协议中，遗赠扶养协议的效力最高，如果遗嘱人另外签订了遗赠扶养协议，则不适用遗嘱继承。

二、实务指引

（一）遗嘱无效的情形

遗嘱继承纠纷当中最易引起争议的便是遗嘱效力的问题，经过法院审理认定全部或部分无效的遗嘱比例可能过半数。虽然该统计并未涵盖那些未引发纷争，顺利通过遗嘱继承方式完成的财产传承，但这么高的比例，仍旧让人触目惊心。那么，实践中引发遗嘱无效的情形主要包括哪些，现分述如下：

1. 遗嘱人在订立遗嘱时缺乏或丧失民事行为能力。①

2. 遗嘱人受胁迫、欺诈所立遗嘱，遗嘱并非遗嘱人的真实意思表示。②

3. 伪造的遗嘱无效。③

4. 遗嘱被篡改的，篡改的部分无效。④

5. 被继承人生前与他人订有遗赠扶养协议，同时又立有遗嘱的，继承开始后，如果遗赠扶养协议与遗嘱没有抵触，遗产分别按遗赠扶养协议和遗嘱处理；如果有抵触，按遗赠扶养协议处理，与遗赠扶养协议抵触的遗嘱全部或部分无效。⑤

6. 遗嘱人以遗嘱处分了属于国家、集体或他人所有的财产，遗嘱的这部分，应认定无效。⑥

---

① 《中华人民共和国民法典》第一千一百四十三条第一款。

② 《中华人民共和国民法典》第一千一百四十三条第二款。

③ 《中华人民共和国民法典》第一千一百四十三条第三款。

④ 《中华人民共和国民法典》第一千一百四十三条第四款。

⑤ 《最高人民法院关于适用〈中华人民共和国民法典〉继承编的解释（一）》第三条。

⑥ 《最高人民法院关于适用〈中华人民共和国民法典〉继承编的解释（一）》第二十六条。

（二）不同遗嘱类型的效力认定

根据我国民法典继承编的相关规定，遗嘱有自书遗嘱、代书遗嘱、打印遗嘱、录音录像遗嘱、口头遗嘱和公证遗嘱共六种类型。下面，我们分别来介绍每种遗嘱类型的有效要件：

1. 自书遗嘱

顾名思义，自书遗嘱必须由立遗嘱人亲笔书写、签名；并注明年、月、日。此外，自然人如将身后处分财产的意愿写在遗书中，有本人签名并注明年、月、日，若确为其真实意思表示，又无相反证据的，可以按照自书遗嘱对待①。

2. 代书遗嘱

代书遗嘱应当有两个以上见证人在场见证，由其中一人代书，注明年、月、日，并由代书人、其他见证人和遗嘱人签名。实践中，大量代书遗嘱无效的案件均系因见证人的身份不符合法律的规定造成。依据《中华人民共和国民法典》的相关规定②，除了行为能力欠缺以及本身系遗嘱继承或遗赠法律关系的当事人之外，与这些人有利害关系的人，亦不得作为遗嘱见证人。此处所指“利害关系”，经司法解释进一步明确为“继承人、受遗赠人的债权人、债务人，共同经营的合伙人，也应当视为与继承人、受遗赠人有利害关系，不能作为遗嘱的见证人”。③

3. 打印遗嘱

此项为民法典新增的遗嘱法定形式。在此前的司法实践中，打印遗嘱的效力较难获得。因此，民法典将打印遗嘱纳入有效遗嘱，系顺应时代发展的要求，便于人们操作。但是，打印遗嘱是否要求遗嘱人自行打印仍有待相关司法解释的进一步明确。为避免争议，笔者认为可由遗嘱人自行起草、打印，并签名，注明年、月、日，同时注明遗嘱系遗嘱人自行打印，遗嘱内容

---

① 《最高人民法院关于适用〈中华人民共和国民法典〉继承编的解释（一）》第二十七条。

② 《中华人民共和国民法典》第一千一百四十条。

③ 《最高人民法院关于适用〈中华人民共和国民法典〉继承编的解释（一）》第二十四条。

完全符合立遗嘱人的真实意愿等，以尽量避免由此引发纠纷。

4. 录音录像遗嘱

民法典将继承法规定的录音遗嘱调整为录音录像遗嘱。录音录像遗嘱是指遗嘱人在两个以上见证人的见证下，通过录音录像设备以录音录像的方式按照其意愿对其遗产作出处分的行为。录音录像遗嘱中的见证人与代书遗嘱的见证人要求相同，同时要求遗嘱人、见证人记录其姓名或肖像，以及年、月、日①。司法实践中，要求录音录像遗嘱的见证人当场见证、全程见证，并在录音录像中表明身份或记录肖像，以确保其见证过程的真实性、完整性。

5. 口头遗嘱

口头遗嘱是指遗嘱人在危急情况下，以口头的形式对其遗产作出处分的行为。依据《中华人民共和国民法典》的相关规定②，设立口头遗嘱时，也应当有两个以上见证人在场见证。特别需要注意的是，危急情况解除后，遗嘱人能够用书面或者录音录像等形式订立遗嘱的，之前在紧急情况下所立的口头遗嘱无效。

6. 公证遗嘱

公证遗嘱由遗嘱人提出申请，公证机关按照公证程序办理。需留意的是，民法典撤销了公证遗嘱的优先效力，即意味着自书遗嘱、代书遗嘱、录音录像遗嘱及口头遗嘱，均可以撤销、变更公证遗嘱。民法典的此处变更也为遗嘱人自行设立、变更或撤销遗嘱提供了便利性。但不可否认的是，在继承纠纷中，自书遗嘱、代书遗嘱、录音录像遗嘱以及口头遗嘱的真实性，往往极易受到相对方的怀疑，而公证遗嘱由于有公证机关的介入，一定程度上降低了遗嘱真实性遭受怀疑的概率，因此，虽然民法典实施之后，公证遗嘱丧失了优先效力的优势，但实践中仍被广泛采用。

（三）遗产管理人制度

1. 遗产管理人制度的概念

在继承开始后、遗产交付前，遗产管理人依据遗嘱或法律规定，对被继

---

① 《中华人民共和国民法典》第一千一百三十七条。

② 《中华人民共和国民法典》第一千一百三十八条。

承人的遗产进行妥善保存、实施清算和管理分配，以维护遗产价值和遗产权利人合法权利的制度。

2. 遗产管理人制度产生的背景

在继承发生后、遗产交付前，遗产主要面临两方面的问题，其一为外部问题，主要为被继承人的债权追索与债务清偿；其二为内部问题，主要为遗产的管理、分割。在司法实践中，一旦被继承人的遗产不足以清偿其债务，继承人往往因不愿承担债务而放弃其继承权，从而导致遗产无人继承而收归国家或者集体所有，致使债权人的合法权益无法得到保障。即使债权人希望通过诉讼程序主张权利也会面临没有适格被告的尴尬情形。同时，遗产要经过清算、通知公告、申报权利、清偿债务等一系列程序，才能进行继承、分割。在此期间，尤其在人数众多、无法达成统一意见，或者不具有专业技能的情况下，继承人并不能真正对遗产行使所有权与管理权，遗产极易被遗产占有人私分、转移、隐匿或侵占。此时需要有专门主体秉持公开、公平、公正的原则对遗产进行管理与分割，以维护遗产安全和完整、保障继承人和债权人的合法利益免受侵害。正是在这样的背景下，《中华人民共和国民法典》增设了遗产管理人制度。

3. 遗产管理人的产生方式

根据《中华人民共和国民法典》第一千一百四十五条规定，继承开始后，遗嘱执行人为遗产管理人；没有遗嘱执行人的，继承人应当及时推选遗产管理人；继承人未推选的，由继承人共同担任遗产管理人；没有继承人或者继承人均放弃继承的，由被继承人生前住所地的民政部门或者村民委员会担任遗产管理人。同时，根据《中华人民共和国民法典》第一千一百四十六条规定，对遗产管理人的确定有争议的，利害关系人可以向人民法院申请指定遗产管理人。由此可见，遗产管理人的产生方式有遗嘱人意定，继承人推选、共同担任，民政部门或村委会法定担任及由人民法院指定四种类型。

4. 遗产管理人的范围

遗嘱人指定遗嘱执行人时，往往系遗嘱人所信任的自然人、法人、非法人组织等民事主体。现行法律对于遗嘱执行人的范围并无限制性规定。若没有遗嘱执行人，遗产管理人由继承人内部推选或共同担任而产生，若继承人推选外部的专业人士如律师、会计师、公证员等担任遗产管理人是否有效，尚待司法实践及相关司法解释予以明确。

5. 遗产管理人的职责

根据《中华人民共和国民法典》第一千一百四十七条规定，遗产管理人应当履行下列职责：（一）清理遗产并制作遗产清单；（二）向继承人报告遗产情况；（三）采取必要措施防止遗产毁损、灭失；（四）处理被继承人的债权债务；（五）按照遗嘱或者依照法律规定分割遗产；（六）实施与管理遗产有关的其他必要行为。

6. 遗产管理人与代理的区别

遗产管理人在清偿被继承人债务、管理、分割遗产时以自己的名义实施民事法律行为，承担相应的法律后果；而代理则是代理人以被代理人的名义实施民事法律行为，对被代理人发生法律效力①。

7. 遗产管理人的诉讼地位

虽然《中华人民共和国民法典》增设了遗产管理人制度，但是对于除继承人担任遗产管理人之外，其他主体担任遗产管理人是否具有独立的诉讼地位尚未有明确规定。诉讼案件的适格主体需要与案件具有利害关系，除继承人担任遗产管理人而导致遗产管理人的身份与继承人的身份发生重叠之外，其他主体担任遗产管理人时并不具备上述条件，其权利基础或来源于遗嘱人的指定，或来源于继承人的推选，或来源于法律规定，在上述情况下，遗产管理人独立于继承人，也非继承人的诉讼委托代理人。在遗嘱人死亡的情况下，遗产管理人的权利基础、诉讼地位仍有待法律、司法解释予以明确。但在司法实践中，已有法院将遗产管理人列为民事诉讼案件的当事人。

8. 遗产管理人的责任

根据《中华人民共和国民法典》第一千一百四十八条规定，遗产管理人应当依法履行职责，因故意或者重大过失造成继承人、受遗赠人、债权人损害的，应当承担民事责任。由此可见，不同于继承人的有限继承②，即继承

---

① 《中华人民共和国民法典》第一百六十二条。

② 《中华人民共和国民法典》第一千一百六十一条。

人清偿被继承人的税款及债务以继承的财产实际价值为限，遗产管理人须在管理、分割遗产而实施的民事法律行为过程中，以遗产管理人的自有资产承担无限责任。

第二节　办案思路与实战技巧

一、几种易引起纠纷的遗嘱继承案件的办案思路

1. 被继承人立有多份遗嘱的情况下，如何确认遗嘱的效力

实践中，如被继承人前后立有多份遗嘱，该如何认定遗嘱的效力常常成为继承人之间争议的焦点。律师在代理此类案件过程中，应把握后立的遗嘱优于之前所立遗嘱的原则。立有数份遗嘱，内容相抵触的，以最后的遗嘱为准。此外，根据《中华人民共和国民法典》第一千一百四十二条第一款和第二款的规定，遗嘱人可以撤回、变更自己所立的遗嘱。立遗嘱后，遗嘱人实施与遗嘱内容相反的民事法律行为的，视为对遗嘱相关内容的撤回。

2. 共同遗嘱的效力认定

共同遗嘱是指两个以上遗嘱人基于共同的意思表示而订立的一份遗嘱。我国社会生活中大量存在共同遗嘱的形式，但法律上没有对共同遗嘱的效力作出明确规定，导致对共同遗嘱的效力认定存在多种不同的观点。

第一种观点认为，不应承认共同遗嘱的效力。其理由为：一是共同遗嘱在一定程度上限制了遗嘱自由。共同遗嘱的订立和变更均需两个以上主体的意思一致，且共同遗嘱订立人一方去世后，在世一方可能会变更遗嘱，造成对已去世一方意愿的违背和继承人利益的损害。二是我国继承法未确认共同遗嘱的形式，共同遗嘱在我国不应发生效力。

第二种观点认为，应确立共同遗嘱的法律地位和效力。其理由为：一是共同遗嘱与我国的继承传统相一致，也有利于简化订立遗嘱的方式。二是共同遗嘱与我国家庭财产共有性质和现状相符合。

第三种观点认为，应有限度地承认共同遗嘱，即只承认夫妻作为共同遗嘱人对共同财产订立的共同遗嘱。

【案例 18.1】董某甲与朱某某、董某丙等遗嘱继承纠纷一案①中，被继承人董某某于 2012 年 7 月 7 日去世，董某某与被告朱某某系夫妻，董某某与朱某某共同养育 5 个子女，分别为长女董某甲、次女董某乙、长子董某丙、次子董某丁、第三子董某戊。

原告董某甲在一审法院提供载明日期为 2007 年 9 月 26 日的遗嘱，内容为：董某乙、董某丙、董某丁、董某戊，我和你们妈妈这么多年一直是你们大姐董某甲在家日夜照料，各方面对我们照顾得都很好。我们这么大年纪了，什么事情也不能做了，都要靠她，晚上经常睡不好觉，也是比较辛苦，不容易的。再说关于过去我的历史问题没有落实，董某甲下乡在农村，汽总招工把她招上来，结果因为我的历史问题又给退了回去，耽误了一生，也吃了不少苦，遭了不少罪，我们做父母的心里不好受。董某甲在家里照料我们多年，生活各方面对我们都很好，我和你们妈妈心里还是很满意的，商量已久，决定把房子给你们大姐董某甲继承，她经济条件不好、身体也不行。做父母的，就请你们谅解吧。父亲董某某，母亲朱某某，2007 年 9 月 26 日。证明人于某某、鲁某。

被告董某乙、董某戊辩称，该房屋为董某某与朱某某夫妻共同财产，双方有各自的处分权，虽然该遗嘱是朱某某所写，但是否为董某某本人的真实意思表示并不能证明，不属于法律规定的自书遗嘱形式。

被告朱某某述称，遗嘱的内容确实是其所写，名字也是其本人所签，董某某的名字是自己写的，原告提供的遗嘱是朱某某和董某某商量好写的，朱某某与董某某主要由董某甲照顾，因为董某某的历史问题，董某甲受了不少苦，写遗嘱朱某某与董某某也商量过。

---

① 审理法院：济南市中级人民法院，案号：(2013) 济民五终字第 413 号，载中国裁判文书网，https：//wenshu. court. gov. cn/website/wenshu/181107ANFZ0BXSK4/index. html? docId=OZTPCtKNQuE52Cmgk+pazWFuQE5Okdi5P/3NBJ1mXK+eeIV5an2NiJO3qNaLMqsJUTWcuuSWqFJE3z3XhifmxiN05NRB6QgWvb77MR4zDn4vW2MfFydOjrrRMNoxp3lT，最后访问时间：2022 年 10 月 18 日。

一审法院经审理认为，被继承人董某某与被告朱某某经过协商，由朱某某执笔，董某某与朱某某共同签名，于2007年9月26日立下遗嘱，将房屋指定原告董某甲继承。该遗嘱是董某某与朱某某共同的意思表示，所处分的房屋为双方的合法财产，且不违反相关的法律规定，因此法院确认该遗嘱合法有效。上述遗嘱虽为董某某与朱某某双方共同合意，因朱某某尚健在，遗嘱所涉及朱某某财产部分不发生继承效力，所涉及董某某财产部分自2012年7月7日董某某死亡时发生继承效力，董某某所有的该房屋二分之一的份额由原告董某甲继承。

一审判决后，朱某某、董某乙、董某丙、董某丁、董某戊不服一审判决上诉称，2007年9月26日的遗嘱从形式上看应为代书遗嘱，一审判决对该份遗嘱性质并未作出认定，也回避了代书遗嘱所需的法律要件，该遗嘱应认定无效。

二审法院经审理认为，从一审中朱某某的陈述可知，将涉案房产给董某甲一事系二人考虑董某甲的经济现状、对其二人的照顾等实际情况，协商一致的结果，涉案遗嘱系董某某的真实意思表示。五上诉人主张涉案遗嘱非董某某的真实意思表示，但未能提供相应证据予以证实，故一审判决认定涉案遗嘱为董某某的真实意思表示并无不当。2007年9月26日的遗嘱系董某某与朱某某对夫妻共同财产进行处分的合意表示，董某某与朱某某协商一致后由朱某某执笔书写遗嘱，董某某与朱某某共同签名，并标注年、月、日，故2007年9月26日所立遗嘱系董某某与朱某某的共同民事行为，该遗嘱应为有效。故判决驳回上诉，维持原判。

二、律师代理遗嘱继承纠纷案件的实战技巧

（一）代理此类型案件的核心是确认遗嘱的效力

1. 确认遗嘱有效的要件

（1）遗嘱必须由遗嘱人亲自设立。遗嘱具有人身属性，涉及遗嘱人自身财产的处分，只能由遗嘱人亲自设立，不能代理，也无须征求他人意见。

（2）设立遗嘱时，遗嘱人必须具备完全民事行为能力。设立遗嘱属于单

方法律行为，为了保障遗嘱人合法权益，遗嘱人必须具备完全民事行为能力才有资格依法自由处分自己的财产。

（3）遗嘱必须是遗嘱人的真实意思表示。遗嘱人设立遗嘱时，应处于意志自由的精神状态，假如遗嘱是在遗嘱人醉酒等无意识的状态下作出或者是在受胁迫、欺诈的情况下所设立，则遗嘱无效。

（4）遗嘱的形式和内容必须合法。《中华人民共和国民法典》规定了遗嘱的六种形式，分别为自书遗嘱、代书遗嘱、打印遗嘱、录音录像遗嘱、口头遗嘱及公证遗嘱。关于遗嘱的内容，遗嘱人仅能处分个人合法财产，如遗嘱中处分的财产属于国家、集体、他人所有的，则该部分内容无效。

2. 明确遗嘱无效的事由

根据《中华人民共和国民法典》的规定以及结合实践案例中出现的无效情形，导致遗嘱无效的事由包括：

（1）遗嘱人在设立遗嘱时不具备完全民事行为能力。

（2）遗嘱人设立遗嘱时，受到欺诈或者胁迫。

（3）遗嘱人设立遗嘱时，处于醉酒等无意识状态。

（4）遗嘱被篡改过。

（5）遗嘱的形式和内容不符合法律规定。

（6）未保留预留份的遗嘱部分无效，遗嘱人应当为胎儿保留的遗产份额没有保留的，应从继承人所继承的遗产中扣回①。至于预留份的扣回标准，司法解释并未予以明确，司法实践中一般以法定继承的份额作为预留份的扣回标准。

（7）未保留必留份的遗嘱部分无效，遗嘱人未保留缺乏劳动能力又没有生活来源的继承人的遗产份额，遗产处理时，应当为该继承人留下必要的遗产，所剩余的部分，才可参照遗嘱确定的分配原则处理。继承人是否缺乏劳动能力又没有生活来源，应当按遗嘱生效时该继承人的具体情况确定②。司

---

① 《最高人民法院关于适用〈中华人民共和国民法典〉继承编的解释（一）》第三十一条第一款。

② 《最高人民法院关于适用〈中华人民共和国民法典〉继承编的解释（一）》第二十五条。

法实践中，在涉及未成年人遗嘱继承纠纷案件中如何认定没有生活来源，各地区人民法院认定并未有统一标准。有部分人民法院认为，未成年人缺乏劳动能力又没有生活来源，无论其是否有人抚养，都须为其保留必要的遗产；有部分法院则认为，未成年人虽缺乏劳动能力，但若有人抚养则不必为其保留必要的遗产。笔者认为，父母双方对未成年子女都负有法定抚养义务，该义务不因子女由父母一方抚养而免除。因此，遗嘱人作为未成年子女的父母在订立遗嘱时理应受上述法律规定的约束，应当为未成年子女保留必要的遗产。

（8）遗嘱的内容违背公序良俗或违反法律的其他规定。

3. 特殊情形导致继承人丧失继承权

《中华人民共和国民法典》第一千一百二十五条第一款规定，如继承人存在下列情况之一：（1）故意杀害被继承人的；（2）为争夺遗产而杀害其他继承人的；（3）遗弃被继承人，或者虐待被继承人情节严重的；（4）伪造、篡改、隐匿或者销毁遗嘱，情节严重的；（5）以欺诈、胁迫手段迫使或者妨碍被继承人设立、变更或者撤回遗嘱，情节严重的。应当注意的是，民法典同时规定了继承人的宽宥制度，“继承人有前款第三项至第五项行为，确有悔改表现，被继承人表示宽恕或者事后在遗嘱中将其列为继承人的，该继承人不丧失继承权”。①

继承人存在上述情形的，依法丧失继承权，遗嘱中关于该继承人的部分，不发生法律效力。除此之外，如果遗嘱中所处分的财产，在遗嘱人死亡时已经丧失所有权，则遗嘱中关于该部分财产的内容也不生效。

（二）遗嘱继承案件中原被告身份的确认

1. 原告身份的确认

（1）继承开始后，一般由主张继承遗产的一方作为原告向法院起诉；原告一方既可以是遗嘱继承人，也可以是遗嘱继承人之外的其他继承人；

（2）继承诉讼开始后，如继承人、受遗赠人中有既不愿参加诉讼，又不

---

① 《中华人民共和国民法典》第一千一百二十五条第二款。

表示放弃实体权利的，应追加为共同原告；继承人已书面表示放弃继承、受遗赠人在知道受遗赠后 60 日内表示放弃受遗赠或者到期没有表示的，不再列为当事人。①

2. 被告身份的确认

遗嘱继承案件的被告，是与主张继承遗产一方有不同利益诉求的其他继承人。此外，因继承案件的特殊性质，一般不允许设立第三人。

（三）遗嘱继承案件诉讼请求的确定

1. 明确遗嘱有效或无效的主张

原告主张遗嘱有效的，应首先向法庭提供由遗嘱人生前设立的、符合继承法相关规定的有效遗嘱，并要求按照遗嘱内容进行继承；原告主张遗嘱无效的，也应向法庭提供案件所涉及的遗嘱，并陈述清楚遗嘱无效的事实和法律依据。通常情况下，如原告认为遗嘱无效的，一般会主张按照法定继承来处理遗产。

2. 明确继承的遗产范围

在遗嘱继承案件当中，遗产的范围应当以遗嘱当中所列明的财产范围为限；对于遗嘱当中未涉及的遗嘱人的财产，应当按照法定继承来处理。

3. 明确应继承的遗产份额

遗产继承案件当中，在明确了可供继承的遗产范围的基础上，再依据遗嘱的内容提出各方得以继承的遗产的具体份额。

三、防患于未然，如何巧立遗嘱，杜绝遗嘱继承纠纷的发生

结合笔者律师团队代理的大量遗嘱纠纷案件的经验，不知如何有效地订立遗嘱、遗嘱订立后频繁且不按照法律规定进行修改、所订立的遗嘱未能妥善保管以及未设立有效的遗嘱执行机制等诸多问题的存在，是导致遗嘱继承争议数量长期居高不下的主要原因。对此，笔者献上如下妙招，以防患于未

---

① 《最高人民法院关于适用〈中华人民共和国民法典〉继承编的解释（一）》第四十四条。

然，杜绝遗嘱继承纠纷的发生：

1. 尽早订立遗嘱，和谐传承财富

遗嘱充分体现了遗嘱人的自由意志，通过遗嘱的形式，遗嘱人可以就遗产继承人的范围、继承的份额、继承的顺序等各项内容作出自由安排。司法实践中，常常由于被继承人没有订立遗嘱，在其死亡后，继承人就遗产的继承产生纠纷，上演兄弟反目、父子结仇等一幕幕人生悲剧。为了避免亲人因继承遗产而产生纠纷，对簿公堂，律师建议每个人都应当尽早订立遗嘱，确保财富和谐传承。

2. 提倡自书遗嘱，如有必要，可同时由见证人在场进行见证

自书遗嘱与其他遗嘱形式相比，具有如下优势：

（1）自书遗嘱在订立、修改和撤销方面都非常方便、快捷。由于自书遗嘱只要求遗嘱人亲笔书写，不需要公证、不需要见证人等，所以遗嘱人可以随时随地订立、修改和撤销自书遗嘱。

（2）订立自书遗嘱成本低。公证遗嘱、代书遗嘱请他人公证、代书自然需要支付一定的费用，而自书遗嘱只要遗嘱人自己能够书写就可以完成，所以成本最低。

（3）自书遗嘱保密性最强。自书遗嘱可以不需要他人参与，保密性是所有遗嘱类型中最强的。

但需要注意的是，如果遗嘱人担心所立遗嘱在未来有可能引发争议，例如设立该遗嘱时，遗嘱人已经患病，继承人将来可能以遗嘱人订立遗嘱时不具备完全民事行为能力为由引发纠纷，或者遗嘱内容倾向性较强，继承份额较少或者没有继承份额的继承人将来可能主张自书遗嘱无效而引发纠纷等情况，遗嘱人可同时设立见证人，加强该遗嘱的效力。根据我国民法典的相关规定，设立自书遗嘱时，并不必要经过公证或者见证程序，但为杜绝前述争议的发生，为自书遗嘱设立见证人，不失为一个不增加额外成本的好办法。

3. 无论采用哪种遗嘱形式，见证人的选择非常关键

遗嘱见证人是受遗嘱人的委托，协助证明遗嘱人所立遗嘱的真实性的第三人。《中华人民共和国民法典》对见证人的资格有严格的规定。首先，见证人必须具备完全民事行为能力；其次，见证人必须是继承人、受遗赠人以外的人；最后，见证人必须是与继承人、受遗赠人无利害关系的人。

4. 遗嘱订立后，应采取适当方式妥善保管

遗嘱的保管有多种方式，包括自行保管、委托保管等。遗嘱人应有意识地做到使继承人了解有遗嘱的存在，但又不过早向继承人披露遗嘱的内容，以避免在遗嘱生效之前，即发生继承人因对遗嘱当中的遗产处分事项不满，而与其他继承人甚至与遗嘱人发生争议的现象出现。同时，为了对遗嘱进行妥善的保管，建议委托专业的代理机构保管遗嘱，如能与遗嘱执行的功能相结合，则为上佳选择。

5. 重视遗嘱执行，建议委托专业机构担任遗嘱执行人

遗嘱的订立，是立遗嘱人将其过世之后的财产分配意愿用法律认可的形式固定下来，而遗嘱执行人的存在，则可以确保遗嘱人的遗愿可以得到有效的执行，使遗嘱的设立目的完全得以实现，同时避免当事人之间的纷争。

一般而言，遗嘱执行人主要负责执行下列事务：

（1）查明遗嘱是否合法真实；

（2）清理遗产；

（3）管理遗产；

（4）召集全体遗嘱继承人和受遗赠人，公开遗嘱内容；

（5）按照遗嘱内容将遗产最终转移给遗嘱继承人和受遗赠人；

（6）排除执行遗嘱的妨碍；

（7）诉讼代理等。

随着公民财富的日益增长，财产类型越来越多样化，对遗嘱的执行也存在时间跨度大、专业性强等特点，为了妥善地按照遗嘱人的意愿执行遗嘱，建议委托专业机构担任遗嘱执行人。在众多可以担任遗嘱执行人的机构当中，律师事务所具有天然的优势——机构自身的经营风险小、专业化程度高、客户的信赖程度高以及私密性强等，使得在不久的将来，委托专业的律师事务所担任遗嘱执行人必然成为私人财富管理与传承领域的趋势。而遗嘱执行人业务，也将成为家事律师及私人财富管理律师新的业务增长点。

第三节 典型案例评析

案例 39：张某甲等与张某丙遗嘱继承纠纷案[①]

裁判主旨

为了确保遗嘱的真实性，法律对见证人的资格有着严格的规定，法律将与继承人、受遗赠人有利害关系的人排除在遗嘱见证人之外。对于“利害关系”的认定，结合司法实践，一般认为应当包括继承人、受遗赠人的近亲属，如配偶、子女、父母、兄弟姐妹等，以及继承人、受遗赠人的债权人、债务人或共同经营的合伙人等。

案情简介

张某丙与张某甲、张某乙系姐弟关系，位于 203 号房屋系双方之母刘某的财产，1998 年 12 月 31 日由张某丙出资购买。2013 年 3 月 7 日刘某留有遗嘱，将争议房屋留给张某丙继承。刘某去世后，张某丙要求按遗嘱进行过户，但张某甲、张某乙置之不理，现起诉要求 203 号房屋由张某丙继承，张某甲、张某乙不享有继承权；诉讼费由张某甲、张某乙承担。

张某甲认为，张某甲本来没想和张某丙争房子，但张某甲对母亲的遗嘱有异议，代书人不能作为见证人签字。因母亲生前一直和张某丙一起生活，但张某丙没有对母亲尽过赡养义务，张某甲每周都去给母亲洗一次澡，儿媳妇从来没有管过。母亲去世后，张某甲同意争议房屋一直由张某丙居住使用，但不同意将房屋过户至张某丙名下。

---

① 审理法院：北京市第一中级人民法院，案号：（2015）一中民终字第 8319 号，载中国裁判文书网，https：//wenshu. court. gov. cn/website/wenshu/181107ANFZ0BXSK4/index. html?docId=+5gV9SHU9sg3J8aOIUwzCI0aIPQsCIUsl5rhxZKG2YldoODeCLM3LJO3qNaLMqsJUTWcuuSWqFJE3z3XhifmxiN05NRB6QgWvb77MR4zDn7ZufwuSPMpGSJDtIhQOjTa，最后访问时间：2022 年 10 月 18 日。

张某乙认为，张某乙对遗嘱有异议，代书人、见证人均为李某，张某乙认为遗嘱不能成立。另外一名遗嘱见证人尚某精神有问题。张某乙也有一份遗嘱，母亲愿意把争议房屋留给张某乙和张某甲。因为当时父亲在世时张某丙对父亲就不孝顺，母亲去世三日后张某丙就要求分割房产，就要来法院起诉张某甲、张某乙。春节时母亲在张某乙家，后母亲自己非要回家，张某乙给老太太送回家三天后就去世了，张某乙对此特别难以接受。现不同意争议房屋过户至张某丙名下。

一审法院经审理查明：张某（1998 年 5 月 11 日因死亡注销户口）与刘某育有张某甲、张某乙、张某丙三个子女。刘某于 2015 年 3 月 22 日死亡。刘某生前于 2000 年 7 月购买了 203 号房屋，并于 2009 年 12 月 25 日取得房屋所有权证。2013 年 3 月 7 日，刘某在李某、尚某的见证下，由李某执笔，留有遗嘱一份，写明："本人于 1998 年 12 月 31 日由儿子张某丙出资购买了 203 号房屋一套，在此居住并长期由儿子张某丙照顾，现将我名下该处房产由儿子张某丙（身份证号：×××）继承……"

庭审中，张某丙提交了立遗嘱时的录像，该录像显示李某书写空白格式遗嘱及询问刘某对遗嘱内容是否属实、认可的过程。同时，李某与尚某均到庭作证，证明书写遗嘱的过程。张某乙与张某甲对上述遗嘱有异议，并提出张某丙并未长期赡养刘某，同时提交了刘某于 2012 年 2 月 8 日签字，由高某代书、王某见证的遗嘱打印件一份及刘某当日在北京某医院的诊断证明书。该遗嘱内容为："在我去世后，将我所有的 203 号房屋给我的大女儿张某乙、二女儿张某甲继承，并包括我去世后留下的所有财产。其他子女无权干涉……"上述事实，有双方当事人的陈述、派出所证明信、居民死亡医学证明、房屋买卖契约、房屋所有权证书、遗嘱等在案佐证。

法院判决

一审法院经审理认为：公民可以立遗嘱将个人财产指定由法定继承人的一人或数人继承。遗嘱人可以撤销、变更自己所立的遗嘱；立有数份遗嘱，内容相抵触的，以最后的遗嘱为准。刘某于 2000 年 7 月购买了 203 号房屋，并取得房屋所有权证书，故该房屋系刘某的个人财产。张某丙、张某乙、张某甲均系刘某法定继承人。刘某生前于2013年3月7日在李某、尚某的见证下，立有遗嘱，将203号房屋由张某丙继承，该代书遗嘱未违反法律的相关规定，故张某丙要求继承上述房产，理由正当，法院予以支持。张某甲、张某乙虽提交了刘某于2012年2月8日的遗嘱打印件一份，但张某丙提交的遗嘱在后，故张某甲、张某乙提交的遗嘱不足以抗辩刘某于2013年3月7日所立遗嘱。另外，张某甲、张某乙对上述遗嘱存在异议，但未提交充足证据反驳上述遗嘱的有效性，故法院对其二人的抗辩理由不予采纳。综上所述，依照《中华人民共和国继承法》第十六条第二款、第十七条第三款、第二十条之规定，判决：案涉房屋由张某丙继承。

张某甲、张某乙不服一审法院判决，向二审法院提出上诉，上诉请求：（1）撤销北京市海淀区人民法院（2015）海民初字第21877号民事判决，依法改判或发回重审；（2）诉讼费用由被上诉人承担。上诉理由是：（1）一审法院审理查明事实不清、证据不足。（2）一审法院未严格按照审判程序进行。

张某丙答辩称：同意一审法院认定的事实和判决，不认可上诉人的上诉请求。

二审法院审理期间，张某甲、张某乙向法院提交北京市海淀区人民法院询问笔录一份作为新的证据，用以证明代书遗嘱见证人之一尚某曾作为张某丙的证人在另一诉讼中出庭为其作证，由此证明张某丙与尚某存在利害关系，张某丙对上述证据的证明目的不予认可。张某丙向法院提交北京市公安局某派出所证明信、北京市某档案馆出具的刘某与张某《离婚申请书》及刘某与张某离婚“协议书”作为新的证据，用以证明其父母刘某与张某于1990年10月24日已协议离婚，刘某因拆迁所得的房屋应为刘某个人所有。张某甲、张某乙对上述证据的真实性予以认可，但表示对父母离婚的真实情况不清楚。

二审法院经审理认为：当事人对自己提出的诉讼请求所依据的事实或者反驳对方诉讼请求所依据的事实有责任提供证据加以证明，否则将承担举证不能的后果。公民可以立遗嘱将个人财产指定由法定继承人的一人或数人继承。遗嘱人可以撤销、变更自己所立的遗嘱；立有数份遗嘱，内容相抵触的，以最后的遗嘱为准。

张某、刘某夫妇育有张某乙、张某甲、张某丙三个子女；张某与刘某于1990年10月24日协议离婚；张某于1998年5月11日死亡，刘某于2015年3月22日死亡。刘某生前因其所居住的地区危房改建，先于1996年11月5日交纳全部房款、后又于2000年7月18日正式签约购买203号房屋，并于2009年12月25日取得房屋所有权证。张某乙、张某甲上诉主张诉争的203号房屋因交款时其父张某还在世，应视为夫妻共同财产，但因刘某与张某于1990年10月24日在购买203号房屋前双方已协议离婚，故203号房屋应属刘某个人所有，刘某对诉争房屋享有处置权；张某乙、张某甲虽称对父母离婚情况并不知晓，但对张某丙提供的相关证据予以认可，故张某乙、张某甲上诉203号房屋为张某与刘某夫妻共同财产的主张与事实不符、于法相悖，二审法院对此不予认可。

刘某生前于2013年3月7日在李某、尚某的见证下，所立代书遗嘱，将203号房屋给张某丙继承，该代书遗嘱符合法律规定的形式要件，且实质内容亦未违反法律的相关规定，故张某丙据此要求继承上述诉争房产，理由正当，一审法院予以支持，二审法院亦予以认可。张某甲、张某乙上诉主张代书遗嘱的见证人与继承人存在利害关系，而作为代书遗嘱见证人之一的尚某，基于其与刘某、张某丙的邻里关系身份，虽亦曾作为张某丙的证人在另一诉讼中为其当证人，而其在刘某代书遗嘱中作为见证人之一履行见证行为仍系出于邻里相熟、相助的特殊身份，不能以此证明张某丙与尚某存在利害关系，且代书遗嘱的见证亦并非尚某一人所为，张某甲、张某乙亦未提交充足证据反驳上述遗嘱的有效性，故一审法院对张某甲、张某乙的抗辩理由未予支持，二审法院亦对张某甲、张某乙上诉主张的理由及提交的证据不予采信。故判决驳回上诉，维持原判。

律师点评

本案的争议焦点为：（1）刘某于2013年3月7日所立的遗嘱是否有效？（2）尚某曾作为张某丙的证人在另一诉讼中出庭为其作证，由此能否证明张某丙与尚某存在利害关系？

针对刘某于2013年3月7日所立的遗嘱是否有效的争议焦点，考虑该遗嘱是由李某、尚某作为见证人，由李某执笔设立，同时，张某丙提交了立遗嘱时的录像，该录像显示李某书写空白格式遗嘱及询问刘某对遗嘱内容是否属实、认可的过程。庭审过程中，李某与尚某均到庭作证，证明书写遗嘱的过程。另外，法院也查明涉案房屋属刘某个人财产。因此从遗嘱的形式和内容上，根据法律的规定，刘某于2013年3月7日所立的遗嘱具有法律效力。

针对尚某曾作为张某丙的证人在另一诉讼中出庭为其作证，由此能否证明张某丙与尚某存在利害关系的争议焦点，虽然尚某曾作为张某丙的证人在另一诉讼中为其出庭作证，但该诉讼与另一诉讼没有利益关系，尚某不是张某丙的近亲属，也不是张某丙的债权人、债务人或共同经营的合伙人等，尚某在刘某代书遗嘱中作为见证人之一进行见证的出发点是邻里相熟、相助，因此不能证明张某丙与尚某存在利害关系。

案例40：邹某甲与何某甲遗嘱继承纠纷案[①]

裁判主旨

被继承人在同一日立有多份遗嘱的情况下，法院首先会审查各份遗嘱的真实性，再根据各份遗嘱的形式以及订立时间的先后，来判断哪一份遗嘱是在后订立的，最能代表遗嘱人的真实意思表示。

案情简介

被继承人何某乙与前夫邹某丁生育女儿邹某甲，1994年1月27日，何某乙与邹某丁在民政部门办理了离婚登记手续。何某甲为何某乙的父亲，何某乙的母亲刘某乙于2009年1月4日因病去世。2011年1月7日，何某乙因病医治无效死亡。

---

① 审理法院：广州市中级人民法院，案号：（2015）穗中法民一终字第2071号，载中国裁判文书网，https：//wenshu. court. gov. cn/website/wenshu/181107ANFZ0BXSK4/index. html？docId=bJZNHdNjlwcmdQE2oQrfwithFrZajSXd4bexKpukNKmqbnT/uUTvh5O3qNaLMqsJUTWcuuSWqFJE3z3XhifmxiN05NRB6QgWvb77MR4zDn77XVBQ5NoCHMNTC0p8kbKY，最后访问时间：2022年11月15日。

何某乙死亡后，何某甲与邹某甲就何某乙的遗产继承问题产生纠纷，邹某甲向广州市白云区人民法院提起继承纠纷之诉，要求确认何某乙于2010年12月27日所立《后事遗嘱》合法有效，并由邹某甲按该份《后事遗嘱》继承何某乙遗产中坐落于广州市白云区以及坐落于恩平市的房屋共两套（以下简称上述两套房屋）及上述两处房屋银行按揭贷款的债务余额等。一审法院审理后于2011年10月12日作出判决，确认何某乙于2010年12月27日所立《后事遗嘱》中涉及上述两套房屋由邹某甲继承的部分内容有效，并据此判决上述两处房屋由邹某甲继承、上述两处房屋所欠银行抵押贷款余额由邹某甲负责清偿。

何某甲不服一审法院判决，向广州市中级人民法院提起上诉。二审期间，何某甲提交其持有的《遗嘱》一份。因双方当事人均对对方持有的遗嘱之真实性不予确认，经当事人申请，二审法院依法委托广东明鉴文书司法鉴定所对涉讼《后事遗嘱》及《遗嘱》进行司法鉴定（鉴定内容包括：《后事遗嘱》中落款处签名处“何某乙”字迹、《后事遗嘱》中落款处字迹及《遗嘱》中全部笔迹）。2012年12月31日，广东明鉴文书司法鉴定所经检验出具《司法鉴定意见书》，鉴定意见为两份遗嘱上“何某乙”签名与送检样本上的笔迹为同一个人所写。据此，二审法院认为涉讼《后事遗嘱》和《遗嘱》的落款时间相同而内容相互矛盾，因此，一审判决事实不清，证据不足，遂裁定撤销一审判决并将案件发回一审法院重审。

一审法院重审查明，涉讼《后事遗嘱》为打印文本，诉讼中，邹某甲表示，2010年12月下旬，何某乙自感病情慢慢恶化，故打电话给在杭州工作的邹某甲，称其要将有关房子给邹某甲，因邹某甲当时工作走不开，邹某甲便电话通知身处深圳的父亲邹某丁去医院看望何某乙；邹某丁得知何某乙要给邹某甲留遗嘱后，遂于2010年12月27日上午会同邹某丁的哥哥及邹某丁的两个朋友刘某某、钟某一同从深圳驱车到医院探望何某乙（探望时已携带纸、笔及印台）；探望期间（当日14时左右），何某乙将遗嘱的意思告知四人听，因何某乙写字吃力，故何某乙要求由其口述遗嘱内容而钟某负责记录，在何某乙确认钟某记录的内容后，钟某就到医院以外将所记内容打印成《后事遗嘱》，何某乙在确认《后事遗嘱》的内容后就在《后事遗嘱》上签署了自己的名字、落款日期并加按了指模印，后何某乙将《后事遗嘱》交给两个见证人刘某某、钟某，由两人在《后事遗嘱》上签名；在签署《后事遗嘱》的过程中，刘某还利用手机将当时的情况进行录像；其后《后事遗嘱》便被交由邹某甲的父亲邹某丁带回深圳。为此，邹某甲提交录像视频一段并提请该份《后事遗嘱》的见证人刘某某、钟某等出庭作证。

另查，涉讼《遗嘱》为手写文本，遗嘱内容书写在一张空白的《护理记录单》之上。诉讼中，何某甲表示，何某乙生前与邹某甲长期没有联系，在何某乙病危之际曾经多次要求邹某甲来探望自己，邹某甲也置之不理，故何某乙是不可能写下遗嘱给邹某甲的；而何某乙在2010年12月27日时仍可以写字（涉讼《遗嘱》就是何某乙在当天自书），客观上并不须他人代书遗嘱，更不会同意由前夫邹某丁的朋友作为遗嘱见证人；且《后事遗嘱》中提及的位于湖南省衡阳市××区××中学家属房的房屋产权人是何某甲的母亲（即何某乙的祖母），何某乙根本不可能处理该处房产；由此，《后事遗嘱》应是事先打印好逼迫何某乙签署的；实际上，在2010年12月27日早上七八时至二十二时期间，何某甲一直在何某乙的病房外守候（何某乙一直不让何某甲在医院陪伴），其间何某甲仅曾偶尔因上厕所及散步等短暂离开过病房，但何某甲并没有发现邹某丁及其朋友来医院看望过何某乙，至当天18~19时许，何某乙就将一份写好的遗嘱（即涉讼《遗嘱》）及一封信交给何某甲，表示其发现妹夫想打房子的主意，要何某甲把《遗嘱》收好并将信件转交给邹某甲；邹某甲提起本次继承诉讼后，何某甲本不希望与邹某甲打官司，故在案件初审时就没有将涉讼《遗嘱》提交。

另，庭审中，双方当事人均承认位于衡阳市的房屋即为涉讼《后事遗嘱》中提及的"湖南衡阳一处房产"或"衡阳市××区××中学家属房"，但在举证期限内，邹某甲却既未能举证证实前述位于衡阳市的房屋是属于何某乙生前的个人财产，也未能就其主张何某乙存在其他银行存款、投资基金及社会保险金等遗产可供继承提供相应的、充分的、合法的证据。

法院判决

一审法院认为：被继承人何某乙于 2011 年 1 月 7 日死亡，继承开始，就何某乙名下位于广州市白云区及位于广东省恩平市两处房产的继承问题，双方当事人均表示其持有何某乙本人在生前留下的遗嘱；其中邹某甲持有的《后事遗嘱》为代书遗嘱，何某甲持有的《遗嘱》为自书遗嘱。虽然，邹某甲与何某甲均对对方持有的遗嘱之真实性表示异议，坚持认为己方持有遗嘱才是何某乙本人在生前留下的遗嘱，但双方当事人未能举证证实对方持有的遗嘱并非由何某乙本人签署，故现有证据已可认定涉讼《后事遗嘱》与《遗嘱》均为何某乙生前所立。结合案件现有证据及双方当事人对各自持有遗嘱的订立时间、订立过程等情况的描述综合分析，合议庭认为，涉讼《遗嘱》的所立时间后于涉讼《后事遗嘱》的所立时间，应表明遗嘱人已通过订立涉讼《遗嘱》的行为变更了其在此前所立《后事遗嘱》中的意思表示。据此，邹某甲的诉讼请求，欠缺法律及事实依据，一审法院不予支持，予以驳回。何某甲的反诉诉请，合法合理，一审法院予以支持。由此，一审法院判决被继承人何某乙遗留下的上述两套房屋由何某甲继承所有。

一审判决后，邹某甲不服，上诉称：请求撤销一审判决，改判被继承人何某乙名下的上述两套房屋由邹某甲继承，及该两套房屋银行抵押贷款的债务余额由邹某甲负责清偿，并支持邹某甲在一审的其他诉讼请求。被上诉人何某甲答辩表示同意一审判决。

二审法院经审理查明，一审法院查明的事实与二审法院查明的事实一致，二审法院予以确认。

二审法院经审理认为，一审法院根据双方当事人的诉辩、提交的证据对本案事实进行了认定，并在此基础上依法作出一审判决，合法合理，且理由阐述充分，二审法院予以确认。关于双方争议的以《后事遗嘱》还是《遗嘱》确定继承的问题。首先，该两份遗嘱的笔迹经二审法院依法委托专业机构进行的司法鉴定确认与样本相符，因此，二审法院对两份遗嘱的真实性均予以确认。虽然何某甲就其向法院提交该《遗嘱》作为证据的时间选择和证据来源所作说明前后不一致，但邹某甲据此主张何某甲持有的《遗嘱》是伪造的理据不足，二审法院不予认定。其次，《后事遗嘱》为代书遗嘱，《遗嘱》为自书遗嘱，两份遗嘱签署时间相同，邹某甲二审中称《后事遗嘱》的实际制作日期在签署日期之后，与其此前在本案一审、二审及本案重审一审时坚称制作日期即签署日期的意见不一致，前后矛盾。而《后事遗嘱》的两位见证人与邹某甲的父亲是朋友关系，与邹某甲存在利害关系，且该两位证人在本案诉讼期间出庭作证时均称其在《后事遗嘱》2010 年 12 月 27 日见证该文件的制作过程，见证人指证的事实与邹某甲在二审法院审理期间所称事实不符。因此，二审法院有理由相信邹某甲或两位见证人关于《后事遗嘱》制作情况的陈述存在隐瞒或与客观真实不符的表述，二审法院对此不予采信。最后，从邹某甲提交的录像反映被继承人何某乙当时住院插管，身体极其虚弱，邹某甲并未提交医院健康证明证实何某乙制作《后事遗嘱》时意识清楚，具备作出真实意思表示的完全民事行为能力。因此，基于比照双方提交的证据证明力大小，一审支持何某甲依据其持有的《遗嘱》，主张遗嘱继承的请求，并无不当。对于邹某甲的其余上诉请求，二审法院认可一审法院对相关事实的认定和处理意见，不再赘述。综上所述，对邹某甲的上诉请求，二审法院不予支持。一审认定事实清楚，判决并无不当，二审法院予以维持。依照《中华人民共和国民事诉讼法》第一百七十条第一款第一项之规定，判决驳回上诉，维持原判。

律师点评

本案中，邹某甲持有《后事遗嘱》，何某甲持有《遗嘱》，并且两份遗嘱的落款时间均在同一天（即 2010 年 12 月 27 日）。如何确认两份遗嘱的有效性及时间先后顺序将直接关系到何某乙遗产的继承依据。结合笔者代理的遗嘱继承纠纷案件和本案中法院的办案思路，当各继承人主张遗嘱人存在多份遗嘱时，首先可以向法院申请对各份遗嘱上的签名的真实性予以认定，从而排除签名造假的遗嘱。例如本案中法院根据当事人邹某甲的申请，委托广东明鉴文书司法鉴定所对涉讼《后事遗嘱》及《遗嘱》进行鉴定，从而确认这两份遗嘱的签名均系何某乙亲笔所写，进而认定涉讼《后事遗嘱》与《遗嘱》均为何某乙生前所立。其次，在确认了遗嘱签名的真实性之后，代理律师或者当事人应该对涉案遗嘱的订立时间、订立过程等情况进行梳理，从细节处发现其他各继承人所持遗嘱在订立时间、订立过程、所涉及见证人资格等方面存在的问题，最终保证自身持有的遗嘱在多份遗嘱中脱颖而出，得到法院的确认。本案中，邹某甲所持有的《后事遗嘱》系代书遗嘱，代书遗嘱的见证人是否符合法律的要求，将直接影响该遗嘱的效力。本案中，遗嘱代书人与见证人是被继承人何某乙前夫邹某丁（即邹某甲的父亲）的朋友，与邹某甲存在利害关系，而且从邹某甲及两个见证人的陈述可以发现，在订立遗嘱的过程中，邹某丁并没有向何某乙引荐两个见证人，在设立遗嘱这一重大事件进行时，遗嘱代书人与见证人均为陌生人，这一情况不符合常理。同时，代书人和见证人陈述，何某乙向其二人口述遗嘱，由代书人书写，并向何某乙重述后，再到医院外面打印，然后带回医院给何某乙签字。既然代书人能够代何某乙书写，又为何需要再到医院外进行打印？邹某甲和见证人的陈述中，存在诸多不符合常理和相互矛盾之处，都会影响到法院对事实的认定。相比而言，何某甲所持有的《遗嘱》系自书遗嘱，书写在何某乙生前所住医院的空白《护理记录单》上，符合客观常理。本案正是由于何某甲所持有的《遗嘱》从订立时间、订立过程等方面比邹某甲所持有的《后事遗嘱》更加合理，因此，最终法院确认了何某甲所持有的《遗嘱》的效力。

第十九章　被继承人债务清偿纠纷

第一节　理论概述与实务指引

一、被继承人债务清偿纠纷的概念与法律依据

1. 概念。被继承人债务清偿纠纷，是指被继承人死亡时尚未清偿的依法应当由其清偿的债务，由其继承人在继承遗产的范围内进行清偿的纠纷。

2. 法律依据。《中华人民共和国民法典》第一千一百五十九条规定，分割遗产，应当清偿被继承人依法应当缴纳的税款和债务；但是，应当为缺乏劳动能力又没有生活来源的继承人保留必要的遗产。

二、债务的种类与清偿顺序

（一）债务的种类

1. 被继承人生前依照我国税收制度规定应当缴纳的税款。

2. 被继承人生前未履行或未履行完毕的合同债务。如被继承人生前办理房屋按揭贷款而欠付的银行贷款。

3. 被继承人生前因侵权行为应承担的债务责任。

4. 被继承人生前因不当得利而负担的返还债务责任。

5. 其他应当由被继承人负担的债务。

（二）对债务的清偿顺序

当债权人为多人，且被继承人的财产不足以清偿全部债务时，便出现了

对债务的清偿顺序问题。一般而言，对债务的清偿顺序可参照《中华人民共和国企业破产法》的规定来处理：

1. 对遗产享有抵押权、质权、留置权等优先权利的债权。

2. 无优先权利的普通债权。在清偿全部享有优先权利的债权之后，遗产可用来偿还普通债权，如剩余遗产不足以全部清偿普通债权的，则按照债权的比例进行清偿。

3. 将遗产交付遗赠的受赠与人。优先债权及普通债权偿付完毕之后，如有剩余，应当交付遗赠的受赠与人。

4. 在按照上述顺序清偿之后，如遗产仍有剩余的，则全部由继承人继承享有。

第二节　办案思路与实战技巧

实践中处理此类纠纷，应当从以下几个层次递进展开：

一、遗产债务的认定

遗产债务的认定，其中主要包括以下几个部分：

（一）债务的真实性

因遗产债务的形成一般并无继承人的参与，所以此类案件中极易出现对债务真实性的争议。对此，可从以下几个方面入手进行辨析：

1. 对债务凭证真实性存疑的，可采取司法鉴定的方式

（1）司法鉴定意见的性质

《中华人民共和国民事诉讼法》第六十六条规定："证据包括：（一）当事人的陈述；（二）书证；（三）物证；（四）视听资料；（五）电子数据；（六）证人证言；（七）鉴定意见；（八）勘验笔录。证据必须查证属实，才能作为认定事实的根据。"司法鉴定意见属于鉴定意见的一种。

（2）司法鉴定的启动主体及效力认定规则

此类案件中，对债务凭证的真实性存疑的，司法鉴定是较为常用的一种证据形式。《中华人民共和国民事诉讼法》第六十七条第一款规定："当事人对自己提出的主张，有责任提供证据。"据此，对债务凭证真实性提出质疑的一方当事人可自行委托鉴定结构对债务凭证进行司法鉴定，对该鉴定意见另一方当事人认可或者提出的相反证据不足以反驳的，人民法院可以确认其证明力。除此之外，当事人亦可申请法院委托鉴定机构进行鉴定。人民法院委托鉴定部门作出的鉴定意见，当事人没有足以反驳的相反证据和理由的，可以认定其证明力。

（3）司法鉴定无法得出明确意见时，如何对证据进行补正

司法鉴定的过程是极为科学和严谨的，实践中很多案件因当事人无法提供合格的鉴定素材或者由于鉴定技术手段的原因导致司法鉴定无法得出明确的鉴定意见，此时，应通过提供其他辅助证据并形成证据链条的方式进行补正。

【案例 19.1】我国著名国画家、书法家许麟庐先生遗产继承纠纷一案引起社会广泛的关注，该案最大的争议焦点，就是许麟庐先生生前所立遗嘱是否真实有效。许先生在该份用毛笔书写的遗嘱中写明："我许麟庐百年以后，我的一切文物、字画及所有财产归我夫人所有。"然而许先生的部分子女对该份遗嘱的真实性并不认可。案中，法院启动鉴定程序，原、被告双方均提交大量许先生的书画作品作为检材。但是，法院找到的多家鉴定机构均表示，无法对遗嘱的真实性作出鉴定。对此，主张遗嘱有效的许先生的遗孀王女士一方便采取了补充提供其他证据，形成证据链条，对遗嘱进行佐证的方式。2013 年 7 月初，王女士一方又向法院提交了许麟庐写下遗嘱后与自己的合影，照片的背景就是遗嘱，以此对遗嘱的真实性进行补正。法院经专业机构鉴定显示，该照片没有经过任何技术修改，据此，一审法院判决认定遗嘱有效，许先生的全部遗产由王女士继承。①

---

① 《齐白石弟子许麟庐遗产纠纷案公开宣判 再审维持一审判决》，载央广网，http：//china. cnr. cn/xwwgf/20160729/t20160729_ 522829305. shtml，最后访问时间：2022 年 12 月 12 日。

2. 自然人之间的民间借贷纠纷，具有实践性合同的特点①

因此在进行审查时，除对上述债务凭证的真实性进行审查之外，法院亦会着重审查借款是否实际交付，特别是针对借款数额较大的案件，法院会考虑借款实际交付的情况、借款人的需求情况、贷款人的贷款能力等综合因素进行判断。

【案例 19.2】高某某、麦某某、李某甲、李某乙与郑某某之间被继承人债务清偿纠纷案②中，李某某与高某某于 2011 年 3 月 8 日登记结婚，李某甲系二人所生女儿，李某乙、麦某某系李某某父母；李某某于 2013 年 6 月 13 日死亡。2014 年 4 月 14 日，郑某某以李某某欠其借款 205000 元未予返还为由诉至一审法院，请求判令：1. 高某某、李某乙、麦某某、李某甲共同偿还李某某所借款项本金 205000 元及利息（从起诉之日起至实际清偿完毕之日止，按月利率 3%计算）。

经一审法院审查，郑某某提供的还款协议书载明李某某因生意周转需要向郑某某借款，截至 2012 年 4 月 7 日，共欠郑某某借款 205000 元，李某某定于 2012 年 4 月 18 日 9 时前偿还 80000 元，余款从 2012 年 5 月起按月偿还，至 2012 年 8 月 18 日全部清偿完毕，逾期还款的，郑某某有权从逾期之日按欠款额收取月息 3%。

一审法院根据高某某、李某乙、麦某某、李某甲的申请，委托临床司法鉴定所对还款协议书上李某某的签名是否系其本人所签进行司法鉴定，鉴定过程中所使用的样本包括结婚登记审查处理表及派出所制作的询问笔录。后临床司法鉴定所出具鉴定意见书，倾向认定还款协议书上李某某的签名字迹与样本字迹系同一人书写形成。

---

① 《中华人民共和国民法典》第六百七十九条。

② 审理法院：广东省中山市中级人民法院，案号：（2015）中中法民一终字第 190 号，载中国裁判文书网，https：//wenshu. court. gov. cn/website/wenshu/181107ANFZ0BXSK4/index. html?docId=6CvtfkzasvkS/Gm3JCOyXdxmK7bTkxrdsACjdUCEPBpQq9QkgZx515O3qNaLMqsJUTWcuuSWqFJE3z3XhifmxiN05NRB6QgWvb77MR4zDn5HFsUgxLD2GuiSnVd9DXHQ，最后访问时间：2022 年 10 月 18 日。

一审法院认为，对李某某是否向郑某某借款 205000 元的待证事实，可从以下几个方面考虑。首先，郑某某提交的还款协议书反映了李某某向郑某某借款的事宜属实，经一审法院委托进行司法鉴定，鉴定意见支持该签名与样本李某某的签名系同一人书写形成的倾向性意见。其次，高某某、李某乙、麦某某、李某甲一方面辩称不清楚涉案的借款情况，但又认为该款项属赌债，其诉讼意见明显自相矛盾，不足采信。最后，从高某某、李某乙、麦某某、李某甲提交的遗书来看，李某某生前只是自认欠下很多债务，但未表明这些债务为赌债；又即便李某某所欠的债务有部分确实属赌债而不受法律保护，也不能证明本案所涉的 205000 元亦为赌债。高某某、李某乙、麦某某、李某甲未能对其事实主张举证证明，法院对其辩解不予采信。故此，认定李某某向郑某某借款的事实，已达到民事诉讼应有的高度盖然性证明标准，一审法院予以确认。上述债务，发生在李某某与高某某夫妻关系存续期间，即便高某某及证人关于双方分居的辩解及陈述属实，也不足以认定该债务不用于夫妻共同生活，不属夫妻共同债务。根据《最高人民法院关于适用〈中华人民共和国婚姻法〉若干问题的解释（二）》第二十四条关于“债权人就婚姻关系存续期间夫妻一方以个人名义所负债务主张权利的，应当按夫妻共同债务处理。但夫妻一方能够证明债权人与债务人明确约定为个人债务，或者能够证明属于婚姻法第十九条第三款规定情形的除外”的规定，高某某应对上述债务承担清偿责任。据此，李某某死亡后，郑某某诉请高某某返还借款并支付逾期利息的诉讼请求理据充分，一审法院予以支持。李某乙、麦某某、李某甲作为李某某的第一顺序继承人，其未明确放弃对李某某财产的继承，应在继承李某某财产价值的范围内对涉案债务承担连带清偿责任。但同时，李某甲未成年，属缺乏劳动能力又无生活来源的人，应为其保留必要的财产份额。至于该份额如何确定，因本案未涉及具体财产的认定和处理，故一审法院无法一并审查处理，当事人可待查明遗产状况后再行解决。

一审法院判决：（1）高某某于一审判决发生法律效力之日起十日内向郑某某返还借款 205000 元并支付逾期利息（从 2014 年 4 月 14 日起计至清偿之日止，按中国人民银行同期同类贷款利率计算）；（2）李某乙、麦某某、李某甲在继承李某某财产的价值范围内对上述债务承担连带清偿责任（应当先为李某甲保留必要的财产份额）。

一审宣判后，高某某、李某乙、麦某某、李某甲不服，向二审法院提起上诉称：一审认定涉案借款系夫妻共同债务错误。（1）在所谓的借款时间内，高某某的家庭并没有对外举债的任何必要。（2）即使李某某对外存在债务，高某某对这些款项均不知情，借款也完全没有用于家庭生活，不应认定为夫妻共同债务。（3）郑某某无任何证据证明涉案借款为高某某与李某某的共同债务。

二审法院认为：本案系被继承人债务清偿纠纷。关于郑某某与李某某于2012年4月17日签订的还款协议书真实性的问题，一审法院委托临床司法鉴定所对李某某的签名真实性委托进行鉴定，鉴定意见为倾向性认定该签名与李某某的签名样本系同一人书写形成。该协议书的见证人冯某某的陈述亦可印证该事实。高某某、李某乙、麦某某、李某甲对上述鉴定意见以及冯某某的陈述不予认可，但无充分证据和理由予以反驳，二审法院对还款协议书的形式真实性予以认定。但根据《中华人民共和国合同法》第二百一十条“自然人之间的借款合同，自贷款人提供借款时生效”可知，自然人之间的借款合同为实践性合同，贷款人支付借款是自然人借款合同的成立要件，也是其生效的要件。具体到本案中，即使郑某某提交的还款协议书确属真实，郑某某仍需进一步提供证据证明或者合理说明其已实际支付还款协议书所载的款项205000元给李某某，该协议书才成立并生效，郑某某方可依据该协议书向李某某的法定继承人主张债务清偿责任。

经查，郑某某一审期间提交了银行流水一份，拟证明其于2012年3月13日转账支付了10000元给李某某。对其余的195000元借款是否实际交付的问题，郑某某称该款于2011年3月至8月由其分三次向其任职的、由其表哥开设的中山市小榄镇某印花厂借出现金，然后再以现金的方式支付给李某某，交付过程无第三人在场见证，并以抵扣其在该印花厂的工资、奖金方式于2012年5月至2014年3月还清。对上述陈述，郑某某仅提供盖有“中山市小榄镇某印花厂”印章的书面证明一份，无其他证据予以证明，二审法院对郑某某提交的上述印花厂的书面证明不予采信。另，郑某某二审期间陈述其于2009年至2014年个人支出用于家里建房、个人购车约300000多元，并偿还其所称的向上述印花厂的借款共200000元。二审法院认为，综合郑某某关于款项借出情况的相关陈述，其对在自身经济负担颇重、未对李某某还款能力进行任何考察、李某某未对前期所借款项作任何清偿的情况下，为何仍持续向他人借取大额现金放贷给关系一般的李某某等若干疑点，均未能提供任何充分证据予以合理说明。郑某某对其所述上述期间在数家公司就职的工作情况无任何证据证明，对其所述的收入水平、借出及还款记录等情况，称均系现金方式进行，仅有书面证明一份为据，均未能进一步提交银行流水等任何有效证据对195000元大额款项的来源以及交付经过予以佐证，还款协议书见证人冯某某亦称其不知晓郑某某与李某某间的经济往来，关于借款问题只是听说而已，并不清楚借款事实以及经过，故郑某某关于借款的来源以及支付经过等相关陈述说明有违日常生活经验，不合情理，亦无充分证据予以证实，郑某某应承担举证不能的不利后果，其所称还款协议书所载的205000元借款已全部实际交付给李某某的主张，二审法院不予采信，对郑某某主张的超出该款范围的数额部分不予支持。

高某某作为李某某的配偶，确认其与李某某未就夫妻共有财产各自所有问题进行过约定，亦未能举证证明李某某生前系以个人名义向郑某某借款，或者上述借款10000元未用于夫妻共同生活，以及该笔借款已清偿。现李某某已死亡，高某某对该笔已查证属实的借款10000元应按协议书的约定负清偿本金以及利息的责任。李某乙、麦某某、李某甲作为李某某的第一顺序继承人，未明确放弃对李某某财产的继承，应在继承李某某遗产价值的范围内对上述债务承担连带清偿责任。因李某甲系未成年人，缺乏劳动能力又无生活来源，应为其保留必要的财产份额。

综上，二审法院判决如下：(1) 撤销广东省中山市第二人民法院（2014）中二法民一初字第563号民事判决；(2) 上诉人高某某于本判决发生法律效力之日起七日内向被上诉人郑某某返还借款10000元并支付逾期利息（从2014年4月14日起计至清偿之日止，按中国人民银行同期同类贷款利率的四倍计算）；(3) 上诉人李某乙、麦某某、李某甲在继承李某某遗产的价值范围内对上述债务承担连带清偿责任（应当先为李某甲保留必要的份额）。

（二）债务的性质

1. 债务系被继承人生前的个人债务

如有明确的证据证明被继承人生前所借款项系用于其个人，如用于个人消费、用于赌博等，应当认定为其生前的个人债务。

【案例 19.3】 陆某某与徐某某、孙某甲、孙某乙、孙某丙被继承人债务清偿纠纷案①中，原告陆某某诉称，2013 年 7 月 21 日，孙某某以工程投资为由，向原告借款 25 万元，借款期限为一个月，如到期不还，按银行同期贷款利率的四倍计算利息。孙某某于 2014 年 6 月 14 日死亡并注销户口。被告徐某某是孙某某的妻子，被告孙某甲是孙某某的儿子，被告孙某乙是孙某某的父亲，被告孙某丙是孙某某的母亲，都是孙某某的法定继承人。孙某某的借款系家庭债务。孙某某至今分文未归还。因孙某某未按约还款，其应支付逾期利息。原告现按不超过银行同期贷款利率的四倍主张自 2013 年 8 月 21 日至 2014 年 8 月 5 日的逾期利息 1 万元。原告诉至法院，请求判令被告徐某某、孙某甲、孙某乙、孙某丙连带向原告归还借款人民币 25 万元并支付利息 1 万元。

被告徐某某、孙某甲、孙某乙、孙某丙共同辩称，孙某某自 2011 年年底开始就不在家里居住了，家里人也不知道孙某某在外面做什么。徐某某、孙某甲、孙某乙、孙某丙并不清楚孙某某向原告借款的事情，也不清楚孙某某是在何种情况下写的借条。孙某某平时喜欢喝酒，有可能是在喝酒之后写的借条。因此，不同意原告的诉讼请求。

法院经审理认为，合法的借贷关系受法律保护。本案中，原告陆某某持有被继承人孙某某出具的借条，被告徐某某、孙某甲、孙某乙、孙某丙虽对

---

① 审理法院：上海市闵行区人民法院，案号：（2014）闵民一（民）初字第 14478 号，载中国裁判文书网，https：//wenshu. court. gov. cn/website/wenshu/181107ANFZ0BXSK4/index. html?docId=8gSbm+bn46NMiKB5eZcLJ+b778oaYfjzVUpUiIIUQVMZMznD31MJXpO3qNaLMqsJUTWcuuSWqFJE3z3XhifmxiN05NRB6QgWvb77MR4zDn5YPabg+jOGkb4ayK0DHbZa，最后访问时间：2022 年 10 月 18 日。

借款的真实性提出异议，但无充分证据予以佐证，故对于被告徐某某、孙某甲、孙某乙、孙某丙的辩称意见，法院难以采纳。法院认为，原告提供的证据可以证明被继承人孙某某生前向原告借款25万元的事实，故原告与孙某某之间的借贷关系成立并生效，孙某某应及时履行还款义务。因借条中约定还款期限，且约定逾期利息的计算方式，但实际借款人孙某某未按约还款，故原告有权主张自逾期之日起的利息，原告现主张截至2014年8月5日的逾期利息1万元，法院予以支持。因借款数额较大，且借款理由系工程投资，难以认定该借款系用于孙某某和徐某某的共同生活，故法院认定该债务系孙某某的个人债务。现实际借款人孙某某已死亡，被告徐某某、孙某甲、孙某乙、孙某丙作为孙某某的继承人，享有孙某某遗产的继承权，但继承遗产时应首先从遗产中清偿债务，且以被继承人的遗产实际价值为限。据此，法院判决被告徐某某、孙某甲、孙某乙、孙某丙于判决生效之日起十日内在继承孙某某遗产实际价值范围内，归还原告陆某某借款计人民币25万元，并向原告陆某某支付截至2014年8月5日的逾期利息计1万元。

2. 债务系被继承人与配偶的夫妻共同债务

《中华人民共和国民法典》第一千零六十四条规定，夫妻双方共同签名或者夫妻一方事后追认等共同意思表示所负的债务，以及夫妻一方在婚姻关系存续期间以个人名义为家庭日常生活需要所负的债务，属于夫妻共同债务。

夫妻一方在婚姻关系存续期间以个人名义超出家庭日常生活需要所负的债务，不属于夫妻共同债务；但是，债权人能够证明该债务用于夫妻共同生活、共同生产经营或者基于夫妻双方共同意思表示的除外。

可见，夫妻共同债务以共债共签为原则，夫妻一方以个人名义所负债务原则上认定为举债方的个人债务。但是，对于夫妻一方以个人名义所负债务，经配偶事后追认，或者是为家庭日常生活所负债务，或者举债方超出家庭日常生活所负债务但债权人能够证明该债务用于夫妻共同生活、共同生产经营或者基于夫妻双方的共同意思表示，应认定为举债方的夫妻共同债务。

3. 债务系被继承人与其他家庭成员的共同债务

如被继承人生前因家庭成员的生产、生活需要而对外负债的，该债务应被依法认定为家庭成员的共同债务。根据我国法律的规定，家庭成员的共同债务应以家庭成员共有的财产来偿还，当家庭成员共有财产不足以偿还债务时，为了保障债权人的合法权益，家庭成员才分别承担清偿的责任，其中应由被继承人分担的债务份额，才可作为被继承人债务由其继承人负担。

二、遗产债务的清偿

（一）清偿的方式

1. 先清偿债务再继承遗产

大部分情形下，应当先以被继承人的遗产清偿全部债务，之后再由全体继承人按照遗嘱或者法律的规定继承遗产。

2. 先继承遗产再清偿债务

特殊情形下，也会出现先继承遗产再清偿债务的情况。如债权人未能及时获取被继承人去世的信息，而在遗产继承完毕之后方才主张债权等。

（二）清偿的原则

1. 凡继承财产必清偿债务的原则

继承人在继承遗产的过程中，不仅包括对被继承人财产的继承，还包括对被继承人生前未清偿完毕的债务的继承。继承人一旦表示接受继承，必须一并接受财产权利和财产义务，不能只享受权利而不承担义务，这也充分体现了民法中权利义务相一致的原则。

2. 在继承财产的范围内清偿债务的原则

《中华人民共和国民法典》第一千一百六十一条规定，继承人以所得遗产实际价值为限清偿被继承人依法应当缴纳的税款和债务。超过遗产实际价值部分，继承人自愿偿还的不在此限。继承人放弃继承的，对被继承人依法应当缴纳的税款和债务可以不负清偿责任。

实践中，对于被继承人的债务须按照以下原则进行处理：

（1）针对被继承人的个人债务，实践中，由各继承人在各自继承遗产的范围内承担偿还责任。

（2）针对被继承人与配偶的夫妻共同债务，原则上以夫妻财产清偿夫妻债务后，再析出被继承人的遗产进行继承、分割；若债权人在遗产继承、分割后才向被继承人的配偶主张债权，配偶在清偿夫妻共同债务后，有权向被继承人的其他继承人进行追偿。

（3）针对家庭成员的共同债务，实践中先由家庭成员以共有的财产进行偿还，当家庭成员共有财产不足以偿还债务时，再由家庭成员对剩余债务进行分担，其中应由被继承人分担的债务份额，才可作为被继承人债务由其继承人负担，并由各遗产继承人在各自继承遗产的范围内承担连带偿还责任。

（三）清偿的顺序

《中华人民共和国民法典》第一千一百六十三条规定，既有法定继承又有遗嘱继承、遗赠的，由法定继承人清偿被继承人依法应当缴纳的税款和债务；超过法定继承遗产实际价值部分，由遗嘱继承人和受遗赠人按比例以所得遗产清偿。

第三节　典型案例评析

案例 41：甘某与刘某被继承人债务清偿纠纷案[①]

裁判主旨

2018 年 1 月 18 日起施行《最高人民法院关于审理涉及夫妻债务纠纷案件适用法律有关问题的解释》规定，夫妻双方共同签字或者夫妻一方事后追认等共同意思表示所负的债务，应当认定为夫妻共同债务。依照上述规定及其施行的时间，刘某作为债权人应当尽到审慎注意义务，刘某目前提供的证

---

① 审理法院：北京市第三中级人民法院，案号：（2021）京 03 民终 17901 号，载中国裁判文书网，https：//law. wkinfo. com. cn/judgment-documents/detail/MjAzNjEwNzkyMDA%3D? searchId=6a035954145046a7a371e85ba5d22fa8&index=1&q=（2021）%20%E4%BA%AC%2003%20%E6%B0%91%E7%BB%88%2017901%20%E5%8F%B7&module=，最后访问时间：2022 年 11 月 15 日。

据不能证明其按照上述规定与安某、甘某确立了夫妻共同债务。根据刘某向甘某主张权利时的《最高人民法院关于审理涉及夫妻债务纠纷案件适用法律有关问题的解释》中“夫妻一方在婚姻关系存续期间以个人名义超出家庭日常生活需要所负的债务，债权人以属于夫妻共同债务为由主张权利的，人民法院不予支持，但债权人能够证明该债务用于夫妻共同生活、共同生产经营或者基于夫妻双方共同意思表示的除外”的规定，刘某作为债权人应对“涉案借款 30 万元用于夫妻共同生活、共同生产经营或者基于夫妻双方共同意思表示”承担举证证明的责任。综合上述认定，在刘某目前提供的证据不能证明涉案借款 30 万元及利息应属于安某、甘某夫妻共同债务的情形下，本院对刘某要求甘某偿付借款 30 万元及利息、罚息的诉讼请求不予支持。

案情简介

2013 年 8 月 30 日，刘某作为合同乙方和安某作为合同甲方签订了一份《借款合同》，合同约定主要内容为“安某向刘某借款 30 万元，借款期限自 2013 年 8 月 30 日至 2019 年 1 月 30 日，合同约定月息 2%等”。同日，刘某以转账方式向安某支付 30 万元。安某在收到借款后，未按照合同的约定支付利息，亦未偿还借款本金。甘某与安某系夫妻关系，上述借款行为发生在安某与甘某夫妻关系存续期间。安某于 2018 年 9 月去世。安某的继承人为妻子甘某、安某父亲安某 1、安某母亲王某某，安某女儿安某 2（尚未成年）。案外人安某 1、王某某向一审法院提交了放弃继承权声明书。一审法院审理期间，刘某撤回了对安某 1、王某某、安某 2 的起诉。

法院判决

债权人就婚姻关系存续期间夫妻一方以个人名义所负债务主张权利的，应当按夫妻共同债务处理。本案中，刘某向安某借款系发生在安某与甘某夫妻关系存续期间，在安某未偿还借款本息的情况下，甘某作为债务人的配偶，应当承担偿还义务。另需说明的事项是，因本案的民事行为发生在 2013 年，故该民事行为应当适用当时的法律、司法解释的规定，《最高人民法院关于审理涉及夫妻债务纠纷案件适用法律有关问题的解释》系在 2018 年 1

月实施的，故该院在本案中不予适用。

一审法院判决，甘某于判决生效之日起七日内返还刘某借款 30 万元。

二审法院对一审法院查明的事实予以认可。

关于甘某是否应对涉案债务承担责任的问题，涉案借款合同中未对借款用途进行约定。刘某在诉讼中陈述：刘某与安某通过朋友认识，提供借款是用于安某经营或家庭生活使用，安某本人是多家公司的股东。上述事实表明安某使用刘某的借款不排除公司经营的用途。2018 年 1 月 18 日起施行《最高人民法院关于审理涉及夫妻债务纠纷案件适用法律有关问题的解释》规定"夫妻双方共同签字或者夫妻一方事后追认等共同意思表示所负的债务，应当认定为夫妻共同债务"。依照上述规定及其施行的时间，刘某作为债权人应当尽到审慎注意义务，刘某目前提供的证据不能证明其按照上述规定与安某、甘某确立了夫妻共同债务。根据刘某向甘某主张权利时的《最高人民法院关于审理涉及夫妻债务纠纷案件适用法律有关问题的解释》中"夫妻一方在婚姻关系存续期间以个人名义超出家庭日常生活需要所负的债务，债权人以属于夫妻共同债务为由主张权利的，人民法院不予支持，但债权人能够证明该债务用于夫妻共同生活、共同生产经营或者基于夫妻双方共同意思表示的除外"的规定，刘某作为债权人应对"涉案借款 30 万元用于夫妻共同生活、共同生产经营或者基于夫妻双方共同意思表示"承担举证证明的责任。综合上述认定，在刘某目前提供的证据不能证明涉案借款 30 万元及利息应属于安某、甘某夫妻共同债务的情形下，本院对刘某要求甘某偿付借款 30 万元及利息、罚息的诉讼请求不予支持。

二审法院判决，撤销一审判决甘某偿还刘某借款本金 30 万元的判项，改判甘某在继承安某遗产的范围内向刘某偿还借款本金 30 万元。

律师点评

本案的争议焦点在于安某生前向刘某借款 30 万元是否应属于安某及其配偶甘某的夫妻共同债务？

首先，关于遗产债务的真实性问题，根据刘某提供的借款合同、转账凭证等证据，两级法院均认定刘某与安某之间的民间借贷合同成立，刘某有权要求安某偿还借款本金及相应的利息。

其次，关于法律适用的问题，一审法院认为本案的民事行为发生在2013年，故本案应适用《最高人民法院关于适用〈中华人民共和国婚姻法〉若干问题的解释》第二十四条作为裁判依据。但是《最高人民法院关于适用〈中华人民共和国婚姻法〉若干问题的解释》第二十四条已被《最高人民法院关于审理涉及夫妻债务纠纷案件适用法律有关问题的解释》取代，故一审法院适用错误。

再次，关于遗产债务的性质及举证责任的分配问题，一审法院以案涉借款发生债务人的婚姻关系存续期间为由认定为夫妻共同债务，更多地将证明为债务人个人债务的举证责任分配给非举债方；二审法院以共债共签为原则将案涉借款认定为举债人的个人债务，更多地将证明为夫妻共同债务的举证责任分配给债权人。

最后，关于债务的清偿问题，二审法院将案涉借款改判为债务人安某的个人债务，因此应由安某的遗产清偿案涉借款。甘某作为安某的继承人仅在其继承安某的遗产范围内承担偿还案涉借款的义务。鉴于债务人安某的遗产无法清偿债权人刘某的借款，给债权人刘某造成了极大的损失。

从上述案例可见，债权人在与债务人签署借款合同之后仍应尽可能要求债务人的配偶签名追认，或者收集债务人的配偶对借款知情且同意的相关证据，以及该借款用于债务人的家庭共同生活或共同生产经营的相关证据，只有履行审慎注意义务，才能维护债权人的合法权利。

第二十章　遗赠纠纷

第一节　理论概述与实务指引

一、理论概述

遗赠是指自然人以遗嘱的方式将其个人财产赠与国家、集体或者法定继承人之外的自然人，且于其死亡后发生法律效力的民事法律行为。

《中华人民共和国民法典》第一千一百三十三条第三款规定，自然人可以立遗嘱将个人财产赠与国家、集体或者法定继承人以外的组织、个人。

二、实务指引

（一）遗赠的有效条件

1. 遗赠人所立的遗嘱需符合法律规定的形式要件及实质要件，须符合《中华人民共和国民法典》关于遗嘱的相关法律规定。

2. 遗赠可以附条件、附期限。但是遗赠人关于受遗赠人取得遗产所附的条件违反法律、行政法规强制性规定、违背公序良俗的，会导致遗赠无效。

【案例 20. 1】张某甲与蔡某甲因遗赠所附条件妨碍婚姻自由被认定无效案①中，张某甲所持有的张某乙的遗嘱中写明若妻子蔡某甲日后嫁人，则其

① 江苏省高级人民法院编：《江苏省高级人民法院公报》（2013 年第 5 辑）（总第 29 辑），法律出版社 2013 年版，第 23 页。

名下房产归侄子张某甲所有，该条款因违反我国婚姻法关于婚姻自由的基本原则而被法院认定为无效，蔡某甲不受该条款的约束，仍享有法律规定的继承权利。

【案例 20.2】周某等遗赠纠纷案①中，法院认为，在王某与周某夫妻关系存续期间，王某与韩某之母郅某长期保持不正当关系，有违夫妻忠实义务。王某基于此种关系订立遗嘱将财产给予韩某的行为，既违反了法律规定的夫妻忠实义务，也违背了基本的社会道德规范，故一审法院认定该民事法律行为因违背公序良俗应属无效，符合本案实际情况。韩某请求法院将诉争房屋所有权的 50%份额判决归其所有的诉讼请求，因缺乏法律依据，法院不予支持。

3. 如何认定接受遗赠的时间与方式。根据《中华人民共和国民法典》第一千一百二十四条第二款规定，受遗赠人应当在知道受遗赠后六十日内，作出接受或者放弃受遗赠的表示；到期没有表示的，视为放弃接受遗赠。接受遗赠的六十日应当以遗嘱生效后，受遗赠人知道或应当知道之日起计算。如何认定作出遗赠的方式与相对人，现行法律法规或司法解释并未明确规定受遗赠人作出接受或者放弃遗赠表示需要采取的方式和应当表达的对象。在司法实践中，一般可以通过办理受遗赠权公证、向法定继承人或利害关系人作出接受遗赠的书面函件、向法院起诉主张接受遗赠、实际占有、使用遗赠财产等方式表示接受遗赠。

【案例 20.3】程某 1 等与程某 3 等遗赠纠纷案②中。一审法院认为，根据法律规定，受遗赠人应当在知道受遗赠后两个月内，作出接受或者放弃遗

---

① 审理法院：北京市第二中级人民法院，案号：（2021）京 02 民终 15290 号，载中国裁判文书网，https：//wenshu. court. gov. cn/website/wenshu/181107ANFZ0BXSK4/index. html？ docId=tbPbsb8nvNNTOMO07D+zTDMnYhvS5tX8NQvDQaOob0kLlhYwo3MslJO3qNaLMqsJUTWcuuSWqFJE3z3XhifmxiN05NRB6QgWvb77MR4zDn6c96u0FZMWDwJvmj++Ttw2，最后访问时间：2022 年 10 月 18 日。

② 审理法院：上海市第一中级人民法院，案号：（2021）沪 01 民终 5868 号，载中国裁判文书网，https：//wenshu. court. gov. cn/website/wenshu/181107ANFZ0BXSK4/index. html？ docId=JseWE2JCpacj8Y7UMMfaS3tSoBIO0oZcGwrufdxVxmqyDUx81VEJ2pO3qNaLMqsJUTWcuuSWqFJE3z3XhifmxiN05NRB6QgWvb77MR4zDn7bbj0/uV6pqW2ZdmNqfUxt，最后访问时间：2022 年 10 月 18 日。

赠的表示。到期没有表示的，视为放弃受遗赠。然而与法律关于继承人作出放弃继承权的表示应具备较为严格的形式要求和对象要求不同，现行法律法规或司法解释并未明确限制受遗赠人作出接受或者放弃遗赠表示需要采取的方式和应当表达的对象，而“接受或者放弃遗赠的表示”本质上仍然是意思表示，故受遗赠人完全可以采用口头方式，在没有相对人的情况下作出意思表示。根据法律规定，无相对人的意思表示，表示完成时生效。本案中，根据庭审查明的事实，程某3作为受遗赠人，自述在2016年春节左右得知受遗赠的事实后即明确表示好的，其接受遗赠的表示显然在法律规定的期限内，因此能够发生遗赠的法律效果。故一审判决坐落于上海市松江区××城××路××弄××号××室房屋属于被继承人程某5的遗产，由程某3受遗赠取得。二审法院认为，法律规定，受遗赠人应当在知道受遗赠后两个月内，作出接受或者放弃受遗赠的表示。到期没有表示的，视为放弃受遗赠。对于该“两个月”，应当理解为发生于被继承人去世之后，而非在世前。所以一审法院认为程某3在2016年表示接受遗赠，完成了法律规定的意思表示行为，一审法院对此法律条文的理解是错误的。尽管一审法院的该项理由错误，但在本案中，程某4作为程某5的法定继承人之一，其能证实程某3在被继承人去世后立即进行了相应的主张，所以理应认定程某3已在法律规定的期限内作出意思表示。故本案系争房屋应由程某3取得。故二审判决驳回上诉，维持原判。

4. 既有遗嘱继承、遗赠，又有法定继承，如何清偿被继承人债务及税款。根据《中华人民共和国民法典》第一千一百六十三条的规定，既有法定继承又有遗嘱继承、遗赠的，由法定继承人清偿被继承人依法应当缴纳的税款和债务；超过法定继承遗产实际价值部分，由遗嘱继承人和受遗赠人按比例以所得遗产清偿。

5. 侄甥与孙子女均可作为受遗赠人。孙子女与侄甥均非法定继承人①，但相较于《中华人民共和国继承法》中代位继承仅限于被继承人的子女的直

---

①《中华人民共和国民法典》第一千一百二十七条。

系晚辈血亲来讲，《中华人民共和国民法典》中代位继承的范围增加了被继承人的兄弟姐妹的子女①，因此侄甥与孙子女均可作为受遗赠人。

（二）遗赠的执行

1. 遗嘱执行人是遗赠的执行义务人②。

2. 遗产应先用来清偿遗赠人依法应当缴纳的税款和债务，其余部分方能用于遗赠的执行③。

3. 如遗赠系附义务的，受遗赠人应当履行义务④。

4. 如遗赠的标的物是特定物，在遗嘱生效之时该物已经不存在的，遗赠亦不能执行。

5. 受遗赠人应当在知道受遗赠后六十日内，作出接受或者放弃受遗赠的表示；到期没有表示的，视为放弃受遗赠⑤。

第二节 办案思路与实战技巧

实践中处理遗赠纠纷，应当从以下几个层次逐渐展开。

一、遗嘱的效力认定

（一）遗嘱是否具备合法的形式要件

针对司法实践中遗嘱形式要件主要存在的问题，分述如下。

1. 自书遗嘱是否立遗嘱人亲自书写

遗赠纠纷当中，往往出现法定继承人与受遗赠人之间就遗嘱是否真实存在发生争议的情况。对此，可采取笔迹鉴定的方式确认遗嘱是否由被继承人

---

① 《中华人民共和国民法典》第一千一百二十八条。
② 《中华人民共和国民法典》第一千一百三十三条。
③ 《中华人民共和国民法典》第一千一百五十九条。
④ 《中华人民共和国民法典》第一千一百四十四条。
⑤ 《中华人民共和国民法典》第一千一百二十四条第二款。

亲自书写。

2. 代书遗嘱上立遗嘱人的签名是否真实？如无签名的，盖章或者按指印是否具有法律效力

对于签名是否真实的疑问，可通过对笔迹形成时间进行鉴定的方式来解决。实践中比较容易发生争议的是立遗嘱人因自身身体原因无法签名，以其他方式取代签名是否可认定有效的问题。一般而言，法律设立代书遗嘱的初衷即为了解决立遗嘱人因自身情况而无法亲自书写遗嘱的难题，据此，实践中只要可以证实遗嘱的内容确系立遗嘱人的真实意思表示，一般均可获得法院的认可。

3. 遗嘱见证人是否符合法律的规定

因遗嘱见证人设立不当而导致遗嘱无效的案例在实践中屡见不鲜，所以严格依照法律的规定选择见证人显得尤为重要。根据《中华人民共和国民法典》的相关规定：无民事行为能力人、限制民事行为能力人，继承人、受遗赠人，以及与继承人、受遗赠人有利害关系的人均不得作为遗嘱见证人①。此外，针对何谓前述“有利害关系”的人，《最高人民法院关于贯彻执行〈中华人民共和国继承法〉若干问题的意见》明确：继承人、受遗赠人的债权人、债务人，共同经营的合伙人，也应当视为与继承人、受遗赠人有利害关系，不能作为遗嘱的见证人②。

（二）遗嘱是否具备合法的实体要件

1. 遗嘱是否是立遗嘱人的真实意思表示。

2. 遗嘱处分的是否是立遗嘱人的个人财产或其他有权处分的财产。如广东省梅州市中级人民法院审理的上诉人李某某与被上诉人祁某某、邹某甲、邹某乙遗赠纠纷一案中，夫妻一方擅自将夫妻共有的房产以遗赠的方式处分给案外人，最终被两审法院均认定为无效民事行为。

---

① 《中华人民共和国民法典》第一千一百四十条。

② 《最高人民法院关于适用〈中华人民共和国民法典〉继承编的解释（一）》第二十四条。

二、受遗赠人是否完全具备了接受遗赠的条件

（一）受遗赠人是否在法律规定的时限内，作出了接受遗赠的意思表示

受遗赠人应当在知道受遗赠后六十日内，作出接受或者放弃受遗赠的表示。到期没有表示的，视为放弃受遗赠①。

（二）遗赠附条件的，所附条件是否成就

根据遗赠法律关系的特点，受遗赠人系法定继承人以外的人，实践中较常见的包括被继承人的同居恋人、孙子女、外孙子女、侄子女、外甥子女以及继承人之外的其他近亲属，甚至是保姆、养老院的负责人等对被继承人生前承担主要照顾责任的人或者机构。相应地，被继承人往往会在遗嘱中要求这些自然人或机构完成某些特定的条件或义务，如承担对遗赠人的扶养照顾等；大部分的遗嘱中会明确，如受遗赠人未能具备遗赠人所要求的条件的，则不发生遗赠的法律效力。

（三）受遗赠人是否丧失接受遗赠的资格

根据《中华人民共和国民法典》第一千一百二十五条的规定，在某些特殊情形下，继承人丧失继承资格，这些规定同样适用于受遗赠的情况。

【案例 20.4】陈某与刘某甲等遗赠纠纷案②中，陈某在遗赠人蒋某患病住院、急需家属签名采取抢救措施的情况下，冒用蒋某家属的名义决定“不同意”输血抢救，放任蒋某病情更加恶化并于几日后死亡的行为被法院认定为对蒋某的遗弃。法院据此剥夺了陈某继承被继承人遗产的资格，判令其无权要求按照遗嘱接受“遗赠”。

---

① 《中华人民共和国民法典》第一千一百二十四条第二款。

② 审理法院：北京市第一中级人民法院，案号：（2015）一中民终字第 6458 号，载中国裁判文书网，https：//wenshu. court. gov. cn/website/wenshu/181107ANFZ0BXSK4/index. html？docId=0Bjffb7IIMWjOCCFTpoaAt9NMPMIWU4Np1csr2Bt2pL9gcV9eDyI4pO3qNaLMqsJUTWcuuSWqFJE3z3XhifmxiN05NRB6QgWvh77MR4zDn52eFzqUEHzHFLFv2D2JskG，最后访问时间：2022 年 10 月 18 日。

第三节 典型案例评析

案例42：张某甲与蔡某甲因遗赠所附条件妨碍婚姻自由被认定无效案①

裁判主旨

公民可以依照法律规定设立遗嘱赠与并处分个人财产，并可依法向财产继承人附加义务，但所附义务不得违反法律规定的基本精神，否则相关内容应认定无效。对公民生前所立以约束配偶再婚自由为前提方可享有继承财产权利的遗嘱，因该遗嘱限制了妇女的合法权益和婚姻自由，应认定为无效，继承人不受该义务约束，仍享有法律上和遗嘱中确定的相应继承权利。

案情简介

原告张某甲因与被告蔡某甲发生遗赠纠纷，向江苏省无锡市锡山区人民法院提起诉讼。

原告张某甲诉称：其系张某乙侄子，蔡某甲系张某乙妻子，蔡某甲与张某乙婚后未生育子女，张某乙于2006年12月4日去世。张某乙去世之前就其居住的坐落于锡山区东港镇某社区9号三间平房及10号三间二层楼房立下遗嘱：张某乙去世后如妻子蔡某甲嫁人，则归张某甲所有。在张某乙去世后，蔡某甲即与张某平结婚，一直占据上述房屋，张某甲曾多次要求蔡某甲将房屋归还，但无果，故现要求判令上述房产归张某甲所有。

被告蔡某甲辩称：其与张某乙于1994年5月以夫妻名义共同生活，不久即向张某兴购买坐落于锡山区东港镇某社区10号三间二层楼房，该楼房系夫妻共同财产，其中张某乙遗产的份额应由第一顺序法定继承人即妻子蔡

① 江苏省高级人民法院编：《江苏省高级人民法院公报》（2013年第5辑）（总第29辑），法律出版社2013年版，第29页。

某甲继承，故张某甲无权分得该楼房的房产份额；位于锡山区东港镇某社区9号三间平房系张某乙建造，其与张某乙婚后一直居住在该平房内，张某乙遗嘱的真实意思是其如在张某乙病故后离开所居住的平房嫁到别处去，平房才归张某甲所有，而在张某乙病故后蔡某甲与张某平再婚一直居住在该平房内，实际未离开该平房，且蔡某甲与张某平婚后对该三间平房进行了翻造，在翻造平房及蔡某甲与张某平结婚、摆女儿“百日酒”、养育女儿等过程中，张某甲从未提出将平房归其所有，故张某甲现主张平房归其所有已超过继承时效，请求驳回张某甲的诉讼请求。

无锡市锡山区人民法院一审审理查明：1994年5月蔡某甲与张某乙以夫妻名义共同生活，于2006年10月31日办理结婚登记手续，双方未生育子女。张某乙于2006年12月4日病故，生前与蔡某甲共同居住在锡山区东港镇某社区10号三间二层楼房和9号的三间平房内。张某乙于2006年11月19日在病重期间书写遗嘱一份，载明：“我去世后，东面三间楼房使用权归我妻蔡某甲，西面三间平房也归我妻蔡某甲作安身之处，如我妻蔡某甲今后嫁人，三间平房归我侄子张某甲所有。”在遗嘱上有蔡某甲、张某丙、兄长朱某法、姐夫孙某德等作为见证人签名。遗嘱中所列张某甲系张某乙之侄。

另查明：蔡某甲与张某平于2007年6月12日登记结婚，于2007年10月对三间平房进行修缮和墙面粉饰，2008年4月生育一女，同年11月在该平房内为女儿举办“百日酒”。

法院判决

法院经审理认为：公民可以依照继承法规定设立遗嘱处分个人财产，可以公证但并非必须公证；公民并可就遗嘱向继承人附加义务，其处分私权的权利应予尊重，但所附义务不得违反宪法和法律规定的基本精神，否则应认定无效。本案中，张某乙亲笔书写遗嘱及签名，注明年、月、日，经数名见证人见证并签名，就其居住的房产予以处分，故其书写的遗书为自书遗嘱。公民立遗嘱将个人财产赠给国家、集体或者法定继承人以外的人，为遗赠。张某甲系张某乙之侄子，属于法定继承人以外的人，其诉讼主张基于遗赠法律关系而提出，故本案案由应为遗赠纠纷。张某甲在本案中提起的诉讼主张涉及两处房产，即9号三间平房与10号三间二层楼房，本案的争议焦点是上述两处房产是否应归张某甲所有。

关于10号三间二层楼房，因张某乙书写的遗嘱中涉及遗赠的部分为9号三间平房，而10号三间二层楼房并未列入遗赠的范围，张某甲也非张某乙的法定继承人，也不存在代位继承、转继承等情形，故张某甲要求判令10号三间二层楼房归其所有的诉讼请求，于法无据，一审法院不予支持。

关于9号三间平房，因张某乙所立遗嘱中就该处遗产的继承或赠与设定了约束他人内容，即“如我妻蔡某甲今后嫁人，三间平房归我侄子张某甲所有”，此系附义务的遗嘱继承，不履行义务即转为遗赠，即蔡某甲获得三间平房的继承权所附的义务是不得改嫁。对张某乙生前所立以约束配偶婚姻自由为前提方可享有继承财产权利的遗嘱，有违宪法和法律规定，是对蔡某甲婚姻自由的限制，根据《中华人民共和国继承法》第二十一条的规定，遗嘱继承或者遗赠附有义务的，继承人或者受遗赠人应当履行义务。没有正当理由不履行义务的，经有关单位或者个人请求，人民法院可以取消其接受遗产的权利。此条中的义务应当合法。而本案中，蔡某甲有正当理由不履行该遗嘱中所附义务，并仍对该三间平房享有继承权利，故涉及张某甲受遗赠权利的内容无效，张某甲无受遗赠权。婚姻自由具体而言体现为婚姻自主权这一人格权利，即自然人有权在法律规定的范围内，自主自愿决定本人的婚姻，不受其他任何人强迫与干涉。张某乙去世后，蔡某甲是否再婚应完全由蔡某甲自行决定，如蔡某甲选择再婚也是其法定权利。张某乙立下遗嘱但设定了约束内容，限制了蔡某甲的婚姻自由，违反了有关婚姻自由的宪法和法律的规定，故张某乙所立遗嘱中“如我妻蔡某甲今后嫁人，三间平房归我侄子张某甲所有”的内容应属无效，即张某甲受遗赠的内容无效。

需要指出的是，即使张某乙的遗嘱前述内容有效，根据法律规定，受遗赠人应当在知道受遗赠后两个月内，作出接受或者放弃受遗赠的表示。到期没有表示的，视为放弃受遗赠。本案中张某乙死亡后，蔡某甲与张某平于2007年6月起在原蔡某甲与张某乙共同生活的房屋中结婚、共同生活、修缮房屋，且于2008年11月为女儿举办“百日酒”，张某甲作为遗书持有人并居住在同村，应当知道张某乙遗产内容中其受遗赠的“条件”成就，但张某甲未举证证明其在“条件”成就后两个月内作出接受遗赠的表示，亦应视为放弃受遗赠。综上，张某甲在本案中的诉讼主张，于法无据，一审法院不予支持。

江苏省无锡市锡山区人民法院依照《中华人民共和国婚姻法》第二条、第五条，《中华人民共和国继承法》第十六条、第二十五条第二款之规定，于 2013 年 1 月 9 日做出（2012）锡法湖民初字第 0307 号民事判决：驳回张某甲的诉讼请求。

一审宣判后，张某甲提起上诉，后在二审期间申请撤回上诉。江苏省无锡市中级人民法院于 2013 年 4 月 28 日作出（2013）锡民终字第 0453 号裁定：准许张某甲撤回上诉，一审判决即发生法律效力。

律师点评

遗赠的受赠人并非法定继承人，因此，遗赠往往附有条件，这样的制度设计本身亦符合民事法律“公平合理”及“等价有偿”的基本原则。但遗赠人所设置的条件的合法性，往往成为此类案件争议的焦点。

本案中，遗赠人在遗嘱中明确“如我妻蔡某甲今后嫁人，三间平房归我侄子张某甲所有”的内容，且有多名见证人在场见证并签名。这说明，遗赠人的这种思想观念，在许多欠发达地区是普遍存在的，人们旧的思想观念甚至在有些村规民约当中对剥夺改嫁妇女的土地使用权、房屋所有权或股份分红权等明显违反法律法规的内容均表现出认可的态度。面对这种情况，首先，在个体案件的处理上，当事人一定要积极地诉诸司法途径寻求法律的保护；其次，如当地普遍存在非法剥夺妇女儿童（包括外嫁女、再婚妇女）合法权益等情况的，当事人应当积极通过各种渠道寻求解决。例如，可以通过个案起诉的方式获得法院判决的支持；同时，亦可寻求各级妇联组织、政府相关部门的帮助。

案例 43：陈某与刘某甲等遗赠纠纷案①

裁判主旨

遗嘱的真实性需要从多个角度综合进行判断，从遗嘱的形式到遗嘱的内容，结合立遗嘱人立遗嘱前后的生活状态等因素进行审查，本案的裁判为我们提供了一个非常好的范例。此外，我国法律中规定的继承人丧失继承权的事由同样适用于受遗赠人，如存在受遗赠人遗弃被继承人的情况，其将丧失接受遗赠的权利。

案情简介

蒋某生前曾与刘某结婚，生有一儿一女刘某甲、刘某乙。1993 年 3 月 30 日，蒋某、刘某离婚。离婚时双方协商解决了子女抚养和财产分割事宜，离婚后蒋某没有再婚。蒋某与陈某于 2008 年结识。

自 2013 年 7 月起，陈某在蒋某要求下留住蒋某位于海淀区的蒋某房屋，并照顾蒋某生活起居。2013 年 7 月 26 日，蒋某出具一份遗嘱，内容为：“（1）我的住房留给陈某包括室内一切家具电器。他人包括子女不得干预。（2）我的身后事例如坟墓由陈某长期管理，他人及子女不得干预。”出具遗嘱当日，蒋某因上腹痛及下肢水肿 3 个月被陈某送往××医院，并被留院观察。当日，经临床诊断，蒋某除××、××肿痛外，还出现×功能异常和××异常，××医院建议对蒋某进行输血以改善××功能，陈某在《输血治疗知情同意书》中“同意输血治疗签字”一栏及“与患者关系”上签字“陈某不同意”。2013 年 7 月 30 日，蒋某因×癌×转移导致猝死，陈某在“尸体解剖检查”“治疗同意单”上签字并注明“不同意”。8 月 3 日，蒋某的遗体被火化，丧事由刘某甲办理。对于不同意输血的情节，陈某解释系蒋某意愿；并称蒋某生前表示如果其去世，不要给其开刀，也不要到学校办讣告。

---

① 审理法院：北京市第一中级人民法院，案号：（2015）一中民终字第 6458 号，载中国裁判文书网，https：//wenshu. court. gov. cn/website/wenshu/181107ANFZ0BXSK4/index. html？docId = 0Bjffb7IIMWjOCCFTpoaAt9NMPMIWU4Np1csr2Bt2pL9gcV9eDyI4pO3qNaLMqsJUTWcuuSWqFJE3z3XhifmxiN05NRB6QgWvb77MR4zDn7Co5rNCfb1T+iR4B2xXz7Q，最后访问时间：2022 年 10 月 18 日。

庭审中，陈某叙述蒋某于 2013 年 7 月 26 日将遗嘱写好交给她，并称将家里还有房本交给陈某。陈某表示当时其并未看遗嘱，仅是将遗嘱放在床上。后蒋某提醒让其收好，并表示金条等财产留给刘某乙。对此刘某甲、刘某乙不予认可，表示遗嘱是蒋某在被胁迫、非本人真实意思的情形下所写；且遗嘱中有多处书写错误。诉讼中，刘某甲提供蒋某贵重物品照片以及合照照片证明蒋某生前与子女关系很好，儿子刘某甲对母亲非常关心。陈某解释遗嘱上写明的房屋就是涉案房屋，遗嘱的意思很明白，符合法律规定的构成要件，个别字迹的差异不影响蒋某处分房产的真实意思表示；遗嘱是真实的，蒋某和子女关系非常僵化。本案在一审过程中调查，遗嘱外蒋某的黄金、首饰及存款等在陈某处，因陈某不同意当庭返还给二被告，故告知当事人可另行解决。

上述事实，有双方当事人的陈述、公安机关出具的亲属关系证明、离婚证、婚姻约定、房屋所有权证、死亡证明等材料在案佐证。

法院判决

一审法院经审理认为：公民可以立遗嘱处分个人财产。公民可以立遗嘱将个人财产赠给国家、集体或者法定继承人以外的人。本案的争议在于蒋某的遗嘱在形式上、内容上是否符合相关法律规定，遗嘱是否为蒋某真实意思表示。通过庭审，能够确认陈某所持有的遗嘱系蒋某本人书写，有蒋某签名，并注明年、月、日，符合自书遗嘱的形式要件。同时，遗嘱内容还应明确、具体，指明遗赠内容应具有唯一排他性。但该遗嘱中，虽然写明了房屋地址，但与房屋产权证并不一致，书写上具有瑕疵；且蒋某所立遗嘱所表达“留给”陈某房屋，未写清是使用权还是所有权，性质不明确，对此刘某甲、刘某乙亦提出异议。按照陈某所述，其与蒋某于 2008 年在跳舞时相识，系朋友关系，双方是在 2013 年 7 月因蒋某身患晚期癌症才叫陈某搬到蒋某住所居住、照顾蒋某，相处时间仅为一个月。在短暂时间里，蒋某将房屋所有权留给陈某，特别是在刘某甲与母亲关系尚好，刘某乙本人在养老院治疗、家庭并无矛盾的情况下，蒋某将房屋所有权留给陈某，有违情理。且刘某乙系一级精神残疾，《中华人民共和国民法典》规定，遗嘱应当对缺乏劳动能力又没有生活来源的继承人保留必要的遗产份额。在遗嘱中，蒋某未对缺乏劳动能力的刘某乙予以考虑必要的遗产份额，不符合法律规定。故在上述争议疑点未合理解释的情况下，法院不能确认遗嘱内容系蒋某的真实意思；且遗嘱本身指向不明、意思不清晰、遗嘱处理内容与法律规定相违背，故法院不能确认遗嘱内容的合法、有效。故现陈某以此要求确认争议房屋为其所有，缺乏法律依据，法院不予支持。判决：（1）蒋某于2013年7月26日所做遗嘱无效；（2）驳回陈某要求确认涉案房屋归其所有的诉讼请求。

判决后，陈某不服，以原判适用法律有误为由，向二审法院提起上诉，要求撤销原判，发回重审或改判涉案房屋归上诉人所有；诉讼费全部由被上诉人承担。刘某甲、刘某乙同意原判。

二审法院另查明，蒋某去世当天，陈某与其子在未通知刘某甲等人及蒋某单位人员的情况下，擅自进入蒋某家拿走黄金、首饰及存款等。

二审法院经审理认为：本案被继承人蒋某通过自书遗嘱将诉争房屋遗赠给陈某，而刘某甲等法定继承人提出异议，故本案争议焦点为蒋某所立遗嘱是否合法有效。陈某可否依据该遗嘱获得诉争房产。

二审法院认为，陈某作为继承人以外的人通过遗嘱接受遗赠，故行为应受到继承法的约束与调整。陈某陪伴蒋某的期间为2013年7月初至7月30日蒋某死亡。其时，蒋某之子刘某甲身在国外。依据陈某陈述，蒋某之所以在与自己接触后即立遗嘱将房产遗赠给自己系与自己有较深的感情与信任，如同母女。但在案证据证明，在蒋某书写遗嘱当日，即被送进医院，蒋某被送入医院后，经临床诊断，蒋某除××、××肿痛外，还出现×功能异常和××异常，××医院建议对蒋某进行输血以改善××功能，但陈某在《输血治疗知情同意书》中，“同意输血治疗签字”一栏上签字“陈某不同意”。陈某在蒋某猝死后，亦以家属名义领取“死亡证明”。在诉讼中陈某称，其不同意输血与蒋某猝死之间没有因果关系，但在案证据证明，陈某在“尸体解剖检查”“治疗同意单”上签字并注明“不同意”。

二审法院认为，依常理，作为法定继承人以外的与蒋某关系密切的人，在蒋某需输血抢救情况之时，应及时通知蒋某的法定继承人或其单位做决定而不可擅自决定。而作为手握遗嘱且为唯一获得遗赠的人，更应以挽救立遗嘱人的生命为原则而实施积极的抢救措施，尽最大努力延续蒋某的生命。但陈某却冒用蒋某家属的名义决定“不同意”输血抢救，而该决定的后果即是蒋某丧失了可能延续生命的机会。陈某称该放弃抢救的决定系蒋某生前的决定。但首先其未提供任何证据对该事实予以证明，其次，陈某也不具备做出该决定的身份与权利。且其在蒋某猝死后，还以家属的身份拒绝尸体解剖检查以确定死因。陈某未对蒋某履行积极救治义务，擅自做出不同意医院对蒋某进行输血治疗的行为，已经构成了一种事实上的遗弃。该种行为与其自述蒋某与自己犹如“母女”关系的陈述明显不符。

另，蒋某于 2013 年 7 月 30 日死亡后，陈某在未通知蒋某继承人及蒋某单位的情况下，即刻带人前往蒋某住所，擅自进入蒋某家拿走黄金、首饰及存款等。上述物品在蒋某的遗嘱中，并无交代。而依据法律规定，继承开始后，知道被继承人死亡的继承人，应及时通知其他继承人和遗嘱执行人。存有遗产的人，应妥善保管遗产，任何人不得侵吞或争抢。对于接受“遗赠”的人，亦应适用该规定。而陈某的上述行为，显然已经违反了上述法律规定。

综上所述，陈某在取得遗嘱之后，其不同意抢救与争抢遗产的行为与蒋某所立遗嘱的初衷相违背，亦与陈某自述与蒋某犹如“母女”的应有情感不符。其不同意对蒋某实施输血抢救，放任蒋某病情更加恶化并于几日后死亡的行为应视为对蒋某的遗弃。依据继承法的规定，遗弃被继承人的，丧失继承权。接受“遗赠”的非法定继承人，则丧失接受“遗赠”的权利。故陈某应被依法取消其继承被继承人遗产的资格，其无权要求按照遗嘱接受“遗赠”。二审法院判决驳回上诉，维持原判。

律师点评

因遗赠制度的受赠人是法定继承人以外的其他人，因此，因遗赠产生的纠纷往往发生在受遗赠人与法定继承人之间。争议的焦点也往往在两个方面：一是遗嘱的真实性；二是受遗赠人是否应当获得遗赠的财产。

针对焦点一，需要我们综合遗嘱的形式、遗嘱的内容以及立遗嘱人立遗嘱前后的生活状态等因素进行审查和判断，本案的处理结果为我们提供了一个非常好的范例。

针对焦点二，则应区分两种不同的情况。如前所述，若遗嘱的真实性被否定，那么遗赠亦不可能成立；若遗嘱被判定为真实，则需要进一步考察遗赠是否存在任何阻却的事由，例如遗赠的财产标的在继承发生的时候是否仍然存在，是否存在受遗赠人非法侵害遗赠人、从而丧失继承权（受遗赠权利）的情况。

本案中，陈某所提供的遗嘱存在诸多瑕疵，遗嘱本身指向不明、意思不清晰，同时，遗嘱处理的内容又与法律规定相违背，因此，其真实性、合法性难以得到法院的确认。在此基础上，陈某在取得蒋某的遗嘱之后，其不同意抢救蒋某，以及争抢遗产的行为与蒋某所立遗嘱的初衷相违背，也与其自述与蒋某的感情犹如“母女”的情形不符。陈某不同意对蒋某实施输血抢救，放任蒋某病情更加恶化并于几日后死亡的行为可视为对蒋某的遗弃，非法侵害了蒋某的利益。因此，陈某在蒋某病危后的行为已经导致其丧失接受遗赠的权利，就算蒋某的遗嘱真实有效，陈某依然不能获得蒋某的遗产。

第二十一章　遗赠扶养协议纠纷

第一节　理论概述与实务指引

一、理论概述

遗赠是指自然人以遗嘱的方式将其个人财产赠与国家、集体或者法定继承人之外的自然人，且于其死亡后发生法律效力的民事法律行为。

遗赠扶养协议，指遗赠人（被扶养人）与扶养人签订的，由扶养人承担遗赠人生养死葬的义务，并于遗赠人死后享有按照协议接受遗赠的权利。

《中华人民共和国民法典》第一千一百五十八条规定：自然人可以与继承人以外的组织或者个人签订遗赠扶养协议。按照协议，该组织或者个人承担该自然人生养死葬的义务，享有受遗赠的权利。同时，《中华人民共和国民法典》第一千一百二十三条规定：继承开始后，按照法定继承办理；有遗嘱的，按照遗嘱继承或者遗赠办理；有遗赠扶养协议的，按照协议办理。可见，遗赠扶养协议在法律效力方面，优先于遗嘱继承和法定继承。

二、实务指引

（一）遗赠与遗赠扶养协议的区别

遗赠系单方法律行为，而遗赠扶养协议的本质是双务合同，要求遗赠人（被扶养人）与受遗赠人（扶养人）双方达成合意；遗赠系遗赠人将个人财产在其死亡后指定由受遗赠人无偿取得，而遗赠扶养协议的双方当事人互享权利，互负义务，即受遗赠人（扶养人）取得遗产的前提系履行约定的对遗赠人（被扶养人）的生养死葬的义务；不同于遗赠的死因行为，遗赠扶养协议在遗赠人（被扶养人）与受遗赠人（扶养人）双方签署协议时即产生法律效力。在司法实践中，遗赠扶养协议的成立一般要求具备以下内容：

1. 合格的遗赠人

遗赠人必须是具有完全民事行为能力，有一定的财产可以遗赠给他人，并需要他人扶养的公民。

2. 合格的扶养人

扶养人必须是遗赠人法定继承人以外的公民和组织，并具有完全民事行为能力、能履行扶养义务。

3. 遗赠扶养协议应以书面的形式签订

遗赠扶养协议涉及对公民的生前扶养和死后遗产转移等重大利益事项，因此在形式上要求必须以书面的形式订立。至于遗赠扶养协议是否要求必须经过公证程序或者必须有见证人在场见证，我国现行法律、法规及相关司法解释并没有明确的规定。但在实务当中，各方当事人常因遗赠扶养协议的真实性及合法性发生法律争议，如在协议订立之时，能够通过公证程序或者安排无利害关系的见证人在场见证的话，则可以很好地预防纠纷的发生。

（二）遗赠扶养协议的内容

遗赠扶养协议的内容一般应包括：

1. 签订协议的遗赠人（被扶养人）和受遗赠人（扶养人）的身份信息。

2. 当事人双方自愿达成协议的意思表示。

3. 遗赠人享有接受扶养的权利和承担遗赠的义务；双方当事人可以对扶养人（受遗赠人）承担扶养责任的时间、方式等作出明确具体的约定。

4. 受遗赠人享有接受遗赠的权利和承担扶养的义务；双方当事人可以对扶养人履行完毕扶养义务之后，接受遗赠的财产范围、形态等作出明确具体的规定，但不得违反法律法规、行政法规的强制性规定，不得违背村规民约、不得违背公序良俗。

在司法实践中，涉及村民股权等具有人身专属性的个人财产，在作为遗赠财产时亦须符合村规民约及规章制度的约束。若村规民约规定村民股权仅能由配偶、子女继承，那么就不适合作为遗赠扶养协议的遗赠财产。

5. 遗赠扶养协议的解除。遗赠扶养协议的解除，一般可以采取以下两种方式：

（1）协议解除。在遗赠扶养协议签订之后，若双方当事人的实际情况发生了变化，例如扶养人丧失了扶养能力、扶养意愿，或者遗赠人丧失了遗赠财产等，双方当事人可以协商一致解除遗赠扶养协议，并对扶养人因履行扶养义务已经支出的合理费用而要求对方返还作出约定。

（2）诉讼解除。如果双方当事人未能就协议解除的有关事项协商一致，也可以通过诉讼的方式解除遗赠扶养协议。实践当中，多因签订协议的一方不能切实履行协议的义务而导致协议解除。根据《最高人民法院关于适用〈中华人民共和国民法典〉继承编的解释（一）》第四十条的规定，继承人以外的组织或者个人与自然人签订遗赠扶养协议后，无正当理由不履行，导致协议解除的，不能享有受遗赠的权利，其支付的供养费用一般不予补偿；遗赠人无正当理由不履行，导致协议解除的，则应当偿还继承人以外的组织或者个人已支付的供养费用。

第二节　办案思路与实战技巧

一、遗赠扶养协议的签订

因签订遗赠抚养协议与继承的实际发生有着较长的时间差距，同时扶养人与遗赠人的其他法定继承人之间往往因对遗赠人的照顾、遗产的分配有着各种各样的矛盾，因此，遗赠扶养协议纠纷案件中，最易引起纠纷的往往是遗赠扶养协议的真实性及法律效力问题。下面，我们就从遗赠扶养协议真实性的认定方面谈一谈律师的办案思路与实战技巧。

（一）遗赠扶养协议的内容不尽完善，是否会影响对协议真实性以及效力的认定

如前所述，遗赠扶养协议一般应包括以下内容：

1. 签订协议的遗赠人和扶养人的身份情况。

2. 当事人双方自愿达成协议的意思表示。

3. 遗赠人接受扶养的权利和遗赠的义务；其中可以对扶养人对于遗赠人承担扶养责任的时间阶段、承担扶养责任的方式做出明确具体的约定。

4. 扶养人受遗赠的权利和扶养的义务；其中可以对扶养人在承担完毕扶养义务之后，得以接受遗赠的财产范围、财产形态等作出明确具体的规定。

5. 协议变更、解除的条件及争议的解决方式。

6. 违约责任条款。

实践中，对于欠缺上述个别条款的遗赠扶养协议，并非一律应当认定无效。一般而言，只要协议当中明确了双方的身份信息，双方达成的扶养人承担对遗赠人的照顾扶养责任、遗赠人于去世时将财产赠送给扶养人的意思表示一致，即可以认定遗赠扶养协议的成立。但是，如协议欠缺关于双方有关权利义务的明确规定，势必会造成协议的履行过程当中存在许多不确定的因素，为争议的发生留下隐患。

（二）协议在订立的形式上存在一定的瑕疵，是否必定导致协议无效

由于遗赠扶养协议的特殊性，在协议的订立形式上要求必须是书面的。实践中，对于以口头形式订立的遗赠扶养协议，一般不予确认其效力。如果协议系以书面形式订立的，但在形式上存在一定瑕疵的，对其真实性及法律效力是否能够认定，则应当综合考虑协议签订当时的客观环境、协议当事人的意思表示能力、有无见证人在场等因素加以判断。

【案例 21.1】郑某与郭某甲等遗赠扶养协议纠纷一案①中，郑某系遗赠人张某的侄媳，郑某主张：2012 年 11 月 13 日在两名证人的见证下，张某与我签订遗赠扶养协议，约定张某将涉案房屋的 40%赠与我所有，我保证继续细心照顾张某生活，并负责张某死后送终安葬。但是对郑某的说法，张某的法定继承人郭某甲等人并不认可，郭某甲等人认为郑某所提交的遗赠扶养协议系伪造的，并申请法院对该协议上张某的签名进行笔迹鉴定。因协议签订的时间距离双方发生争议的时间年代较久远，鉴定机构以字迹模糊、无法辨别真伪为由，出具了无法鉴定的结论性意见。那么，是否可以就此否定案中遗赠扶养协议的真实性呢？

北京市第一中级人民法院对此给出了否定的意见。法院认为：虽然鉴定机构因文件上的字迹模糊而得出了无法鉴定的结论，但遗赠扶养协议签订当时的见证人到庭证实了协议签订之时遗赠人张某的意识清楚、协议系其真实意思表示；此外，郑某也向法庭提供了协议签署当时的录像资料，该录像记录的内容与见证人的陈述可以相互对应。综上，根据郑某提交的证据，分析各证据之间的关联性，综合审查可以认定上述证据能够形成证据链、证明本案所涉遗赠扶养协议的真实性。据此，法院支持了郑某的诉求。

（三）同时存在两份以上的遗赠扶养协议，该如何认定协议的效力

遗赠人与两个以上的主体分别签订遗赠扶养协议的情况，现实中也时有发生。如果在第二份遗赠扶养协议签订之前，遗赠人已经与扶养人妥善地解除了之前签订的遗赠扶养协议的话，后面签订的遗赠扶养协议的效力自不待言。但如果第一份协议并没有明确解除，则两份协议的扶养人之间势必会因为哪一份协议才是合法有效的而发生争议。

一般而言，除非两份遗赠扶养协议所涉及的遗赠财产标的不同，否则两份协议应当没有同时履行的可能性。同时，根据此类协议的特点，扶养人的主

---

① 审理法院：北京市第一中级人民法院，案号：（2015）一中民终字第 2690 号，载中国裁判文书网，https：//wenshu. court. gov. cn/website/wenshu/181107ANFZ0BXSK4/index. html？docId=smlPFwvnNFrl686yClFEyuMso+eK8Mn5XpcxrS0HNUWmzjTXMby9d5O3qNaLMqsJUTWcuuSWqFJE3z3XhifmxiN05NRB6QgWvb77MR4zDn4M6SsuJ9nEm9kiXqw7jfca，最后访问时间：2022 年 10 月 18 日。

要协议义务是一致的，即均是承担遗赠人生养死葬的扶养照顾的义务，亦不可能出现两个协议同时履行而互相并不知情的情况。因此基本可以认为，两份或两份以上的遗赠扶养协议当中，只有一份能够同时满足既符合遗赠人的真实意思表示，又能够实际完全履行的条件。而司法实践当中作为代理人的律师要做的，就是通过事实的描述和证据的呈现还原遗赠人及扶养人的真实意思表示。

【案例 21.2】 刘某、周某与上官某、姚某 1 遗赠扶养协议纠纷案①中，2013 年 8 月，刘某、周某起诉至一审法院称：2004 年 5 月 25 日，我们与姚某 2 签订遗赠扶养协议，双方约定我们负责照顾姚某 2 生活，包括衣食住行及死后丧葬事宜。遗赠人姚某 2 所拥有的位于北京市顺义区×地区×村×路×街×号的 7 间正房产权份额赠与我们。同日，双方在北京市顺义区公证处就上述协议进行了公证。在此之前，因居住在同村，我们已经事实性照顾姚某 2 日常生活多年，双方签订协议后，我们更是按照协议对姚某 2 的生活进行了全面照顾，而此时姚某 2 身体有各种疾病，特别是胃病、腰腿病严重，我们频繁带其去顺义区医院和协和医院医治，并在住院和回家休养期间全程陪护，定期为其取药看病。而且，我们都是自行为姚某 2 垫付医药费。姚某 2 对我们的照顾很满意。在×村房屋拆迁后，也是我们第一时间为姚某 2 寻找租住房屋并打扫，全方位安置好了姚某 2 的生活起居。在姚某 2 拿到数十万元拆迁款后，姚某 2 回到多年未回的家乡江西省萍乡市。从那里回来后，她开始莫名地对我们进行各种责难和挑剔，不久，姚某 2 的侄子和侄女婿就开始频繁来顺义。年事已高的姚某 2 开始想要重新处分自己的拆迁款及回迁房，但遭到我们拒绝，姚某 2 便多次吵闹并赶走我们，我们不得不减少与姚某 2 的走动，但我们仍会不定期地到姚某 2 住处帮其料理各项事宜，包括做饭洗衣服换租房屋等。2012 年 5 月，姚某 2 以没有血缘关系为由，表示不希望再由我

---

① 审理法院：北京市第三中级人民法院，案号：（2015）三中民终字第 02252 号，载中国裁判文书网，https：//wenshu. court. gov. cn/website/wenshu/181107ANFZ0BXSK4/index. html？docId=r05t/O+YDgbVE/akvkyaQxjjRQUJvN/7T/7ipkDxuZNDJrMSR2Dn+JO3qNaLMqsJUTWcuuSWqFJE3z3XhifmxiN05NRB6QgWvb77MR4zDn5/ORNRvqMY7Up5go/IqhmR，最后访问时间：2022 年 10 月 18 日。

们照料，改由上官某、姚某1照料。

2013年7月下旬，我们去看望姚某2，发现其身体在短短一年的时间内几近病危，且未到医院进行任何诊疗。姚某2当天拉着我们的手表示对不起我们，并指着上官某、姚某1表达痛苦和不满，同时还跟我们交代了自己的身后事，希望我们能在其死后帮其料理后事。

2013年8月4日，姚某2病故，上官某、姚某1并未通知我们任何亲属和村邻，草草将其发表了事，未尽基本伦理，更未按照姚某2的遗愿办理。后我们找到上官某、姚某1质问，上官某、姚某1拿出了姚某2和其签订的一份遗赠扶养协议。据此，姚某2已经签订了两份遗赠扶养协议。姚某2与上官某、姚某1签订的遗赠扶养协议，并未进行公证。综上，为维护我们的合法权益，特诉至法院要求判令：(1) 确认 (2004) 顺证民字第246号公证的遗赠扶养协议有效；(2) 确认姚某2与上官某、姚某1签订的遗赠扶养协议无效；(3) 上官某、姚某1返还姚某2的拆迁补偿款30万元及姚某2与北京投资管理公司签订的拆迁补偿协议原件一份；(4) 诉讼费由上官某、姚某1承担。

上官某、姚某1答辩称，姚某2在生前因不满原告的照顾，已于2012年另行与被告签署了另外一份遗赠扶养协议书，且该份协议书有顺义区×镇×村人民调解委员会盖章确认，同时也有该村村委会书记及其他成员的陈述予以佐证。在该份协议书当中，包含了姚某2与刘某、周某解除于2004年5月签订的遗赠扶养协议书的内容，且刘某和周某均有在该协议书的底部签字确认。根据法律规定，有两份遗赠扶养协议，应该以最后一份为准，刘某、周某起诉的目的是侵占姚某2的拆迁补偿款。综上，不同意刘某、周某的诉讼请求。

一审法院经审理认为：公民可以与扶养人签订遗赠扶养协议。按照协议，扶养人承担该公民生养死葬的义务，享有受遗赠的权利。姚某2与刘某、周某签订的第一份遗赠扶养协议，符合相关法律规定，故应为有效协议。而本案中，姚某2与姚某1、上官某签订的第二份遗赠扶养协议，有顺义区×镇×村人民调解委员会盖章确认，同时也有该村村委会书记和其他成员的陈述，亦相互印证，且该协议内容未违反法律强制性规定，故该份遗赠扶养协议应为有效协议。另，在姚某2与姚某1、上官某签订的遗赠扶养协议书中第四条明确写明，姚某2与刘某、周某于2004年5月25日签订的遗赠扶养协议同时作废，刘某及周某表示认可。在该协议底部有周某、刘某签字确认。故该协议包含姚某2与刘某、周某解除2004年5月25日签订的遗赠扶养协议内容。虽然周某、刘某辩称签字只是对姚某2已给10万元的确认，但未提交其他证据予以佐证，故法院对此不予采信。综上，现周某、刘某要求确认二人与姚某2签订的遗赠扶养协议有效，法院予以支持，而要求姚某2与姚某1、上官某签订的协议无效，于法无据，法院不予支持。另，周某、刘某基于姚某2与上官某、姚某1签订的遗赠扶养协议无效，主张要求上官某、姚某1退还拆迁补偿款30万元及拆迁补偿协议书一份，没有法律依据，故法院亦不予支持。据此，一审法院于2014年9月判决：(1) 刘某、周某与姚某2于2004年5月25日签订的遗赠扶养协议有效；(2) 驳回周某、刘某其他诉讼请求。

判决后，周某、刘某不服，上诉至北京市第三中级人民法院，认为其在第二份遗赠扶养协议上签字只是对姚某2给付过其10万元的认可，其并未同意解除第一份遗赠扶养协议，请求二审法院撤销原判第二项，改判支持其诉讼请求。上官某、姚某1同意原判。

二审法院经审理认为，2012年5月14日，姚某2与上官某、姚某1签订的遗赠扶养协议中，已经明确说明，支付刘某及周某人民币10万元，作为此前期间二人抚养姚某2的补偿，刘某及周某也在该协议中签字确认。现周某、刘某主张其在第二份遗赠扶养协议书上签字只是对姚某2给付过其10万元的认可，并未同意解除原遗赠扶养协议，但未提供有效证据予以证明，因此二审法院不予采信。综上，一审判决认定事实清楚，适用法律正确，二审法院予以维持。故二审法院判决驳回上诉，维持原判。

二、如何正确订立遗赠扶养协议

（一）协议的内容尽可能充实和完善

1. 签订协议的遗赠人（被扶养人）以及受遗赠人（扶养人）的身份信息

遗赠扶养协议应当明确载明双方当事人的姓名、性别、民族、出生日期、身份证号码、住址等身份信息。

2. 当事人双方自愿达成协议的意思表示

协议双方的意思表示真实，是民事协议成立的必备要件之一。具体到遗赠扶养协议而言尤其如此。因遗赠人一般存在年龄较大、身体多病等需要他人承担扶养照料义务的情况，此时遗赠人所订立的协议是否为其真实的意思表示，往往是提出此类案件争议的对方当事人的主要抗辩理由之一。对此，除了在协议条款当中明确遗赠财产以及接受扶养是当事人的真实意思表示之外，为稳妥起见，还应对协议的签订辅之以见证人见证、录音录像或者办理公证的方式，以确保对当事人的真实意思表示能够以证据的形式加以固定，从而避免纠纷的发生。

3. 遗赠人接受扶养的权利和遗赠的义务

其中可以对扶养人对于遗赠人承担扶养责任的时间阶段、承担扶养责任的方式作出明确具体的约定。

遗赠人的权利义务事项，是遗赠扶养协议的主要内容之一。其中，遗赠人应享有的权利包括：接受扶养人的扶养和照顾；对扶养人的扶养照顾情况提出建议和意见；过世之后得到妥善的安葬及后事安排等。相应地，遗赠人应当履行的义务主要是确保扶养人在遗赠人过世之后能够获得约定的遗赠财产。

为使遗赠人的权利得到更充分的实现，建议在协议中对扶养人对于遗赠人承担扶养责任的时间阶段、承担扶养责任的具体方式，例如提供给遗赠人的吃穿用度的标准、居住的条件、医疗条件、希望获得的安葬方式、身后事的处理安排等作出明确具体的约定，以便协议的履行有更加细致具体的依据。

4. 扶养人受遗赠的权利和扶养的义务

其中可以对扶养人在承担完毕扶养义务之后，得以接受遗赠的财产范围、财产形态等作出明确具体的规定。

扶养人的权利义务事项，亦是遗赠扶养协议的主要内容之一。扶养人的权利，主要是指在遗赠人去世之后接受财产遗赠的权利。相应地，扶养人的义务应当包括：在遗赠人生前按照协议约定的期限、方式、条件对遗赠人进行扶养和照顾；在遗赠人过世时，按照协议的约定以及遗赠人生前的愿望对遗赠人进行安葬并妥善安排好遗赠人的身后事。

为充分保障扶养人的权利，建议在协议当中对遗赠的财产范围、财产形态、财产在遗赠人去世之前的使用和收益等均作出明确的约定。

5. 协议变更、解除的条件及争议的解决方式

履行的时间跨度长，是遗赠扶养协议的一个显著的特点。在漫长的协议履行过程当中，双方当事人的情况也会随着时间的推移而发生变化，因此在协议当中应当对协议变更、解除的条件，以及发生争议的解决方式进行明确的约定。

协议的变更，应当指的是协议双方具体权利与义务事项变更，如扶养人承担抚养照顾义务的具体方式等，甚至可以是遗赠财产标的物的变更，但是不应包括协议主体的变更。如果变更协议主体，即意味着双方的遗赠扶养关系的解除，而不仅仅是协议变更的问题。

协议的解除，指的是协议双方或者一方因某些特定情况的出现，例如扶养人丧失扶养能力、扶养人丧失扶养意愿，或者遗赠人丧失遗赠财产等，可以经双方协商一致，解除协议的情形。除了对可以解除协议的情形作出约定之外，协议当中还应当对协议解除之后的法律后果，如扶养人因承担扶养义务已经支出的合理费用，是否可以请求对方予以返还等内容作出明确的规定。

因遗赠扶养协议的履行发生纠纷的，通常有两种解决方式：一是由双方当事人协商解决；二是协商无法达成一致意见的，双方亦可约定将争议提交法院审理，并且可以对有管辖权的法院作出书面约定。

6. 违约责任条款

协议中违约责任条款的设置，对扶养人一方而言较为容易一些。针对扶养人在遗赠扶养协议当中承担的主要合同义务而言，可以设定如有违反或者违反义务达到一定严重程度的，将丧失接受遗赠的权利；对遗赠人而言，其在协议当中的主要义务是确保扶养人能够得到遗赠财产，如遗赠人违约致使遗赠财产提前灭失的，应如何承担违约责任，需要区分不同情况进行处理。

如系因遗赠人的故意行为而导致遗赠财产提前灭失的，例如遗赠人为获得对价而将遗赠财产出卖给他人，致使协议的目的根本不能实现而导致协议终止，扶养人可以因此要求遗赠人承担相应的违约责任。

如遗赠人对于遗赠财产的灭失并无主观的故意，遗赠财产乃是基于遗赠人无法预见、不可避免的原因导致灭失的，如遭遇不可抗力等，同样产生因订立协议的目的根本不能实现而导致协议终止的法律效果，但此时因遗赠人并无主观过错，所以无须向扶养人承担相应的违约责任。在此情形之下，为弥补扶养人的损失，建议双方可约定由遗赠人补偿扶养人前期为履行协议已经支付的相关费用。

（二）形式上，遗赠扶养协议应当以书面的形式订立。具备条件的，还应当对协议进行公证或者请两个以上无利害关系的见证人在场见证

为了规范遗赠扶养协议的公证程序，中华人民共和国司法部曾于 1991 年 5 月制定实施了《遗赠扶养协议公证细则》，该细则规定了遗赠扶养协议公证，应着重审查的具体内容，其中主要包括：

1. 当事人之间有共同生活的感情基础，一般居住在同一地。

2. 当事人的意思表示真实、协商一致，协议条款完备，权利义务明确、具体、可行。

3. 遗赠的财产属遗赠人所有，产权明确无争议；财产为特定的、不易灭失。

4. 遗赠人的债权债务有明确的处理意见。

5. 遗赠人有配偶并同居的，应以夫妻共同为 ·方签订协议。

6. 扶养人有配偶的，必须征得配偶的同意。

7. 担保人同意担保的意思表示及担保财产。

在不采取公正程序的情况下，签订遗赠扶养协议时，两个以上的无利害关系的见证人在场是必要的。根据《中华人民共和国民法典》的规定，见证人应当符合以下条件：首先，见证人必须具备完全民事行为能力；其次，见证人必须是继承人、受遗赠人以外的人；最后，见证人必须是与继承人、受遗赠人无利害关系的人。

【案例 21.3】杨某甲与杨某乙等遗赠扶养协议纠纷案①中，杨某乙诉称：杨某丙、杨某、杨某甲系兄弟姐妹，我是杨某丙的女儿。杨某没有子女和配偶，由于杨某常年患有脑血栓等严重疾病行动不便，需要由我照料。2011 年 11 月 26 日，我与杨某经过自愿协商，达成遗赠扶养协议。协议签订之后，我对杨某履行了遗赠扶养协议的义务，2012 年 4 月 5 日杨某死亡，杨某丙与杨某甲是杨某法定顺位的继承人，他们二人不同意我按照遗赠扶养协议的内容继承杨某的遗产，故我起诉要求判令位于北京市门头沟区石泉 A7 地块 4 号楼某单元某号（以下简称某号）房屋的权利由我享有。

一审法院经审理认为：公民对自己的合法财产有占有、使用、收益和处分的权利。公民可以与扶养人签订遗赠扶养协议。按照协议，扶养人承担该公民生养死葬的义务，享有受遗赠的权利。继承开始后，按照法定继承办理；有遗赠扶养协议的，按照协议办理。杨某系某号房屋的承租人，因该房屋所取得的相关利益由杨某享有，杨某生前与杨某乙签订遗赠扶养协议，约定由杨某乙承担杨某生养死葬的义务，杨某将某号所取得利益中的一套二居室安置房遗赠给杨某乙，该遗赠扶养协议内容不违反法律规定。该协议除有遗赠人和受遗赠人签字、按捺指纹外，还有两位见证人进行见证，杨某甲提出上述遗赠扶养协议并非杨某真实意思表示，杨某为限制行为能力人，且在签订协议时受到欺诈、胁迫，对此杨某乙不予认可，且杨某甲并未对此提交充分证据予以证明，故对杨某甲该主张，法院不予采信，上述遗赠扶养协议合法有效。一审法院判决上述房屋由杨某乙享有，上述房屋应补交的房款由杨某乙负担。

一审判决后，杨某甲不服，上诉至北京市第一中级人民法院。

二审法院认为：一审法院查明事实清楚，适用法律正确。当事人对自己提出的诉讼请求所依据的事实或者反驳对方诉讼请求所依据的事实有责任提

① 审理法院：北京市第一中级人民法院，案号：（2014）一中民终字第 01018 号，载中国裁判文书网，https：//wenshu. court. gov. cn/website/wenshu/181107ANFZ0BXSK4/index. html? docId=NDOtIA+hdMjfAUuy6y3pBSdve2ZpSdxAV+DBDRLyVEFdrEReLhmeeZO3qNaLMqsJUTWcuuSWqFJE3z3XhifmxiN05NRB6QgWvb77MR4zDn4lN+0T112/Nw/2vYKK9zzN，最后访问时间：2022 年 10 月 18 日。

供证据加以证明。没有证据或者证据不足以证明当事人的事实主张的，由负有举证责任的当事人承担不利后果。本案中，杨某甲所称遗赠扶养协议不真实、杨某为无民事行为能力人，但并未就此提供证据予以证明，因此对其该项主张二审法院不予支持。依据现有证据，并不能否认杨某乙扶养杨某的事实。综上，二审法院判决驳回上诉，维持原判。

（三）处理好遗赠扶养协议与遗嘱的关系

在同时存在遗嘱和遗赠扶养协议的情况下，依据《最高人民法院关于适用〈中华人民共和国民法典〉继承编的解释（一）》第三条的规定，被继承人生前与他人订有遗赠扶养协议，同时又立有遗嘱的，继承开始后，如果遗赠扶养协议与遗嘱没有抵触，遗产分别按协议和遗嘱处理；如果有抵触，按协议处理，与协议抵触的遗嘱全部或者部分无效。因此，律师在实务当中处理涉及遗赠扶养协议的法律纠纷时，应首先审查遗赠人是否另行立有遗嘱，以及遗嘱的内容是否与协议的内容相抵触。若出现相互抵触的情况，则遗嘱相应的部分归于无效，那么在扶养人与遗嘱继承人之间势必会发生矛盾和纠纷。因此，笔者提倡当事人尽早地对自己的遗产继承（或者叫财富传承）作出安排，充分利用不同的传承工具来最大限度地实现财富传承的目的，同时也避免继承人之间（继承人与扶养人之间）发生不必要的争议。

（四）有必要订立两份以上的遗赠扶养协议的，在下一份协议订立之前，应先妥善解除上一份协议，以避免因两份协议的内容不一致而发生纠纷

遗赠扶养协议，解决的是遗赠人生养死葬的问题。其中牵涉的不仅包括当事人之间的法律关系、人情关系，也包括了伦理道德关系。在一份遗赠扶养协议签订之后，协议双方之间的关系发生变化，制度上允许当事人重新订立新的遗赠扶养协议。但是，在下一份协议订立之前，应先妥善地解除上一份协议，以避免因两份协议的内容不一致而发生纠纷。

三、遗赠扶养协议的解除

（一）如何有效地解除双方已经签订的遗赠扶养协议

当协议双方或者一方因某些特定情况的出现，如扶养人丧失扶养能力、扶养人丧失扶养意愿，或者遗赠人丧失遗赠财产等，而导致协议无法继续履行时，可以经双方协商一致，解除协议。为避免双方因协议解除的相关事项发生争议，协议解除应当以书面的方式进行约定，即双方应当订立《解除遗赠扶养协议书》。协议书的主要内容应当包括：

1. 双方当事人的身份信息。

2. 双方意思表示真实，经协商达成一致意见。

3. 双方已签订遗赠扶养协议的相关信息。

4. 一方或双方提出解除遗赠扶养协议的事实与理由，经协商已达成一致意见、同意解除。

5. 协议解除之后的法律后果，如扶养人因承担扶养义务已经支出的合理费用，是否可以请求对方予以返还等内容作出明确的规定。

《解除遗赠扶养协议书》经当事人双方书面签署即发生法律效力，但是如果存在一方当事人（多数是遗赠人）患有疾病、有可能影响其正常表达的情况下，为稳妥起见，建议应将《解除遗赠扶养协议书》进行公证或者安排见证人在场见证。

（二）协议一方提出解除的，是否一定会得到法院的支持

当事人双方协商一致解除遗赠扶养协议的，如上所述，通过签订《解除遗赠扶养协议书》的形式进行即可。但如果协议一方提出解除，另外一方不同意的，在司法实践中将如何处理？

实践中，如果系扶养人提出解除协议的，一般可获得法院的支持，但是这种情况下遗赠人一般不给予扶养人经济补偿；如解除协议系遗赠人提出的，遗赠人应当对扶养人已尽的扶养义务在经济上给予适当的补偿。但是对此并不能理解为遗赠人对于遗赠扶养协议有任意解除权，在遗赠人要求解除

协议、扶养人拒绝的情况下，法院将综合考虑以下因素：

1. 双方的身份关系。
2. 遗赠扶养协议的履行情况，特别是扶养人对遗赠人的扶养照顾情况。
3. 遗赠人主张解除协议的事实和原因。
4. 协议解除对遗赠人利益的影响。
5. 协议解除对扶养人利益的影响。

第三节　典型案例评析

案例 44：郑某与郭某甲等遗赠扶养协议纠纷案[①]

裁判主旨

鉴于遗赠扶养协议履行期限漫长以及对签约人具有高度人身依附性的特点，对遗赠扶养协议真实性的认定，应当综合协议订立当时的实际情况，综合协议双方的意思表示能力、见证人对签约当时情况的描述，以及其他能够证实案件真实情况的证据综合考虑认定，而不应将其中的个别证据与整个案件事实割裂来看。

案情简介

郑某是张某的侄媳，郭某丁是张某的配偶，郑某自 1996 年起照顾二老生活，1999 年，郭某丁去世。2012 年 11 月 13 日在两名证人的见证下，张某与郑某签订遗赠扶养协议，约定张某将案涉房屋的 40%赠与郑某所有，郑某保证继续细心照顾张某生活，并负责张某死后送终安葬，同时张某签署委

① 审理法院：北京市第一中级人民法院，案号：（2015）一中民终字第 2690 号，载中国裁判文书网，https：//wenshu. court. gov. cn/website/wenshu/181107ANFZ0BXSK4/index. html? docId=smlPFwvnNFrl686yClFEyuMso+eK8Mn5XpcxrS0HNUWmzjTXMby9d5O3qNaLMqsJUTWcuuSWqFJE3z3XhifmxiN05NRB6QgWvb77MR4zDn4YnAoMN4XcLX5uxEQ8UB+a，最后访问时间：2022 年 11 月 15 日。

托书，授权郑某在其去世后代其分割郭某丁名下房产。

2012年11月28日张某去世。郭某甲、郭某乙、郭某丙明知张某与郑某签订遗赠扶养协议，却隐瞒事实，到公证处办理继承公证，取得公证书，并持该公证书办理了房屋所有权转移登记。综上，204室房屋系郭某丁与张某夫妻共同财产，郑某与张某签订的遗赠扶养协议合法有效。郑某认为郭某甲继承郭某丁名下204室的行为违反法律规定，侵害其合法权益，应属于无效民事行为。故郑某起诉要求确认上述房屋40%的份额归郑某所有，郭某甲、郭某乙、郭某丙协助郑某办理房屋所有权转移登记手续。

郭某甲、郭某乙向一审法院辩称，涉案房屋虽然登记在郭某丁名下，但房屋实际归郭某甲所有，现郭某甲、郭某乙、郭某丙已经办理了房屋所有权转移登记手续。郑某持有的遗赠扶养协议已经鉴定机构鉴定为字迹模糊无法辨别真伪，故该证据不是有效证据，系伪造、无效证据。郑某不能证明张某签署了协议，也不能证明是其自愿签署的。郑某明显对张某进行胁迫，违背其真实意愿。即便不考虑遗赠扶养协议的真实性和有效性，张某在法律形式上也不能分割郭某丁的遗产，涉案房屋实际是郭某丁的遗产。郑某没有能力也没有实际履行生养死葬张某的扶养义务，且郑某系有偿保姆，无权接受遗赠。而郭某甲、郭某乙、郭某丙尽到了对老人的生养死葬的赡养义务。故请求法院驳回郑某的诉讼请求。

郭某丙向一审法院辩称，郑某取得40%产权的依据是遗赠扶养协议，其认为该遗赠扶养协议是一份欺诈协议，因为签订协议的双方在签订协议前应具备履行协议的能力。本案中，郑某系社会低保人员，没有能力扶养张某，也没有给张某支付过任何费用。郑某明知自己没有扶养的经济能力，仍与张某签订遗赠扶养协议，说明其并无准备要履行该协议。郭某丙认为该协议还是违法侵权的协议，因为张某不具备对涉案房屋独立的所有权，也不具备个人可以处分的权利，张某的做法侵犯了其他权利人的合法权益。协议内容上有重大误解和显失公平的地方。该协议的签订过程存在瑕疵，不符合相关程序。基于上述方面，该协议是无效协议，郑某依据无效协议来提出诉讼并无法律根据。故请求法院依法驳回其诉讼请求。

一审法院经审理查明，郭某丁与张某系夫妻，郭某甲、郭某乙、郭某丙系二人之子女。1999 年 12 月 23 日郭某丁去世，2012 年 11 月 28 日张某去世。位于北京市海淀区三里河路×号院×号楼×号房屋原登记在郭某丁名下。2012 年 12 月 31 日，郭某甲、郭某乙、郭某丙办理继承权公证，该公证书中记载："申请人确认被继承人郭某丁及被继承人张某生前无遗嘱，没有签订遗赠扶养协议和夫妻财产约定，被继承人郭某丁和张某的生前财产为郭某丁名下的位于北京市海淀区三里河路×号院×号楼×号房产，上述房产系郭某丁与张某夫妻共同财产。现申请人郭某甲申请继承被继承人郭某丁与张某的上述遗产。郭某乙、郭某丙申请放弃继承上述遗产。"

2013 年 3 月 4 日，郭某甲办理涉案房屋所有权证书遗失补证公告，并依据公证书将涉案房屋登记在郭某甲名下，现该房仍由郑某居住使用。因涉案房屋过户至郭某甲名下，郑某曾于 2013 年向法院起诉北京市住房和城乡建设委员会，要求撤销郭某甲名下的房产证，后郑某撤回起诉。

庭审中，郑某表示其为张某的侄媳，涉案房屋 40%的份额应归其所有。为此，郑某提交一份《遗赠抚养协议书》，内容为："遗赠人（张某以下简称甲方）：张某，抚养人（郑某以下简称乙方），身份证号：×××。甲方年事已高，身体衰弱，子女不在身边，长期由侄媳妇在身边照顾。经双方邀约，愿意签订遗赠抚养协议，并请证明人李某，身份证号：×××，证明人潘某甲身份证号：×××作证，双方承诺履行以下协议：一、甲方自愿将自己房产 13 楼 204 房，产权面积的 40%份额赠给乙方，乙方在甲方去世后即受领上述财产。二、乙方保证继续细心照顾甲方，让老人安度晚年，甲方去世后由乙方负责送终安葬。三、本协议自签订之日起生效。本协议一式两份，甲方，乙方各执一份。协议下方甲方张某、乙方郑某、证明人李某和潘某甲，三方均签字并按有手印，日期为 2012 年 11 月 13 日。"

同时，郑某向法院提供了签订遗赠扶养协议时的录像光盘，该录像中先后出现张某、潘某甲、李某、郑某四人，一张桌子，桌子上放着文件，四人轮流签署文件，但均未宣读及拍摄文件内容。

郑某表示该遗赠扶养协议系张某口述，其代书并打印，对此，郑某未能提供相应证据，但申请该遗赠扶养协议中的证明人李某及潘某甲出庭作证，李某及潘某甲出庭表示张某签署遗赠扶养协议时二人均在场，张某意识清楚，该协议上张某签字系其本人书写。

郭某甲、郭某乙、郭某丙对上述遗赠扶养协议不予认可，并申请对遗赠扶养协议中落款处甲方签字是否为“张某”两个字及是否为张某的笔迹进行鉴定，法院委托北京盛唐司法鉴定所进行鉴定，该鉴定机关以落款“甲方”处的字迹模糊，无法辨认，不能进行鉴定而终止鉴定。郭某甲、郭某乙、郭某丙亦申请对郑某提供的上述光盘是否存在剪辑伪造进行鉴定，后因郑某无法提供光盘原始载体而撤销鉴定。

为证明遗赠扶养协议的真实性，郑某向法院提供社区人民调解委员会于2013年5月6日出具的情况说明，内容为：“2012年11月9日，家住三里河路×号院×号楼×的老人张某的侄媳妇郑某来到居委会，说家里老人腿摔伤了，养女想让老人住养老院，老人不同意，想让社区居委会的工作人员到老人家里作一个见证。居委会工作人员来到老人家里后，看见老人卧病在床，向老人咨询了相关的情况，老人明确表达说自己不想搬到养老院住，想让自己的侄媳妇郑某继续照顾自己，想与她签署一份协议。老人让侄媳妇随后拿出一份协议，居委会工作人员看到是一份遗赠抚养协议书，内容涉及房产，便向郑某说明居委会不太了解老人的家庭情况，所以不能作为见证人。”

另查，2013年6月10日，社区人民调解委员会又出具《关于情况说明的解释》，对2013年5月6日出具的情况说明进行补充说明。内容为：“首先是对于时间的说明。本人记得是2012年11月中上旬郑某来居委会去老人家里作见证，具体日期记得不是很清楚，由郑某提醒是2012年11月9日，于是写上了2012年11月9日。其次对于协议进行说明。当时本人看到的是一份由郑某交给我的一份关于抚养的内容涉及房产的协议书。对于是否是遗赠协议，当时由于社区没有签署任何文字，所以没有注意。原情况说明上遗赠抚养协议为郑某提醒后写上的。后来由于对老人家的具体情况不是很了解，所以向郑某说明社区不能作为见证人，并为郑某提供了社区公益律师的电话，让她打电话向律师咨询具体的情况，社区没有在协议上签署任何文字。当时老人躺在床上，说话有气无力，说话不是很清楚，但老人意思表达还是不想搬到养老院，想让郑某继续照顾自己。”

2013年9月3日，该社区人民调解委员会出具撤销声明，表明因2013年5月6日出具的情况说明的内容只是根据郑某一方的陈述所做，没有子女在场当面进行核实，她提供的东西不能确定反映了真实情况，故撤销了2013年5月6日出具的情况说明。

庭审中，郭某甲、郭某乙、郭某丙表示涉案房屋应系郭某甲所有，郭某甲、郭某乙向法院提供张某于2007年9月15日书写的遗嘱，部分内容为："张某现住的两套房，是张某之夫郭某丁生前单位，×总公司分配给我夫妇二人的居住房，即三里河×号院×楼×室和××室……张某去世后，×室是由长子郭某甲出资购买的共计出资41384元。因此×室的产权应归长子郭某甲所有。地址是坐落在北京市海淀区三里河路×号院。"对此，郑某对上述遗嘱的真实性无法确定，但认可涉案房屋购房款系郭某甲交纳。

为证明张某不能正常书写和阅读，郭某甲、郭某乙、郭某丙向法院提供张某患有白内障、骨关节疾病的诊断材料，对此，郑某表示上述疾病不影响阅读和书写。同时，郭某甲、郭某乙、郭某丙向法院提供×公司离退休职工管理部出具的情况说明，内容为："我院离休干部张某同志，2012年年事已高达92岁。近两年我们去她家里看望她时，发现她语言表达能力已严重下降，思维也有些糊涂，与人交流有些困难。例如，在2011年6月29日我单位补发了一个月基本养老金1737.5元，有关人员几次解释她都听不明白，离退休职工管理部工作人员解释后她也未能理解。最后单位只能先与其女儿郭某乙解释，再由郭某乙向张某解释，张某本人那时逻辑和思维已经有些糊涂了。"郑某对该证据真实性不予认可。

张某生前，郑某确实在张某家中居住并进行照顾。但张某家中亦有保姆。保姆费用及生活费用均由张某支付，郑某未有经济支出。

张某去世后安葬系郭某甲、郭某乙、郭某丙办理，所需费用系郭某甲、郭某乙、郭某丙垫付，后在张某生前单位领取。为此，郭某乙、郭某甲向法院提交北京市《八宝山革命公墓骨灰安葬协议》《骨灰墙业务流程单》《骨灰安葬证》及相关票据等证据材料。郑某对此予以认可，同时向法院提供委托书一份，内容为："委托人：张某，现有张某年事已高，身体衰弱，子女不在身边，长期由郑某照顾，经双方邀约，自愿签订委托协议，郑某保证继续悉心照料张某，让老人安度晚年。张某去世后，由郑某全权代张某分割丈夫郭某丁同志名下房产，并处理所有财产，协助送终安葬，老人愿望安葬永宁，不与郭某丁合葬。”并表示系因郭某甲、郭某乙、郭某丙不配合办理永宁安葬事宜才未能完成张某遗愿。

庭审中，郑某要求郭某甲、郭某乙、郭某丙承担潘某甲来京作证的差旅费 600 元，并向法院提供相应火车票，郭某甲、郭某乙、郭某丙均认可该笔费用系潘某甲为郑某作证所产生，但主张与其无关，故不同意支付。

上述事实，有双方当事人陈述、公证书、遗失补证公告、房屋所有权证书、购房票据、超标款收据、亲属关系证明、《八宝山革命公墓骨灰安葬协议》《骨灰墙业务流程单》《骨灰安放证》等证据在案佐证。

法院判决

一审法院认定：公民可以与扶养人签订遗赠扶养协议。按照协议，扶养人承担该公民生养死葬的义务，享有受遗赠的权利。遗赠扶养协议是指自然人（遗赠人、受扶养人）与扶养人之间关于扶养人扶养受扶养人，受扶养人将财产遗赠给扶养人的协议。本案中，郑某要求按照遗赠扶养协议确定涉案房屋的40%归其所有，故本案争议的焦点有二：一是遗赠扶养协议的真实性；二是郑某是否按照遗赠扶养协议的要求履行约定义务。以下分别进行论述：

第一，从遗赠扶养协议的真实性的角度来分析：本案中，郑某向法院提供遗赠扶养协议、录像及见证人李某、潘某甲的证人证言等证据来证明协议的真实性，郭某甲、郭某乙、郭某丙对该协议不予认可。见证人到庭表示遗赠扶养协议系张某的真实意思，且其签署协议时意识清楚，但法院结合张某之诊断证明，考虑该协议因字迹模糊导致鉴定机关无法出具是否为张某本人签字之鉴定意见。郑某虽向法院提供了签署文件的录像，但该录像中未宣读及拍摄签署文件的具体内容，社区人民调解委员会出具的证明材料亦无法确认协议的具体内容，郑某表示该遗赠扶养协议系张某口述，但其亦未提供相应证据予以证明。综上，法院无法确定本案所涉遗赠扶养协议的真实性。

第二，从郑某是否按照遗赠扶养协议的要求履行约定义务的角度来分析：本案所涉遗赠扶养协议要求郑某保证继续细心照顾张某，让老人安度晚年，张某去世后由郑某负责送终安葬。本案中，郑某虽主张在张某生前细心照顾张某，但张某身边亦有保姆照顾，且张某逝世后系由郭某甲、郭某乙、郭某丙负责安葬。故郑某并未履行遗赠扶养协议中负责安葬之义务。

综上，在遗赠扶养协议真实性无法确定，且郑某并未履行遗赠扶养协议中负责安葬张某之义务的情况下，郑某要求按照遗赠扶养协议确定涉案房屋40%归其所有，并要求郭某甲、郭某乙、郭某丙协助其办理房屋过户手续之请求，于法无据，法院不予支持。因潘某甲来京作证系受郑某之托，且为郑某作证，故郑某要求郭某甲、郭某丙、郭某乙承担潘某甲来京作证的差旅费之请求，于法无据，法院不予支持。据此，法院依据《中华人民共和国继承法》第三十一条第一款之规定，判决如下：驳回郑某之诉讼请求。

判决后，郑某不服，以一审法院认定事实错误，适用法律不当，《遗赠抚养协议书》是张某与郑某的真实意思表示，且有两名无利害关系人的现场鉴证及相应录像佐证，应合法有效；上诉人履行了《遗赠抚养协议书》中约定的义务，上诉人多年照顾张某并参与料理老人后事，上诉人并非不愿意履行安葬义务，而是由于被上诉人的拒绝、阻挠而在客观上无法履行，所以一审法院无权以上诉人未履行安葬义务为由剥夺上诉人获赠房产的权利为由向二审法院提起上诉，请求：撤销一审判决，依法改判海淀区三里河路×号院×号楼×号房产 40%的产权份额归上诉人所有；一、二审诉讼费由被上诉人承担。

郭某甲、郭某丙、郭某乙同意一审判决，不同意上诉人的上诉请求。

二审诉讼中郑某提交律师访谈视频两份及短信记录：陈某访谈视频，用以证明长期以来，上诉人一直在照顾张某，张某长期订阅报纸，张某能够正常阅读；陈某甲访谈视频，可以证明郑某经常出入张某家，郑某做事认真、仔细；短信记录，用以证明张某死后，郑某一直在积极与郭某乙联系，要求按老人意愿安葬老人，明确表示愿意履行义务，系郭某乙拒绝及不配合而未能实现。郭某甲、郭某丙、郭某乙认为其不属于新证据，不予质证。郭某甲、郭某丙、郭某乙二审中未提交新的证据。

二审法院查明的其他事实与一审法院查明的事实相同，并对所查明事实予以确认。

上述事实，还有双方当事人在二审期间的当庭陈述、访谈视频及短信记录在案佐证。

二审法院认为：公民可以与扶养人签订遗赠扶养协议。按照协议，扶养人承担该公民生养死葬的义务，享有受遗赠的权利。继承开始后，有遗赠扶养协议的，按照协议办理。本案中，就郑某提交的《遗赠抚养协议书》，虽然鉴定机关认为该协议上“甲方”处的字迹模糊，无法辨认，不能进行鉴定而终止鉴定；但见证人李某、潘某甲到庭表示《遗赠抚养协议书》系张某的真实意思，且其签署协议时意识清楚；郑某向法院提供了签署文件的录像，该录像记录的内容与见证人李某、潘某甲的陈述可以相对应，能印证《遗赠抚养协议书》的签署过程及其真实性；综上，根据郑某提交的证据，分析各证据之间的关联，综合审查可以认定上述证据能够形成证据链证明本案所涉遗赠抚养协议的真实性，一审认定该协议真实性无法确定理由不充分，二审法院予以纠正。就郑某是否履行《遗赠抚养协议书》约定的义务，根据双方当事人的陈述及其提交的证据，结合本案中证人证言的陈述，可以认定郑某多年以来一直履行了对张某的照顾义务，签订本协议后不久张某去世，郑某无法履行安葬义务系由客观原因造成，故二审法院认定郑某基本履行了该协议上约定的义务。就二审诉讼中郑某提交律师访谈视频两份及短信记录，虽郭某甲、郭某乙、郭某丙认为其不属于新证据，不予质证，但其与本案认定的其他证据能相互印证，且对案件事实有所反映，二审法院对此予以采信。综上所述，郑某提交的《遗赠抚养协议书》系张某真实意思的表示，该协议可以认定其真实性，且郑某基本履行了协议约定的义务，故郑某要求依据该协议认定海淀区三里河路×号院×号楼×号房产40%的产权份额归其所有并由被上诉人协助其办理房产所有权转移登记手续的诉讼请求应该予以支持。依照《中华人民共和国继承法》第五条、第三十一条，《中华人民共和国民事诉讼法》第一百七十条第一款第二项之规定，判决如下：一、撤销北京市海淀区人民法院（2013）海民初字第20774号民事判决；二、郭某甲名下位于北京市海淀区三里河路×号院×号楼×号房产60%的产权份额归郭某甲所有，

40%的产权份额归郑某所有（郭某甲于本判决生效后三十日内协助郑某办理相关房产所有权转移登记手续）；三、驳回郑某的其他诉讼请求。

律师点评

本案的核心是遗赠扶养协议的效力认定问题。因协议签订的年代久远，遗赠人的签名已变得模糊不清、无法鉴定；加之协议签订之时虽有见证人在场进行见证并辅之以录像的手段，但因见证的过程和录像的程序操作上皆不规范，一审法院作出了协议的真实性无法予以确认的结论。案件上诉至二审，虽然法院在综合考量案件当中各项证据的基础上、认为证据之间可形成证据链条互相印证，从而推翻一审判决、认定了遗赠扶养协议的有效性，但其过程可谓险象环生。

对照本案，我们应再次强调完善订立遗赠扶养协议各项流程的重要性。首先是完善协议的各项内容；其次是应当充分重视协议签订的程序性要求，在协议双方达成一致意见签署协议的同时，完善协议的公证或者见证手续，以避免在漫长的协议履行过程当中再因协议的真实性及效力认定问题发生争议，以达到防患于未然的目的。

案例45：刘某甲与刘某乙等遗赠扶养协议纠纷案[①]

裁判主旨

遗赠扶养协议履行的过程中，遗赠人主张解除协议、扶养人同意的，遗赠人应当对扶养人已尽的扶养义务在经济上给予适当的补偿。但如扶养人不同意解除的，在处理上将综合考虑协议的履行情况、遗赠人主张解除协议的理由以及协议解除对双方的影响等因素进行裁判。

---

① 审理法院：北京市第三中级人民法院，案号：（2015）三中民终字第01388号，载中国裁判文书网，https：//wenshu. court. gov. cn/website/wenshu/181107ANFZ0BXSK4/index. html？docId=u7MEkIcuslkxHMSnG9QYqgAFyajnf2JDGPcTRPDoyHhnCS8G3LS4kZ/dgBYosE2gwNYMnk9YRtnzAvEGFvIi1YZc97SE8BcKcmTXZtPih6ovwG1WfuRsaQyCbWG2e175，最后访问时间：2022年12月28日。

案情简介

刘某甲与刘某乙系叔侄关系，刘某乙与高某系夫妻关系，刘某甲没有配偶与子女。

2001年9月3日，刘某甲（遗赠人）与刘某乙、高某（受遗赠人）签订遗赠扶养协议，该协议主要内容为：因刘某甲未婚，独身一人，为了保障老年人的生活幸福使其老有所养，故与其侄刘某乙、侄媳高某签订遗赠扶养协议。(1) 自本协议签订之日起，刘某甲与刘某乙、高某夫妇共同生活，并负责照顾刘某甲。(2) 刘某甲的生活费用（吃、穿、住、用）由刘某乙、高某夫妇负责。(3) 刘某甲患病的医疗费用由刘某乙、高某夫妇负责支付，刘某甲的后半生由刘某乙夫妇负责料理，并承担所有的丧葬费用。(4) 刘某乙夫妇对刘某甲不得有虐待行为，否则要承担法律责任。(5) 刘某甲名下的房产由刘某乙、高某负责管理和维修。(6) 刘某乙夫妇对刘某甲尽到扶养义务，待刘某甲去世后，其所有的坐落在通州区×村的北房三间归刘某乙所有。(7) 本协议一式四份，遗赠人、受遗赠人各一份，交村委会一份。(8) 本协议由村委会监督履行。该协议在北京市通州区公证处进行公证。

协议签订后，双方共同居住生活，至2014年刘某甲所有的房屋进行拆迁，双方故于2014年7月18日在见证人王某甲、王某乙的见证下签订了遗赠协议书，该协议主要内容为：本协议系遗赠人自愿行为，没有胁迫、引诱、欺骗，自己愿意到养老院居住。遗赠人刘某甲的房产位于北京市通州区×号院现已经拆迁，按照拆迁协议刘某甲应分得到两套房产，面积分别为80平方米、57平方米，对于上述两套房产遗赠人将57平方米的房产归后续老伴唐某所有，80平方米的房产归自己所有，具有居住权，等刘某甲百年后80平方米的房产由之侄刘某乙依法继承，他人不得干涉。双方已经友好协商，刘某甲对上述协议内容认可没有异议，刘某乙在此期间一直扶养遗赠人刘某甲，本协议双方签字认可后刘某乙仍然有义务扶养刘某甲，该协议一式四份，遗赠人、受遗赠人、两证人各持一份。

后刘某甲独自在外一人租房居住生活，刘某乙给付相关的租金、生活费等。

再查，刘某甲在拆迁前于2013年12月6日与唐某登记结婚，唐某系刘某乙妻子高某的母亲。

上述事实，有遗赠扶养协议、公证书、遗赠协议书及当事人的陈述在案佐证。

法院判决

一审法院经审理认为：公民可以与扶养人签订遗赠扶养协议，按照协议，扶养人承担该公民生养死葬的义务，享有受遗赠的权利。当事人对自己提出的主张应当提供相应的证据予以证明，否则应当承担因举证不能的法律后果。

本案中涉及两份遗赠扶养协议，首先需要审查两份协议的关系。刘某甲主张 2014 年的协议系在高某、刘某乙胁迫之下做出，为无效协议，但是又要求解除该份协议，对其胁迫主张并未提交证据予以支持，故法院认为 2014 年协议也是双方真实意思表示，为有效协议。从两份协议的内容来看，并不存在冲突，遗赠人与受遗赠人主体一致，只是对财产的处分进行了变更，而财产变更系因刘某甲所有的宅院拆迁，财产形式进行了转变，在刘某甲起诉撤销 2014 年协议的案件审理中，法院追加了涉及相应利益的唐某、高某为被告，唐某代理人为高某，而高某与刘某乙均认可 2014 年协议，故两份协议在效力上一致，不存在优先性，只是 2014 年协议对 2001 年协议进行了补充。

关于刘某甲是否有权撤销本案中的协议，从整个协议履行过程来看，高某、刘某乙在拆迁之前一直与刘某甲共同居住生活，刘某甲没有证据表明高某、刘某乙未履行扶养义务，而在拆迁后，双方虽然分开居住，但刘某甲的房租、生活费等开支全由高某、刘某乙支付，即使在本案审理过程中，高某、刘某乙仍支付刘某甲相应费用，故法院认为，高某、刘某乙不存在违背协议约定，不存在没有履行扶养义务的行为，高某、刘某乙尽到了扶养刘某甲的责任，并且高某、刘某乙自 2001 年履行扶养义务至今，如解除协议会对高某、刘某乙的利益造成严重损坏。经核实，双方矛盾在于拆迁后对拆迁利益的分配问题，双方作为近亲属，应本着互相体谅、相互照顾的原则，在保护刘某甲利益的基础上互相协商，做到既能维护刘某甲的利益，又可以保护高某、刘某乙在遗赠扶养协议中的权益，如协商不成，刘某甲也可以另案主张自己的拆迁利益。

综上所述，依照《中华人民共和国继承法》第三十一条第一款、《中华人民共和国民事诉讼法》第六十四条第一款之规定，判决如下：驳回刘某甲的诉讼请求。

刘某甲不服一审判决结果，向二审法院提起上诉，上诉请求是：撤销一审判决，改判支持上诉人的上诉请求；上诉费由被上诉人承担。上诉理由是：刘某乙、高某侵占刘某甲的拆迁款，无法保障刘某甲的正常生活，双方多次通过报警的方式解决纠纷；刘某甲已经对刘某乙、高某失去了信任，双方之间的矛盾已经恶化到不可调和的地步，一审判决不解除协议属认定事实错误，适用法律错误。

刘某乙、高某不同意刘某甲的上诉请求，同意一审判决结果。

二审法院经审理查明：一审法院查明的事实属实，二审法院予以确认。2001 年协议中所涉及的刘某甲所有的房产于 2013 年底被拆迁。上述事实，有双方当事人在二审期间的陈述在案佐证。

二审法院经审理认为：虽然刘某甲于 2001 年与刘某乙、高某签订了遗赠扶养协议，但是 2001 年协议中所涉及的刘某甲所有的房产于 2013 年底被拆迁，2014 年 7 月 18 日双方再次就遗赠扶养内容作出了新的意思表示，2014 年协议中关于遗赠扶养的条款对 2001 年协议中的主要条款作出了变更，故宜认定自 2014 年 7 月 18 日起，2014 年协议取代了 2001 年协议。因自 2014 年 7 月 18 日起，刘某甲与刘某乙、高某之间的遗赠扶养权利及义务受 2014 年协议调整，刘某甲要求解除 2001 年协议的诉讼请求已无现实之必要，故二审法院认为刘某甲的上诉请求于法无据，难以支持。综上，二审法院判决驳回上诉，维持原判。

律师点评

遗赠扶养协议具有很强的人身依附性，协议的签订，是协议双方协商达成一致的结果，协议的解除，也应当遵守这一原则。当双方不能协商达成一致的时候，考虑到这类协议人身依附性强的特点，司法实践中似乎应当以支持协议解除作为基本的考虑。但是这并不意味着协议的一方有对协议的任意解除权：当协议的解除对其中一方存在严重的不公平、将会导致一方利益严重受损的情况下，则不应当支持另一方的解除要求。

本案中，对于扶养人而言，在与遗赠人签订遗赠扶养协议之后长达十几年的时间里，扶养人已经证明其尽到了对遗赠人扶养照顾的约定义务。但对于遗赠人而言，截至本案审理之时，遗赠人不能提供任何证据证实扶养人有违反遗赠扶养协议约定义务的情况，由于证据的缺失，遗赠人的主张难以得到法院的支持。从公平的角度出发，刘某乙在长达十几年的时间里已经尽到了扶养刘某甲的义务，假如此时法院判决支持遗赠人解除遗赠扶养协议的请求，将使刘某乙完全丧失接受遗赠的权利，对刘某乙显失公平。从本案也可以认识到遗赠人对于遗赠扶养协议没有任意解除权，在遗赠人要求解除协议、扶养人拒绝的情况下，法院一般会综合考虑遗赠扶养协议的履行情况，特别是扶养人对遗赠人的扶养照顾情况、协议解除后对协议双方利益的影响以及遗赠人主张解除协议的原因等，如本案中刘某乙对刘某甲扶养照顾的时间很长，各种费用支付凭证也可以证明刘某乙确实有扶养刘某甲的事实。协议的解除将导致刘某乙失去对扶养照顾刘某甲的期待利益，对刘某乙显失公平，而刘某甲提出解除协议的原因也没有证据予以证明，在这种情况下，遗赠人提出解除遗赠扶养协议难以得到法院的支持。

第三编

家事纠纷的常见关联诉讼

第二十二章　婚姻自主权纠纷

第一节　理论概述与实务指引

一、基本概念及法律依据

婚姻自主权，是自然人享有的基本人格权，是指自然人享有的结婚、离婚自由不受他人干涉的权利。婚姻自主权包括结婚自主权和离婚自主权。行使婚姻自主权，必须在法律规定的范围内进行。

1. 结婚自主权

结婚自主权是具有完全民事行为能力的自然人自主决定自己的婚姻，禁止任何一方对他方加以强迫或者任何第三方加以干涉的权利。《中华人民共和国民法典》婚姻家庭编对自然人婚姻自主权采用平等保护与救济规则相互巧妙结合的立法方式，使我国结婚制度更讲究科学和尊重人性，有利于权利保护落实到位。就平等保护婚姻自主权来说，《中华人民共和国民法典》在第一千零四十六条规定：结婚应当男女双方完全自愿，禁止任何一方对另一方加以强迫，禁止任何组织或者个人加以干涉。同时在第一千零四十二条第一款规定：禁止包办、买卖婚姻和其他干涉婚姻自由的行为。禁止借婚姻索取财物。

对于结婚自主权受到侵犯的情况，《中华人民共和国民法典》也给予了明确的法律救济途径，如在第一千零五十二条第一款规定，因胁迫结婚的，受胁迫的一方可以向人民法院请求撤销婚姻。另外，为了给予婚姻自主权受到侵害者以权利救济，《中华人民共和国民法典》赋予了无过错方损害赔偿请求权，第一千零五十四条第二款则规定，婚姻无效或者被撤销的，无过错方有权请求损害赔偿。

为了保护重大疾病患者的婚姻自主权，《中华人民共和国民法典》取消原《中华人民共和国婚姻法》关于“患有医学上认为不应当结婚的疾病”的规定，同时在可撤销婚姻中增加“一方隐瞒重大疾病”的情形，即《中华人民共和国民法典》第一千零五十三条第一款的规定：一方患有重大疾病的，应当在结婚登记之前如实告知另一方；不如实告知的，另一方可以向人民法院请求撤销该婚姻。从而赋予自然人平等享有缔结婚姻、组成家庭、享受天伦之乐的权利，不再因一方是否患有重大疾病而有所区别；但同时确立重大疾病患者结婚登记前负有如实告知的义务，以此保障另一方的知情选择权，以实现其婚姻自主权。对于隐瞒本人重大健康状况，使对方不知情并与之结婚的，则赋予受到欺瞒的一方享有婚姻撤销权。

但是结婚自主权并非毫无限制，该权利的行使不得超越我国法律规定的范围，也不能违背公序良俗，例如未达到法定婚龄不可结婚，直系血亲和三代以内的旁系血亲不可以结婚、不可重婚等。

2. 离婚自主权

离婚自主权是指夫妻双方有权依法自主解除夫妻关系而不受对方或其他任何人的非法干涉。法律保障离婚自由是为了使那些感情确已破裂、无法和好的夫妻，能够通过法定的正当途径解除婚姻关系，使他们有可能重新建立新的幸福美满的家庭。夫妻双方可以通过协议离婚、诉讼离婚来实现离婚自由。但是离婚自主权同样也受到法律的约束，如父母离婚过程中需保护好未成年子女的权益，总的来说，赋予自然人离婚自由是婚姻制度的进步，有利于全社会的婚姻家庭关系的改善、重建。

二、产生婚姻自主权纠纷的情形

在司法实践中，侵犯婚姻自主权纠纷的案件主要有阻碍结婚、擅自为子女订立婚约索取财物以及妨害一方在离婚诉讼中行使诉讼权利等情况。

1. 阻碍结婚

阻碍结婚的具体情形包括阻止成年子女结婚、禁止寡妇改嫁、阻碍父母再婚等，阻碍手段通常有藏匿身份证、拒绝提供户口本、限制人身自由以阻碍领取结婚证，或者以拒绝提供赡养、发出人身安全威胁等手段迫使当事人不敢领取结婚证。这些均属于干涉当事人婚姻自由、侵犯婚姻自主权的行为，当事人有权请求停止侵害。

父母为子女婚事操心是人之常情，但是干涉成年子女婚姻就超越了边界。达到适婚年龄的男女都已经是具备完全民事行为能力的成年人，具有成熟的心智，有能力对择偶作出判断。父母对子女婚姻的干预如果超越界限，比如阻拦子女与其选定的对象结婚，子女可以向法院提起诉讼，要求父母停止干涉行为。

【案例 22.1】王某星、运某琴与王某霞婚姻自主权纠纷①案中，法院认为，我国婚姻自由，同时禁止买卖婚姻和其他干涉婚姻自由的行为，也禁止借婚姻索取财物。被上诉人已达到法定结婚年龄，其为办理结婚登记手续要求二上诉人提供户口簿合理合法。上诉人在上诉状中虽称并非其不给被上诉人户口簿，而是被上诉人不主动回家取，但庭审中，经法庭核实，上诉人明确表示因被上诉人没有给其彩礼钱，且在其父亲去世后未回家处理后事，故坚决不同意给被上诉人提供户口簿。上诉人以被上诉人未给付彩礼钱以及未办理父亲后事为由拒不提供户口簿明显与法相悖，其上诉主张本院不予支持。综上，一审判决认定事实清楚，适用法律正确。

赡养老人是子女的法定义务，父母一方去世后，子女不得以威胁不对老人尽赡养义务的手段干涉老人再婚。老年人的配偶去世后，原婚姻关系消灭，老年人依法享有与他人再次缔结婚姻关系的权利。无论是老年人的子女、近亲属抑或其他组织，都不得干涉老年人的婚姻自由。尊老爱幼是中华

① 审理法院：甘肃省嘉峪关市中级人民法院，案号：（2015）嘉民一终字第 243 号，载中国裁判文书网，https：//wenshu. court. gov. cn/website/wenshu/181107ANFZ0BXSK4/index. html?docId=6FkEWTGhxSiDR9NSAge2VXVfFkUTRQbQfK0P9aNDrYbR5/IdI8u6j5O3qNaLMqsJUTWcuuSWqFJE3z3XhifmxiN05NRB6QgWvb77MR4zDn7y0Gc9VZnpysMBMWHuoD/B，最后访问时间：2022 年 10 月 18 日。

民族的传统美德，尊重父母的婚姻和生活，不能以不给赡养费的方式变相干涉老年人的婚姻自由，否则老年人可以向法院提起诉讼，要求维护自己的婚姻自主权。

【案例 22.2】 尹某 1 与尹某 2 婚姻自主权纠纷案①中，子女阻挠父亲再婚并对父亲的主张提出以下抗辩理由：“一、原告在起诉状中称被告干涉原告的婚姻不符合事实。因被告母亲于 2014 年 5 月去世，母亲去世未满一年原告就与郭某来往，被告作为子女在感情上不能接受。另外，原告已经 84 岁，无劳动能力，主要依靠我们子女赡养，他本人已无能力承担家庭责任。二、郭某已 70 多岁且体弱多病，无力照顾原告生活，其子女也坚决反对其与原告交往。被告认为，原告对百年之后相关事宜考虑不周，执意要让郭某到我家中与其共同生活不妥当，因坚决反对而撵过郭某离开。”法院判决认为：“公民享有婚姻自主权，禁止买卖、包办婚姻和其他干涉婚姻自由的行为。老年人的婚姻自由受法律保护。子女或者其他亲属不得干涉老年人离婚、再婚及婚后的生活。赡养人的赡养义务不因老年人的婚姻关系变化而消除。一切干涉婚姻自由的行为，不论采取什么形式，与当事人的关系如何，也不论是他们的父母子女、兄弟姐妹或别的亲属，都是侵害婚姻自主权的行为，当事人有权请求法律保护。”本案中，被告尹某 2 坚决反对郭某到家中与原告尹某 1 一起生活，在遇到郭某在家中时要求其离开，属于侵害婚姻自主权的行为。侵害他人民事权利，应当承担民事责任。综上所述，原告的诉讼请求成立，本院予以支持。

2. 擅自为子女订立婚约，借婚姻索取财物

当事人双方自愿订立婚约的，不对双方产生法律上的拘束力，仅产生道

① 审理法院：云南省龙陵县人民法院，案号：（2019）云 0523 民初 90 号，载中国裁判文书网，https：//wenshu. court. gov. cn/website/wenshu/181107ANFZ0BXSK4/index. html？docId＝tL-WwykCoBI73axmvOYmQBy5W3U/pymoN+rtujMPC8Q/ZbIew6RkmEJO3qNaLMqsJUTWcuuSWqFJE3z3XhifmxiN05NRB6QgWvb77MR4zDn6K9zuMtneSVMAmORVA57Js，最后访问时间：2022 年 10 月 18 日。

德上的约束力，一方当事人起诉要求对方履行婚约的，人民法院不应受理。父母为未成年子女订立“娃娃亲”的情况效力亦同。《中华人民共和国未成年人保护法》第十七条第九项规定，父母或者其他监护人不得允许或者迫使未成年人结婚，不得为未成年人订立婚约。当然，虽然“娃娃亲”因违反法律规定而不具有法律效力，但如果双方成年后是基于自由意志缔结婚姻关系，则尽管先前存在订立“娃娃亲”的事实，但因现存婚姻关系未违背双方当事人的意愿，则“娃娃亲”的存在并不影响婚姻的效力。①

借婚姻索取财物是《中华人民共和国民法典》明确禁止的，而正常的民间彩礼给付并不在此限。实践中，缔结婚姻关系过程中给付彩礼有可能和包办、买卖婚姻以及借婚姻索取财物交织在一起，因此彩礼的给付可能只是一个条件或者表现形式②，人民法院在审理此类案件的时候一般会查明当事人的真实意思，正确识别此种婚姻的实质，认定此种情形下彩礼的给付是否实为包办、买卖婚姻以及借婚姻索取财物，如构成违法的，法院会依法禁止③。

【案例 22.3】马某诉马某某婚姻自主权纠纷案④中，原告马某起诉事实及理由为“原、被告由父母做主在年幼时订下亲事，当时原告只有 10 岁。订婚后被告方送给原告彩礼款等合计 70000 元，原告父母购置了价值 20000 元的家具作为陪嫁物提前送到被告家。因此，原告收到的被告所送的彩礼款及礼数实为 50000 元。原告长大成人后，不满意父母做主订下的亲事，要求解除与被告之间的婚约，并于 2019 年 2 月向被告表明了解除婚约的想法，

---

① 最高人民法院民法典贯彻实施工作领导小组编著：《中华人民共和国民法典婚姻家庭编继承编理解与适用》，人民法院出版社 2021 年版，第 54-55 页。

② 最高人民法院民事审判第一庭编著：《最高人民法院婚姻法司法解释（二）的理解与适用》，人民法院出版社 2015 年版，第 143 页。

③ 最高人民法院民法典贯彻实施工作领导小组编著：《中华人民共和国民法典婚姻家庭编继承编理解与适用》，人民法院出版社 2021 年版，第 57 页。

④ 审理法院：甘肃省东乡族自治县人民法院，案号：（2019）甘 2926 民初 1087 号，载中国裁判文书网，https：//wenshu. court. gov. cn/website/wenshu/181107ANFZ0BXSK4/index. html?docId=OJatr6oGTDJXTIfhX6gAiowSttcqQZNrhh2tFqh/IQpYr5IvFrLXr5O3qNaLMqsJUTWcuuSWqFJE3z3XhifmxiN05NRB6QgWvb77MR4zDn6pK0Z/jwEY/nED4rwiQ8AJ，最后访问时间：2022 年 10 月 18 日。

还表明愿意退还50000元彩礼款及礼数款，但被告方不同意解除婚约，也不愿意接受原告退还50000元彩礼款及礼数款”。最终当事人马某不得不诉至法院请求判决“原告返还被告彩礼款及礼数款50000元”，法院最终支持了该诉讼请求。

3. 妨害一方在离婚诉讼过程中行使诉讼权利

在离婚案件中，夫妻双方享有同等的诉讼权利，一方不可通过隐瞒、欺诈等手段剥夺另一方在离婚诉讼中的权利。现实情况中却不乏部分当事人利用公告送达等方式使配偶一方在不知不觉中被法院判决离婚，这种做法也属于干涉婚姻自主权的行为。如在吴某与吴某炯婚姻自主权纠纷案①中，二审法院认为，原《中华人民共和国民法总则》第一百一十条第一款规定，自然人享有生命权、身体权、健康权、姓名权、肖像权、名誉权、荣誉权、隐私权、婚姻自主权等权利。婚姻自主权是指婚姻当事人有权按照法律的规定，自主自愿地决定自己的婚姻问题，不受任何人强制或干涉的权利。婚姻自主权的内容中包括结婚自主决定权和离婚自主决定权。离婚自主决定权是指婚姻当事人在夫妻关系破裂，不愿再继续维持婚姻关系的情况下，自主决定解除婚姻关系的权利，该权利的行使不受婚姻关系的另一方及第三人的干涉。离婚自主决定权，可由婚姻双方合意，如果双方就离婚问题达成一致，即可按照法定程序登记离婚，如果双方达不成一致意见，也应当彼此尊重，不能强迫对方接受自己的决定。决定离婚的一方也可以依据其婚姻自主权，诉诸法院裁决，最终由法院依据双方感情是否破裂，作出准予双方离婚或者不准予离婚的判决结果。虽然是否离婚由法院判定，不取决于婚姻一方当事人是否同意离婚，但是离婚诉讼中，婚姻相对人有权发表意见表达自己对于离婚的意愿，行使自己的婚姻自主权。离婚自主决定权的内容，不仅体现为自主决定是否离婚，在特定场合下还体现为对离婚意愿的自主表达。就本案情形

① 审理法院：北京市第一中级人民法院，案号：（2018）京01民终2388号，载中国裁判文书网，https：//wenshu. court. gov. cn/website/wenshu/181107ANFZ0BXSK4/index. html？docId=vjFW3xzcinAfsmdijEGeYuY4fyKSy39mPRbyt7NqSvWiVfiFO0YP25O3qNaLMqsJUTWcuuSWqFJE3z3XhifmxiN05NRB6QgWvb77MR4zDn6Ca+JRuCOa7FL1jNEKjMin，最后访问时间：2022年10月18日。

而言，吴某炯在离婚诉讼中违反诚实信用原则的行为，不仅对吴某在离婚诉讼中诉讼权利的行使构成妨害，同时客观上使吴某未能在诉讼中自主表达离婚与否的意愿。而在诉讼已经启动的情况下，如果吴某不能在诉讼中表达这种意愿，则她将彻底失去在法律程序中表达离婚与否意愿的机会。因此，吴某炯的行为显然构成了对吴某婚姻自主权的侵犯，吴某炯对此应承担相应的民事责任。

第二节　办案思路与实战技巧

一、诉讼主体的确定

当公民的婚姻自主权受到侵害时，可以提起诉讼，请求人民法院予以保护。就该类案件的原告来说，只要是婚姻自主权受到侵害的主体，均可以提起诉讼，包括未成年人和老年人。就侵犯婚姻自主权案件的被告来说，范围更加广泛，无论是自然人还是非自然人，只要存在侵犯他人婚姻自主权的情形都可以被列为被告。

【案例 22.4】 马某 1、马某 3、闵某 1 婚姻自主权纠纷案①中，起诉时，原告系未满 18 周岁女孩，被告为原告的姨妈，第三人为订婚对象，是已满 18 周岁的男性。又如董某霞、王某雷等与王某等婚姻自主权纠纷案②中，原

① 审理法院：甘肃省和政县人民法院，案号：（2018）甘 2925 民初 608 号，载中国裁判文书网，https：//wenshu. court. gov. cn/website/wenshu/181107ANFZ0BXSK4/index. html？ docId=WNpqWXMXHB2qzPWlvpPxioIPw5CsVr4Uf0ayNQdBoh/Lygh77H0G95O3qNaLMqsJUTWcuuSWqFJE3z3XhifmxiN05NRB6QgWvb77MR4zDn4q8u4C5maLhqvZ2DvaC8bK，最后访问时间：2022 年 10 月 18 日。

② 审理法院：河北省石家庄市桥西区人民法院，案号：（2018）冀 0104 民初 6819 号，载中国裁判文书网，https：//wenshu. court. gov. cn/website/wenshu/181107ANFZ0BXSK4/index. html？ docId=2BtuR8jdEu1LGIn935L9HYc38CdOGw6gSuR1tx5srFseRLrmvNObMpO3qNaLMqsJUTWcuuSWqFJE3z3XhifmxiN05NRB6QgWvb77MR4zDn5Z3Z+OlaUWho02jw8G2D6Z，最后访问时间：2022 年 10 月 18 日。

告为妻子和丈夫，被告为丈夫的三个侄子。邢某奎与邢某东、王某婚姻自主权纠纷案①中，原告邢某奎（1935 年生）为爷爷，被告邢某东为孙子，被告王某为孙媳妇，案情是孙子女阻挠 80 多岁的爷爷与案外人结婚。马某甲诉周某甲、马某乙婚姻自主权纠纷案②中，原告马某甲为未成年女孩，被告周某甲为其母亲、被告马某乙为订婚对象男方的父亲。而刘某、曾某等婚姻自主权纠纷案③中，被告为街道某村村民委员会，原告夫妻二人以被告不同意将男方户口迁入女方处为由提起婚姻自主权诉讼。

二、诉讼请求的确定

《中华人民共和国民法典》第一百一十条明确规定婚姻自主权为人格权的一种，因此人格权受到侵犯可提起的诉讼请求同样适用于婚姻自主权纠纷。《中华人民共和国民法典》第九百九十五条规定，人格权受到侵害的，受害人有权依照本法和其他法律的规定请求行为人承担民事责任。受害人的停止侵害、排除妨碍、消除危险、消除影响、恢复名誉、赔礼道歉请求权，不适用诉讼时效的规定。基于此，我们认为婚姻自主权受到侵犯的，当事人可以提出诸如停止侵害、排除妨碍、消除危险、赔礼道歉、恢复名誉等诉讼请求。结合侵害婚姻自主权案件的特点，实践中常见的诉讼请求主要包括以下几类：

---

① 审理法院：河北省深州市人民法院，案号：（2017）冀 1182 民初 2464 号，载中国裁判文书网，https：//wenshu. court. gov. cn/website/wenshu/181107ANFZ0BXSK4/index. html? docId=cZgj5z4bDZOlcp54lTGoZqn7ZgJJQYMLGQ1d2DYXqejYkDGbrOJBFpO3qNaLMqsJUTWcuuSWqFJE3z3XhifmxiN05NRB6QgWvb77MR4zDn7ZdLESwdZisVEBsZzhgOBM，最后访问时间：2022 年 10 月 18 日。

② 审理法院：甘肃省东乡族自治县人民法院，案号：（2019）甘 2926 民初 668 号，载中国裁判文书网，https：//wenshu. court. gov. cn/website/wenshu/181107ANFZ0BXSK4/index. html? docId=p58Y+/H8HaXSAaF0njzrvOuTsAkoKMVAp5rWHCy0fwNoOD0CscHC05O3qNaLMqsJUTWcuuSWqFJE3z3XhifmxiN05NRB6QgWvb77MR4zDn5S1mn6Axz5xmLfhaMwlWLG，最后访问时间：2022 年 10 月 18 日。

③ 审理法院：四川省自贡市大安区人民法院，案号：（2022）川 0304 民初 1836 号，载中国裁判文书网，https：//wenshu. court. gov. cn/website/wenshu/181107ANFZ0BXSK4/index. html? docId=6Dz40boryH9I47MfuRWnnIwNFC54Ec2W89vrJfJtK7swP2YQayTHoJO3qNaLMqsJUTWcuuSWqFJE3z3XhifmxiN05NRB6QgWvb77MR4zDn4Udblp/O/yofQGcdBbVkTG，最后访问时间：2022 年 10 月 18 日。

1. 判令被告返还原告身份证件。

2. 判令被告提供居民户口簿原件协助原告办理结婚登记手续。

3. 判令婚约无效。

4. 判令返还已经收取的彩礼。

5. 禁止被告干涉原告的婚姻自主权（判令被告停止干涉原告婚姻自主权）。

6. 要求赔偿精神损失。

【案例 22.5】 马某甲诉周某甲、马某乙婚姻自主权纠纷案①中，原告提出的诉讼请求为：（1）确认原告马某甲与被告马某乙之子马某三订立的婚约无效；（2）禁止二被告干涉原告的婚姻自主权。法院认为："公民享有婚姻自主权，禁止买卖、包办婚姻和其他干涉婚姻自由的行为。原告成年后对自己的婚姻享有自主权，二被告为原告订立婚约的行为违反了法律的禁止性规定，该婚约无效。故原告主张该婚约无效及二被告禁止干涉婚姻自主权的请求成立，应予支持。"

【案例 22.6】 吴某与吴某炯婚姻自主权纠纷案②中，吴某向一审法院起诉请求：（1）吴某炯就侵害吴某婚姻自主权的行为在各大媒体报刊公开道歉；（2）赔偿精神损失人民币 10 万元、维权支出费用 4 万元；（3）请求法院对吴某炯以恶意诉讼手段欺骗法院获取对己方有利结果的行为予以追究严惩。法院最终支持精神损失费 5 万元，驳回了其他诉讼请求。法院经审理认为，就本案情形而言，吴某炯在离婚诉讼中违反诚实信用原则的行为，不仅

---

① 审理法院：甘肃省东乡族自治县人民法院，案号：（2019）甘 2926 民初 668 号，载中国裁判文书网，https：//wenshu. court. gov. cn/website/wenshu/181107ANFZ0BXSK4/index. html? docId=p58Y+/H8HaXSAaF0njzrvOuTsAkoKMVAp5rWHCy0fwNoOD0CscHC05O3qNaLMqsJUTWcuuSWqFJE3z3XhifmxiN05NRB6QgWvb77MR4zDn5S1mn6Axz5xmLfhaMwlWLG，最后访问时间：2022 年 10 月 18 日。

② 审理法院：北京市第一中级人民法院，案号：（2018）京 01 民终 2388 号，载中国裁判文书网，https：//wenshu. court. gov. cn/website/wenshu/181107ANFZ0BXSK4/index. html? docId=vjFW3xzcinAfsmdijEGeYuY4fyKSy39mPRbyt7NqSvWiVfiFO0YP25O3qNaLMqsJUTWcuuSWqFJE3z3XhifmxiN05NRB6QgWvb77MR4zDn5LwnNOZVA1TRLZuiO24f5C，最后访问时间：2022 年 10 月 18 日。

对吴某在离婚诉讼中诉讼权利的行使构成妨害，同时客观上使吴某未能在诉讼中自主表达离婚与否的意愿。而在诉讼已经启动的情况下，如果吴某不能在诉讼中表达这种意愿，则她将彻底失去在法律程序中表达离婚与否意愿的机会。因此，吴某炯的行为显然构成了对吴某婚姻自主权的侵犯，吴某炯对此应承担相应民事责任。吴某要求吴某炯赔偿精神损害抚慰金，理由正当，考虑到吴某炯的过错程度等具体情节，本院酌定为 5 万元，对于吴某过高的请求，本院不予支持。针对吴某要求吴某炯就侵害婚姻自主权的行为在各大媒体报刊公开赔礼道歉的请求，本院认为，吴某炯的不当行为虽然构成了对吴某权利的侵害，但吴某炯并未将相关事实对外宣扬，并未对吴某的名誉造成影响，吴某炯侵权行为导致的消极影响并未扩散到不特定多数人范围。而侵权责任的承担方式应当与侵权的具体方式所造成的影响范围相当，故本院不支持吴某要求吴某炯在各大媒体报刊公开赔礼道歉的诉讼请求。对吴某要求吴某炯赔偿包括本案律师费在内的维权支出费用 4 万元的请求，由于吴某提交的证据不足以证实其有 4 万元费用的支出，且该项诉讼请求缺乏相应法律依据，故本院不予支持。

三、证据的收集和使用

因婚姻自主权纠纷为侵权纠纷，当事人提起该类诉讼，需收集足够证据证明被告有侵害其婚姻自主权的违法行为、该种侵害行为有侵害婚姻自主权的损害事实、侵害婚姻自主权的违法行为与损害事实之间有因果关系、侵害婚姻自主权行为人的主观过错为故意。

证据包括《中华人民共和国民事诉讼法》规定的书证、物证、录音录像等种类。具体到个案中，结合该类案件的具体特点，建议提起诉讼时要提供电话录音、微信聊天记录、证人证言等来证明存在侵害婚姻自主权的行为事实，必要时可以请求村委会、居委会等提供书面说明。在存在较为严重侵权行为的情况下，可以报警并保存报警回执等作为证据加以使用。

第三节　典型案例评析

案例 46：邓某德与邓某然、邓某乾抚养纠纷案①

裁判主旨

子女对父母的赡养义务，包括为父母提供居住条件，因抗拒老人再婚，而不允许老人再婚的配偶居住在自己提供的房屋当中的行为，属于干涉老人婚姻自主权的侵权行为。同时，因为和老人再婚的配偶并没有形成抚养教育关系，所以子女对其也没有法律上的赡养义务，故老人去世后子女要求收回房屋的主张有法律依据。

案情简介

邓某德向法院起诉，提出诉讼请求：(1) 请求判令邓某然、邓某乾每人每月各支付邓某德赡养费 1000 元；(2) 请求判令邓某然、邓某乾承担本案案件受理费。诉讼中，邓某德将诉讼请求变更为：(1) 请求判令邓某然不得干预邓某德的婚姻生活（允许其找的老伴居住在邓某然提供给邓某德的房屋中）；(2) 请求判令邓某然提供邓某德临街一间铺面由邓某德使用（邓某德及其老伴去世后归还邓某然）；(3) 请求判令邓某然承担邓某德的医疗费用；(4) 请求判令邓某然承担本案案件受理费。事实和理由：邓某德夫妇育有儿子邓某然、邓某乾及女儿邓某会。十几年前，经家人及家族中人协商达成口头协议：邓某然赡养邓某德，负责邓某德的生老病死；邓某乾赡养邓某德妻子，负责邓某德妻子的生老病死。邓某德为邓某然、邓某乾修建了房屋。

① 审理法院：宁夏回族自治区石嘴山市大武口区人民法院，案号：(2016) 宁 0202 民初 2738 号，载中国裁判文书网，https：//wenshu. court. gov. cn/website/wenshu/181107ANFZ0BXSK4/index. html? docId=kCEZ3yzXGmbYWdGXWBLjHkiaRdMum/WuWySPn0JwNdggLpPiJIckR5O3qNaLMqsJUTWcuuSWqFJE3z3XhifmxiN05NRB6QgWvb77MR4zDn4N37oq6BK7vwC1eT6RHGDN，最后访问时间：2022 年 10 月 18 日。

2014年2月26日，双方因琐事发生纠纷，邓某然殴打邓某德，经家族中人调解，邓某然认错书写赡养协议，承诺每月支付邓某德生活费300元。邓某德妻子在世时，邓某德与妻子共同居住在邓某乾家。2019年8月，邓某德妻子去世。邓某德到邓某然家吃饭，仍居住在邓某乾家。2020年9月，邓某德经医院诊断为腰椎退行性改变，骶椎体水平骶管囊肿。同年10月，邓某乾提供一套房屋（四楼，约80平方米）由邓某德使用。后邓某德找了个老伴带到家中，邓某然以邓某德找老伴未与子女协商为由与邓某德发生纠纷，导致该老伴不同意嫁邓某德。邓某德现在还在刻墓碑、摆摊卖食品等。邓某德认为，婚姻自由，邓某然不得干涉其以后找老伴（虽然口头上陈述未干涉，但不同意老伴居住在邓某然提供的房屋中，变相干涉婚姻）；邓某德年龄大，身体不好，邓某然应提供一楼的一间铺面给邓某德使用（两个老人均去世后归还）。

邓某然承认邓某德在本案中所主张的事实，但认为未干涉邓某德的婚姻生活，只是不同意邓某德找的老伴居住在邓某然提供给邓某德的房屋中，如果邓某德找的老伴要居住在该房屋中，应由双方子女协商并达成如下三个条件：(1) 确认婚前财产（确定邓某德对邓某然提供的房屋只有使用权，无其他处分权；邓某德去世后，邓某然可收回房屋）；(2) 婚后赡养问题（邓某然只负责邓某德，不负责邓某德找的老伴）；(3) 去世后的善后问题（邓某然只负责邓某德）。因邓某然贷款多，且二名子女就读大学支出较大，故不同意提供邓某德一间临街铺面。邓某德的生老病死等事项，邓某然均认可并同意履行。

邓某乾承认邓某德在本案中所主张的事实，但认为自己未干涉邓某德的婚姻生活。因负责赡养母亲，邓某德的事情与其无关。邓某会承认邓某德在本案中所主张的事实，但认为自己未干涉邓某德的婚姻生活。

法院判决

法院认为，双方当事人在法律适用上的争议焦点为：(1) 邓某然口头上陈述未干涉邓某德的婚姻，但不同意邓某德找的老伴儿居住在邓某然提供给邓某德的房屋中，是否属于干涉邓某德的婚姻？(2) 邓某然是否应提供临街一间铺面由邓某德使用？

针对争议焦点1：根据《中华人民共和国民法典》第一千零四十一条第一款的规定：婚姻家庭受国家保护。根据第三款的规定，国家保护老年人的合法权益。第一千零四十二条第一款的规定：禁止包办、买卖婚姻和其他干涉婚姻自由的行为……第一千零四十三条规定：家庭应当树立优良家风，弘扬家庭美德，重视家庭文明建设……家庭成员应当敬老爱幼，互相帮助，维护平等、和睦、文明的婚姻家庭关系。第一千零四十六条规定："结婚应当男女双方完全自愿，禁止任何一方对另一方加以强迫，禁止任何组织或者个人加以干涉。"本案中，邓某然对邓某德具有赡养义务，包括提供住房的义务，现邓某然已提供邓某德位于四楼的一套房屋，已履行提供住房的义务。邓某德对该房屋具有使用的权利，也应包含邓某德老伴可以居住其中的权利，邓某然不允许邓某德找的老伴居住在该屋中的行为，属于干涉邓某德的婚姻关系的行为，故本院对邓某德提出邓某然不得干预婚姻的请求，予以支持。另外，双方的矛盾在于：邓某德主张邓某然在邓某德及其老伴均死亡后才能收回房屋，邓某然主张邓某德去世后就要收回房屋，即邓某然担心若邓某德先于老伴去世，恐与邓某德老伴在房屋权属、使用上产生纠纷；邓某德则担心若其先于老伴去世，则老伴无居住地。本院作如下解释：邓某德对于该房屋仅享有使用权，无处分权，即使邓某德擅自作出处分，也是无权处分，故邓某然不用担心财产被处分。邓某德与其老伴，谁先去世存在不确定性，若老伴先去世，则双方无纠纷；若邓某德先去世，从家庭成员应敬老爱幼，互相帮助，维护平等、和睦、文明的婚姻家庭关系的优良家风来说，该老伴的子女也不会同意其一人独自居住在邓某然家，该老伴也不会单独一人居住在此，该老伴的子女也不太可能来此与其共同居住。即使真实发生这样的情况，邓某然在法律上对其无赡养义务，可以主张物权上的权利。双方应当树立优良家风，弘扬家庭美德，重视家庭文明建设。虽然邓某然提出了一些要求，如不负责邓某德老伴的问题，但相信如果邓某德与他人组成家庭共同生活，作为子女，肯定也会对邓某德夫妇给予生活上的关心和精神上的慰藉。当然，邓某德在生活中对子女的要求也应适可而止，《中华人民共和国民法典》第一千零六十七条第二款规定："成年子女不履行赡养义务的，缺乏劳动能力或者生活困难的父母，有要求成年子女给付赡养费的权利。”第一千零七十二条规定：“继父母与继子女间，不得虐待或者歧视。继父或者继母和受其抚养教育的继子女间的权利义务关系，适用本法关于父母子女关系的规定。”即继母和邓某然之间的关系，需邓某然受该继母抚养教育，才产生赡养义务，因没有抚养教育的事实，邓某然也不具有对继母法律上的赡养义务，故邓某德主张邓某然在邓某德与其找的老伴均去世后才能收回房屋的主张，本院不予支持。

针对争议焦点 2，双方均认可邓某德因年龄原因，腰、腿有部分不健康，但邓某德还在刻墓碑、做生意，故可认定其可以居住在四楼，并非必须由邓某然提供临街门面由其使用，故法院对该诉讼请求，不予支持。

综上所述，原告邓某德的主张，法院予以部分支持。被告邓某然的主张，法院予以部分采纳。依照《中华人民共和国民法典》第一千零四十一条、第一千零四十二条、第一千零四十三条、第一千零四十六条、第一千零六十七条、第一千零七十二条，《中华人民共和国民事诉讼法》第六十四条规定，判决：(1) 被告邓某然不得干涉原告邓某德的婚姻生活（若原告邓某德找老伴，允许原告邓某德找的老伴居住在被告邓某然提供给原告邓某德的房屋中）。(2) 原告邓某德今后因病治疗产生的费用由被告邓某然负责。(3) 驳回原告邓某德的其余诉讼请求。

律师点评

老年人再婚实践中面临很多现实困境，如已故配偶遗产处置问题、再婚后两个老人的财产继承问题、继子女关系问题、自己和新配偶的赡养问题等。该案例就涉及老人再婚后的赡养、继承、继子女关系等问题。

本案有两个亮点：一是法院的判决明确了子女为赡养老人而提供的住房，不仅老人可以居住，老人再婚的配偶同样也可以同住，从而有力地保障了老年人的婚姻自主权。二是明确了未形成抚养教育关系的继子女对继父母没有赡养义务，子女们不必担心将来还要为亲生父母的配偶承担赡养义务，这样老年人再婚来自子女方的阻力就会降低很多。

很多老人一心为子女，操劳一生为子女买房建房，也有很多老人很早就将自己的房子过户到了子女名下，却没想到自己老来竟不能老有所居，没想到子女会因为抗拒自己再婚，而引出种种烦心事。对此，笔者建议老年人在规划自己的财富传承方案的时候，可以考虑在自己有生之年对财产“有所保留”，用法律工具，比如设立遗嘱（含遗嘱信托）、给房屋设立居住权等方式，在确保自己对财产的有效占有使用的基础上，将财产有计划有步骤地交到子女手中。

第二十三章　民间借贷纠纷

第一节　理论概述与实务指引

一、基本概念与法律依据

根据《最高人民法院关于审理民间借贷案件适用法律若干问题的规定》（法释〔2020〕17号）规定，民间借贷是指自然人、法人和非法人组织之间进行资金融通的行为。但经金融监管部门批准设立的从事贷款业务的金融机构及其分支机构，因发放贷款等相关金融业务引发的纠纷，不属于民间借贷范畴。本章节所列民间借贷特指在婚姻家事纠纷中涉及父母出资为已婚子女购房、买车、经营以及装修、补贴家用等资金帮助行为。在上述情况下，一旦子女的婚姻发生变动，对于父母出资的性质往往产生极大争议，一方主张系父母对子女及其配偶的赠与而无须返还，另一方甚至包括父母往往主张出资系对子女的临时性资金出借，而要求子女及其配偶共同偿还。因为该类资金融通行为发生在近亲属间，父母在提供资金支持时往往没有明确约定款项的性质，即出资时并未要求子女出具借条，或者双方只有口头约定，或者在子女的婚姻发生变动时才后补借条，因此对于此类出资的性质如何认定，成了司法实践中的焦点问题。通常来讲，人民法院在处理此类纠纷的审理思路如下：（1）债务是否真实存在（举证责任的分配）；（2）是否属于夫妻共同债务；（3）若认定为夫妻共同债务，是否将子女与父母的资金往来视为部分偿还；（4）若认定为夫妻共同债务之后，父母主张非举债方全部清偿还是对半偿还借款。

二、父母与子女之间的民间借贷纠纷特殊性

父母与子女之间的民间借贷纠纷多数都发生在子女离婚争议过程中，有着自身的特点：

首先，因为父母、子女之间关系甚为亲密，父母、子女之间发生借贷行为的时候，往往不会专门签订借款协议，口头约定又缺少证人证明，往往就只有金融机构转款记录和父母或者子女一方的个人陈述。

其次，父母以民间借贷纠纷起诉子女及其配偶，多发生在子女离婚争议过程中，目的是想将父母对子女婚后的资金支持行为认定为夫妻共同债务，让子女及其配偶共同偿还，以达到离婚的时候让子女的配偶少分财产的目的，故该类民间借贷的真实性值得法官仔细推敲。

再次，在父母向子女提供资金支持的时候，甚至父母都没有考虑过该资金支持行为到底是借贷还是赠与，当子女离婚的时候，父母与子女在事后才达成借贷合意并起诉子女及其配偶归还借款，人民法院应该如何认定该出资行为的性质，一度成为法院审核该类民间借贷纠纷的焦点问题。

又次，父母和子女之间往往资金往来频繁，一方面，父母可能不断为子女购房、购车、家庭生活、子女养育提供资金支持；另一方面，子女可能也不断为父母转账以赡养孝敬父母，这种情况下子女转账给父母的行为是否为还款行为，也成了司法审判难点，因缺乏辅助证据，法官在认定时存在难度。

最后，因为父母年迈不会手机转账，甚至为了节省转账费用，父母往往会提取现金当面交给子女。以至于日后父母主张借贷关系却无法证明已经给付了借款。

在特殊情况下，可能子女是先领证后办婚礼，父母给子女的资金系彩礼或者嫁妆，在子女离婚的时候，父母一方以借款为由要求返还，如果认定为借款，会损害子女配偶一方的利益。

第二节 办案思路与实战技巧

一、法院对发生在父母和已婚子女间的民间借贷纠纷应查明事实的几种情形

对于发生在父母和已婚子女之间的民间借贷纠纷，法院对借贷关系的审查更加严格，因为该类纠纷往往发生在子女离婚纠纷期间，父母与子女方很可能虚构债务。故在该类案件中，法官会严格查明以下事实：

1. 父母与子女及其配偶之间的民间借贷案件是否正处于子女的离婚诉讼期间，债务人与债权人的关系是否对于提起虚假诉讼具有便利性，所主张的借款事实是否有案涉款项的转账凭证予以证实。该点事实的查明有助于辨认是否存在虚构债务的情况，且在只有借款合同而无转账事实的情况下，法院一般难以认定父母与已婚子女之间成立借款关系，因为离婚过程中，父母很可能与子女伪造借据虚构债务。

【案例 23.1】 李某梅与熊某风民间借贷纠纷案①中，李某梅提供欠条一张主张与女婿熊某风构成借贷关系，但是熊某风称该欠条系在被胁迫下出具，李某梅最终也未提供案涉款项的转账记录等证据。最终法院认为借款合同是借款人向贷款人借款，到期返还借款并支付利息的合同。民间借贷，是指自然人、法人和非法人组织之间进行资金融通的行为。主张法律关系存在的当事人，应当对产生该法律关系的基本事实承担举证证明责任。李某梅主张其与熊某风之间存在 121 万元民间借贷法律关系，应当举

---

① 审理法院：北京市第二中级人民法院，案号：（2022）京 02 民终 2948 号，载中国裁判文书网，https：//wenshu. court. gov. cn/website/wenshu/181107ANFZ0BXSK4/index. html? docId =/cBhFbWCg4tIrpE5VZLYZbr2vrJLeIy1WZRH9p8o4olfPAmmOV4w1pO3qNaLMqsJUTWcuuSWqFJE3z3XhifmxiN05NRB6QgWvb77MR4zDn620r0xqMCiozFcoHIBJ+FJ，最后访问时间：2022 年 10 月 18 日。

证证明双方之间存在借贷合意，且李某梅向熊某风实际出借了款项。根据李某梅提交的欠条以及其他证据，均不足以证明欠条中载明的各项债务系熊某风向李某梅的借款，故李某梅与熊某风之间就上述事宜不成立民间借贷关系。

2. 债权人是否有足够的经济实力，是否有出借案涉金额的能力，是否实际交付了借款；债务人是否有足够的经济实力，是否有借款的必要，以及款项的实际用途。父母对子女及其配偶提起民间借贷诉讼，子女的配偶往往主张父母的资金支持是赠与而非借贷，这就需要查明父母是否有资金能力进行赠与、子女方是否需要被赠与，父母提供给子女的资金是否需要返还、子女是否有能力返还。例如在部分案件中，父母为了帮助子女及其配偶买房，往往掏空了自己的钱袋子，甚至还向亲戚朋友举债来为子女支付购房款。该种情况下，法院很难认定父母的资金支持属于赠与，因为父母不具备赠与的经济能力。

3. 举债人的配偶是否对债务知情，是否共同签名、配偶事后有没有追认，债务是否用于举债人的家庭共同生活、共同经营。《中华人民共和国民法典》第一千零六十四条对夫妻共同债务的情形作了明确规定，对于举债一方配偶没有签名或没有追认的债务，需要满足以下条件之一，才可以认定为夫妻共同债务：第一，该债务用于家庭日常生活所需；第二，债务数额超过家庭日常生活且债权人能证明该债务用于夫妻共同生活、共同生产经营。在子女离婚期间，父母以子女及其配偶为共同被告提起的民间借贷诉讼，往往基于帮助子女争夺财产，希望将父母与子女间的资金往来转化为子女及其配偶的夫妻共同债务，以达到让子女的配偶共同偿还债务从而少分财产的目的。虽然父母与子女之间的借贷关系真实成立，但子女的配偶是否共同承担债务，需要严格审查，只有符合《中华人民共和国民法典》第一千零六十四条规定的时候，才可以认定为子女及其配偶的夫妻共同债务。

【案例 23. 2】邓某某与邓某、杜某民间借贷纠纷案①中，一审法院将父

① 本案例属未公开审理的案例，系笔者经办的案例。

亲邓某某主张在儿子邓某婚内产生的借款全部认定为儿子邓某与儿媳杜某的夫妻债务。本案中邓某某提起诉讼并提供邓某补写的借条，邓某对邓某某的全部诉请也均无异议。鉴于邓某某与邓某的父子身份关系，以及邓某与杜某的感情多次出现矛盾涉及离婚纠纷的情况，涉案借款不能仅凭邓某悉数予以认可并称用于夫妻共同生活而直接认定属于邓某与杜某的夫妻共同债务，尚需对各方当事人的举证情况和陈述意见进行综合分析判断。关于涉案2013年4月27日的借款30万元。邓某某向邓某出借该笔30万元款项，邓某出具的相应借条上已经明确资金用于生意周转，邓某某也确认邓某向其借款时以公司需要验资为由，因此，邓某向邓某某的该笔借款并非以个人名义为家庭日常生活需要所负的债务。故二审法院改判该笔30万借款为邓某的个人借款。

二、法院审理近亲属间民间借贷案件的裁判观点

父母的出资一般涉及子女买房、买车、家用以及孙子女抚养等家庭开销。现行的司法解释除对父母出资用于支持子女购房有特别规定外，对于父母出资支持子女家庭其他开销并无特别规定。因此，对于父母出资用于支持子女买车、家用以及抚养孙子女等开销的，父母主张存在民间借贷的，我们认为应当依照民间借贷的相关法律规定进行处理，理应由主张债务成立的父母承担证明责任。在这里，本章节专门讨论涉及父母出资为子女购房所涉民间借贷纠纷的法院裁判观点。

关于父母出资支持子女买房的性质认定问题，实践中各法院的裁判观点并不统一。在《最高人民法院关于适用〈中华人民共和国民法典〉婚姻家庭编的解释（一）》出台前，就父母以民间借贷起诉子女及其配偶要求返还购房出资款的案件，在原、被告双方均不能证明出资款项性质时，部分法院以父母无法证明案涉款项有借款的合意为由认定该出资为赠与行为；而多数的法院会依据父母在子女成年后并无抚养义务及公序良俗等原则将出资行为认定为民间借贷，进而要求子女及其配偶予以返还。

【案例 23.3】 石某与朴某、安某民间借贷纠纷案①中，法院认为虽然我国传统习俗中父母为子女购房无偿出资的情况较为普遍，但这往往是发生在无法独立购房的年轻子女身上，而本案安某与石某于 2014 年 2 月 20 日登记结婚时，双方系二婚且均有固定工作，安某的父母年事已高，应对赠与的认定更为严格，现安某母亲明确表示并非赠与且主张偿还借款，石某也无证据证明出资系赠与的情况下，应予认定该 30 万元的出资款系对安某用于婚后购房的临时性资金出借，安某理应承担偿还义务，如此方能保障父母自身权益，避免子女成家而使父母陷于经济困窘之境地。即使石某对案涉借款不知情，但用案涉借款购买的房屋登记在了安某与石某的名下，房产利益归属于安某、石某，且石某无证据证明该款项属于赠与款，故案涉 30 万元借款属于安某与石某婚姻关系存续期间的共同债务，二人对此借款应承担连带清偿责任。

在《最高人民法院关于适用〈中华人民共和国民法典〉婚姻家庭编的解释（一）》出台后，就父母出资支持子女购房行为的性质有了进一步明确的规定，法院对该类案件的裁判观点也发生了变化。最高人民法院的倾向性观点认为，父母在出资时没有明确的证据证明出资款项系民间借贷的，法院按照赠与进行认定。《最高人民法院关于适用〈中华人民共和国民法典〉婚姻家庭编的解释（一）》第二十九条第二款规定："当事人结婚后，父母为双方购置房屋出资的，依照约定处理；没有约定或者约定不明确的，按照民法典第一千零六十二条第一款第四项规定的原则处理。"根据该条规定，最高人民法院认为，对于父母出资为子女购买房屋行为的法律性质，应尊重双方意思自治。对父母出资行为的认定原则上应以父母的明确表示为标准。如果父母与子女之间约定为赠与或者父母明确表示为赠与，就是赠与关系。

---

① 审理法院：吉林省延边朝鲜族自治州中级人民法院，案号：（2021）吉 24 民终 1250 号，载中国裁判文书网，https：//wenshu. court. gov. cn/website/wenshu/181107ANFZ0BXSK4/index. html？docId=YOsPjbH46Z/HbRlkszgkFBP+z76ZdzRromP3/pItF8RwWRuS1fa66pO3qNaLMqsJUTWcuuSWqFJE3z3XhifmxiN05NRB6QgWvb77MR4zDn5IG/T3edcEctdyCiSwcqvD，最后访问时间：2022 年 10 月 18 日。

这里要注意，父母赠与的真实意思表示一般应发生在出资的当时。在此之后，父母再主张为借贷关系则一般不能得到支持，其目的就是防止当子女婚姻出现变动或父母与子女的关系恶化，父母违反诚信原则以所谓借贷关系为由要求返还出资款项。

但各地法院并未严格按照最高院的观点进行裁判，故该类案件裁判规则依然存在不统一的情况。

三、举证责任承担

如上所述，关于父母出资的性质认定，在父母及子女均无证据证明其主张情况下，法院如何分配举证责任将直接导致当事人承担举证不能而败诉的不利后果。在《最高人民法院关于适用〈中华人民共和国民法典〉婚姻家庭编的解释（一）》出台后，法院更多地将举证责任分配给父母，要求其提供在出资时已经与子女形成了借款合意的相关证据。若父母无法提供相关证据的，则需承担举证不能的不利后果，将出资认定为父母对子女的赠与。

在现实生活中，基于彼此间密切的人身财产关系，父母与子女之间的借贷往往没有借条，父母的赠与往往也没有明确的意思表示。此时应严格执行“谁主张，谁举证”原则。

首先，借贷关系中一般都立字为据，以借贷人出具借条行使作为出借人请求返还的依据。故正常情况下，出借人都会妥善保管借条。而赠与关系中，赠与人是通过赠与方式放弃了赠与物的所有权，一般不会存在事后受赠物的返还问题，故赠与人没有必要保留相关证据证明赠与关系的存在。因此，主张借贷关系的父母应比主张赠与关系的子女更接近证据并更容易保留证据。

其次，父母与子女之间的亲缘关系决定了父母出资为赠与的可能性高于借贷。从中国现实国情来看，子女刚参加工作缺乏经济能力，无力独自负担买房费用。而父母基于对子女的亲情，往往自愿出资为子女购置房屋。绝大多数父母出资的目的是要解决或改善子女的居住条件，希望让子女的生活更加幸福，而不是日后要回这笔出资。因此，父母出资借贷给子女买房的概率远低于父母将出资赠与子女买房。进而，由主张借贷关系这一低概率事件存在的父母来承担证明责任也与一般人日常生活经验感知保持一致。综上，在父母一方不能就出资为借贷提供充分证据的情形下，一般都应认定该出资为对子女的赠与。①

四、父母提供给子女的借款能否认定为子女及其配偶的夫妻共同债务

《中华人民共和国婚姻法》第四十一条规定：离婚时，原为夫妻共同生活所负的债务，应当共同偿还。共同财产不足清偿的，或财产归各自所有的，由双方协议清偿；协议不成时，由人民法院判决。根据该规定，司法实务中按照"共债推定"原则，注重保护债权人的利益，忽略了举债人配偶一方的权益，引发了诸多不满。2018 年初，最高人民法院出台了《最高人民法院关于审理涉及夫妻债务纠纷案件适用法律有关问题的解释》（已失效），对人民法院审理相关民间借贷纠纷案件的裁判思路相应进行了调整，摒弃了"共债推定"原则，确立了"共债共签"原则，侧重于保护举债人的配偶一方的权益，债权人主张借款为举债人的夫妻共同债务的，须尽到足够的证明责任，对债权人苛以了更为严格的举证证明责任②。

2021 年 1 月 1 日生效的《中华人民共和国民法典》完全吸纳了该司法解释的规定，用立法的形式将该解释的内容写入了第一千零六十四条，具体规定为"夫妻双方共同签名或者夫妻一方事后追认等共同意思表示所负的债务，以及夫妻一方在婚姻关系存续期间以个人名义为家庭日常生活需要所负的债务，属于夫妻共同债务。夫妻一方在婚姻关系存续期间以个人名义超出家庭日常生活需要所负的债务，不属于夫妻共同债务；但是，债权人能够证明该债务用于夫妻共同生活、共同生产经营或者基于夫妻双方共同意思表示的除外"。该条规定为婚内债务是否为夫妻共同债务的现行规定。因为我国法律没有对父母向已婚子女提供资金支持行为应认定为子

① 最高人民法院民事审判第一庭编著：《最高人民法院婚姻法司法解释（二）的理解与适用》，人民法院出版社 2015 年版，第 288 页、第 289 页。

② 李震：《民间借贷纠纷中夫妻共同债务的司法认定》，载《现代法学》2021 年第 2 期。

女一方的个人债务还是夫妻共有债务的规定，笔者认为法院应当按照《中华人民共和国民法典》第一千零六十四条规定来认定该类行为的性质。就父母对子女一方的出资行为，如果发生在子女婚后，且该出资用于子女夫妻的“共同生活或共同经营”的，应当认定为子女及其配偶的夫妻共同债务。

《中华人民共和国民法典》中的“夫妻共同生活”，在概念外延上是大于“家庭日常生活”的，不应单纯地以债务金额认定“夫妻共同生活”，而应是双方共同消费或形成夫妻共同财产的支出，亦属于“夫妻共同生活”之范围。例如，父母将资金借给已婚子女用来购买婚房，且该房屋实际由夫妻双方使用；父母将资金借给已婚子女购买车辆，但该车辆实际由夫妻双方使用；父母为孙子女缴纳学费、医疗费等，也应该视为用于夫妻共同生活。

《中华人民共和国民法典》中的“夫妻共同生产经营”相比“夫妻共同生活”，具有隐蔽性、持续性与复杂性，应根据经营活动的性质及夫妻双方在其中的地位、作用予以综合认定。如双方共同决策、经营投资事项；一方授权另一方代为表决管理事务、经营决策；一方投资、经营，但另一方以智囊、顾问等形式参与投资事务；一方举债经营，但另一方分享经营收益的。这些均可以认定为“夫妻共同生产经营”，从而属于夫妻共同债务。如在邓某（父亲）与邓小某（儿子）、杜某（儿媳）民间借贷纠纷案中，关于邓某出借给儿子的两笔款项，二审法院认定邓某出具的相应借条上已经明确是因个人财务紧张需借款，邓小某也确认收到该款项后转入公司，并非用于家庭日常生活，故该款项属于邓小某的个人借款。

第三节　典型案例评析

案例 47：石某与朴某、安某民间借贷纠纷案[①]

裁判主旨

《最高人民法院关于适用〈中华人民共和国婚姻法〉若干问题的解释（二）》第二十二条第二款规定，当事人结婚后，父母为双方购置房屋出资的，该出资应当认定为对夫妻双方的赠与。但前提应首先尊重父母子女间对出资行为性质的约定，只有在没有约定或约定不明时，才涉及父母出资行为性质认定为赠与的问题。虽然我国传统习俗中父母为子女购房无偿出资的情况广泛存在，但这往往是发生在无力独立购房的年轻子女身上，而本案安某与石某于 2014 年 2 月 20 日登记结婚时，双方系二婚且均有固定工作，安某的父母年事已高，应对赠与的认定更为严格，现安某母亲明确表示并非赠与且主张偿还借款，石某也无证据证明出资系赠与的情况下，应予认定该 30 万元的出资款系对安某用于婚后购房的临时性资金出借，安某理应承担偿还义务，如此方能保障父母自身权益，避免子女成家而使父母陷于经济困窘之境地。即使石某对案涉借款不知情，但用案涉借款购买的房屋登记在了安某与石某的名下，房产利益归属于安某、石某，且石某无证据证明该款项属于赠与款，故案涉 30 万元借款属于安某与石某婚姻关系存续期间的共同债务，二人对此借款应承担连带清偿责任。

案情简介

朴某、安某彦与安某系父母子女关系，安某与石某原为夫妻，后解除婚

---

① 审理法院：吉林省延边朝鲜族自治州中级人民法院，案号：（2021）吉 24 民终 1250 号，载中国裁判文书网，https：//wenshu. court. gov. cn/website/wenshu/181107ANFZ0BXSK4/index. html? docId＝YOsPjbH46Z/ HbRlkszgkFBP+z76ZdzRromP3/ pItF8RwWRuS1fa66pO3qNaLMqsJUTWcuuSWqFJE3z3XhifmxiN05NRB6QgWvb77MR4zDn5IG/ T3edcEctdyCiSwcqvD，最后访问时间：2022 年 11 月 15 日。

姻关系。在安某与石某的婚姻关系存续期间，双方于2014年2月20日向案外人赵某伟购买坐落在某小区B区1号楼1单元403房，购房款为55万元。安某已付25万元。2014年4月26日，安某从其父亲安某彦名下的延边农村商业银行定期存款中取款30万元后，存入赵某伟的银行账户30万元。同日，安某向安某彦出具借条，内容为："今借安某彦叁拾万元（买房用）。"2014年12月24日，安某彦因病死亡。2019年6月17日，延吉市房屋产权管理中心出具的新建商品房买卖合同备案申请书中记载涉案房屋的权利人为安某、石某。2020年7月25日，安某与石某在延吉市人民法院调解离婚。2020年，安某以离婚后财产纠纷为由起诉石某，于2020年12月3日，安某撤回起诉。朴某向一审法院起诉要求安某与石某共同偿还上述30万元借款。

法院判决

一审法院经审理认为：本案所争议的30万元是安某彦用于支付安某、石某所购婚房的余款，双方争议的焦点是该款项应认定为借款还是赠与。在我国传统习俗中，子女成婚时父母给予一定的经济支持是较为普遍的现象，一般而言，父母与子女之间对帮助子女成家立业的款项性质不会予以明确约定。本案借条是安某单方向其父亲安某彦出具，并不能代表石某认可该款项为借款，对款项性质应作进一步的分析认定。其一，父母具有养育未成年子女的义务，但没有继续负担成年子女生活和购房置业的法定义务，对于父母给予子女的经济援助，子女应当感恩，而非认为此资助系理所当然，因此，在无证据证明父母具有赠与的意思表示时，不宜直接推定为赠与行为。其二，本案朴某主张款项系借贷，缺乏明确的借贷合意证据，但根据《最高人民法院关于审理民间借贷案件适用法律若干问题的规定》（法释〔2020〕6号）第十七条关于"原告仅依据金融机构的转账凭证提起民间借贷诉讼，被告抗辩转账系偿还双方之前借款或其他债务的，被告应当对其主张提供证据证明。被告提供相应证据证明其主张后，原告仍应就借贷关系的成立承担举证责任"的规定，此时本案的举证责任转移至石某，石某应当对款项系赠与的主张承担举证证明责任。《最高人民法院关于适用〈中华人民共和国民事诉讼法〉的解释》第一百零九条规定："当事人对欺诈、胁迫、恶意串通事实的证明，以及对口头遗嘱或者赠与事实的证明，人民法院确信该待证事实存在的可能性能够排除合理怀疑的，应当认定该事实存在”，该法条表明对于赠与事实的认定适用高于一般事实的证明标准，而本案石某并未能举证证明赠与事实的存在。其三，本案的款项用于购房，而房产登记在安某和石某名下，房产利益归属于子女，由子女对父母的出资承担共同返还责任，符合利益衡平原则。综上所述，安某、石某应向朴某共同返还借款 30 万元。对关于朴某与安某恶意串通，虚假诉讼嫌疑的抗辩意见，石某未提供充分证据予以佐证，其抗辩意见不成立，未予采信。综上，依照《中华人民共和国合同法》第一百九十六条、第二百零六条，《最高人民法院关于适用〈中华人民共和国婚姻法〉若干问题的解释（二）》第二十二条第二款，《最高人民法院关于审理涉及夫妻债务纠纷案件适用法律有关问题的解释》第三条，《最高人民法院关于审理民间借贷案件适用法律若干问题的规定》（法释〔2020〕6 号）第十七条，《最高人民法院关于适用〈中华人民共和国民事诉讼法〉的解释》第九十条、第一百零九条之规定，判决如下：安某、石某于本判决生效后立即共同返还朴某借款本金 30 万元。

石某因不服吉林省延吉市人民法院（2021）吉 2401 民初 280 号民事判决，向吉林省延边朝鲜族自治州中级人民法院提起上诉。

二审法院对一审查明的相关事实予以确认。

二审法院认为，虽然《最高人民法院关于适用〈中华人民共和国婚姻法〉若干问题的解释（二）》第二十二条第二款规定，当事人结婚后，父母为双方购置房屋出资的，该出资应当认定为对夫妻双方的赠与。但前提应首先尊重父母子女间对出资行为性质的约定，只有在没有约定或约定不明时，才涉及父母出资行为性质认定为赠与的问题。虽然我国传统习俗中父母为子女购房无偿出资的情况广泛存在，但这往往是发生在无力独立购房的年轻子女身上，而本案安某与石某于 2014 年 2 月 20 日登记结婚时，双方系二婚且均有固定工作，安某的父母年事已高，应对赠与的认定更为严格，现安某母亲明确表示并非赠与且主张偿还借款，石某也无证据证明出资系赠与的情况下，应予认定该 30 万元的出资款系对安某用于婚后购房的临时性资金出借，安某理应承担偿还义务，如此方能保障父母自身权益，避免子女成家而使父母陷于经济困窘之境地。

安某与赵某伟于2014年2月21日签订购房合同虽约定30万元购房尾款用公积金支付，但双方于2014年3月25日重新签订的购房合同仅约定了剩余30万元整于2014年4月27日前付清，并没有约定支付方式，属于对2014年2月21日购房合同的变更，且石某无证据证明30万元购房尾款实际用公积金支付，故石某关于因安某与赵某约定购房尾款用公积金支付而看出安某没有借款意图的主张，中院不予支持。《借条》虽载明“叁拾万元（买房用）”，但一个成年人因买房向其父亲借30元并出具借条不符合常理，结合朴某提交的银行业务凭证，借款金额应当认定为实际发生的30万元。在延吉市人民法院（2020）吉2401民初3402号离婚案件中，安某陈述了无夫妻共同债权、债务，但随后又提出了借父亲的30万元买房的事实，且是否存在夫妻共同债务不能以安某的单方陈述来判定。即使石某对案涉借款不知情，但用案涉借款购买的房屋登记在了安某与石某的名下，房产利益归属于安某、石某，且石某无证据证明该款项属于赠与款，故案涉30万元借款属于安某与石某婚姻关系存续期间的共同债务，二人对此借款应承担连带清偿责任。本案查明案涉借款去向是为了判定案涉借款是否为夫妻共同债务的问题，并非为了审理安某与石某离婚财产分割的问题，安某与石某对名下房屋的争议可另案解决。

综上所述，石某的上诉请求不能成立，应予驳回；一审判决认定事实清楚，适用法律正确，应予维持。

律师点评

司法实践中，涉及父母为子女及其配偶购房的出资纠纷案件中往往存在以下争议焦点：第一，父母的出资性质是借款还是赠与；第二，如认定为借款，是否属于子女及其配偶的夫妻债务；第三，借款是否已部分或全部偿还。其中对于父母出资性质的认定尤其重要。通常来讲，父母为子女及其配偶购房提供资金帮助时，往往因父母、子女的关系而对出资的性质没有约定或者没有签署书面协议。一旦日后子女及其配偶的婚姻关系发生变动，父母往往对出资主张为借款要求子女及其配偶共同偿还，而子女的配偶会主张该出资为父母的赠与，不同意返还。在双方均无法充分举证证明己方主张的情况下，人民法院将举证责任分配给哪一方就意味着该方要承担败诉的风险。

关于第一个争议焦点，在司法实践中，认定出资为借款与赠与的案例均大量存在。部分法院认为该出资行为发生在父母与子女之间，一般不会有借条、借据，甚至都不会有出资性质的口头约定。如果将这样的出资行为不经举证质证便推定为对子女的赠与行为，将致使老年人权益受到极大侵害，有违公序良俗。且父母具有养育未成年子女的义务，但没有继续负担成年子女生活和购房置业的法定义务，对于父母给予子女的经济援助，子女应当感恩，而非认为此资助系理所当然，因此，法院将举证责任分配给子女配偶一方，在其无证据证明父母具有赠与的意思表示时承担败诉责任，从而认定父母与子女之间成立借贷关系。但是，也有部分法院严格依据谁主张谁举证的原则，将举证责任分配给主张存在借贷关系的父母，在父母没有证据证明出资系借款的情况下，驳回父母的诉讼请求。法院在个案审理中对于父母出资性质的判断，一方面要依据法律法规，另一方面要判断父母出资的真实意愿，兼顾父母、子女及其配偶之间的利益平衡，并结合当地的风俗和文化传统综合认定，努力追求使裁判结果达到法、理、情的综合同一。

同时，为合理分配举证责任，尽量减少类案不同判的情况发生，《最高人民法院关于适用〈中华人民共和国民法典〉婚姻家庭编的解释（一）》第二十九条第二款规定，当事人结婚后，父母为双方购置房屋出资的，依照约定处理；没有约定或者约定不明确的，按照民法典第一千零六十二条第一款第四项①规定的原则处理。依据上述司法解释的规定，法院在审理涉及父

---

① 第一千零六十二条【夫妻共同财产】夫妻在婚姻关系存续期间所得的下列财产，为夫妻的共同财产，归夫妻共同所有：

（一）工资、奖金、劳务报酬；

（二）生产、经营、投资的收益；

（三）知识产权的收益；

（四）继承或者受赠的财产，但是本法第一千零六十三条第三项规定的除外；

（五）其他应当归共同所有的财产。

夫妻对共同财产，有平等的处理权。

母为子女及其配偶购房出资的夫妻债务案件时，应当将举证责任分配给有条件、有能力证明存在借贷关系的父母一方，理应由其承担举证责任，以此督促父母在出资时与子女明确约定款项的性质，并以书面形式固定，以免日后产生争议，否则父母需要承担举证不能的不利后果，以此减少父母在子女离婚期间主张购房出资属于夫妻债务的纠纷产生。

第二十四章　借名买房纠纷

第一节　理论概述与实务指引

一、基本概念与法律依据

借名买房，是指在房屋买卖过程中，实际出资人（借名人）因不能或不便以自己名义购买房屋，经与他人（出名人）协商，征得同意后借用出名人名义购买房屋，由借名人负责支付购房款，由出名人与房屋出卖人签订房屋买卖协议、与银行签订按揭贷款协议、缴纳税费并将房屋产权登记在出名人名下的行为。因近亲属间关系最为密切，很多年迈父母为了方便养老就在已婚子女所在城市借用子女名义买房，或者子女为了规避限购政策借用父母或其他近亲属名义购买房屋，基于血缘关系的信任，父母子女以及近亲属之间往往不会就借名买房专门签订书面协议。但是，该种情况在子女离婚的时候，却面临重大风险。近年来，在司法实践中，因离婚、继承引发父母子女或近亲属之间借名买房纠纷的情况比较多发。

需要说明的是，借名买房纠纷并非最高人民法院《民事案件案由规定》确定的诉讼案由，但因与离婚财产分割、遗产继承分割紧密相关，本书单独设立一章来进行论述。实务中，因借名买房行为发生纠纷的，涉及的案由可能包括委托合同纠纷、所有权确认纠纷、其他合同纠纷等。

解决借名买房引起的房屋权属纠纷的法律依据主要涉及《中华人民共和国民法典》及《最高人民法院关于适用〈中华人民共和国民法典〉物权编的解释（一）》关于物权请求权、确认物权的规定。《中华人民共和国民法典》第二百三十四条规定：因物权的归属、内容发生争议的，利害关系人可以请求确认权利。《最高人民法院关于适用〈中华人民共和国民法典〉物权编的解释（一）》第二条规定，当事人有证据证明不动产登记簿的记载与真实权利状态不符，其为该不动产的物权的真实权利人，请求确认其享有物权的，应予支持。

二、近亲属间借名买房案件的特殊性

在离婚、继承等家事纠纷中，经常会涉及近亲属间借名买房法律关系的认定，因涉及家事纠纷，该类借名买房案件与普通的借名买房纠纷相比，有着一定特殊性。

1. 因为近亲属之间关系亲密，往往不会签署书面的借名购房协议，争议发生后，因缺乏书面证据，就使得借名购房关系的认定变得非常困难。

2. 资金往来情况复杂，除购房款资金往来外，往往还涉及其他事由的资金往来，比如父母与已婚子女之间可能还涉及生活费、理财款、临时性资金支持、其他重大资产购置费等行为，这导致证明购房款系借名人支出的举证难度增加。

3. 因案件发生同时伴随离婚、继承等纠纷，部分当事人之间互相串通、虚构证据等较为便利，增加了法院审判时认定证据、事实的困难。

4. 房屋控制及实际占有使用情况的判断更为复杂。在普通的借名购房案件中，房屋的居住使用情况、费用承担情况、资料保管情况在一定程度上能够反映房屋的实际权利归属情况，可以作为法院综合判断房屋实际权利归属的依据。但在近亲属借名买房的案件中，可能是借父母名义买房但同时为了便于赡养父母房屋就由父母居住使用，也可能是父母借用子女名义买房但子女生活困难就暂时接济子女由子女居住等情况时有发生。

综上所述，由于发生在近亲属之间的借名买房行为事实认定存在困难，多种法律关系错综复杂，实践中存在被法院认定为购房款借贷、房屋赠与、借名买房等多种可能性，因此提起诉讼之前，需综合各方面证据予以甄别判定，选择合适的案由和诉讼请求，防止被法院驳回。

第二节　办案思路与实战技巧

一、诉讼主体

因借名买房纠纷引发的诉讼，一般原告方为实际购房人即借名人，被告方为出名人。但是因房屋为大额资产，多以按揭贷款方式购买，如涉诉时按揭贷款尚未还清，借名人与出名人争执的房产还会涉及抵押权人即发放贷款的银行的权益。此外，如在婚内购买，还涉及配偶另一方的权益。故该类案件，还需要结合实际情况考虑是否追加银行或者出名人的配偶为第三人。

二、案由及诉讼请求的确定

近亲属间因借名买房发生纠纷，实际购房人一方应如何提起诉讼，选择什么案由、提出什么样的诉讼请求，更容易得到法院的支持呢？结合近年来的司法判例及各地法院的办案指引，笔者总结出以下几点建议：

1. 实际购房人按照合同纠纷，请求名义购房人协助其变更办理登记手续，而非直接诉请要求确认所有权归己方。

广东高院倾向，借他人名义购买房屋，借名人请求确认房屋归其所有的，不予支持。借名人请求出名人（登记权利人）协助办理房屋所有权转移登记的，可予支持，但房屋在限购范围内，借名人不具有购房资格的除外。

北京高院倾向，借名人以出名人（登记人）为被告提起诉讼，要求确认房屋归其所有的，法院应当向其释明，告知其可以提起合同之诉，要求出名人为其办理房屋过户登记手续。

江苏高院倾向，人民法院针对登记在被执行人名下的房屋实施强制执行，案外人以其与被执行人存在借名登记关系，其系房屋实际所有权人为由，请求对该标的物停止执行并确认所有权的，原则上不予支持。

湖北高院倾向，因住房限购政策的限制，当事人约定一方以他人名义购买房屋，并将房屋登记在他人名下，借名人以其系实际买受人为由，要求确认房屋归其所有或办理房屋过户登记的，不予支持；借名人因自身条件变化或政策发生调整等原因符合住房限购政策的，可以判决登记人为其办理房屋过户登记手续。

综合以上各地法院的意见，在借名买房纠纷中，倾向于认为借名人和出名人之间系债权债务关系，实际购房人仅享有要求出名人协助其办理变更登记手续的请求权，但无权直接要求确权。同时，要求实际购房人具备购房资格，存在出名人将房屋过户至其名下的可行性，否则其诉讼请求还是较难获得支持。

2. 如果案涉房屋客观存在过户障碍无法返还且该障碍无法消除，或案涉房屋已对外处分时，借名人如何主张权利，应该按什么案由起诉、提出哪些诉讼请求呢？

对于案涉房屋已经被出名人对外销售并完成过户等情况，房屋已经无法过户给借名人，借名人可提起合同纠纷，诉请解除借名购房协议，借名人有权要求出名人返还其已支付的购房款及已偿还的房屋贷款本金，以及房屋增值利益等应归属于借名人的合法权益。

如果无法过户的障碍系借名人不具备购房资格，则可认为借名人对借名买房协议解除存在过错，法院通常仅支持返还购房款及已偿还的房屋贷款本金等费用，而非按照争议发生时的房屋价值进行返还。

三、举证责任的承担以及证据收集、使用

因不动产物权的登记具有公示效力，故主张存在借名买房关系的一方需承担较为严格的举证责任，法院会全面审查双方的借名买房合意、出资情况、居住使用情况等，并仅在主张存在借名买房关系的一方提出的证据具有高度盖然性时，才有可能认定借名买房关系成立。因近亲属间的借名买房往往没有书面协议，举证更加困难。

根据《最高人民法院关于适用〈中华人民共和国民事诉讼法〉的解释》第一百零八条第一款的规定，对负有举证证明责任的当事人提供的证据，人民法院经审查并结合相关事实，确信待证事实的存在具有高度可能性的，应当认定该事实存在。根据实务经验，借名人主张存在借名买房法律关系需要

提供以下相关证据：

1. 书面借名买房协议。

2. 无书面借名买房协议原因的证据资料，如双方系父母子女关系，关系亲密，故未签订书面借名买房协议。

3. 借名买房的背景原因资料，如借名人、出名人的户籍信息，限购政策文件等，证明借名人无购房资格而出名人具有购房资格。

4. 购买一手房的，可提供房地产公司销售人员的证人证言，证明购房时借名人看房选房等事实；购买存量房的，可提供房屋出卖方的证人证言，证明借名人与出卖人磋商购房事宜等；

5. 购房款系来源于借名人且借名人有购买房屋的经济能力的证据资料，如首付款由借名人直接支付的转账凭证、按揭贷款由借名人按期打入出名人账户后再由出名人归还给银行的转账凭证、委托第三人代为支付房款的转款凭证、借名人的收入证明等。

6. 购房合同、发票、不动产权证等原件全部由借名人保管的证据资料。

7. 借名人催促出名人及时将房屋过户回来的聊天记录、短信、电话录音或证人证言等。

8. 案涉房屋实际由借名人占有使用的证据，如邻居的证人证言，物业证明等；

9. 案涉房屋的物业费、水电费均由借名人缴纳等转账凭证、收据、发票等。

在借名人能够提供上述证据并形成完整证据链的情况下，法院一般会认定借名购房法律关系成立。上海市第一中级人民法院在其发布的类案裁判方法①中提出："因贷款本息系从出名人名下的银行账户内进行划扣，故应着重审查还款的来源、还贷银行卡的保管情况等。如在借名人按月或按季度将还贷款项转给出名人且出名人无证据证明借名人的转款系支付租金或偿还借款等用途的情况下，应当认定房屋贷款实际由借名人偿还。"若实际购房人

① 参见杨斯空、翟宣任：《借名买房纠纷案件的审理思路和裁判要点》，载上海市第一中级人民法院微信公众号（类案裁判方法栏目，2021 年 11 月 8 日），https：//mp. weixin. qq. com/s/r8klu1_ zivqCdtf0_ FMMZw，最后访问时间：2023 年 1 月 31 日。

无法举证证明房屋后续按揭贷款及相关费用系由其支付的，则仅凭首付款支付凭证较难证明双方之间存在借名购房关系。

【案例 24.1】梁某均、李某兴所有权确认纠纷案①中，广州市中级人民法院基于借名人实际支付了全部购房款及税费，并保存了全套购房合同及发票，案涉房屋亦由借名人实际居住、使用，且由于亲戚关系未签署书面借名协议具有合理性，最终认定借名买房的事实具有高度可能性，因而成立。后广东省高级人民法院在再审民事裁定书中亦对这一裁判结果予以了确认。

【案例 24.2】高某、朱某翠等所有权确认纠纷案②中，高某、朱某翠向一审法院起诉请求判令其为位于淄博市张店区房产的实际权利人。高某、朱某翠系被告高某煜父母亲，被告张某为高某煜配偶。一审法院认为原告的举证责任未达到高度盖然性，应承担举证不能的责任。在事实真伪不明的情况下，原告应承担举证不能的不利后果。故对原告请求确认其为案涉房屋实际权利人的诉讼请求，证据不足，不予支持。高某、朱某翠提起上诉并补充提交中信银行账户交易明细、淄博万科翡翠书院物业服务中心开具的居住证明、两被告的离婚判决书调解书三份，证明房屋自交付起一直都是原告二人进行装修并居住使用，而且一直到 2022 年 3 月，每个月都是二原告给女儿高某煜转账 6600 元，高某煜再归还按揭贷款 6569.2 元，而且自 2019 年两被告闹离婚及离婚后，原告照样每个月给女儿转账用于还按揭贷款。

基于此，二审法院审理认为，本案二审期间的焦点主要有以下两点：一是涉案房产的实际购买人为谁，谁为涉案房产的实际权利人；二是被上诉人张某主张涉案房产及相应资金系上诉人对两被上诉人的赠与是否应予支持。

---

① 审理法院：广东省高级人民法院，案号：（2020）粤民申 2166 号，载中国裁判文书网，https：//wenshu. court. gov. cn/website/wenshu/181107ANFZ0BXSK4/index. html？ docId = rT0YKZx + DhTCJdmgFKP4BArFM2ZqsKiL1rAWBKHpw6EhF5F9JGCJF5O3qNaLMqsJUTWcuuSWqFJE3z3XhifmxiN05NRB6QgWvb77MR4zDn5LODujVL9NUnXcrY5+odGB，最后访问时间：2022 年 10 月 18 日。

② 审理法院：山东省淄博市中级人民法院，二审案号：（2022）鲁 03 民终 94 号，载中国裁判文书网，https：//wenshu. court. gov. cn/website/wenshu/181107ANFZ0BXSK4/index. html？ docId=yV88v1QW8KGT4ZGa5vXOtEJJ4J5IEugKucPUEgjHwObwrsAq71UrBZ/dgBYosE2gp6p68nCRWaKmJ+/AKHue4ji7a1gzeZ/atCLMMKnwMTU8GKfU/xfo62nWuhYC71lo，最后访问时间：2022 年 11 月 15 日。

关于第一个焦点即涉案房产的实际购买人为谁，谁为涉案房产的实际权利人的问题，经审查，对于涉案房产的购房资金，除少量款项因上诉人高某、朱某翠未提交有效证据证明其女儿即被上诉人高某煜支付的相应款项系由上诉人存入被上诉人高某煜银行账户的资金外，其余首付款中的绝大部分、车位款、装修及家具款、房贷还款，均有两上诉人的资金转入证据予以证实，上述资金转账证据足以证实涉案房产的实际购房人为两上诉人。结合在卷涉案房产的购买过程、居住状况等事实，足以证明两上诉人为涉案房产的实际权利人，上诉人有关涉案房产系借被上诉人高某煜之名代持的主张具有事实依据，对此，本院予以支持。被上诉人张某主张由于被上诉人高某煜持有两人夫妻关系存续期间73万余元的售房款及其他资金因而不能排除高某煜使用该款项支付涉案房产购房款，本院认为，该73万余元及其他款项属实与否，皆不能否定两上诉人转入资金购买房产的事实，张某的该项理由于法无据，对此，本院不予支持。关于张某辩称其母亲也曾出资50000元用于购买涉案房产，经查，并无有效证据证明张某转入高某煜账户的相应款项系张某母亲出资，对其该项主张，本院不予支持。

关于第二个焦点即被上诉人张某主张涉案房产及相应资金系上诉人对两被上诉人的赠与是否应予支持的问题，被上诉人张某主张上诉人的相关转入资金系上诉人对两被上诉人的赠与，本院认为，根据涉案各方当事人的收入及家庭经济状况，上诉人在较长时间内，持续大量转款，资金数额巨大，且上述资金中，部分资金转款发生于两被上诉人离婚诉讼期间，被上诉人的主张既无事实依据，也与常理不符。张某亦主张涉案房产系上诉人对两被上诉人的赠与，该主张亦既无事实依据，也与常理不符。对其主张，本院不予支持。综上，根据《最高人民法院关于适用〈中华人民共和国民法典〉物权编的解释（一）》第二条的规定，当事人有证据证明不动产登记簿的记载与真实权利状态不符，其为该不动产的物权的真实权利人，请求确认其物权的，应予支持。本案中，根据涉案房产的购买过程，首付款的绝大部分资金及车位款、分期付款、房屋装修资金及家具购置费用皆由上诉人支付的事实，目前房屋的实际居住状况等事实，足以证实上诉人系涉案房产的实际购买人，上诉人主张涉案房产系借被上诉人高某煜之名持有的主张，既有上述出资凭据予以证实，也与上诉人有关朱某翠年龄较大办理房屋贷款受限的主张相符，上诉人有关其为涉案房产实际权利人的主张，具有事实依据，法院予以支持。

第三节　典型案例评析

案例 48：李某 1 与白某 2 等合同纠纷案①

裁判主旨

因案涉房屋首付款、按揭贷款均系借名人偿还，且房屋交付后为借名人夫妻两人共同实际居住，法院认定借名人与出名人之间构成借名买房关系，支持借名人要求出名人配合过户的诉请。

案情简介

白某 1 与陈某 1 为夫妻关系，白某 2 为二人的儿子，李某 1 为白某 2 的妻子。2001 年 5 月，白某 1 与陈某 1 准备在昌平区天通苑购买一套住房，因购房时白某 1 与陈某 1 资金不足需要贷款，但白某 1 与陈某 1 年龄过大无法在银行借款，白某 1 与陈某 1 与白某 2 协商借用白某 2 的名义购买房屋、办理借款，所需购房款由白某 1 与陈某 1 出资，借款分期也由白某 1 与陈某 1 偿还。

双方商定后，2001 年 5 月 22 日，白某 1 与陈某 1 以白某 2 的名义与房地产开发公司签订《商品房买卖合同》，约定购买北京市昌平区×号房屋（以下简称涉案房屋），建筑面积 109.62 平方米，每平方米 2650 元，总价 299291 元。陈某 1 当日向开发商交纳首付款 6 万元，2001 年 5 月 27 日陈某 1 又交了 89291 元。2001 年 6 月 15 日，白某 2 与中国农业银行北京市西城支

---

① 审理法院：北京市第一中级人民法院，案号：（2019）京 01 民终 3375 号，载中国裁判文书网，https：//wenshu. court. gov. cn/website/wenshu/181107ANFZ0BXSK4/index. html? docId = ZWUIqLwQkQy448bMHOOqjDZbqs/PPyjKYQ5TSXSwQwwhVOv8pqKYoZ/dgBYosE2gp6p68nCRWaKmJ+/AKHue4utpoVk8jY83WllbczIKweooM7+RS1fyzi8PoPP7eLtc，最后访问时间：2022 年 11 月 15 日。

行（以下简称西城支行）签订《个人住房借款合同》《住房抵押合同》，与房地产开发公司签订《担保合同》，办理完借款手续。约定被告借款 15 万元，借款期间为 2001 年 6 月 21 日至 2011 年 6 月 21 日，首期按月等额还款本息额为 1633.85 元，用白某 2 的名义在西城支行办理了活期储蓄账户（存折）。白某 2 借款后陈某 1 每月往账户存款，银行直接扣收还款。2005 年 12 月 14 日陈某 1 提前还款 6 万元，2006 年 6 月 13 日最后一次还款 24560.57 元，银行贷款全部还清。2001 年 11 月，涉案房屋交付，陈某 1 办理了房屋验收。

2002 年 10 月 12 日又办理了物业手续、入住证明。白某 1 与陈某 1 出资装修房屋，2004 年 4 月，白某 1 与陈某 1 就开始居住在这个房屋内，一直居住到现在。房屋产权证原件及钥匙也由白某 1 与陈某 1 使用保管，房屋公共事业费、物业费用、水电费、取暖费用都是白某 1 与陈某 1 二人支付，白某 2 从未在此居住，也没有交过任何费用，房屋装修也未曾出资。白某 1 与陈某 1 作为涉案房屋的实际买受人和权利人，亦正在占有、使用涉案房屋，白某 2 未对房屋出资也未在此居住，只是名义上的登记产权人。故为维护白某 1 与陈某 1 的合法权益，特向法院提起诉讼，请求法院判令白某 2 协助将涉案房屋变更登记在白某 1 与陈某 1 名下。

白某 2 辩称，房子是我爸妈买的，跟我和李某 1 无关，同意白某 1、陈某 1 的诉讼请求。

李某 1 述称，不同意白某 1、陈某 1 的诉讼请求，买房时李某 1 虽不知情也没有出购房款，但购房贷款均是从白某 2 名下银行账户扣划，白某 2 本人虽因车祸没有固定收入，但李某 1 收入较高，且经常给白某 2 钱，白某 2 和李某 1 的家庭收入也都在白某 2 掌控之下，足以支付购房款，涉案房屋系白某 2 与李某 1 婚姻关系存续期间购买，属于夫妻共同财产。

法院判决

一审法院认为：本案争议焦点有四，一是涉案房屋首付款由谁支付；二是银行贷款由谁偿还；三是假设涉案房屋由白某 1、陈某 1 出资购买，那么将涉案房屋登记在白某 2 名下是对夫妻双方的赠与还是借名买房。

关于首付款由谁支付。根据本案查明事实，2000 年白某 2 遭遇交通意外，2001 年 5 月 22 日签订《商品房买卖合同》，此时白某 2 已经遭遇交通意外，无法正常工作没有固定收入来源，李某 1 对购买涉案房屋一事亦不知情，且自认没有出过购房款，白某 1、陈某 1 有较为稳定、可观的收入来源，陈某 1 全程参与了购房事宜，因此本院有理由相信涉案房屋首付款由白某 1、陈某 1 支付。

关于银行贷款由谁偿还。总贷款金额为 15 万元，还款方式为等额本息还款，其中 2005 年 12 月 14 日提前还款 6 万元，2006 年 6 月 13 日提前还款 2 万余元，涉案房屋抵押于 2006 年 6 月 23 日解除。李某 1 称其在知道购买涉案房屋之后，曾催促白某 2 从家里拿钱以便偿还白某 2 部分购房款，但未提交任何证据，白某 2 亦予以否认。在偿还银行贷款期间，白某 2 在李某 1 的要求下，多次向其出具借条，这些借条虽未载明借款用途，但白某 2 对借款用途做出了较为合理的解释，李某 1 亦部分予以认可，且双方在该案中均未提及借条所载款项系用于偿还购房贷款或首付款。陈某 1 当庭陈述称银行贷款均是由其拿现金存入白某 2 贷款账户，再由银行扣划，这是由于当时社会生活习惯所致，普遍用现金较多，所以没有银行转账记录。李某 1 虽对陈某 1 的主张不予认可，对方应当提交由其偿还贷款的证据，但结合贷款偿还时间，本院认为当时白某 1、陈某 1 已年事较高，彼时的经济社会生活实际也是用现金交易较多，现今的数字化金融交易方式在当时还远没有普及，相关的还款凭证原件也均由白某 1、陈某 1 掌握，因此，本院有理由认为涉案房屋银行贷款亦是由白某 1、陈某 1 偿还，而并非白某 2、李某 1 用夫妻共同财产偿还，即涉案房屋系白某 1、陈某 1 共同出资购买。

关于白某 1、陈某 1 与白某 2 间形成的是赠与关系还是借名买房合同关系。《最高人民法院关于适用〈中华人民共和国婚姻法〉若干问题的解释（三）》第七条第一款规定，婚后由一方父母出资为子女购买的不动产，产权登记在出资人子女名下的，可按照婚姻法第十八条第（三）项的规定，视为只对自己子女一方的赠与，该不动产应认定为夫妻一方的个人财产。因此，即便是赠与也是对白某 2 个人的赠与。而本案庭审过程中，白某 1、陈某 1、白某 2 一致认可双方之间形成的是借名买房合同关系，不存在赠与和受赠的意思表示，对此本院不持异议，故双方之间形成的是借名买房合同关系，对第三人李某 1 的主张本院不予采信。

关于涉案房屋能否变更登记至白某 1、陈某 1 名下。涉案房屋原购房合同即《商品房买卖合同》系 2008 年 4 月 11 日之前签订，涉案房屋现已具备上市交易条件，白某 1、陈某 1 与白某 2 之间的借名买房合同不存在法定无效的情形，合法有效，现白某 1、陈某 1 具备北京市购房资格，因此，白某 1、陈某 1 要求白某 2 协助将涉案房屋变更登记至其二人名下的诉讼请求于法有据，本院予以支持。

第三人李某 1 不服提起上诉，请求驳回白某 1、陈某 1 的全部诉讼请求。

二审法院认为：白某 1、陈某 1 主张其二人与白某 2 之间存在借名买房关系，白某 2 予以认可，李某 1 予以否认，因本案白某 1、陈某 1 与白某 2 为亲属关系，虽有白某 2 单方书写的《证明》，但不足以证明双方存在借名买房关系。是否存在借名买房关系，还应根据双方提交的证据及双方陈述的事实结合房屋出资、房屋的占有使用、相关票据以及对于借名购房有无合理解释等情况加以判断。

白某 1、陈某 1 对自己借名买房的理由解释为其二人年纪较大无法办理银行贷款，故使用其子白某 2 之名购买涉案房屋，李某 1 未参与买房，现有证据显示购买涉案房屋的款项均是白某 1、陈某 1 支付，白某 1、陈某 1 实际居住涉案房屋。一审法院结合上述情况，确认白某 1、陈某 1 与白某 2 之间存在借名买房关系并无不当。李某 1 所述，涉案房屋系其与白某 2 出资购买一节，因未能提供充分证据予以证明，本院不予采信。经审查，本案亦不存在虚假诉讼以及程序违法的情形。综上所述，李某 1 的上诉请求不能成立，应予驳回。

律师点评

该案件的案由、诉讼主体、诉讼请求的确定、法官说理和判决结果均体现了法院处理借名买房类型纠纷的裁判思路，具有很大的参考意义。这个案件也提示大家，在借名买房的情况下，涉及的各笔款项务必专款专用，不要与其他转账款混同。亲人间签订协议感觉伤情面，但可以在转账的时候备注

“某某房首付款”“某某房几月按揭款”等内容，简单的转账备注，关键时刻就是重大有利的证据。

对大多数家庭而言，房产都是家庭的重大资产，购置时最好实名购买，即便迫不得已需要借名买房，也需要提前了解借名买房的风险并提前做好防范措施。

借名买房存在以下几项风险：

1. 如房价暴涨，出名人可能不愿意归还房屋，而把借名人支出的购房款主张为借款，如此便可以只归还购房款而独享房屋增值的收益。如房价暴跌，借名人有可能主张民间借贷要求出名人返还借款却不接受房子，出名人背负房屋跌价部分的损失。

2. 因我国实行物权法定原则，房屋所有权的登记人享有房屋的处分权，出名人可能将房屋抵押融资或者直接将房屋变卖，如果出名人已经将融资款或者售房款用掉，则借名人很可能面临人财两空的局面。

3. 借名人迟迟无法取得购房资格，出名人无法将房屋过户给借名人，出名人急需购房却没有资格购买自己的房屋。

4. 借名人去世，其继承人继承遗产时候可能漏掉该房产。出名人去世，其继承人可能已经继承并处分该房产，借名人想拿回房子就变得非常复杂。

在迫不得已必须借名买房的情况下，笔者建议务必做好以下风险防范措施：

1. 亲人之间借名买房也需签订书面的借名买房协议，明确约定双方权利义务内容、款项支付时间、返还房屋过户时间及对应违约责任等。

2. 履约过程中，借名人务必通过转账等方式支付首付款、归还按揭贷款，避免现金交易，房屋购房款专款专用，避免与亲友间其他财务往来混同，转账时明确备注用途。

3. 房屋办理产权证后，建议实际购房人办理居住权登记，防止出名人随意处置房屋。

第四编

家事纠纷的常见非诉程序

第二十五章 申请人身安全保护令

第一节 理论概述与实务指引

一、基本概念与法律依据

人身安全保护令制度是由 2016 年 3 月 1 日实施的《中华人民共和国反家庭暴力法》创设的旨在预防和制止家庭暴力的一项制度。申请人身安全保护令属于非诉讼程序案由，人身安全保护令依申请人的申请由基层人民法院在受理后 72 小时内（情况紧急的，应在受理后 24 小时内）以民事裁定书的方式作出，申请人对驳回申请不服或被申请人对人身安全保护令不服的，可以申请复议①。

人民法院出具人身安全保护令不以已经实施家庭暴力为前提条件，对于具有面临家庭暴力现实危险的情形，也可以出具人身安全保护令，实践中，只要符合以下三个条件，人民法院应当颁发人身安全保护令，即：有明确的被申请人；有具体的请求；有遭受家庭暴力或者面临家庭暴力现实危险的情形。

目前在我国除《中华人民共和国反家庭暴力法》和《中华人民共和国妇女权益保障法》对人身安全保护令制度的实施予以明确以外，全国多地，如湖北、湖南、广东、内蒙古等地，分别就《中华人民共和国反家庭暴力法》的实施细则通过立法明确，其中均包含人身安全保护令制度的内容。

---

① 《中华人民共和国反家庭暴力法》第三十一条规定：申请人对驳回申请不服或者被申请人对人身安全保护令不服的，可以自裁定生效之日起五日内向作出裁定的人民法院申请复议一次。人民法院依法作出人身安全保护令的，复议期间不停止人身安全保护令的执行。

二、人身安全保护令的具体措施及保护期限

（一）人身安全保护令的具体措施

根据《中华人民共和国反家庭暴力法》的规定，人身安全保护令的措施包含三项列举性规定以及一项兜底规定，即：禁止被申请人实施家庭暴力；禁止被申请人骚扰、跟踪、接触申请人及其相关近亲属；责令被申请人迁出申请人住所以及保护申请人人身安全的其他措施。

《中华人民共和国反家庭暴力法》兜底性规定“保护申请人人身安全的其他措施”予以明确，但从全国各地立法的内容来看，笔者认为，只要起到保护申请人人身安全的措施，都是可能被支持的，如：明确分居期间子女的探望方式、明确分居期间生活费/子女抚养费支付方式以及中止一方的监护权①等。

除了《中华人民共和国反家庭暴力法》列举的三种具体保护措施以外，根据已有的地方立法，保护措施还可体现为：禁止被申请人在申请人的住所、学校、工作单位或者申请人经常出入的其他场所内从事可能影响申请人生活、学习、工作的活动；禁止被申请人查阅申请人及其未成年子女户籍、学籍、收入来源等相关信息以及责令被申请人远离申请人的住所、学校、工作单位或者申请人经常出入的其他场所。

（二）人身安全保护令的保护期限

人身安全保护令的有效期不超过六个月，但《中华人民共和国反家庭暴力法》同时明确了申请撤销、变更或延长人身安全保护令的规定，即在人身安全保护令失效前成功申请延期的个案，人身安全保护令的有效期可以超过六个月，我国法律没有限制申请延长保护令保护期限的次数。

---

① 最高人民法院2020年度人身安全保护令十大典型案例——李某、唐小某申请人身安全保护令、变更抚养权案。

【案例 25.1】 聂某香与黄某健人身安全保护令案[1]中，珠海市金湾区人民法院于 2019 年 3 月 20 日出具人身安全保护令民事裁定后，申请人聂某香分别于 2019 年 9 月 21 日、2020 年 3 月 11 日、2020 年 9 月 11 日、2021 年 3 月 8 日以及 2021 年 9 月 7 日申请延长人身安全保护令的有效期，聂某香的延期申请均获得法院准许，每次延长的人身安全保护令有效期均为六个月。

三、人身安全保护令的实施保障

人身安全保护令由基层人民法院作出并负责执行，公安机关、居民委员会以及村民委员会等（如：妇女联合会、学校、未成年人保护组织、残疾人联合会、依法设立的老年人组织等）协助执行。

公安机关协助执行人身安全保护令的内容可以包括：协助督促被申请人遵守人身安全保护令；在人身安全保护令有效期内，被申请人违反人身安全保护令的，公安机关接警后应当及时出警，制止违法行为；接到报警后救助、保护受害人，并收集、固定证据；发现被申请人违反人身安全保护令的，将情况通报人民法院等。居民委员会、村民委员会等其他组织协助执行人身安全保护令的内容可以包括：在人身安全保护令有效期内进行定期回访、跟踪记录等，填写回访单或记录单，期满由当事人签字后向人民法院反馈；发现被申请人违反人身安全保护令的，应当对其进行批评教育、填写情况反馈表，帮助受害人及时与人民法院、公安机关联系；对加害人进行法治教育，必要时对加害人、受害人进行心理辅导等。[2]

人身安全保护令作出后，如果被申请人出现违反人身安全保护令的情形，尚不构成犯罪的，人民法院除了给予训诫外，还可以根据情节轻重处以

---

① 审理法院：广东省珠海市金湾区人民法院，案号：（2021）粤 0404 民保更 4 号，载中国裁判文书网，https：//wenshu. court. gov. cn/website/wenshu/181107ANFZ0BXSK4/index. html?docId=y/aTDB1fzWofXkkwkgusuaNCV7GBD4dIylX6YO93qIm4nLkhG9b3fZO3qNaLMqsJUTWcuuSWqFJE3z3XhifmxiN05NRB6QgWvb77MR4zDn561kctUZBQm72O3IjovBfp，最后访问时间：2022 年 10 月 18 日。

② 《关于加强人身安全保护令制度贯彻实施的意见》，最高人民法院、全国妇联、教育部、公安部、民政部、司法部、卫生健康委，2022 年 3 月 3 日。

一千元以下罚款、十五日以下拘留；对于已经构成犯罪的，则依法追究刑事责任。

【案例 25.2】 洪某违反人身安全保护令案①中，重庆市巴南区人民法院依法作出人身安全保护令后，被申请人洪某无视禁止，继续通过打电话、发短信和微信的方式骚扰申请人包某，威胁申请人包某与其和好继续交往，其间发送的消息达 300 余条。重庆市巴南区人民法院决定，对洪某处以一千元罚款和十五日拘留。

第二节　办案思路与实战技巧

一、管辖法院的确定

申请人身安全保护令由申请人或被申请人居住地、家庭暴力发生地的基层人民法院管辖，申请人申请人身安全保护令时，可选择符合管辖条件的任一法院申请人身安全保护令。

对于选择在申请人或被申请人居住地的基层人民法院申请人身安全保护令的案件，应提交证明申请人或被申请人居住地的相关资料以明确管辖，如户口本、居住证、租赁合同以及物业出具的证明等。对于选择在家庭暴力发生地的基层人民法院申请人身安全保护令的案件，应提交证明家庭暴力发生的相关资料以明确管辖，如报警记录、监控录像以及证人证言等。

二、申请人身安全保护令的主体

申请人身安全保护令的主体原则应为因遭受家庭暴力或者面临家庭暴力的现实危险的当事人本人以书面方式向人民法院提出，申请人身安全保护令

① 洪某违反人身安全保护令案——最高人民法院人身安全保护令十大典型案例之十。参见《最高人民法院人身安全保护令十大典型案例》，载最高人民法院网站，https：//www. court. gov. cn/zixun-xiangqing-274801. html，最后访问时间：2022 年 10 月 18 日。

的主体通过书面申请确有困难的，可以口头申请，由人民法院记入笔录。

对于遭受家庭暴力或者面临家庭暴力的现实危险的当事人是无民事行为能力人、限制民事行为能力人，或者因受到强制、威吓等原因无法自行申请人身安全保护令的，其近亲属（包括：配偶、父母、子女、兄弟姐妹、祖父母、外祖父母、孙子女、外孙子女）、公安机关、妇女联合会、居民委员会、村民委员会、救助管理机构可以代为申请。

【案例 25. 3】 罗某申请人身安全保护令案①中，由于当事人罗某已经 68 岁，年事已高，行动不便，常年遭受养子罗某某实施的家庭暴力行为，后当地村民委员会代罗某向人民法院申请人身安全保护令，四川省德阳市旌阳区人民法院依法出具人身安全保护令，禁止罗某某对罗某实施家庭暴力，并责令罗某某搬出罗某的住所。

【案例 25. 4】 朱小某申请人身安全保护令案②中，当事人朱小某为未成年人，常年遭受父亲朱某以及继母徐某以“教育”的名义实施的肢体暴力，当地妇联知悉朱小某的情况后，代朱小某向人民法院申请人身安全保护令，江苏省连云港市赣榆区人民法院依法出具人身安全保护令，禁止朱某、徐某对朱小某实施家庭暴力，禁止朱某、徐某威胁、控制、骚扰朱小某。

三、举证责任的承担及证据的收集及使用

（一）举证责任的承担

申请人身安全保护令案的举证责任由申请人承担，待证的内容包括：

1. 申请人与被申请人应具有特定身份关系，如家庭成员（包括：配偶、父母、子女和共同生活的兄弟姐妹、祖父母、外祖父母、孙子女、外孙子

---

① 罗某申请人身安全保护令案——最高人民法院人身安全保护令十大典型案例之七。参见《最高人民法院人身安全保护令十大典型案例》，载最高人民法院网站，https：//www. court. gov. cn/zixun-xiangqing-274801. html，最后访问时间：2022 年 10 月 18 日。

② 朱小某申请人身安全保护令案——最高人民法院人身安全保护令十大典型案例之五。参见《最高人民法院人身安全保护令十大典型案例》，载最高人民法院网站，https：//www. court. gov. cn/zixun-xiangqing-274801. html，最后访问时间：2022 年 10 月 18 日。

女、公婆、岳父母、儿媳、女婿等），具有监护、扶养、寄养、同居等关系的共同生活人员以及曾有配偶[①]、同居关系的人员[②]。

【案例 25.5】 张某与钱某申请人身安全保护令案[③]中，申请人与被申请人为曾经同居的分手恋人，双方终止恋爱关系后，被申请人多次殴打申请人、打砸申请人的车辆，后申请人向人民法院申请人身安全保护令。湖南省永州市冷水滩区人民法院经审查认为，申请人张某的申请符合法律规定，依法出具人身安全保护令，禁止被申请人钱某殴打、威胁、骚扰、纠缠、辱骂、跟踪申请人张某及其近亲属；禁止被申请人钱某调查申请人张某的车辆出入信息。

2. 申请人有遭受家庭暴力或面临家庭暴力现实危险的情形。

3. 证明实施具体人身安全保护令措施的必要性，如申请责令被申请人迁出申请人住所，建议举证证明申请人没有其他住所而被申请人有其他住所，从而增加人民法院作出这一特定保护措施的可能性。

【案例 25.6】 唐某某与张某某申请人身安全保护令案[④]中，申请人唐某某与被申请人张某某是夫妻关系，唐某某向人民法院申请人身安全保护令，要求：1. 禁止被申请人张某某对申请人唐某某及其女儿张某 1、儿子张某 2 实施殴打、辱骂等家庭暴力；2. 责令被申请人张某某迁出住所。法院审理认

---

① 《云南省反家庭暴力条例》第四十九条。

② 《内蒙古自治区反家庭暴力条例》第三十九条。

③ 审理法院：湖南省永州市冷水滩区人民法院，案号：（2020）湘 1103 民保令 12 号，载中国裁判文书网，https://wenshu.court.gov.cn/website/wenshu/181107ANFZ0BXSK4/index.html?docId=KdK8nV0FwhORzVTmB+X1If4Uuz8D60l6Wokj/k1y2e20dwp822sXyJO3qNaLMqsJUTWcuuSWqFJE3z3XhifmxiN05NRB6QgWvb77MR4zDn6GJbG5SVfmwJLRSNccN3qY，最后访问时间：2022 年 10 月 18 日。

④ 审理法院：江苏省常州市天宁区人民法院，案号：（2019）苏 0402 民保令 5 号，载中国裁判文书网：https://wenshu.court.gov.cn/website/wenshu/181107ANFZ0BXSK4/index.html?docId=8nyfOeIL6L6nInOt1/VLfekCl2PORFhRJHklBc7jvh2BgoeNAMRk15/dgBYosE2gp6p68nCRWaKmJ+/AKHue4utpoVk8jY83WllbczIKweqSNXqgnXu3SyridXgfLg5q，最后访问时间：2022 年 11 月 15 日。

为：本案中唐某某因遭受了家庭暴力，且仍面临家庭暴力的现实危险，而向本院申请人身安全保护令，并提供了相应证据，其申请第一项“禁止被申请人张某某对申请人唐某某及其女儿张某1、儿子张某2实施殴打、辱骂等家庭暴力”符合法律的规定，本院予以支持；但是第二项申请“责令被申请人张某某迁出住所”，因未提供证据证明张某某尚有其他住所予以居住，本院不予支持。

（二）证据的收集及使用

如何证明曾经遭受家庭暴力或具有面临遭受家庭暴力的现实危险是办理申请人身安全保护令案的难点，现实中，由于该类案件的举证责任由申请人承担，因此，若无法举证或无法充分举证，申请人身安全保护令的诉求将会被驳回。

根据2018年2月的大数据报告显示①，在申请人身安全保护令的案件中，申请人提交的证据类型较为单一，主要体现为向公安求助的资料、就医的资料以及伤情照片。

实践中，证明遭受家庭暴力的证据可包括以下几类：

1. 向公安机关求助的资料，具体可包括：报警回执、询问笔录、执法记录仪视频、治安调解协议书、告诫书、公安机关就家庭暴力事件出具的证明/情况说明等。

2. 验伤及就医的资料，具体可包括：伤情鉴定报告、病历（可请医生详细说明就医的原因）以及相关的检验报告等。

3. 向第三方机构求助的资料，具体可包括：接访记录表、第三方机构就家庭暴力事件出具的证明/情况说明、调解书、调解记录、第三方机构出具的家庭暴力案件危险性评估量表/家庭暴力危险告知书以及第三方机构出具的人身安全保护令建议书等。

4. 施暴者自认的资料，具体可包括：承诺书、保证书、自认实施家庭暴

---

① 我国人身安全保护令制度实施情况的大数据报告，广东五美律师事务所2018年2月发布，载华南婚姻家事律师网：http：//www.huananhunyin.com/dtxw/yasf/1624.html，最后访问时间：2022年11月15日。

力的微信聊天记录、短信记录以及录音录像等。

5. 其他证明家庭暴力发生的证据，具体可包括：拍摄的伤情照片以及现场照片（伤情照片既要特写也要人脸，最好可以体现事发的时间点）、证人证言以及发生家庭暴力事件地点附近的监控录像等。

四、人身安全保护令的保护范围

人身安全保护令制度是《中华人民共和国反家庭暴力法》中主要的一项反家暴制度，对于人身安全保护令保护范围的解读，可以从家庭暴力的定义出发。家庭暴力是指家庭成员之间以殴打、捆绑、残害、限制人身自由以及经常性谩骂、恐吓等方式实施的身体、精神等侵害行为。由此可见，人身安全保护令的保护范围是家庭成员（即：配偶、父母、子女和其他共同生活的近亲属[①]），此外，家庭成员以外共同生活的人，同样属于人身安全保护令的保护范围。此外，2023 年 1 月 1 日实施的《中华人民共和国妇女权益保障法》扩展了人身安全保护令的适用范围，针对遭受分手暴力的群体明确了具体的保护措施，即：禁止以恋爱、交友为由或者在终止恋爱关系、离婚之后，纠缠、骚扰妇女，泄露、传播妇女隐私和个人信息。妇女遭受上述侵害或者面临上述侵害现实危险的，可以向人民法院申请人身安全保护令妇女遭受上述侵害或者面临上述侵害现实危险的，可以向人民法院申请人身安全保护令。

关于家庭成员以外共同生活的人，《中华人民共和国反家庭暴力法》并未予以列举，但根据全国各地的立法，家庭成员以外共同生活的人可解读为具有监护、扶养、寄养、同居等关系的共同生活人员，如同居恋人、同居的前配偶以及共同生活的兄弟姐妹、祖父母、外祖父母、孙子女、外孙子女等。

---

① 《中华人民共和国民法典》第一千零四十五条规定：亲属包括配偶、血亲和姻亲。配偶、父母、子女、兄弟姐妹、祖父母、外祖父母、孙子女、外孙子女为近亲属。配偶、父母、子女和其他共同生活的近亲属为家庭成员。

第三节　典型案例评析

案例 49：目睹家暴儿童申请人身安全保护令案

裁判主旨

目睹家庭暴力的未成年人是家庭暴力的受害人。目睹家庭暴力的儿童因为看到、听到家庭暴力的发生，心理上会受到很大的伤害，因此，应当将其纳入家庭暴力受害人的范围，并对其予以保护。

案情简介

丁某因与董某离婚纠纷一事起诉至法院，董某得知此事后以协商解决问题为由前往丁某父母的家中。但在协商的过程中，董某情绪一度难以自控，并持刀砍伤丁某，双方的儿子小董目睹了这一幕。丁某随后在律师的帮助下成功地向法院申请了人身安全保护令，保护范围也包括小董。保护令生效期间，董某没有再骚扰丁某和小董。保护令失效前，丁某向法院提出了保护令延期申请。但法院最终以董某在保护令生效期间未对丁某以及小董实施家庭暴力及骚扰行为，以不存在“有遭受家庭暴力或者面临家庭暴力现实危险的情形”为由驳回了丁某的延期申请。

保护令失效后董某要求接走小董，由于小董多次目睹了董某的暴力行为，其心理极度恐惧，多次表示拒绝与董某及奶奶接触。为缓解小董的恐惧心理，小董母亲丁某在此前曾带小董去看心理医生，但要彻底消除恐惧心理，仍然需要假以时日。因此丁某未同意董某接走小董的请求。

在丁某拒绝董某的要求后不久，董某仍带着其母亲、表弟到学校门口围堵，企图强行带走放学的小董。丁某与董某及其亲属在学校门口发生争执，过程中，小董表现十分抗拒，多次明确表示拒绝跟随董某回去。在丁某的护送下，小董去到了托管班，但董某、其表弟亦跟随前去。小董见董某、其表弟一直跟随，表现心神不宁。为了理智说服董某现在暂时不适合单独探望小董，丁某提出由随行的董某的表弟单独与小董进行沟通，询问小董的意愿。

在再次得到小董明确拒绝的答复之后，董某及其家人才肯离去。离开托管班回到家后，原本在小董母亲丁某的努力下已经慢慢走出家暴阴影的小董，又变得过度紧张不安。

事后，丁某再次通过微信与董某沟通，希望其暂时不要采取强硬措施探望小董，但董某仍然表示要采取自己认为合理的方式与小董接触。

几天后，董某再次带着其表弟到学校门口围堵。小董一见到董某，立即害怕得往学校里面跑，董某立刻追到学校里面，企图强行带走小董。小董表现十分抗拒，明确表示拒绝跟随董某离去。但是董某依然用手圈住小董，企图强行带走。与此同时，董某和其表弟不断用身体撞开来接小董放学的外婆并阻止其对现场进行录像，导致外婆的手机掉到地上，场面一度混乱。

小董因为害怕，又往里跑到学校体育室，董某继续追进去。在体育室，两位体育老师看到这种情况，把小董带到了更里面的卫生室，并关上门。此时，学校保安过来了，呵斥董某在学校闹事，董某才离去。小董经历此事后，很害怕，表示第二天不想上学，在小董母亲的安慰下，才勉强同意上学。

在董某长期对丁某实施家庭暴力的过程中，小董一直目睹暴力的发生。特别是董某当着小董的面，持刀砍伤小董母亲丁某的事件发生之后，小董的身心再次遭到巨大伤害，表示不敢也更加不想面对父亲，为此，小董的母亲丁某在律师的建议下，以小董的名义向法院提出人身安全保护令申请，请求法院禁止董某骚扰、跟踪、接触小董及其母亲丁某。

法院判决

法院经审理认为：申请人作为未成年人，其心理及人格正在成长发育的过程中，心理素质比较脆弱，抗压能力低，申请人目睹了两个最亲近的人“他的父母”反目成仇，被申请人挥刀砍伤申请人的母亲，对其身心造成严重伤害，也造成极大的心理压力。被申请人在申请人表示拒绝的情况下仍坚持要带走申请人，造成申请人更大的心理压力，严重影响了申请人正常的生活学习，现申请人明确表示不想见被申请人，更不想和被申请人接触，因此被申请人应暂缓与申请人接触。法院最终裁定禁止被申请人董某骚扰、跟踪、接触申请人小董及其母亲丁某。

律师点评

该案发生在2017年，此时《中华人民共和国反家庭暴力法》以及全国各地立法均未将目睹家暴儿童直接列为保护对象，但是家庭暴力对目睹家暴儿童的伤害在社会各界是有普遍共识的。

在案件办理过程中，为了客观呈现董某的家庭暴力行为对小董造成的心理创伤情况。法院委托了社会观护员到小董的学校与小董进行深度交流，小董向社会观护员表示：董某与丁某在小董2岁时就吵架，2016年9月16日董某打丁某，2017年6月3日放学时，董某到学校接其放学，强制拉其回家，小董挣脱董某后冲回校内，小董表示不想董某再来学校或托管中心见面接触。同时社工介入帮助小董进行心理辅导和对丁某的情绪进行安抚，提供心理评估，从儿童利益最大化角度与律师团队一起协商处置方案，协助律师团队为小董申请人身安全保护令。

家庭暴力案件当中，受伤的不仅是受暴者，目睹家暴的儿童也是需要被保护的对象。当家庭中有人对其他成员做出肢体暴力、精神暴力或是其他暴力行为，都可能对同时身在家庭环境中的青少年造成影响。他们虽然未必直接遭到暴力，但却可能间接地暴露于暴力之中。本案中目睹父亲对母亲实施家庭暴力的小董正是家庭暴力对目睹家暴儿童造成心理创伤的典型例子。小董目睹家暴后接受了近一年的心理咨询，即便如此，小董仍有噩梦、烦躁，以及对父亲有明显的抗拒情绪。从本案中我们可以发现，对于家庭暴力案件的处置，不仅要关注受害者，也要关注处于家暴环境中的儿童，在条件允许的情况下，将目睹家暴儿童纳入反家暴法特别是人身安全保护令的保护范围。

该案例在2019年被评为广东反家庭暴力、维护妇女儿童权益十大案例之一，同时也推动了广东省的地方立法，2020 年 10 月 1 日起实施的《广东省实施〈中华人民共和国反家庭暴力法〉办法》第五十条第二款明确规定“目睹家庭暴力的未成年人是家庭暴力受害人”。

案例 50：王某容与蔡某杰申请人身安全保护令案①

裁判主旨

离异后的配偶虽然不具有家庭成员的关系，且大部分未共同生活，但由于曾经存在亲密关系以及离异后因情感纠纷、财产分割、子女抚养以及子女探望存在的争议，发生在前配偶间的家庭暴力行为也值得社会关注，并应当对遭受或面临遭受家庭暴力的前配偶予以保护。

案情简介

申请人王某容称，申请人与被申请人离婚纠纷一案起诉前，被申请人多次殴打、骚扰申请人，双方因此开始分居。本院于 2019 年 5 月 20 日作出（2019）湘 0112 民初 1856 号民事判决书，判决申请人王某容与被申请人蔡某杰离婚，此后，被申请人仍多次骚扰、威胁申请人，并声称要殴打申请人父亲。

申请人请求法院签发人身安全保护令：（1）禁止被申请人蔡某杰殴打、威胁申请人王某容及其亲属；（2）禁止被申请人蔡某杰骚扰、跟踪申请人王某容及其亲属。

法院判决

法院经审查认为：申请人王某容与被申请人蔡某杰在离婚后，被申请人

① 审理法院：湖南省长沙市望城区人民法院（原湖南省望城县人民法院），案号：（2019）湘 0112 民保令 4 号，载中国裁判文书网，https：//wenshu. court. gov. cn/website/wenshu/181107ANFZ0BXSK4/index. html? docId=QsLWgpsZt6TGM/PK9GHJkr0vvM8MYhp/MKtWayRqQ9AO5xCtlEvocpO3qNaLMqsJUTWcuuSWqFJE3z3XhifmxiN05NRB6QgWvb77MR4zDn5LG9sInO3abDt + vXMEhtVo，最后访问时间：2022 年 10 月 18 日。

蔡某杰仍向申请人王某容索要财物，并对申请人王某容纠缠、威胁、恐吓，申请人王某容遭受暴力或面临暴力的现实危险情况确实存在。申请人王某容的申请符合人身安全保护令的法定条件。依照《中华人民共和国反家庭暴力法》第二十六条、第二十七条、第二十八条、第二十九条规定，裁定：禁止被申请人蔡某杰对申请人王某容实施暴力；禁止被申请人蔡某杰骚扰、跟踪、接触申请人王某容及其相关近亲属。

律师点评

《中华人民共和国反家庭暴力法》的保护范围为家庭成员以及家庭成员以外共同生活的人，从这个角度来看，离异后未共同生活的前配偶并不属于《中华人民共和国反家庭暴力法》的保护范围。

近年来，我国司法实践中对于家暴受害者的范围解读也在《中华人民共和国反家庭暴力法》之下予以扩充，越来越多的案件向前配偶、分手情侣出具人身安全保护令。此外，2020 年 5 月 1 日实施的《内蒙古自治区反家庭暴力条例》[1] 以及 2021 年 3 月 1 日实施的《云南省反家庭暴力条例》[2] 均明确保护遭受或面临遭受家庭暴力危险的曾有配偶关系的人。2023 年 1 月 1 日实施的《中华人民共和国妇女权益保障法》已经扩展了《中华人民共和国反家庭暴力法》的适用范围，针对遭受分手暴力的群体明确了具体的保护措施，即：禁止以恋爱、交友为由或者在终止恋爱关系、离婚之后，纠缠、骚扰妇女，泄露、传播妇女隐私和个人信息。妇女遭受上述侵害或者面临上述侵害现实危险的，可以向人民法院申请人身安全保护令妇女遭受上述侵害或者面临上述侵害现实危险的，可以向人民法院申请人身安全保护令。

---

① 《内蒙古自治区反家庭暴力条例》第三十九条，家庭成员以外，具有监护、扶养、寄养、同居等关系共同生活的人或者曾有配偶、同居关系的人之间实施的暴力行为的预防、制止、处置等有关活动，参照本条例规定执行。

② 《云南省反家庭暴力条例》第四十九条，家庭成员以外，具有监护、扶养、寄养、同居等关系共同生活的人或者曾有配偶关系的人之间实施的暴力行为，参照本条例规定执行。

案例51：王某某与刘某某申请变更人身安全保护令案①

裁判主旨

人身安全保护令的有效期届满前，申请人可以申请延长人身安全保护令的有效期，对于在上一份人身安全保护令有效期内没有发生家庭暴力行为的案件，如果双方的矛盾尚未化解，申请人仍有面临家庭暴力危险的情况下，应当予以延期。

案情简介

申请人王某某与被申请人刘某某系夫妻关系，2020年11月5日，无锡市滨湖区人民法院作出（2020）苏0211民保令4号民事裁定书，禁止刘某某对王某某实施家庭暴力。现该人身保护令即将到期，而双方的离婚诉讼尚未处理完毕，故请求法院延长人身保护令的实施时间。

法院判决

法院审理认为，王某某与刘某某的离婚纠纷仍在审理过程中，此前本院就王某某的申请发出了人身安全保护令，现王莫某申请延长，符合法律规定，本院予以准许。本院依照《中华人民共和国反家庭暴力法》第二十六条、第三十条之规定，裁定如下：

一、禁止被申请人刘某某对申请人王某某及其亲属实施家庭暴力。

二、禁止被申请人刘某某威胁、骚扰、跟踪申请人王某某及其亲属。

本裁定自作出之日起六个月内有效。

---

① 审理法院：江苏省无锡市滨湖区人民法院，案号：（2021）苏0211民保更1号，载中国裁判文书网，https：//wenshu. court. gov. cn/website/wenshu/181107ANFZ0BXSK4/index. html?docId=7CFZcq2iKKVQNkhCX6sy/mMuQbz/+O1xNFZ63LTwI4TG/r9AtoC3dp/dgBYosE2gp6p68nCRWaKmJ+/AKHue4utpoVk8jY83WllbczIKweqWqupb2n8K2HMCo/0m+lG/，最后访问时间：2022年11月15日。

律师点评

家庭暴力是指发生在家庭成员以及其他具有或曾经具有特殊身份关系的人之间的暴力行为，受到同住一个屋檐下或具有其他情感纠纷等因素影响，家庭暴力的发生往往具有持续性，即使在人身安全保护令有效期内一方并未实施家庭暴力行为，也并不意味着不存在家庭暴力的威胁。

从人身安全保护令的作用是制止和预防家庭暴力的发生的角度来看，对于双方矛盾尚未得到化解的情形（如：关联诉讼仍在进行中，包括离婚诉讼、抚养纠纷、赡养纠纷等），应推定仍具有发生家庭暴力的可能，对于申请人提出的延长保护令期限的申请，人民法院应当予以准许。

第二十六章　认定自然人无民事行为能力、限制民事行为能力

第一节　理论概述与实务指引

一、基本概念及法律依据

不能辨认自己行为的成年人为无民事行为能力人，不能完全辨认自己行为的成年人为限制民事行为能力人，判断成年人是否具备完全民事行为能力，需要结合其智力、精神健康状况等因素予以判断。

对于不能辨认或者不能完全辨认自己行为的成年人，其利害关系人或者有关组织，可以向人民法院申请认定该成年人为无民事行为能力人还是限制民事行为能力人。

《中华人民共和国民法典》同时规定，对于被人民法院认定为无民事行为能力人、限制民事行为能力人的，本人、利害关系人或者有关组织可以申请其恢复为限制民事行为能力人或者完全民事行为能力人。

无论是通过人民法院认定成年人为无民事行为能力人、限制民事行为能力人还是通过人民法院认定成年人恢复为限制民事行为能力人或完全民事行为能力人的案件都适用特别程序，由人民法院以民事判决书的方式作出。

二、认定自然人无民事行为能力、限制民事行为能力的办案要点提示

由于判定成年人是否具备完全民事行为能力需要结合其智力以及精神健康状况等因素予以判断，对于这一待证事实，往往需要结合医学专业知识才能判定。根据《中华人民共和国民事诉讼法》第一百九十五条的规定，人民法院受理申请后，必要时应当对被请求认定为无民事行为能力或者限制民事行为能力的公民进行鉴定。申请人已提供鉴定意见的，应当对鉴定意见进行审查。

实践中，人民法院办理该类案件时若存在第三方鉴定机构出具的鉴定结果，一般会作为直接的定案依据。因此，在办理该类案件时，可自行委托第三方机构对成年人的民事行为能力进行鉴定；若不具备条件的，应当注意在举证期限届满前提出鉴定申请，避免诉讼过程中因无法提供充分证据证明被申请人不具备完全民事行为能力以及无法提供第三方出具的鉴定结果而被人民法院驳回申请。

【案例 26.1】黄某翔与黄某娥申请宣告自然人限制民事行为能力案①中，申请人黄某翔于 2022 年申请宣告被申请人黄某娥为限制民事行为能力人，提交了司法鉴定科学研究院于 2019 年 7 月 26 日出具的鉴定报告，结论为：被申请人黄某娥患有器质性（癫痫）精神障碍和轻度精神发育迟滞，目前应评定为具有限制民事行为能力。上海市普陀区人民法院审理认为，被申请人黄某娥患有器质性（癫痫）精神障碍和轻度精神发育迟滞，经司法鉴定，结论为黄某娥具有限制民事行为能力，故申请人要求宣告被申请人为限制民事行为能力人，并无不当，本院予以准许。至于黄某娥的监护人应按法律规定予以确定。据此，依照《中华人民共和国民法典》第二十四条之规定，判决如下：宣告黄某娥为限制民事行为能力人。

---

① 审理法院：上海市普陀区人民法院，案号：（2021）沪 0107 民特 447 号，载中国裁判文书网，https：//wenshu. court. gov. cn/website/wenshu/181107ANFZ0BXSK4/index. html？docId = CdfYWykqskKsjWtFGT/5qlJnBLwytgbgzsY0hLAbPzyzC3avPtPy65O3qNaLMqsJUTWcuuSWqFJE3z3XhifmxiN05NRB6QgWvb77MR4zDn441ABDctK0iNx3pr57H1E4，最后访问时间：2022 年 10 月 18 日。

第二节　办案思路与实战技巧

一、管辖法院的确定

申请认定成年人为无民事行为能力人或限制民事行为能力人，应向该成年人的住所地基层人民法院提出。若申请人向不具有管辖权的法院提出申请认定公民为无民事行为能力人或限制民事行为能力人的，被申请人不具有提出管辖权异议的权利，人民法院在审理过程中发现存在管辖权错误时，应当依职权将案件移送具有管辖权的法院审理。①

二、诉讼主体的确定

申请认定成年人为无民事行为能力人或限制民事行为能力人的诉讼主体如下：

1. 申请人

由待认定是否具备完全民事行为能力的成年人的利害关系人或者有关组织担任。

对于“有关组织”，《中华人民共和国民法典》明确其范围包括：居民委员会、村民委员会、学校、医疗机构、妇女联合会、残疾人联合会、依法设立的老年人组织、民政部门等。

但我国法律并未对“利害关系人”的范围予以明确，从司法实践来看，被申请人的近亲属（即：配偶、父母、子女、兄弟姐妹、祖父母、外祖父母、孙子女、外孙子女）以及具有民事权利义务关系的人（如：债权人）均属于利害关系人的范围，可依法向人民法院申请认定公民为无民事行为能力人或限制民事行为能力人。

---

① 参见《北京法院参阅案例第 23 号：王某甲、王某乙申请宣告王某无民事行为能力案》，载北京法院审判信息网，https：//www. bjcourt. gov. cn/article/newsDetail. htm？ NId = 55001511&channel = 100015001，最后访问时间：2022 年 11 月 15 日。

2. 被申请人

待认定是否具备完全民事行为能力的成年人。

3. 代理人

由待认定是否具备完全民事行为能力的成年人的近亲属担任。

人民法院审理认定公民无民事行为能力或者限制民事行为能力的案件，应当由该公民的近亲属为代理人，但申请人除外。近亲属互相推诿的，由人民法院指定其中一人为代理人。该公民健康情况许可的，还应当询问本人的意见。

三、证据的收集与使用

对于认定成年人为无民事行为能力人或限制民事行为能力人的个案，第三方鉴定机构出具的鉴定意见为主要且证明力最强的证据，关于鉴定意见的来源，原则上只要程序、内容合法，即使是非经法院委托而得到的鉴定意见，法院也会将此作为认定案件基础事实的依据。同时，对于被申请人过往的病历、医院出具的证明、证人证言、村居委/社区/街道出具的情况说明等，也可以形成证据链，在个案中达到启动鉴定程序的目的。

第三节　典型案例评析

案例52：某街道叶庆居民委员会与丁某申请宣告自然人无民事行为能力案①

裁判主旨

居民委员会可作为申请人申请人民法院确认成年人为无民事行为能力人

① 审理法院：上海市静安区人民法院，案号：（2021）沪0106民特506号，载中国裁判文书网，https：//wenshu. court. gov. cn/website/wenshu/181107ANFZ0BXSK4/index. html？docId=eyYeS+7Ix/bogzyJ+sWh73InqfnGNRwIG41XBKO7TeYoFngJQMRWLJO3qNaLMqsJUTWcuuSWqFJE3z3XhifmxiN05NRB6QgWvb77MR4zDn64Us9nSaqPm10+/3LB8AhM，最后访问时间：2022年10月18日。

或限制民事行为能力人，除居民委员会以外，村民委员会、学校、医疗机构、妇女联合会、残疾人联合会、依法设立的老年人组织、民政部门等均可作为该类案件的申请人。在申请宣告成年人为无民事行为能力人或限制民事行为能力人的案件中，可同时要求人民法院指定监护人。

案情简介

丁某喜与徐某（2019 年 11 月 29 日死亡）于 1982 年 4 月 26 日登记结婚，婚后生育被申请人丁某一子，除此之外没有其他非婚生子女、继子女和养子女。丁某喜与徐某于 2005 年 1 月 26 日经民政局登记离婚。被申请人丁某未婚，亦未生育过子女。丁某喜有妹妹丁某英，徐某有兄弟姐妹徐某源、徐某泉、徐某娣、徐某山、徐某女等。

被申请人丁某初中文化，2009 年 6 月起因失业，逐渐出现精神异常，表现为反复洗手、搓毛巾，重复穿衣、穿鞋等日常生活动作，同年 7 月去上海市 B 中心就诊，被诊断为强迫症，因拒药，症状未改善。于同年 8 月 26 日去上海市 A 中心南院门诊就诊，被诊断为强迫症，予以舍曲林、丙戊酸镁缓释片等治疗，病情尚稳。2018 年由上海市静安区曹家渡街道叶庆居民委员会安排其在上海市静安区××社区综合就业服务中心工作。

2019 年 11 月，其母病故后，一直处于独居状态，服药及具体情况不详。2020 年 7 月起，常去居委会反映，认为以前出租的房屋被租客破坏，居委会上门察看并未发现上述情况。因为上述原因，有多次消极想法，多次想跳楼、跳河；常跟踪异性，图谋不轨；夜眠差，称隔壁邻居半夜敲墙，多次报警，民警调查不存在此情况；认为自己在吃饭时隔壁邻居在偷看。居委会工作人员发现其言行异常，于 2020 年 8 月 12 日由其亲属、上海市静安区曹家渡街道叶庆居民委员会及民警将其送上海市 A 中心北院治疗至今。中国残疾人联合会签发残疾证，评定为精神残疾二级。经上海宋慈司法鉴定所鉴定，被申请人患有精神分裂症，现评定为无民事行为能力。

由于申请人上海市静安区曹家渡街道叶庆居民委员会及被申请人代理人将被申请人送至上海市 A 中心北院住院治疗，申请人已为被申请人垫付各类费用，为方便处理被申请人的各项事宜，维护其合法权益，故向法院申请认定被申请人为无民事行为能力人，并指定申请人为被申请人的监护人。

被申请人丁某的代理人徐某娣称，其与被申请人丁某母亲徐某系姐妹，对于申请人所述由法院认定，申请人的申请事项亦由法院依法处理。

审理中，经申请人申请，法院依法委托某司法鉴定所对被申请人的行为能力进行了鉴定，鉴定意见为：被鉴定人丁某患有精神分裂症，现评定为无民事行为能力。

另审理中，承办法官及书记员前往被申请人丁某父亲丁某喜居住地询问相关情况，丁某喜出示其病历，表示2005年与丁某母亲离婚后即与丁某无联系，自己身体健康状况较差，不同意也无力担任丁某的监护责任，同意叶庆居民委员会担任丁某的监护人。

法院判决

根据上海某司法鉴定所出具的司法鉴定意见书及申请人叶庆居民委员会提供的相关证据，应当认定被申请人丁某为无民事行为能力人。无民事行为能力人的监护人可由具有监护能力的配偶，父母、成年子女，其他近亲属，经被监护人住所地的居民委员会、村民委员会或者民政部门同意的其他愿意担任监护人的个人或者组织担任；没有依法具有监护资格的人的，监护人由民政部门担任，也可以由具备履行监护职责条件的被监护人住所地的居民委员会、村民委员会担任。法院认定监护人的监护能力，应当根据监护人的身体健康状况、经济条件，以及与被监护人在生活上的联系状况等综合因素确定。

综观本案，被申请人有父亲及姨妈等亲属，虽在监护顺位上均优先于申请人，但从监护权行使的客观需要分析，被申请人父亲常年与被申请人无联系，且自身健康存在问题，不愿意担任被申请人的监护人；被申请人代理人虽日常与被申请人联系较多，亦无能力也不愿意担任被申请人的监护人。被申请人系无民事行为能力人，其权益保护处于易受侵害的脆弱状态，理应对维护其人身和财产权益作出特别关照。申请人作为被申请人住所地居民委员会，妥善安排被申请人工作，探望照料被申请人生活，积极安排被申请人送医治疗，并垫付医疗、护理等费用。综合上述情况，本院认为申请人叶庆居民委员会作为被申请人丁某住所地居民委员会申请作为被申请人丁某的监护人符合法律规定，故本院一并指定申请人为被申请人的监护人。

上海市静安区人民法院作出判决：丁某为无民事行为能力人；指定上海市静安区曹家渡街道叶庆居民委员会为丁某的监护人。

律师点评

对于认定成年人为无民事行为能力人或限制民事行为能力人的案件，在诉讼主体上，除了需要有特定身份的申请人以外，还需要被申请人的近亲属担任其代理人，因此在选择诉讼主体时，可以结合实际情况，由其他组织担任申请人，由近亲属担任被申请人的代理人。

此外，在该类案件中，若一旦认定成年人为无民事行为能力人或限制民事行为能力人，其监护人的确定也有可能在日后发生争议，因此，可在申请认定公民为无民事行为能力人或限制民事行为能力人时，同时提出指定监护人的诉请，达到节约司法资源、维护被申请人合法权益的核心目的。

案例 53：陈某玲、陈某荣申请宣告自然人无民事行为能力案[①]

裁判主旨

成年人脑部受到意外伤害或患上非精神性疾病等也有可能导致其丧失或部分丧失民事行为能力。

案情简介

申请人陈某玲称，被申请人陈某荣与其系父女关系，陈某荣代理人姚某英是陈某荣的妻子。现由于被申请人昏迷不醒来，故请求法院宣告陈某荣无民事行为能力。

经审理查明：2021 年 11 月 2 日，陈某荣因右侧额颞顶创伤性硬膜下出

---

① 审理法院：江苏省常熟市人民法院，案号：（2021）苏 0581 民特 328 号，载中国裁判文书网，https：//wenshu. court. gov. cn/website/wenshu/181107ANFZ0BXSK4/index. html？docId = u7MEkIcuslnXc6jlFCXuxTvnBAZSm3CGP8lx9 + KOtQVdiWHgrynZ85/dgBYosE2gp6p68nCRWaKmJ +/AKHue4utpoVk8jY83WllbczIKweq5KtwbAZoNz18enzTaV0to，最后访问时间：2022 年 11 月 15 日。

血、右侧额颞、左顶脑挫伤、脑疝、创伤性蛛网膜下腔出血、颅腔积气、颅骨骨折、L1–L4 右侧腰骶横突骨折、左枕头皮裂伤、桡骨骨折待排入常熟市第二人民医院治疗，后于 2021 年 11 月 21 日出院，出院诊断为右侧额颞顶创伤性硬膜下血肿、右侧额颞、左额顶叶脑挫伤、脑疝、创伤性蛛网膜下腔出血、左侧额颞顶硬脑膜下积液、颅腔积气、右侧颞枕骨骨折、左枕头皮裂伤、L1–L4 右侧腰骶横突骨折、左侧桡骨骨折（远端）腕关节半脱位、肺部感染、胸腔积液、应激性溃疡伴出血、低钾血症、低蛋白血症、结膜炎。

就陈某荣的民事行为能力，本院法医出具了咨询意见，内容为：根据案卷内常熟市第二人民医院出院记录及 2021 年 12 月 7 日《谈话笔录》的内容，结合于 2021 年 12 月 7 日所拍摄的视频资料中所呈现的陈某荣的状况，分析认为被申请人陈某荣目前应为无民事行为能力人。对于上述意见，陈某玲、姚某英均无异议。

法院判决

结合出院记录、录像视频等及本院法医咨询意见，明确陈某荣无民事行为能力，故应判决陈某荣为无民事行为能力人。

律师点评

实践中，导致成年人丧失或部分丧失民事行为能力的原因多样，患有重型精神疾病是常见的导致成年人丧失或部分丧失民事行为能力的原因，除此以外，成年人因为脑部受到意外伤害或者是患有非精神性疾病等原因也有可能导致其丧失或部分丧失民事行为能力，因此，个案中应结合鉴定意见对其民事行为能力进行判定。

案例 54：郭荣某与郭春某申请宣告自然人限制民事行为能力案①

裁判主旨

双相（情感）障碍患者并非当然地为限制民事行为能力人或无民事行为能力人，应结合患者的病情以及司法鉴定意见予以认定。

案情简介

申请人郭荣某称，郭荣某系被申请人郭春某的姐姐，被申请人郭春某患有双相（情感）障碍症，为精神残疾二级。现被申请人郭春某拟与配偶离婚，为保护被申请人郭春某的合法权益，特申请法院宣告被申请人郭春某为限制民事行为能力人，并指定申请人郭荣某为其监护人。

法大法庭科学技术鉴定研究所对被申请人郭春某的民事行为能力进行了鉴定，并于2019年9月5日出具司法鉴定意见书，认定被申请人郭春某被诊断为双相（情感）障碍，目前处于疾病缓解期。评定郭春某为完全民事行为能力人。

法院判决

法院经审理认为：郭春某经鉴定为完全民事行为能力人，故对于郭荣某申请宣告郭春某为限制民事行为能力人的申请，法院予以驳回。

律师点评

双相（情感）障碍在家事纠纷中出现的概率越来越高，但是患有双相（情感）障碍并不等同于不具备完全民事行为能力。

虽然双相（情感）障碍与精神分裂症、分裂情感性障碍、持久的妄想性障碍（偏执性精神病）、癫痫所致精神障碍以及精神发育迟滞伴发精神障碍

① 审理法院：北京市大兴区人民法院，案号：（2019）京0115民特71号，载中国裁判文书网，https：//wenshu. court. gov. cn/website/wenshu/181107ANFZ0BXSK4/index. html? docId = OlI+Y2Cz/TomxmTkVhoFQxlrzb6d0QvBXzCqN0Zh1RUHEV3grcpGoZO3qNaLMqsJUTWcuuSWqFJE3z3XhifmxiN05NRB6QgWvb77MR4zDn4WXmrQraK+ZHz+jYZCbZM2，最后访问时间：2022年10月18日。

并列为重型精神疾病[①]，是常见的导致成年人丧失或部分丧失民事行为能力的病因，但由于双相（情感）障碍具有缓解期，在缓解期，患者也可具有完全民事行为能力，因此在个案中，需要结合患者的病情以及司法鉴定意见予以判断其民事行为能力状况。

---

① 《国家卫生计生委关于印发严重精神障碍发病报告管理办法的通知》第十三条，精神分裂症、分裂情感性障碍、持久的妄想性障碍（偏执性精神病）、双相（情感）障碍、癫痫所致精神障碍、精神发育迟滞伴发精神障碍等6种重性精神疾病，符合本办法第三条规定情形的，应当实行发病报告；不符合本办法第三条规定情形的，应当按照现行国家基本公共卫生服务规范及其他有关规定进行登记管理。

第二十七章　监护权特别程序案件

第一节　理论概述与实务指引

一、监护的概念与法律依据

（一）监护的概念

监护是指设立监护人以保护、监督无民事行为能力人和限制民事行为能力人的人身、财产及其他合法权益免受侵害的一项制度。无民事行为能力人和限制民事行为能力人主要包括未成年人以及无民事行为能力或者限制民事行为能力的成年人。

（二）监护权纠纷的法律依据

1. 未成年人的监护人

《中华人民共和国民法典》第二十七条规定，父母是未成年子女的监护人。如未成年人的父母已经死亡或者没有监护能力的，则由下列有监护能力的人按顺序担任监护人：（1）祖父母、外祖父母；（2）兄、姐；（3）其他愿意担任监护人的个人或者组织，但是须经未成年人住所地的居民委员会、村民委员会或者民政部门同意。

2. 无民事行为能力或者限制民事行为能力的成年人

《中华人民共和国民法典》第二十八条规定，无民事行为能力或者限制民事行为能力的成年人，由下列有监护能力的人按顺序担任监护人：（1）配偶；（2）父母、子女；（3）其他近亲属；（4）其他愿意担任监护人的个人或者组织，但是须经被监护人住所地的居民委员会、村民委员会或者民政部门同意。

对监护人的确定有争议的，由被监护人住所地的居民委员会、村民委员会或者民政部门指定监护人，有关当事人对指定不服的，可以向人民法院申请指定监护人；有关当事人也可以直接向人民法院申请指定监护人。①

二、监护的类型

依照监护权产生的法律依据，可大致将监护分为以下几种类型：

1. 法定监护

法定监护是指监护权来源于法律的直接规定。如前所述，未成年人的法定监护人首先是未成年人的父母，父母死亡或者丧失监护能力的，依次可由祖父母、外祖父母，兄、姐，其他愿意担任监护人的个人或者组织担任监护人。无民事行为能力或者限制民事行为能力的成年人的法定监护人依次是配偶，父母、成年子女，其他近亲属和其他愿意担任监护人的个人或者组织。

法定监护人虽然有顺序的先后，但如果监护人达成协议或者前一顺序的监护人无监护能力或对监护人明显不利的，也可以从后一顺序中确定监护人。

2. 遗嘱监护

遗嘱监护是《中华人民共和国民法典》新增的一项监护制度，其第二十九条规定，被监护人的父母担任监护人的，可以通过遗嘱指定监护人。

3. 自愿监护

自愿监护是在无法定监护人的情况下，由与被监护人关系密切的其他主体自愿申请，并经相关组织同意而成立的监护。针对未成年人、无民事行为能力或者限制民事行为能力的成年人，《中华人民共和国民法典》均规定在无法定监护人的情况下，其他愿意担任监护人的个人或者组织，在经未成年人或被监护人所在地的居民委员会、村民委员会或者民政部门同意的情况下

---

① 《中华人民共和国民法典》第三十一条第一款。

可以自愿担任监护人。

4. 公职监护

公职监护，是在被监护人既无法定监护人又无人自愿承担监护责任的情况下，由法律直接规定特定机构担任监护人的情况。《中华人民共和国民法典》第三十二条规定，没有依法具有监护资格的人的，监护人由民政部门担任，也可以由具备履行监护职责条件的被监护人住所地的居民委员会、村民委员会担任。

三、监护人的职责

关于监护人的监护职责，《中华人民共和国民法典》和《中华人民共和国未成年人保护法》《中华人民共和国预防未成年人犯罪法》等法律当中均有涉及。归纳起来大致包括以下几个方面：

1. 人身监护职责

（1）保护被监护人的人身安全，防止被监护人受到不法侵害。

（2）照顾被监护人的生活。

（3）维护被监护人的身心健康。

2. 财产监护职责

（1）为被监护人的利益，妥善管理被监护人的财产。

（2）为被监护人的利益，保护被监护人的财产。

3. 法律事务代理职责

（1）代理被监护人进行民事活动。

（2）代理被监护人解决争议、进行诉讼等行为。

如监护人不履行监护职责或侵害被监护人的合法权益，应当承担责任；给被监护人造成财产损失的，应当赔偿损失。

四、监护资格的撤销

为保障被监护人的合法权益，《中华人民共和国民法典》《中华人民共和国未成年人保护法》以及《最高人民法院、最高人民检察院、公安部、民政部〈关于依法处理监护人侵害未成年人权益行为若干问题的意见〉》等法律法规对监护资格的撤销作了明确的规定。

《中华人民共和国民法典》第三十四条第三款规定，监护人不履行监护职责或者侵害被监护人合法权益的，应当承担法律责任。同时，《中华人民共和国民法典》第三十六条第一款还规定，人民法院可以根据有关个人或者组织的申请，在监护人行为失当的时候，提出撤销监护人的资格，安排必要的临时监护措施，并按照最有利于被监护人的原则依法指定监护人。

为了进一步保障未成年人的合法权益，《中华人民共和国未成年人保护法》第一百零八条第一款规定，未成年人的父母或者其他监护人不依法履行监护职责或者严重侵犯被监护的未成年人合法权益的，人民法院可以根据有关人员或者单位的申请，依法作出人身安全保护令或者撤销监护人资格。

《最高人民法院、最高人民检察院、公安部、民政部〈关于依法处理监护人侵害未成年人权益行为若干问题的意见〉》对有权申请撤销监护人资格的单位和个人以及法院可以依法撤销监护人资格的情形进行了细化规定。

1. 下列单位和人员有权向人民法院申请撤销监护人资格：

（1）未成年人的其他监护人，祖父母、外祖父母、兄、姐，关系密切的其他亲属、朋友；

（2）未成年人住所地的村（居）民委员会，未成年人父、母所在单位；

（3）民政部门及其设立的未成年人救助保护机构；

（4）共青团、妇联、关工委、学校等团体和单位。

2. 有下列情形之一的，人民法院可以判决撤销其监护人资格：

（1）性侵害、出卖、遗弃、虐待、暴力伤害未成年人，严重损害未成年人身心健康的；

（2）将未成年人置于无人监管和照看的状态，导致未成年人面临死亡或者严重伤害危险，经教育不改的；

（3）拒不履行监护职责长达六个月以上，导致未成年人流离失所或者生活无着落的；

（4）有吸毒、赌博、长期酗酒等恶习无法正确履行监护职责或者因服刑等原因无法履行监护职责，且拒绝将监护职责部分或者全部委托给他人，致使未成年人处于困境或者危险状态的；

（5）胁迫、诱骗、利用未成年人乞讨，经公安机关和未成年人救助保护机构等部门三次以上批评教育拒不改正，严重影响未成年人正常生活和学习的；

（6）教唆、利用未成年人实施违法犯罪行为，情节恶劣的；

（7）有其他严重侵害未成年人合法权益行为的。

3. 在法院依法撤销了监护人的监护资格后，为了保障被监护人的健康成长，《最高人民法院、最高人民检察院、公安部、民政部〈关于依法处理监护人侵害未成年人权益行为若干问题的意见〉》第三十六条、第四十二条规定，判决撤销监护人资格，未成年人有其他监护人的，应当由其他监护人承担监护职责。其他监护人应当采取措施避免未成年人继续受到侵害。没有其他监护人的，人民法院根据最有利于未成年人的原则，为其指定监护人。指定个人担任监护人的，应当综合考虑其意愿、品行、身体状况、经济条件、与未成年人的生活情感联系以及有表达能力的未成年人的意愿等。没有合适人员和其他单位担任监护人的，人民法院应当指定民政部门担任监护人，由其所属儿童福利机构收留抚养。而被撤销监护人资格的父、母应当继续负担未成年人的抚养费用和因监护侵害行为产生的各项费用。

【案例 27. 1】徐州市铜山区民政局申请撤销邵某某、王某某监护人资格纠纷案①中，邵某某（男）和王某某（女）于 2003 年在河南省办理结婚登记并共同生活，2004 年生育一女，取名邵某。在邵某未满 2 周岁时，父母因家庭琐事发生矛盾，其父邵某某独自带女儿回到原籍徐州。在之后的生活中，邵某某长期殴打、虐待女儿邵某，致其头部、脸部、四肢等多处严重创伤，又因强奸、猥亵邵某，于 2014 年 10 月 10 日被法院判处有期徒刑 11 年，现入狱服刑。其母自 2006 年后从未看望过邵某，亦未支付抚养费，且与他人组建家庭并育有两名幼子。2013 年 2 月，邵某因饥饿离家，被好心人士张某某收留，随张某某生活至今。2014 年 6 月，在邵某某案件侦办期间，公安

① 审理法院：江苏省徐州市铜山区人民法院，案号：（2015）铜民特字第 0001 号，本案系江苏法院婚姻家庭典型案例（不履行监护职责的父母的监护权可申请撤销），载江苏法院网，http：//www. jsfy. gov. cn/article/91564. html，最后访问时间：2022 年 11 月 15 日。

机关曾将邵某某已被采取刑事强制措施及邵某无人照料等情况告知王某某，但王某某仍对邵某不闻不问致其流离失所、生活无着。2015 年 1 月 7 日，徐州市铜山区民政局诉至法院，请求依法撤销邵某某、王某某对邵某的监护权，另行指定徐州市铜山区民政局为邵某的监护人。

徐州市铜山区人民法院审理认为，邵某某对邵某实施了性侵害，并长期虐待、暴力伤害邵某，严重侵害了被监护人的权益；王某某长达八年从未看望、照顾过邵某，亦从未承担过抚养费用，在得知邵某某对邵某的侵害行为后，仍以没有抚养能力为由拒绝接回邵某，导致邵某失去亲人的关爱，依靠爱心人士生活，邵某某与王某某的监护权应予撤销。徐州市铜山区民政局作为履行社会保障职责的国家机构，不仅能够为邵某今后的生活提供经济保障，还能够协调相关部门解决邵某的教育、医疗、心理疏导等一系列问题。从对未成年人“特殊”“优先”保护的原则和未成年人的最大利益原则出发，由徐州市铜山区民政局取得邵某的监护权，更有利于保护被监护人的生存、受教育、医疗保障等权利，更有利于邵某的身心健康。遂判决撤销邵某某、王某某对邵某的监护权，指定徐州市铜山区民政局作为邵某的监护人。

第二节　办案思路与实战技巧

监护权问题在实践中，容易引起纠纷的主要包括下文几个方面的具体内容。笔者将根据各类型纠纷的特点，分别探讨律师在办理监护权纠纷案件当中的办案思路与技巧。

一、各类有法定监护资格的主体就监护人的确定发生的案例

实践中，夫妻一方过世或丧失监护能力，经常帮助抚养照顾孙子女的老人往往会和夫妻另一方争夺孙子女的监护权。

【案例 27.2】王某乙与蒋某甲、王某甲监护权纠纷案①中，王某乙与蒋某甲、王某甲的儿子蒋某乙是夫妻关系，于2008年10月27日生育一子蒋某丙。自蒋某丙满月起，蒋某甲、王某甲便与其共同居住并照料其日常生活。2010年4月30日，蒋某乙因车祸去世。2010年10月28日，王某乙与蒋某甲、王某甲共同签订协议书一份。其中约定“鉴于蒋某丙一直以来由祖父母蒋某甲、王某甲照管日常生活，为了蒋某丙的成长环境、身心健康不因其父去世受到影响，同时考虑蒋某甲、王某甲对孙子的日常照顾产生的深厚感情及平复其子突然去世的心灵伤痛，蒋某丙之母王某乙与祖父母蒋某甲、王某甲一致同意暂时仍由祖父母蒋某甲、王某甲继续照管蒋某丙的日常生活。如今后需要变更蒋某丙的生活环境或直接照管人，应尽可能地由蒋某丙之母王某乙与祖父母蒋某甲、王某甲协商决定。如确因协商不成，最终按照法律规定办理”。后王某乙与蒋某甲、王某甲因抚恤金、探视孩子等问题发生了矛盾，蒋某甲、王某甲拒绝原告前往家中探视孩子，并且通知幼儿园不允许王某乙前往幼儿园探视孩子。王某乙于2014年11月12日将蒋某甲、王某甲诉至法院，要求：判令蒋某甲、王某甲将蒋某丙交由王某乙直接监护抚养。一审法院经审理认为，未成年人的父母是未成年人的监护人。父母对子女有抚养教育的义务。原告王某乙是蒋某丙的母亲，系完全民事行为能力人，具有监护能力，为蒋某丙的法定监护人。蒋某丙应由原告王某乙监护抚养。王某乙虽曾与蒋某甲、王某甲签订协议书，将部分监护职责委托给二被告，但不等同于监护人的变更。二被告拒绝原告探视孩子，侵犯了原告作为监护人的权利。现原告不同意二被告继续对蒋某丙进行监管照料，而要求直接监护蒋某丙，符合法律规定，应予以支持。遂判决蒋某甲、王某甲应在判决生效之日起十日内将蒋某丙交由王某乙监护。蒋某甲、王某甲不服一审判决，提起上诉。二审法院认为一审法院查明事实清楚，适用法律正确，因此驳回蒋某

① 审理法院：天津市第二中级人民法院，案号：（2015）二中民一终字第0221号，载中国裁判文书网，https：//wenshu. court. gov. cn/website/wenshu/181107ANFZ0BXSK4/index. html?docId=ewr6GLJ4JB/V+wBV4+WRytA7qi06oCG/+IhtM6Mp5oTLLQSnuFSjxZO3qNaLMqsJUTWcuuSWqFJE3z3XhifmxiN05NRB6QgWvb77MR4zDn6T7XuMyqo1vNOGBAzH5Ruw，最后访问时间：2022年12月28日。

甲、王某甲的上诉，维持原判。

对此类问题，律师在代理中应当把握如下思路和技巧：

1. 各类有法定监护资格的主体之间在确定监护人时是有优先顺序的。根据《中华人民共和国民法典》第二十七条和第二十八条的规定，各类有法定监护资格的主体在担任监护人时有先后顺序，律师在代理相应的监护权纠纷时，应首先厘清各类主体的先后顺序，以便制定出有针对性的诉讼策略，最大限度地保障当事人的合法权益。

2. 确定监护人的根本原则是对被监护人有利的原则。根据《中华人民共和国民法典》的上述规定，法定监护人的范围和顺序是由法律直接规定的，当不同顺序或同一顺序中多个具有法定监护资格的主体因争夺监护权而发生纠纷并诉诸法律时，法院必然是根据最有利于被监护人的原则，再结合各个有法定监护资格的主体的具体情况进行裁判。

二、有监护权的主体之间就监护权的行使发生的争议

1. 离异父母对子女的监护发生争议的情况。一般情况下，离异的父母对子女均有监护权。但实践中子女的监护职责，包括人身监护、财产监护等，主要由直接抚养子女的父母一方来行使。

2. 多监护人共同监护的情况。共同监护的情况下（如各子女共同行使对年迈父母的监护权），监护权行使的方式及规则由各方协商确定。为避免争议，实践中在采取共同监护的情况下，应由各个监护人对监护权的行使提前协商，最好形成书面协议，以便各方遵照执行。

三、委托监护中侵权责任的承担

实践中此类纠纷多发，例如子女在幼儿园、中小学校就读期间，因意外事故或者故意伤害事件导致身体健康受损的情况。处理此类纠纷，通常从以下几个方面入手：

1. 明确监护责任的承担。如家长对子女的监护关系，与学校、教育机构是否存在委托监护关系等。

2. 依据事故或故意伤害事件发生的具体情况，区分各监护人应当承担的

责任比例。

3. 明确具体赔偿责任。

除非法定或指定监护人与被委托人之间有特别的约定，否则，法定或指定监护人对被监护人的侵权行为应承担民事责任，该责任不因委托监护关系而发生转移。被委托人只承担过错连带责任，如果被委托人已经尽到监护职责，被监护人的行为后果只能由法定监护人承担。

第三节　典型案例评析

案例 55：王某与刘某甲监护权纠纷案[①]

裁判主旨

离异的父母对子女均有监护权。考虑到直接抚养人与子女的关系更为密切，与另一方相比，对子女的监护更为直接，由其行使对子女的人身监护、财产监护等职责，更有利于保障被监护人的合法权益，其他监护人可对直接抚养人所履行的监护职责予以监督，假如确实出现直接抚养人不履行监护职责或者侵害被监护人的合法权益的情形，其他监护人可依法采取相应的救济途径，请求法院撤销直接抚养人的监护资格以及要求直接抚养人承担侵权责任。

案情简介

刘某甲、王某婚姻存续期间生育了女儿刘某丁，后因夫妻双方感情破裂，刘某甲向一审法院提起离婚诉讼，经一审法院主持调解，双方达成调解

① 审理法院：广东省广州市中级人民法院，案号：（2015）穗中法少民终字第 159 号，载中国裁判文书网，https：//wenshu. court. gov. cn/website/wenshu/181107ANFZ0BXSK4/index. html? docId=M1kKoTaFpa1L5he/sY5EArpXL8FDaHRKcWNksBcONHfSQ/iMY3TfIJO3qNaLMqsJUTWcuuSWqFJE3z3XhifmxiN05NRB6QgWvb77MR4zDn6UJEUYFL7/SA+56wKHN+69，最后访问时间：2022 年 10 月 18 日。

协议，约定：双方自愿离婚，婚生女儿刘某丁的抚养权归王某所有，刘某甲每月支付600元抚养费给王某，直至刘某丁满18周岁止等。离婚后，女儿刘某丁一直跟随王某居住至今。刘某丁是增城市某经济合作社的社员。2013年因该合作社的土地涉及工程征收，刘某丁获得征地补偿款人民币44万元，该款现暂由该经济合作社（以下简称合作社）保管。对于该情况，合作社于2014年7月18日出具《关于刘某丁征地补偿款暂未支付的情况说明》予以证实。2014年，王某将刘某甲列为被告，将合作社列为第三人，诉至法院，请求法院确认王某有权代刘某丁领取和管理该征地补偿款44万元。

法院判决

一审法院经审理认为：根据法律规定，王某和刘某甲均是女儿刘某丁的法定监护人，均有管理和保护王某财产的监护职责和权利，且受法律保护。刘某丁在水利工程土地征收过程中得到的征地补偿款44万元现虽暂由合作社保管，但合作社确认该款项属于刘某丁个人所有财产；而刘某甲虽然是刘某丁的父亲，但是双方在离婚时约定女儿刘某丁由王某抚养，且离婚后女儿刘某丁也一直跟随王某生活至今，王某是刘某丁的直接抚养人；故由王某代为领取和管理该征地补偿款44万元，更有利于保障刘某丁的合法权益。遂判决：确认王某有权代女儿刘某丁领取和管理水利工程征地补偿款44万元。

刘某甲不服一审判决，向二审法院提起上诉，请求撤销原判，驳回王某的诉讼请求。刘某甲提出：（1）刘某丁的个人财产由王某代领代管，没有任何监督，王某没有稳定收入，经常在外打麻将、赌博，不利于女儿财产的管理，且实质上剥夺了他作为刘某丁的法定监护人对女儿财产的监管权。他与王某共同监管，如果需要重大开支，完全一致同意后再支出，才能完全保障刘某丁的合法权益，杜绝随意损害女儿个人财产的情况。（2）其与王某签订了由合作社代管刘某丁个人征地补偿款直至18周岁的协议，该协议是经双方充分协商达成的一致意见，双方均应遵守。

被上诉人王某同意一审判决，请求维持原判，并答辩称：（1）刘某甲并未对刘某丁尽到抚养义务，无固定工作又喜欢赌博，无法妥善管理刘某丁的财产，由其管理该笔款项不利于刘某丁的成长。（2）该协议是由于双方存在巨大争议且无法调和才签订的，是案涉经济合作社拒绝向王某发放该笔征地补偿款，刘某甲也多次阻挠的结果，也是王某提起诉讼的原因。女儿现在各项生活费开支不断增加，王某管理有利于女儿的学习、教育与成长投入，继续纠缠只会让刘某丁的财产贬值缩水。

一审中，第三人案涉经济合作社表示同意代管刘某丁涉案的征地补偿款，该笔款项现存在刘某的私人账户内，对该笔款项的后续管理合作社并无明确意图。

二审法院经审理查明：一审查明的事实有经一审庭审质证并认定的王某提交的出生医学证明、民事调解书、生效证明、组织机构代码证、工程核心区土地征收及房屋征收拆迁补偿安置办理的通知、关于刘某丁征地补偿款暂未支付的情况说明、民事裁定书、生效证明、刘某甲提交的协议书以及双方在庭审中的陈述作为认定依据，双方当事人在二审期间没有异议，一审法院予以确认。另查明，目前涉案的刘某丁征地补偿款由刘某以个人名义代表案涉经济合作社进行保管。

二审法院经审理认为：未成年的婚生女儿刘某丁在王某与刘某甲离婚后，系由王某直接抚养，由王某直接照顾刘某丁的生活，这是刘某甲与王某共同确认的事实。由此可见，王某与刘某丁在生活上的联系相比刘某甲，无论是情理上还是法理上，关系更为密切，其对刘某丁的监护应比刘某甲更为直接，影响力更大，在本案中刘某甲并没有提供任何证据证明王某有损害刘某丁各项合法权益的情形，故一审法院认定由直接抚养人王某代为领取和管理刘某丁涉案征地补偿款，更有利于保障刘某丁的合法权益，具有合理且合法的依据，二审法院应予支持。案涉经济合作社并非刘某丁的合法监护人，在刘某丁有合法监护人，且依法应由监护人管理和保护被监护人财产的情况下，仍由案涉经济合作社保管该笔款项明显缺乏法律依据，且该笔款项现由私人代表合作社保管，如何有效地保障刘某丁的合法权益，案涉经济合作社不但没有权限也不具备实施的可能性和合法性，故上诉人刘某甲上诉请求继续由该经济合作社保管刘某丁涉案征地补偿款缺乏法律依据，也不利于保护刘某丁的合法财产，二审法院不予支持。综上，一审法院认定事实清楚，适用法律正确，应予维持，遂判决：驳回上诉，维持原判。

律师点评

本案主要争议焦点为：(1) 王某作为女儿刘某丁的直接抚养人，是否适合代刘某丁领取和管理涉案征地补偿款的问题；(2) 刘某丁所得征地补偿款是否仍应由合作社保管直至 18 周岁的问题。

针对王某是否适合代刘某丁领取和管理涉案征地补偿款的问题，按照法律规定，监护人的监护职责包括管理和保护被监护人的财产。王某与刘某甲离婚后，刘某丁由王某直接携带抚养，由王某直接照顾刘某丁的生活。王某作为直接携带抚养刘某丁的监护人，与刘某甲相比，与刘某丁的关系更为密切，其对刘某丁的监护比刘某甲更为直接，因此，由王某代为领取和管理刘某丁涉案征地补偿款，更有利于保障刘某丁的合法权益，具有合理且合法的依据。刘某甲作为刘某丁的监护人，仍然可对王某受托履行监护职责予以监督，假如确实出现王某不履行监护职责或者侵害刘某丁的合法权益的情形，刘某甲可依法采取相应的救济途径。

针对合作社是否有权继续保管刘某丁所得征地补偿款直至刘某丁 18 周岁的问题。首先，合作社并非刘某丁的合法监护人，原本无权代管刘某丁所得征地补偿款，在王某起诉确认其有权领取和管理刘某丁涉案征地补偿款之前，合作社保管该笔款项的依据是王某和刘某甲的协议。现如今，由于王某对该协议反悔，合作社失去了保管该笔款项的合法基础。其次，该笔款项现由私人代表合作社保管，不利于保护刘某丁的合法财产。因此，综合合作社代管的权利基础以及有效保护刘某丁的合法权益，合作社无权继续保管刘某丁所得征地补偿款。

图书在版编目（CIP）数据

婚姻家庭案件办案策略与技巧 / 李小非主编 . —2 版 . —北京：中国法制出版社，2023. 3
ISBN 978-7-5216-3058-9

Ⅰ. ①婚… Ⅱ. ①李… Ⅲ. ①婚姻家庭纠纷-案例-中国②继承法-民事纠纷-案例-中国 Ⅳ. ①D923. 905②D925. 105

中国版本图书馆 CIP 数据核字（2022）第 200147 号

策划编辑/责任编辑：韩璐玮　　封面设计：周黎明

婚姻家庭案件办案策略与技巧

HUNYIN JIATING ANJIAN BAN'AN CELÜE YU JIQIAO

主编/李小非
经销/新华书店
印刷/三河市国英印务有限公司
开本/710 毫米×1000 毫米　16 开　　印张/ 30. 25　字数/ 463 千
版次/2023 年 3 月第 2 版　　2023 年 3 月第 1 次印刷

中国法制出版社出版
书号 ISBN 978-7-5216-3058-9　　定价：99. 00 元

北京市西城区西便门西里甲 16 号西便门办公区
邮政编码：100053　　传真：010-63141600
网址：http：//www. zgfzs. com　　**编辑部电话：010-63141787**
市场营销部电话：010-63141612　　**印务部电话：010-63141606**